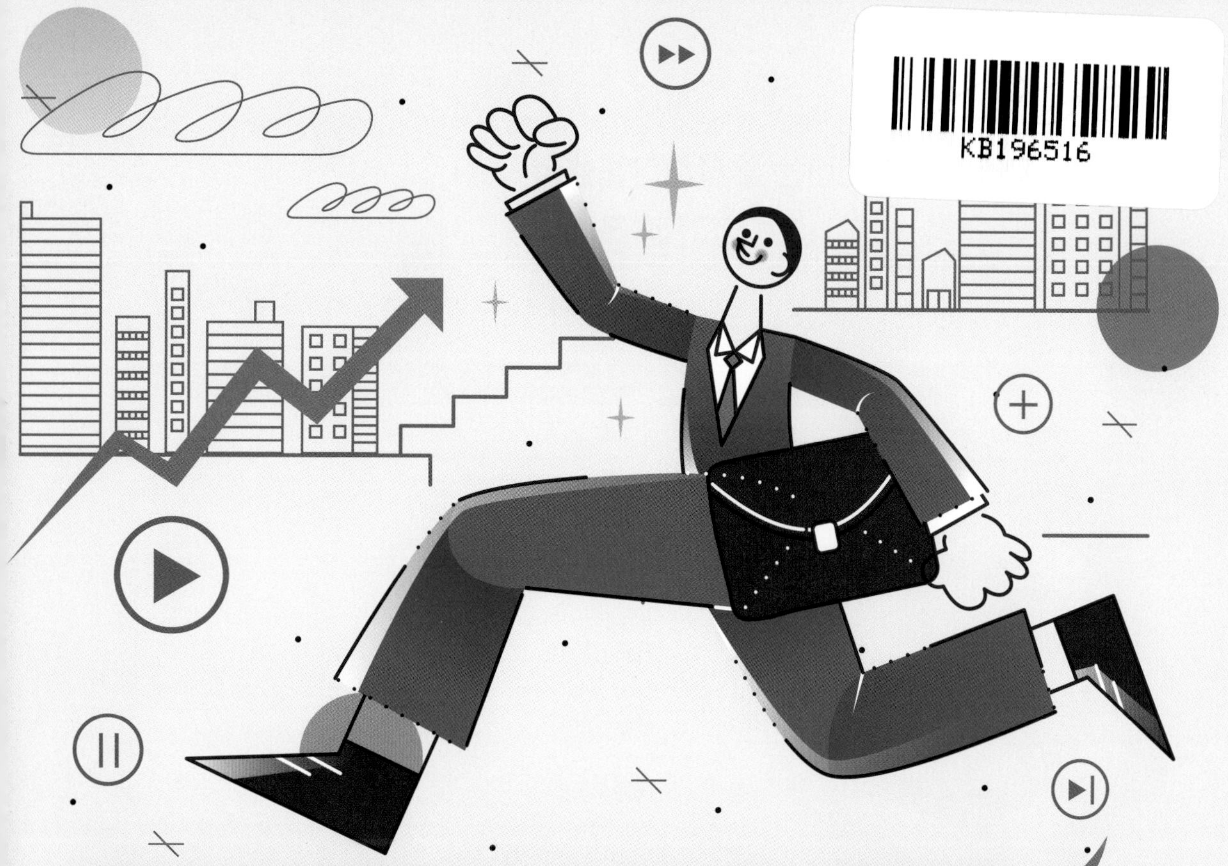

"어렵고 지루한 금융강의는 가라~ 머리에 쏙쏙 들어오는 기막힌 강의가 온다"

국내 최강의 금융교수진과 함께하는 투자자산운용사 족집게 동영상 강의

핵심을 짚어주는
막힘없는 강의

방대한 이론을
명쾌하게 정리

머리에 쏙 들어오는
친절한 해설

nadoogong.com

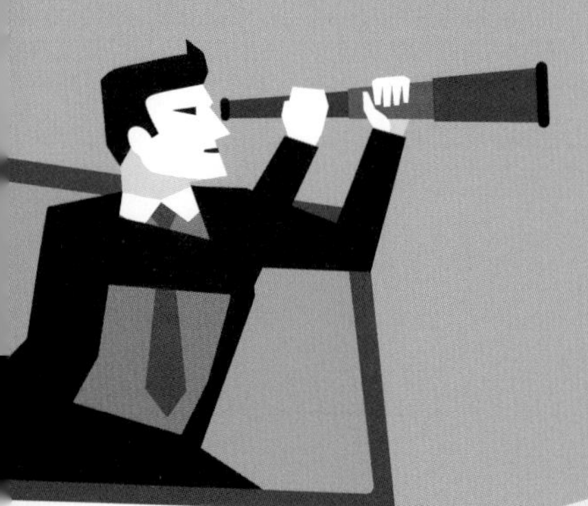

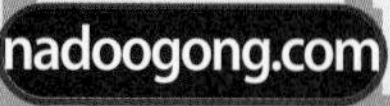

문제로 정리하는 투자자산운용사

동영상 강의 커리큘럼

1과목 금융상품 및 세제

1강	오리엔테이션
2강	세제관련 법규 · 세무전략 (1)
3강	세제관련 법규 · 세무전략 (2)
4강	금융상품 (1)
5강	금융상품 (2)
6강	금융상품 (3)
7강	부동산관련 상품

2과목 투자운용 및 전략 II

8강	대안투자운용 / 해외증권투자운용
9강	투자분석기법 (1)
10강	투자분석기법 (2)
11강	투자분석기법 (3)
12강	투자분석기법 (4)
13강	리스크관리

▦ 강의 커리큘럼은 사정에 따라 변경될 수 있습니다. 자세한 내용은 나두공(시스컴) 홈페이지를 참조하시기 바랍니다.

3과목
금융상품 및 직무윤리

2025

투자자산운용사

대표유형+실전문제

김일영 · 이진

2025

투자자산운용사

대표유형+실전문제

인쇄일 2025년 1월 1일 7판 1쇄 인쇄
발행일 2025년 1월 5일 7판 1쇄 발행
등 록 제17-269호
판 권 시스컴2025

ISBN 979-11-6941-537-8 13320
정 가 24,000원

발행처 시스컴 출판사
발행인 송인식
지은이 김일영, 이진

주소 서울시 금천구 가산디지털1로 225, 514호(가산포휴) | **홈페이지** www.nadoogong.com
E-mail siscombooks@naver.com | **전화** 02)866-9311 | **Fax** 02)866-9312

발간 이후 발견된 정오 사항은 나두공(시스컴) 홈페이지 도서 정오표에서 알려드립니다(홈페이지→자격증→도서정오표).

머리말

최근 한국의 경제상황은 하루가 다르게 급변하고 있고 그 중심에는 증권시장이 자리하고 있습니다. 미국의 다우와 나스닥시장을 중심으로 전 세계의 유동성이 풍부해지고 있는 현시점에서 우리는 다시 한번 우리 경제상황을 돌아보고 앞으로의 변화를 예측해야만 합니다. 근래 들어 한국의 개인금융자산 포트폴리오 비중이 예금이나 펀드 등 다양해지고 있는 것만 보더라도 이제 한국의 재테크 기법도 선진시장과 어깨를 나란히 할 날이 멀지 않았다고 할 수 있습니다. 사이버 트레이딩의 급진전으로 급증했던 개인투자의 비중이 점차 줄어들수록 적립식 펀드와 같은 주식형 펀드 및 뮤추얼펀드, 각종 사모펀드 등 선택의 폭이 넓어져 투자자들뿐만 아니라 금융회사에서도 전문가에 대한 수요가 급증할 수밖에 없습니다.

이에 따라 현재 금융산업에서는 다양한 금융자산에 투자할 수 있는 전문가가 필요해지는 데 이 역할을 담당할 사람이 바로 투자자산운용사입니다. 투자자산운용사는 집합투자재산, 신탁재산 또는 투자일임재산을 금융투자상품에 운용하는 업무를 수행하는 전문인력입니다.

시대에 발맞추어 보다 전문적이고 합리적인 투자자산운용사 인력의 역할이 그 어느 때보다 필요합니다. 이 책에는 각 과목 장별로 해당 부분의 학습에 필요한 기초이론과 출제 가능성이 높은 문제들을 수록하여 문제풀이와 관련 이론학습으로 정리할 수 있도록 구성하였습니다. 또한 최신 기출유형을 반영한 FINAL 실전모의고사 3회분을 전격 수록하였고, 각 과목별 출제범위 변동 등을 고려하여 수험생으로 하여금 시행착오를 겪지 않도록 보다 충실히 내용을 담고자 노력했습니다.

이 책이 투자자산운용사 적격성 인증시험을 준비하는 수험생 여러분의 많은 도움이 되기를 바라며 건투를 빕니다.

시험 정보

① 시험 주관

- 금융투자협회(http://www.kofia.or.kr)

② 응시 접수

- 금융투자협회 자격시험접수센터
  홈페이지 (http://license.kofia.or.kr)에서 작성 및 접수
  ※ 인터넷(온라인) 접수만 가능함
  ※ 접수 후 시험의 연기 및 고사장 변경은 불가능함
  ※ 기타 접수에 관한 공지사항이 있을 시 홈페이지에 공지함

③ 응시서 교부

- 접수 시 응시자가 PC에서 직접 출력함

④ 문제 형식

- 객관식 4지선다형

⑤ 시험시간

- 120분

⑥ 합격 기준

- 응시과목별 정답비율이 40% 이상인 자 중에서 응시 과목의 전체 정답 비율이 70%(70문항) 이상인 자

⑦ 시험과목 및 문항 수

시험과목		세부과목	문항 수	문항 수	
				총	과락
1과목	금융상품 및 세제	세제 관련 법규 · 세무전략	7	20	8
		금융상품	8		
		부동산 관련 상품	5		
2과목	투자운용 및 전략Ⅱ	대안투자운용 · 투자전략	5	30	12
		해외증권투자운용 · 투자전략	5		
	투자분석	투자분석기법	12		
		리스크 관리	8		
3과목	직무윤리 및 법규	직무윤리	5	50	20
		자본시장과 금융투자업에 관한 법률	7		
		금융위원회규정	4		
		한국금융투자협회규정	3		
	투자운용 및 전략 Ⅰ	주식투자운용 · 투자전략	6		
		채권투자운용 · 투자전략	6		
		파생상품투자운용 · 투자전략	6		
		투자운용 결과분석	4		
	거시경제 및 분산투자	거시경제	4		
		분산투자기법	5		

⑧ 합격자 발표

- 금융투자협회 자격시험접수센터(http://license.kofia.or.kr)에 로그인 후 「합격확인」에서 합격자 확인

⑨ 응시 제한 대상(응시 부적격자)

- 동일시험 기합격자
- 『금융투자전문인력과 자격시험에 관한 규정』 제3-13조 및 제3-15조의 자격제재에 따라 응시가 제한된 자
- 『금융투자전문인력과 자격시험에 관한 규정』 제4-21조 제3항 및 제4항에 따라 부정행위 등으로 시험응시가 제한된 자

※ 상기 응시 부적격자는 응시할 수 없으며, 합격하더라도 추후 응시 부적격자로 판명되는 경우 합격 무효 처리함. 또한 3년의 범위 내에서 본회 주관 시험응시를 제한함

※ 상기 시험은 시험 접수 시 해당 시험 관련 투자자 보호 교육 이수 여부를 확인하며, 이에 부적합할 시 시험접수가 제한됨

⑩ 유의사항

- 답안 마킹용 펜이 지급되지 않으므로 검정색 필기구(연필제외)를 꼭 지참해야 함
- 시험당일에 응시표, 신분증(규정신분증 참고) 및 계산기를 반드시 지참해야 함[단, 전자수첩 및 휴대전화(PDA 포함)는 사용 불가하며, 재무용 · 공학용 계산기는 감독관의 초기화 후 사용가능]

※ 규정신분증

구분	규정신분증	대체 가능 신분증
일반인 또는 대학생	주민등록증, 운전면허증, 여권	주민등록증 발급신청 확인서
주민등록증 미발급자 (초 · 중 · 고등학생)		신분확인증명서, 재학증명서, 학생증, 청소년증
공무원		공무원증
군인		장교/부사관 신분증, 군복무확인서, 신분확인증명서
외국인	외국인등록증 또는 여권	재외국민국내거소신고증

※ 모든 신분증, 증명서에는 사진이 부착되어 있으며, 발급기관장의 직인이 찍혀있어야 신분증으로 인정 가능

• 시험시작 20분 전까지 입실 완료하여야 하며 시험 종료 40분 전까지 퇴실 금지
  – 시험시작 이후 고사장 입실 및 응시 불가
• 대리응시, 메모(답안 등) 작성 및 전달, 메모(답안 등) 수령 및 기재, 문제지와 답안지 유출행위 등 시험부정행위, 감독관의 정당한 지시에 불응하는 행위, 시험 진행 방해 등으로 인해 시험응시 무효 또는 0점 처리될 수 있음
• 자격시험 신청서의 허위기재 및 기타 부정한 방법으로 시험에 합격한 경우 합격을 취소하며, 응시무효 및 합격취소자의 경우 상기 사유가 발생한 날로부터 3년 이내의 범위에서 금융투자협회 주관 시험 응시가 제한됨
• 본인의 응시번호를 답안지에 정확히 마킹하지 않은 경우 0점 처리됨

구성 및 특징

대표 유형 문제

각 장별로 빈출 기출문제의 유형을 분석하여 가장 대표적인 유형의 문제를 엄선하였습니다.

1장 경기분석

대표 유형 문제

다음 중 경기확산지수(DI)와 경기종합지수(CI)에 대한 설명으로 틀

① DI는 경기국면 및 전환점 파악에 사용하고, CI는 경기국면의 파악 및
② CI는 경기전환점(기준순환일)에 따라 선행종합지수, 동행종합지수
③ DI는 50을 기준으로 50 이하이면 경기확장을, 50 이상이면 경기수
④ CI는 현재 경기분석은 물론 향후 경기예측에도 도움이 된다.

동 중 가장 긴 것이 일반적이다.
④ 1번 파동은 추세가 전환되는 시점으로서 이제까지의 추세가 일단
는 출발점이다.

정답해설 1번, 3번, 5번, a, c파동이 전체시장의 움직임과 같은 방향으로 형성되
이 전체시장의 움직임과 반대방향으로 형성되는 조정파동이 된다.

대표 유형 문제 알아 보기

엘리어트 파동의 구성

• 상승국면의 파동

1번 파동	– 새로운 추세가 시작되는 추세전환점으로, 5개의 파동 중 가장 짧다. – 충격파동이므로 5개의 파동으로 구성되어야 한다.
2번 파동	– 1번 파동과 반대방향으로 형성되는 조정파동이다. – 조정파동이므로 3개의 파동으로 구성되어야 한다.

정답 해설

유사문제에서 오답을 확실히 피할 수 있도록 문제의 요지에 초점을 맞추어, 해당 선택지가 문제의 정답이 되는 이유를 논리적이고 명확하게 설명하였습니다.

오답 해설

유사문제뿐만 아니라 응용문제까지도 폭넓게 대처할 수 있도록 하며, 다른 선택지들이 오답이 되는 이유를 상세하게 설명하고, 경우에 따라 필요한 부가 설명을 제시하였습니다.

① PER은 PBR보다 일반적으로 높은 경향이 있다.
② PER은 내재가치를, PBR은 자산가치를 고려하여 주가를 측정한
③ PER은 수익의 질적 측면, PBR은 자산의 질적 측면이 반영된 지
④ PER은 주식의 시장가격의 자산가치에 대한 과대 · 과소평가의 정
가에 대한 과대 · 과소평가의 정도를 판단할 때 유용하다.

정답해설 PER은 어떤 주식의 주가가 과대평가 또는 과소평가되었는지를 판단
가격이 자산가치에 대해 어느 정도 과대평가 또는 과소평가되었는지를

오답해설 ① PBR은 본래 대차대조표상에 보통주 한 주에 귀속되는 주당 순자산
되면 1이 되어야 하나, 시간성, 집합성, 자산 · 부채의 인식기준에서
서 PER이 PBR보다 일반적으로 높은 경향이 있다.
② PER은 내재가치를, PBR은 자산가치를 고려하여 주가를 측정한다.
③ PER은 현재주가를 주당이익으로 나눈 것으로 수익력의 질적 측면
을 발행주식수로 나눈 것으로 기업의 마진, 부채레버리지, 자산의 질

개념 확인 문제

주요 이론의 핵심 포인트를 추려, 가장 효과적으로 개념을 학습할 수 있도록 문제로 구성하였습니다.

1 경기변동(경기순환)의 이해

개념 확인 문제

01 경기의 확장국면과 수축국면에서 경기의 저점에서 정점을 지나 다 점을 지나 다음 정점까지의 기간을 ( ), 순환의 강도를 의미 차이를 ( )라고 한다.

① 순환주기, 순환심도 ② 순환심도, 순환

02 우리나라는 경제성장속도가 상대적으로 빨라 주요 선진국과 달리 경기상승과 하락의 기복현상이 나타나는 ( )을 보인다.

① 주글라 순환 ② 성장순환

실전 확인 문제

최근 시험의 경향 분석을 바탕으로 출제 가능성이 높은 문제들을 수록하여 응용력을 향상할 수 있도록 하였습니다.

실전 확인 문제

▶ 다음 경기순환의 주기에 관한 설명 중 틀린 것은?

① 콘드라티에프 순환은 50~60년 주기의 장기순환으로 기술혁신 타난다.

② 주글라 순환은 10년 주기의 중기순환으로 설비투자의 내용연수

③ 키친 순환은 2~6년 주기의 단기순환으로 통화공급이나 물가변

④ 비교적 뚜렷하게 인식되는 것이 중기순환이어서 일반적으로 경

정답해설 각 나라의 경험 등 비교적 뚜렷하게 인식되는 것이 단기순환이어서 일반적

개념 짚어 보기

경기순환의 개념

- 총제적인 경제활동(거시경제지표)이 경제의 장기적인 성장추세선을 중심으로 상승 현상

개념 짚어 보기

문제와 관련 있는 이론 범위의 주요 개념 등을 한 단계 더 깊이 있게 학습할 수 있도록, 해당 문제의 포인트를 면밀히 분석하고 그와 가장 밀접한 부분의 핵심 내용을 정리하였습니다.

개념 짚어 보기

경기순환의 개념

- 총제적인 경제활동(거시경제지표)이 경제의 장기적인 성장추세선을 중심으로 상승 현상

경기순환의 주요용어

- **기준순환일(reference date)** : 경기의 정점 또는 저점이 발생한 구체적 시점(경기전
- **순환주기** : 경기의 확장국면과 수축국면에서 저점에서 다음 저점까지 또는 정점에서
- **순환진폭(순환심도)** : 순환의 강도를 의미하는 정점과 저점 간의 차이

경기순환의 주기

단기순환(2~6년 주기)	• 키친 순환(kitchen cycles) • 통화공급, 금리변동, 물가변동, 생산업자나 판매업자의
중기순환(10년 전후의 주기)	• 주글라 순환(juglar cycles) • 기술혁신, 설비투자의 내용연수와 관련되어 나타나는
장기순환(50~60년 주기)	• 콘드라티에프 순환(kondratiev cycles) • 기술혁신, 자원의 개발 등에 의해 나타나는 순환

목 차

1과목
금융상품 및
세제

2과목
투자운용 및
전략 II

3과목
금융상품 및 직무윤리

FINAL
실전모의고사

Study Plan

과목		학습예상일	학습일	학습시간
1과목 금융상품 및 세제	세제관련 법규세무전략			
	금융상품			
	부동산관련 상품			
2과목 투자운용 및 전략 II 투자분석	대안투자운용투자전략			
	해외증권투자운용투자전략			
	투자분석기법			
	리스크 관리			
3과목 직무윤리 및 법규 투자운용 및 전략 I 거시경제 및 분산투자	직무윤리			
	자본시장과 금융투자업에 관한 법률			
	금융위원회규정			
	한국금융투자협회규정			
	주식투자운용투자전략			
	채권투자운용투자전략			
	파생상품투자운용투자전략			
	투자운용 결과분석			
	거시경제			
	분산투자기법			
FINAL 실전모의고사	1회 / 2회 / 3회			

1과목

금융상품 및 세제

1장 세제관련 법규 · 세무전략

2장 금융상품

3장 부동산관련 상품

1장 세제관련 법규 · 세무전략

다음 중 현행 「소득세법」상 그 내용이 옳지 않은 것은?

① 분류과세는 퇴직소득, 양도소득으로 구분된다.

② 배당세액공제는 배당소득에 대한 법인세와 소득세의 이중과세를 조정하기 위한 제도이다.

③ 종합과세란 개인에게 귀속되는 소득 중 매년 반복적으로 발생하는 소득을 합산하여 과세하는 방식이다.

④ 분류과세란 종합과세소득 중 특정한 소득에 대해 법정률만을 원천징수함으로써 종합소득세의 납세의무가 종료되는 소득이다.

정답해설 분류과세는 소득이 장기간에 걸쳐 발생된 것으로 종합소득과 구분하여 각 소득별로 소득세를 과세하는 것이다. 분리과세는 특정 소득에 대해 일정한 세액을 원천징수함으로써 납세의무를 종료시키고 해당 종합소득에 합산하지 않는 과세방식이다.

오답해설 ① 분류과세란 소득세의 과세에 있어 소득의 종류, 발생장소별로 과세표준과 세액을 계산하여 과세하는 방식을 말하는 것으로, 퇴직소득과 양도소득이 이에 해당한다.
② 거주자의 종합소득 과세표준에 배당소득금액이 합산되어 있는 경우에는 합산된 배당소득금액의 일정 비율에 상당하는 금액을 종합소득 산출세액에서 공제하는데, 이를 배당세액공제라고 한다.
③ 종합과세란 개인에게 귀속되는 소득을 발생원천이나 종류를 불문하고 과세기간에 획득한 모든 소득을 합하여 단일 과세표준으로 소득세를 과세하는 방법이다.

대표 유형 문제 알아 보기

소득세 과세방법

- **종합과세** : 개인에게 귀속되는 소득 중 매년 반복적으로 발생하는 소득을 하나의 과세표준으로 합산하여 과세하는 방법
  - 이자소득, 배당소득, 근로소득, 사업소득, 연금소득, 기타소득
- **분류과세** : 소득이 오랜 기간에 걸쳐 발생된 것으로 종합소득과 구분하여 소득의 종류 · 발생장소별로 소득세를 과세하는 방법
  - 퇴직소득, 양도소득
- **분리과세** : 종합과세 소득의 범위에 포함되는 소득 중 종합소득 과세표준에 합산하지 않는 소득으로, 법정률만을 원천징수함으로써 종합소득세의 납세의무가 종료되는 과세 방법
  - 분리과세 이자소득, 분리과세 배당소득, 분리과세 근로소득, 분리과세 연금소득, 분리과세 기타 소득
- **비과세소득** : 과세소득 중 소득의 성질 또는 국가 정책에 따라, 과세에서 제외되는 소득
  - 학자금, 농가부업소득, 유족급여, 국민연금법에 따라 받는 반환일시금 및 사망일시금 등

| 대표 유형 문제 정답 | ④

1 국세기본법

개념 확인 문제

01 조세란 공법상의 단체가 수입을 목적으로 법률이 정한 과세 요건에 해당하는 경우 일반인에게 과하는 1회 또는 계속적인 금전급부를 이르는 것으로, ( )에 따라 국세와 지방세로 분류할 수 있다.

① 과세 주체 ② 세율 구조

02 5억 원 미만인 국세채권의 국세징수권은 행사할 수 있는 날로부터 ( )간 행사하지 않으면 소멸시효가 완성된다.

① 5년 ② 10년

실전 확인 문제

▶ **「국세기본법」의 내용 중 기간과 기한 및 서류의 송달에 관한 설명으로 적절하지 않은 것은?**

① 신고기한이 공휴일에 해당하면 그 다음 날에 신고할 수 있다.
② 과세관청이 서류를 송달하는 경우 교부송달과 우편송달 중 선택할 수 있다.
③ 송달장소가 국외인 경우 서류의 송달요지를 공고한 날에서 10일이 경과함으로써 송달의 효력이 발생한다.
④ 국가 또는 지방자치단체에 등기우편으로 과세표준신고서를 제출하는 경우 통신일부인이 찍힌 날에 신고한 것으로 본다.

해설 송달장소가 국외인 경우 서류의 요지를 공고한 날에서 14일이 경과함으로써 송달의 효력이 생긴다.

개념 짚어 보기

우리나라의 조세체계

국세			지방세		
내국세	직접세	소득세, 법인세, 상속세 및 증여세, 종합부동산세	도세	보통세	취득세, 등록면허세, 레저세, 지방소비세
	간접세	부가가치세, 주세, 인지세, 증권거래세, 개별소비세		목적세	지방교육세, 지역자원시설세
	목적세	교육세, 농어촌특별세	시군세	보통세	주민세, 재산세, 자동차세, 지방소득세, 담배소비세
관세	–				

| 개념 확인 문제 **정답** | 01 ① 02 ① | 실전 확인 문제 **정답** | ③

2 소득세법

개념 확인 문제

01 소득이 지급될 때 원천징수로써 납세의무가 종결되는 것을 (　　)라고 한다.

① 분류과세　　② 분리과세

02 오랜 기간에 걸쳐 발생한 소득이 한꺼번에 실현될 때 종합과세할 경우 높은 세율이 적용됨으로써 세 부담이 커지는 것을 (　　)라고 한다.

① 결집효과　　② 누진효과

실전 확인 문제

01 다음 중 비거주자의 과세에 대한 설명으로 가장 알맞은 것은?

① 대한민국 국적을 가지고 있지 않은 사람은 모두 비거주자이다.

② 비거주자는 국내 원천소득에 대해서만 납세의무가 있다.

③ 비거주자의 소득은 전부 종합과세된다.

④ 비거주자의 소득은 전부 분리과세된다.

해설 비거주자의 경우 국내사업장이나 부동산임대소득 등이 있을 때에만 종합과세, 분리과세, 분류과세된다.

02 다음 중 종합소득으로 과세되지 않는 것은?

① 배당소득　　② 사업소득

③ 퇴직소득　　④ 기타소득

해설 퇴직소득과 양도소득은 분류과세 대상이다.

개념 짚어 보기

소득의 구분과 과세 방법

- **거주자** : 국내에 주소를 두거나 1년 이상의 거소를 둔 개인(국내외의 모든 소득)
  - 종합소득 : 이자소득, 배당소득, 부동산임대소득, 사업소득, 근로소득, 연금소득, 기타소득
  - 퇴직소득, 양도소득
- **비거주자** : 거주자 이외의 개인(국내 원천소득)
  - 종합과세 : 국내사업장이나 부동산임대소득 등이 있는 경우
  - 분리과세 : 국내사업장이나 부동산임대소득 등이 없는 경우
  - 분류과세 : 국내 원천소득으로 퇴직, 양도소득이 있는 경우

| 개념 확인 문제 정답 | 01 ② 02 ①　　| 실전 확인 문제 정답 | 01 ② 02 ③

3 이자소득, 배당소득

개념 확인 문제

01 이자소득과 배당소득 중 당연 또는 전액 분리과세되는 것 외의 2,000만 원까지는 (   )되고, 2,000만 원 초과 금액은 (   )된다.

① 종합과세, 분리과세　　② 분리과세, 종합과세

02 이자소득은 해당 과세기간에 발생한 국가나 지방자치단체가 발행한 채권 또는 증권의 이자와 할인액, 내국법인이 발행한 채권 또는 증권의 이자와 할인액, 국외에서 받는 예금의 이자 등을 과세대상으로 하며, 「소득세법」상 필요경비가 인정되지 않으므로 (   )을 이자소득금액으로 한다.

① 이자상당액　　② 총이자수입금액

실전 확인 문제

▶ **다음 중 원천징수 세율이 바르게 연결된 것은?**

① 비영업대금의 이익 – 20%　　② 배당소득 – 14%

③ 분리과세신청 장기채권 이자 – 25%　　④ 세금우대저축 이자 – 6%

① 비영업대금의 이익 – 25%
③ 분리과세신청 장기채권 이자 – 30%
④ 세금우대저축 이자 – 9%

개념 짚어 보기

원천징수 세율

구분	세율
비영업대금의 이익	25%
이자소득 및 배당소득으로 지급시기까지 지급받는 자의 실지 명의가 확인되지 않은 경우(지급자가 금융기관이 아닌 경우)	38%
상기 이외의 이자	14%
배당소득	14%
분리과세신청 장기저축 · 채권 · 이자	30%

| 개념 확인 문제 정답 | 01 ② 02 ② | 실전 확인 문제 정답 | ②

4 양도소득

개념 확인 문제

01 양도소득금액은 양도차익에서 (　　)를 차감한 금액이다.

① 양도소득 기본공제　　② 장기보유 특별공제

02 양도차익은 당해 자산의 양도가액과 취득가액을 (　　)에 의하여 계산하는 것이 원칙이며, 이것이 확인되지 않을 때에는 (　　)에 의하여 양도차익을 계산한다.

① 기준시가, 실지거래가액　　② 실지거래가액, 기준시가

03 「소득세법」상 양도에는 반대급부를 수반하는 자산의 (　　)과 사실상 이전이 해당된다.

① 유상이전　　② 무상이전

실전 확인 문제

▶ **양도소득세에 관한 다음 설명 중 잘못된 것은?**

① 양도소득세는 토지, 건물, 부동산권리 및 주식 등 자본적 자산을 양도함으로써 발생되는 이익에 대해 과세하는 것이다.

② 양도소득이 있는 거주자는 당해 연도의 양도소득금액에서 연 250만 원이 공제되며, 미등기 양도자산도 포함된다.

③ 장기보유 특별공제는 보유기간이 3년 이상인 토지 · 건물 등의 자산에만 적용된다.

④ 양도소득은 개인이 사업목적으로 부동산을 매매하여 얻은 사업소득과는 구별된다.

해설 양도소득 공제에 미등기 양도자산은 포함되지 않는다.

개념 짚어 보기

과세표준의 계산

- **양도소득 과세표준** : 양도소득금액 – 양도소득 기본공제
- **양도소득금액** : 양도차익 – 장기보유 특별공제
- **양도차익** : 양도금액 – 필요경비(취득가액, 자본적 지출, 양도비)
- **장기보유 특별공제** : 토지 · 건물(1세대 1주택 이외의 주택과 미등기 양도자산 · 비사용토지 및 주식 등을 제외)로 보유기간이 3년 이상인 자산에 적용

| 개념 확인 문제 **정답** | 01 ② 02 ② 03 ①　| 실전 확인 문제 **정답** | ②

5 증권거래세법

개념 확인 문제

01 증권거래소에서 주권을 계좌 간 대체로 매매결제하는 경우 증권거래세의 납세의무자는 (   )이다.

① 한국예탁결제원(대체결제회사) ② 당해 양도자

02 (   )란 간접 국세의 경우 법이 정한 과세거래가 성립될 경우 거래 상대방의 세액을 징수하는 것으로, 소득세법상의 원천징수제도와도 유사하다.

① 과세징수 ② 거래징수

실전 확인 문제

▶ **다음 증권거래세에 대한 설명 중 옳은 것은?**

① 국가 및 지방자치단체가 주권 등을 양도하는 경우에도 과세대상이 된다.

② 납세의무자는 매월분의 증권거래세 과세표준과 세액을 다음 달 말일까지 신고 · 납부해야 한다.

③ 증권거래세는 주권 또는 지분의 양도 시 부과되는 세금으로 과세표준은 주권의 양도가액으로 한다.

④ 증권거래세의 기본 세율은 0.15%이다.

해설 ① 국가 및 지방자치단체가 주권 등을 양도할 때에는 증권거래세가 부과되지 않는다.
② 납세의무자 중에서 한국예탁결제원과 금융투자업자는 매월분의 증권거래세 과세표준과 세액을 익월 10일까지 신고 · 납부해야 한다.
④ 증권거래세의 기본 세율은 0.5%이다.

개념 짚어 보기

증권거래세율
- **유가증권시장에서 양도되는 주권** : 0.15%
- **코스닥시장에서 양도되는 주권** : 0.3%
- **상기 외의 주권** : 0.5%

증권거래세의 납세의무자

구분	납세의무자
장내 또는 장외에서 거래되는 주권을 계좌 간 대체로 매매결제하는 경우	한국예탁결제원
금융투자업자를 이용하여 주권 등을 양도하는 경우	해당 금융투자업자
그 외에 주권을 양도하는 경우	당해 양도자
국내사업장이 없는 비거주자가 금융투자업자를 거치지 않고 주권 등을 양도하는 경우	당해 주권의 양수인

| 개념 확인 문제 **정답** | 01 ① 02 ② | 실전 확인 문제 **정답** | ③

6 세무전략 : 금융자산 TAX-PLANNING – 증여세 · 상속세 절세전략

개념 확인 문제

01 자녀에게 직접 증여한다면 (　　) 단위로 증여재산 공제가 이루어지므로 자녀가 어릴 때 분할증여하는 것이 좋다.

① 5년　　② 10년

02 재산을 자녀에게 분할증여할 때에는, 많은 금액이 아니라면 기대수익률이 (　　)을 증여하는 것이 좋으며, 이는 증여의 정당성 면에서도 유리하다.

① 낮은 자산　　② 높은 자산

실전 확인 문제

▶ **다음 중 상속증여세의 절세전략과 거리가 먼 것은?**

① 같은 금액이라도 여러 사람이 나누어 증여하는 것이 유리하다.

② 10년 단위로 상속 또는 증여를 위한 장기적인 계획을 세워야 한다.

③ 상속 개시 후 상속재산 협의 분할을 적절히 함으로써 상속인의 다음 상속을 대비하는 것이 바람직하다.

④ 어릴 때 증여하는 것보다 성인이 되어서 일괄증여하는 것이 유리하다.

해설 증여재산은 10년 단위로 공제하므로 자녀가 어릴 때 증여하는 것이 증여세액의 절감에 유리하다.

개념 짚어 보기

증여세 절세전략

- 증여자별 · 수증자별 과세차이 이용하기
- 자녀가 어릴 때 분할증여하기
- 증여재산 공제범위에 해당하더라도 증여세 신고하기
- 비실명채권 이용하기
- 레버리지 활용하기
- 저평가재산 증여하기

상속세 절세전략

- **사전 절세전략**
  - 장기적으로 계획을 세워 상속인들에게 미리 증여한다.
  - 상속개시(피상속인의 사망)가 임박했을 때 비실명채권을 매입한다.
- **상속개시 후** : 절세하기 위한 대안은 딱히 없지만, 상속인의 재차상속을 감안하여 재차상속 시의 상속세 절감을 위해 상속인들끼리 상속재산을 합리적으로 분배하는 것이 유리하다.

| 개념 확인 문제 **정답** | 01 ② 02 ② | 실전 확인 문제 **정답** | ④

7 금융소득 종합과세

개념 확인 문제

01 종합소득세 신고 · 납부기한은 소득이 있던 당해연도의 다음 해 (　　)까지이다.

① 5월 1~31일　　② 12월 1~31일

02 연간 금융소득이 2,000만 원을 초과하고 주 소득도 8,800만 원 이상이라면 (　　) 만기 채권을 구입하여 분리과세를 신청하거나 비과세저축 · 보험 등에 투자하면 절세할 수 있다.

① 5년　　② 10년

실전 확인 문제

▶ **다음 중 종합소득세 신고 의무가 없는 사람은?**

① 금융소득 종합과세대상이 되는 금융소득이 5,000만 원인 자

② 근로소득이 1억 원이고 금융소득 종합과세대상이 되는 이자소득이 2,000만 원인 자

③ 부동산 임대소득이 1,000만 원이고 금융소득 종합과세대상이 되는 이자소득이 1,000만 원인 자

④ 사업소득의 결손으로 인하여 종합소득이 없는 자

해설 근로소득만 있는 경우 금융소득 종합과세대상이 되는 이자소득이 2,000만 원을 초과하지 않을 경우에는 근로소득에 대해서는 연말정산하고, 금융소득에 대한 신고의무는 없다.

개념 짚어 보기

금융소득 종합과세

- **종합소득신고 대상** : 비과세 · 분리과세 소득을 제외한 연간 금융소득이 2,000만 원 이하인 경우에는 종합소득신고 대상이 아니며, 금융소득과는 별개로 부동산 임대소득 및 사업소득 또는 기타 소득(300만 원 이상)이 있는 경우 종합소득신고 대상에 해당한다.
- **금융기관의 원천징수와 종합과세신고 시 세금납부** : 금융소득이 기준금액 2,000만 원을 초과하여 종합과세될 경우, 이자지급 시 원천징수된 세금을 제외하고 종합과세로 인해 추가적으로 부과되는 세금만 납부하면 되는 것이기 때문이 세금이 이중으로 부과되는 것이 아니다.

절세할 수 있는 올바른 투자방법

- 금융자산에 대해 전반적으로 관리해줄 수 있는 곳으로 거래 금융기관의 수를 줄인다.
- 비과세 금융상품에 가입한도까지 우선적으로 투자한다.
- 금융소득이 2,000만 원을 초과하지 않도록 금융상품을 구성한다.
- 금융소득이 2,000만 원을 초과하고 주 소득도 8,800만 원 이상이라면 10년 만기 채권을 구입, 분리과세를 신청하거나 비과세저축 · 보험에 투자한다.

| 개념 확인 문제 **정답** | 01 ① 02 ②　| 실전 확인 문제 **정답** | ②

OX 문제

01 조세는 지출의 목적성에 따라 직접세와 간접세로 나뉜다. (　　)

02 5억 원 이상인 국세채권의 국세징수권의 소멸시효는 5년이다. (　　)

03 국세청이나 감사원에 제기하는 불복을 이의신청이라 한다. (　　)

04 현행 「소득세법」에 따르면 과세소득은 이자소득 · 배당소득 · 사업소득 · 근로소득 · 연금소득 · 양도소득 · 퇴직소득의 7가지로 구분하여 제한적으로 열거되고 있으며, 따라서 담세력이 있는 소득이라도 법령에 구체적으로 열거되지 않은 것은 과세하지 않는다(이자소득 · 배당소득 제외). (　　)

05 현행 「소득세법」에 따르면 소득세를 과세할 때 개인을 과세단위로 하는 것이 원칙이다. (　　)

06 1995년 귀속분부터 정부부과제도가 폐지되었으며 이후 납세의무자의 신고에 따라 조세채권이 확정되는 신고납세제도가 시행되고 있다. 따라서 납세의무자는 과세기간의 다음 연도 5월 1일부터 5월 31일까지 과세표준확정신고를 해야 한다. (　　)

07 원천징수로 과세를 종결하고 납세의무자가 별도로 정산을 위한 확정신고의무를 지지 않는 것을 예납적 원천징수라고 한다. (　　)

08 이자소득은 타인에게 현금 또는 현금성 자산이나 받을채권을 사용한 데 따른 대가로 받은 이자를, 배당소득은 지분투자에 대한 이익의 분배금액으로 받은 대가를, 양도소득은 개인이 일정한 자산을 양도함으로써 얻은 소득을 의미한다. 이 세 가지는 「소득세법」상 금융소득으로 본다. (　　)

09 형식상으로는 배당이 아니더라도 사실상 회사의 이익이 주주 등에게 귀속될 때 이를 배당으로 간주하는 것을 의제배당이라 한다. (　　)

10 이자소득금액은 해당 과세기간의 총수입금액으로 하며, 배당소득금액은 당해 연도의 총수입금액으로 한다. (　　)

01 직접세와 간접세는 조세의 전가성에 따른 분류로, 조세부담의 전가가 예상되는 것을 직접세라 하며, 그렇지 않은 것을 간접세라 한다. 지출의 목적성에 따라서는 세수의 용도가 불특정한 보통세와, 용도가 특정한 목적세로 나뉜다.

02 5억 원 미만인 국세채권의 국세징수건의 소멸시효는 5년이며, 5억 원 이상인 경우 10년이다.

03 이의신청이란 처분청에 재고를 요구하는 것을 말하며, 국세청이나 감사원에는 심사청구를 제기할 수 있다. 심판청구는 국세심판원을 대상으로 한다.

04 현행 「소득세법」에서는 기타소득을 포함하여 과세소득을 총 8가지로 구분하여 제한적으로 열거하고 있다.

07 원천징수로 과세를 종결하고 납세의무자가 별도로 정산을 위한 확정신고의무를 지지 않는 것은 완납적 원천징수이다. 예납적 원천징수는 원천징수대상이 된 소득을 과세표준에 포함하여 세액을 계산한 다음 당해 원천징수된 세액을 기납부세액으로 공제받음으로써 소득세 납세의무를 확정할 때 세액을 정산하는 것이다.

08 「소득세법」상 금융소득이라고 하는 것은 양도소득을 제외한 이자소득과 배당소득이다. 이자소득과 배당소득은 금융자산의 보유이익의 성격을 띠어 금융소득으로 본다.

정답 | 01 × 02 × 03 × 04 × 05 ○ 06 ○ 07 × 08 × 09 ○ 10 ○

O× 문제

11 장기채권은 보유기간이 10년 이상인 채권을 말한다. (   )

12 1세대 1주택에 해당하는 고가주택을 양도하여 발생하는 소득은 과세되지 않는다. (   )

13 증권거래세는 주권의 양도가액을 과세표준으로 하되 특수관계자에게 시가액보다 낮은 가액으로 양도한 것으로 인정되는 경우에는 시가액을 과세표준으로 한다. (   )

14 「증권거래세법」상 증권거래세의 기본 세율은 1,000분의 5이나, 자본시장 육성을 위해 증권시장에서 거래되는 주권에 한해 세율을 인하하거나 영의 세율로 할 수 있다. (   )

15 증권거래세의 납세 의무자 가운데 한국예탁결제원과 금융투자업자는 매월분의 증권거래세 과세표준 및 세액을 다음 달 10일까지 신고 · 납부해야 하며, 그 밖의 납세의무자는 매 분기분의 과세표준과 세액을 양도일이 속하는 분기의 말일에서 3개월 이내에 신고 · 납부해야 한다. (   )

16 파생금융상품에서 발생하는 소득은 거래 유형과 상관없이 소득의 발생원천에 따라 근로소득, 사업소득, 이자소득, 배당소득, 기타소득, 양도소득 등으로 파악해야 한다. (   )

17 상속개시가 임박했을 때 비실명채권을 매입하면 상속세를 절세할 수 있으나, 2012년 현재 비실명채권의 만기가 이미 모두 도래한 상태이고 추가로 발행될 물량이 없기 때문에 비실명 채권 매입은 절세대안이 될 수 없다. (   )

18 만기가 10년 이상인 장기채권에 대해서는 별도로 신청하지 않더라도 이자소득의 30%를 세금으로 부담하게 되며 종합과세대상에서 제외된다. (   )

19 근로소득과 퇴직소득만 있는 거주자는 종합소득세 신고를 해야 한다. (   )

20 금융자산 전반에 대해 조언 또는 관리해 줄 수 있는 곳으로 거래하는 금융기관의 수를 줄이면 절세할 수 있다. (   )

해설

11 장기채권이란 당해 채권 등의 발행일부터 원금 전부를 일시에 상환하기로 약정한 날까지의 기간이 10년 이상인 것으로, 보유기간이 3년 이상인 채권을 말한다.

12 1세대 1주택이라고 하더라도 고가주택은 과세 대상에 해당한다.

15 증권거래세의 납세 의무자 가운데 한국예탁결제원과 금융투자업자를 제외한 그 밖의 납세의무자는 매 분기분의 과세표준과 세액을 양도일이 속하는 분기의 말일에서 2개월 이내에 신고 · 납부해야 한다.

18 만기가 10년 이상인 채권의 이자를 분리과세받기 위해서는 금융기관의 창구직원에게 이자를 받을 때 분리과세를 받겠다고 반드시 신청을 해야 한다. 이렇게 분리과세 신청을 하지 않으면 일반원천징수 세율로 원천징수되며 종합과세대상이 된다.

19 종합소득금액이 있는 자는 모두 종합소득세 신고를 해야 하며 사업소득 등에서 결손이 생겼거나 소득금액이 없더라도 신고해야 한다. 다만 근로소득만 있는 거주자, 퇴직소득만 있는 거주자, 근로소득과 퇴직소득만 있는 거주자, 상기의 자 가운데 분리과세이자소득, 분리과세배당소득 또는 분리과세기타소득만 있는 자, 분리과세이자소득, 분리과세배당소득 또는 분리과세기타소득만 있는 자는 신고하지 않아도 된다.

정답 | 11 × 12 × 13 ○ 14 ○ 15 × 16 ○ 17 ○ 18 × 19 × 20 ○

2장 금융상품

생명보험의 특징이 아닌 것은?

① 수혜 대상이 타인이다.

② 효용이 화폐가치로 평가된다.

③ 효용을 느끼는 시점이 장래이다.

④ 현재에 대한 보장을 주된 기능으로 한다.

정답해설 생명보험의 주된 기능은 미래에 발생 가능한 위험을 보장하는 것이다.

오답해설 ① 생명보험은 효용의 혜택을 타인이 받는다.
② 생명보험의 효용은 화폐가치로 직접 표시되어 객관적이라고 할 수 있다.
③ 일반적으로 생명보험은 장래 보험사고가 발생하는 시점에 효용을 인식하게 된다.

대표 유형 문제 알아 보기

생명보험상품의 특징

- 기능 및 효용
  - 불확실한 미래를 보장해 주는 미래지향적 상품이다.
  - 효용의 혜택을 받는 사람이 본인이 아니라 타인이다.
  - 보험에 가입한 시점이 아니라 미래에 보험사고가 발생한 시점에 효용을 인식한다.
  - 효용이 화폐의 가치로 직접 표시되어 객관성 · 계량성이 강하다.
- 가격체계
  - 예정기초율에 따라 수입과 지출이 동일해지도록 가격을 정한다.
  - 가격의 구성하는 데 재료비가 차지하는 비율이 높다.
  - 이윤이 사후(事後)적으로 발생한다.
  - 이윤이 보험계약자에게 귀속된다.
- 기타 특징
  - 적은 금액의 개발고정비로 상품을 개발할 수 있다.
  - 수년에서 종신동안 계약의 효력이 지속되는 장기계약이다.

| 대표 유형 문제 정답 | ④

1 금융기관의 종류

개념 확인 문제

01 조합원에게 저축편의를 제공하고 대출을 통해 서로 간의 이익을 추구하기 위해 설립된 금융기관은 (　　) 이다.

① 상호저축은행　　② 신용협동기구

02 (　　)는 화재, 자동차 사고 등에 대비하는 보험의 인수 · 운영을 고유업무로 한다.

① 생명보험회사　　② 손해보험회사

실전 확인 문제

01 다음 중 특수은행에 해당하지 않는 금융기관은?

① 중소기업은행　　② 상호저축은행

③ 한국산업은행　　④ 한국수출입은행

해설 상호저축은행은 비은행예금 취급기관으로, 특수은행에 해당하지 않는다.

02 신용협동기구에 대한 다음 설명 중 적절하지 않은 것은?

① 농 · 수산업협동조합, 새마을금고 등이 이에 해당한다.

② 보험회사의 보험상품과 유사한 각종 공제상품도 취급한다.

③ 조합원들에게는 금리와 세제상의 우대혜택을 주며 대출이 쉽다.

④ 일반 서민이나 중소사업자의 금융편의 및 저축증대를 목적으로 설립되었다.

해설 신용협동기구는 조합원들의 금융편의를 위해 설립된 비영리 협동조합이다.

개념 짚어 보기

비은행 예금취급기관

은행과 비슷한 여수신업무를 취급하지만 은행보다 제한적인 목적으로 설립된 금융기관을 말한다.

- **상호저축은행** : 일정 행정구역 안에 소재하는 서민과 소규모 기업의 금융편의를 위해 설립된 지역 서민 금융기관이다.
- **신용협동기구** : 조합원에게 저축 편의를 제공하고 대출을 통해 조합원 간의 공동이익을 추구하기 위한 금융기관으로 새마을금고, 신용협동조합, 상호금융 등이 있다.
- **우체국예금** : 농어촌 지역에 저축 수단을 제공하기 위하여 우정사업본부가 운영하는 국영금융으로, 전국에 분포되어 있는 체신관서를 금융창구로 활용한다.
- **종합금융회사** : 지급결제, 보험, 가계대출 등을 제외한 기업금융업무 대부분을 영위하는 금융기관으로, 금융 · 외환위기 이후 다수의 종합금융회사가 퇴출 · 합병되었으며 신규 인 · 허가를 받지 못하고 있다.

| 개념 확인 문제 **정답** | 01 ② 02 ② | 실전 확인 문제 **정답** | 01 ② 02 ④

2 은행의 예금상품

개념 확인 문제

01 은행과 당좌거래계약을 맺은 거래처가 발행한 당좌수표와 약속어음 또는 당좌계약자가 인수한 환어음의 지급을 은행에 위임하기 위해 개설하는 예금을 (   )이라고 한다.

① 당좌예금 ② 가계당좌예금

02 주택청약부금 청약 1순위는 납입인정금액이 청약가능불입금액 이상이며 (   )이 경과한 자이다.

① 6개월 ② 2년

실전 확인 문제

01 예금상품에 대한 다음 설명 중 적절하지 않은 것은?

① 종금사의 CMA는 예금자보호대상에 해당된다.

② 생계형 저축의 비과세 한도는 1인당 3,000만 원이다.

③ 주택청약부금의 가입 대상은 만 18세 이상 무주택자이다.

④ MMDA는 예치금액에 따라 지급이자율이 차등 적용된다.

해설 주택청약부금 가입 대상은 주택건설지역에 거주하는 만 19세 이상인 개인 또는 만 19세 미만의 세대주(단독세대주 제외)이다.

02 대출상품에 대한 다음 설명 중 적절하지 않은 것은?

① 상호부금은 대출이 가능한 상품이다.

② 주택연금은 주택소유자가 만 65세 이상이어야 한다.

③ 종합통장의 대출금액은 통장에 마이너스(−)로 표시된다.

④ 한국주택금융공사의 보금자리론은 1주택 소유자도 가입 가능하다.

해설 주택연금은 부부 기준으로 1주택만을 소유해야 하며, 주택소유자가 만 60세 이상이어야 한다. 부부 공동소유일 경우 연장자가 만 60세 이상이어야 한다.

| 개념 확인 문제 정답 | 01 ① 02 ② | 실전 확인 문제 정답 | 01 ③ 02 ②

3 은행의 신탁상품

개념 확인 문제

01 맞춤형 특정금전신탁은 예탁기간에 제한이 없으나 일반적으로 ( ) 이상이다.
① 3개월 ② 1년

02 분리과세 특정금전신탁의 예탁한도는 ( ) 이상이다.
① 5,000만 원 ② 1억 원

03 분리과세 특정금전신탁은 소득세를 ( ) 세율로 납부하는 것으로 납세의무가 종결되므로, 금융소득 종합과세 대상에 포함되지 않는다.
① 25% ② 33%

04 연금저축신탁의 세액공제 혜택 한도는 퇴직연금을 포함하여 연간 적립액( )의 16.5% (총 급여 5,500만 원 이하)이다.
① 300만 원 ② 400만 원

실전 확인 문제

▶ **연금저축신탁에 대한 다음 설명 중 적절하지 않은 것은?**

① 만 18세 이상의 국내 거주자라면 가입 가능하다.
② 매달 또는 분기별로 월 기준 100만 원까지 1만 원 단위로 정액납입만 가능하다.
③ 수령자가 만 55세가 넘을 때까지 적립가능하다.
④ 연금수령주기는 월단위이나 수익자의 요청에 따라 3개월, 6개월, 1년 단위도 가능하다.

해설 매회 1만 원 이상 연간 1,800만 원(계좌별 한도금액) 이내에서 자유롭게 적립할 수 있다.

개념 짚어 보기

연금저축신탁

- **취급기관** : 은행, 우체국, 증권투자회사, 자산운용회사, 생명보험사, 손해보험사, 농 · 수협중앙회 및 단위조합, 신협
- **저축방법** : 매회 1만 원 이상 연간 1,800만 원에서 자유롭게 적립할 수 있다. 퇴직연금 근로자 부담금을 포함하여 전 금융기관 합산된다. 단, 2001년 신설된 개인연금저축 가입 시 과거 연금저축과 신설 연금저축 도합 분기마다 600만 원까지 가능하다.
- **적립기간** : 5년 이상 연 단위로 수령자가 만 55세가 넘을 때까지
- **연금지급기간** : 적립기간 5년 이상 및 만 55세 요건을 모두 충족한 시점부터 10년 이상 연 단위
- **연금수령주기** : 월단위 수령(수령자 요청 시 3개월, 6개월, 1년 단위로 가능)
- **연금지급방식** : 정액식 지급(수령자 요청 시 체증식 가능)

| 개념 확인 문제 정답 | 01 ① 02 ② 03 ② 04 ② | 실전 확인 문제 정답 | ②

4 생명보험(1)

개념 확인 문제

01 자기 이름으로 보험회사와 계약을 체결한 자를 (   )라고 한다.
① 피보험자 ② 보험계약자

02 생명보험상품은 (   )에 의해 가격이 결정된다.
① 약정이율 ② 예정기초율

실전 확인 문제

01 변액보험상품에 대한 설명 중 가장 거리가 먼 것은?

① 분리계정에 의한 자산운용을 한다.
② 계약자는 자금운용에 대한 지시권이 없다.
③ 사전에 확정된 보험금을 지불하는 상품이다.
④ 보험료의 일부를 유가증권에 투자하여 투자실적에 따라 보험금을 정산한다.

해설 변액보험은 고객이 납입한 보험료를 모아 펀드를 구성한 후 주식 · 채권 등에 투자하여 발생한 이익을 사후적으로 배분하여 주는 투자실적배당형 보험상품이다.

02 사망보험의 보험료 계산에 대한 설명 중 틀린 것은?

① 예정이율이 높으면 보험료는 올라간다.
② 예정사망률이 높으면 보험료는 올라간다.
③ 예정이율보다 실제이율이 높으면 이자율차익이 발생한다.
④ 예정사업비율이 실제사업비율보다 높으면 사업비차익이 발생한다.

해설 예정이율이 높으면 보험료는 내려간다.

개념 짚어 보기

예정기초율

- **예정사망률** : 보험료를 산출할 때 피보험자의 사망 비율을 예측하여 적용한 사망률
- **예정이율** : 보험료 수입과 보험료 지급 간의 시간차를 이용한 적립금 운용 이율
- **예정사업비율** : 보험계약의 유지 · 관리 등 보험사업 운영에 필요한 예상 경비

| 개념 확인 문제 정답 | 01 ② 02 ② | 실전 확인 문제 정답 | 01 ③ 02 ①

5 생명보험(2)

개념 확인 문제

▶ 표준체보험, 표준미달체보험, 우량체보험은 (　　　)에 따른 분류이다.

① 배당유무　　　　② 피보험자의 상태

실전 확인 문제

01 보험상품에 대한 설명이 잘못된 것은?

① 생명보험과 상해보험은 인보험에 속한다.

② 양로보험은 생사혼합보험이다.

③ 피보험자가 2인 이상인 경우를 연생보험이라고 한다.

④ 보험금 지급의무가 있는 보험회사를 보험계약자라고 한다.

해설 보험금 지급의무가 있는 보험회사는 보험자이며, 보험계약자는 보험 계약을 체결하고 계약이 성립되면 보험료 납입의무를 지는 자, 즉 계약상의 일체의 권리와 의무를 지는 자이다. 보험계약자가 20세 미만일 경우에는 친권자 또는 후견인의 동의가 필요하다.

02 생명보험 계약의 특징이 아닌 것은?

① 무상계약성　　　　② 쌍무계약성

③ 낙성계약성　　　　④ 사행계약성

해설 생명보험 계약은 보험사고가 발생한 경우 보험자가 보험수익자에게 보험금을 지급할 것을 약속함으로써 보험수익자의 경제적 불안을 줄여주는 반면 보험계약자가 이에 대한 대가로 보험료를 지급하는 유상계약이다. 이외에도 생명보험 계약의 특징에는 부합계약성, 선의계약성 등이 있다.

개념 짚어 보기

보험의 종류

인보험	생명보험	사망보험, 생존보험, 생사혼합보험(양로보험)
	상해보험	
손해보험	화재보험, 운송보험, 해상보험, 책임보험, 자동차보험	
사회보험	산업재해보상보험, 건강보험, 국민연금, 고용보험	

| 개념 확인 문제 정답 | ②　　| 실전 확인 문제 정답 | 01 ④　02 ①

6 손해보험

개념 확인 문제

01 화재보험, 운송보험, 해상보험, 책임보험, 자동차보험은 ( )의 보험의 종류이다.

① 실무상 ② 상법상

02 보험사고 발생 시 보상책임을 지는 보험회사와 보험계약자 간의 보험계약을 ( )이라 하며, 특정 보험자가 인수한 보험계약상의 책임 가운데 일부 또는 전부를 제2의 보험자가 인수하는 보험을 ( )이라 한다.

① 원보험, 재보험 ② 재보험, 원보험

03 자동차보험 책임보험은 법으로 강제된 것으로 사망 사고 시 피해자 1인당 사망 · 후유장애 시 최고 ( ), 부상 시 최고 ( )이 보장된다.

① 1억 원, 2,000만 원 ② 2억 원, 4,000만 원

실전 확인 문제

▶ **장기손해보험에 대한 내용 중 잘못된 것은?**

① 보험료 납입 방법이 다양하다.

② 보험기간은 3년 이상 15년 이내이다.

③ 보험계약 만기 시 무사고 환급금을 지급한다.

④ 80% 이하의 일부 손해라면 사고가 몇 번 발생하더라도 보험가입금액이 감액되지 않으며 보험계약도 존속된다.

해설 80% 미만의 일부 손해가 발행한 경우라면 사고가 몇 번 발생하더라도 보험가입금액이 감액되지 않으며 보험계약도 존속된다.

개념 짚어 보기

손해보험의 종류

화재보험, 해상보험, 특종보험, 자동차보험, 장기손해보험

장기손해보험

- 보험기간은 3년 이상 15년 이내이다.
- 보험계약 만기 시 무사고 환급금을 지급한다.
- 보험료를 다양한 방법으로 납입할 수 있다(일시납, 연납, 6개월납, 3개월납, 2개월납, 월납).
- 80% 미만의 일부 손해라면 사고가 몇 번 발생하더라도 보험가입금액이 깎이지 않으며 보험계약도 존속된다(자동복원).

| 개념 확인 문제 정답 | 01 ② 02 ① 03 ① | 실전 확인 문제 정답 | ④

7 「자본시장법」 개요

개념 확인 문제

▶ 「자본시장법」에서는 금융투자상품을 "이익을 얻거나 손실을 회피할 목적으로 현재 또는 장래의 특정(特定) 시점에 금전, 그 밖의 재산적 가치가 있는 것(이하 '금전등'이라 한다)을 지급하기로 약정함으로써 취득하는 권리로서, 그 권리를 취득하기 위하여 지급했거나 지급해야 할 금전등의 총액(판매수수료 등 대통령령으로 정하는 금액을 제외한다)이 그 권리로부터 회수했거나 회수할 수 있는 금전등의 총액(해지수수료 등 대통령령으로 정하는 금액을 포함한다)을 초과하게 될 위험이 (　　) 것"이라고 정의하고 있다.

① 있는　　② 없는

실전 확인 문제

▶ **다음 중 증권에 대한 설명으로 적절하지 못한 것은?**

① 원본 대비 손실비율이 100%를 초과할 가능성이 있다면 파생상품으로 분류된다.

② 국채는 채무증권으로 분류된다.

③ 기초자산의 가격, 지수 등의 변동과 연계하여 미리 정해진 방법에 따라 지급금액이 결정되는 권리가 표시된 것을 투자계약증권이라 한다.

④ 증권예탁증권이란 증권을 예탁받은 자가 그 증권이 발행된 국가 외의 국가에서 발행한 것으로서 예탁받은 증권에 관련된 권리가 표시된 것이다.

해설 파생결합증권에 대한 설명이다. 투자계약증권이란 투자한 사업의 결과에 따라 손익을 귀속받는 권리가 표시된 것을 말한다.

개념 짚어 보기

증권의 종류

- **채무증권** : 타인자본 조달수단으로 채무를 표시하는 증권
- **지분증권** : 타인자본 조달수단으로 지분을 표시하는 증권
- **수익증권** : 집합투자업자에 있어 투자신탁의 수익증권, 금전신탁계약서에 의한 수익증권, 그 외 이와 유사한 것으로 신탁의 수익권이 표시된 것
- **투자계약증권** : 특정 투자자가 그 투자자와 타인 간의 공동사업에 투자하고 그 공동사업의 결과에 따른 손익을 귀속받는 계약상의 권리가 표시된 것
- **파생결합증권** : 기초자산의 이자율, 가격, 단위나 이를 기초로 하는 지수 등의 변동과 연계하여 미리 정한 방법에 따라 지급금액이나 회수금액이 결정되는 권리가 표시된 것
- **증권예탁증권** : 증권을 예탁받은 자가 증권 발행 국가 외의 국가에서 발행한 것으로, 예탁받은 증권과 관련된 권리가 표시된 것

| 개념 확인 문제 **정답** | ①　　| 실전 확인 문제 **정답** | ③

8 집합투자기구(1)

개념 확인 문제

01 투자회사의 최저순자산액은 (　　) 이상이어야 하며, 발기인은 설립 시 발행하는 주식의 총수를 인수하고 바로 주식 인수가액을 금전으로 내야 한다.

① 10억 원　　② 100억 원

02 투자회사의 발기인은 투자회사 재산의 100분의 (　　)을 초과하여 부동산이나 선박에 투자하는 투자회사를 설립할 수 없으며, 투자회사를 설립한 뒤에도 그 투자회사의 정관을 투자회사재산의 100분의 (　　)을 초과하여 부동산이나 선박에 투자하는 투자회사로 바꿀 수 없다.

① 60　　② 70

03 채권평가회사는 집합투자재산에 속하는 자산의 가격을 평가하고 집합투자기구에 이를 제공하는 업무를 담당하며, 이러한 업무를 영위하려면 금융위원회에 (　　)해야 한다.

① 신고　　② 등록

실전 확인 문제

▶ **다음 중 집합투자기구의 종류에 해당하지 않는 것은?**

① 증권집합투자기구　　② 혼합자산집합투자기구

③ 부동산집합투자기구　　④ 실물자산집합투자기구

해설 실물자산간접투자기구는 특별자산집합투자기구에 통합되어 특별자산집합투자기구로 일원화되었다.

개념 짚어 보기

집합투자기구의 종류

- **증권집합투자기구** : 집합투자재산의 50%를 초과하여 증권에 투자하는 집합투자기구
- **부동산집합투자기구** : 집합투자재산의 50%를 초과하여 부동산에 투자하는 집합투자기구
- **단기금융집합투자기구** : 집합투자재산 일체를 대통령령으로 정하는 단기금융상품에 투자하는 집합투자기구
- **특별자산간접투자기구** : 집합투자재산의 50%를 초과하여 특별자산(증권 및 부동산 제외)에 투자하는 집합투자기구
- **혼합자산집합투자기구** : 집합투자재산의 운용과 관련하여 법령상 주된 투자대상 및 최저 투자한도 제한 없이 어떤 자산이든 투자비율 제한 없이 투자할 수 있는 집합투자기구(다만, 환매금지형 집합투자기구로 설정하여 설립해야 함)

| 개념 확인 문제 **정답** | 01 ① 02 ② 03 ②　| 실전 확인 문제 **정답** | ④

9 집합투자기구(2)

개념 확인 문제

01 사모집합투자기구란 집합투자증권을 사모로만 발행하는 집합투자기구로서, 일반투자자의 총수가 ( ) 이하인 것을 말한다.

① 49인 ② 50인

02 집합투자기구에 대한 출자지분이 표시된 것을 집합투자증권이라 하며, 투자신탁의 경우에는 ( )이 표시된다.

① 수탁권 ② 수익권

03 다수펀드 간에 전환이 가능한 구조의 펀드 상품을 ( )이라고 한다.

① 카멜레온형 ② 엄브렐러형

실전 확인 문제

▶ **신탁재산을 주식 및 주식관련 파생상품에 투자하는 상품으로 약관상 주식 및 주식관련 파생상품의 편입비율이 60% 이상인 상품에 해당하는 것은?**

① 채권혼합형 ② 주식혼합형

③ 채권형 ④ 주식형

해설 ① 채권혼합형 : 신탁재산을 주로 채권 등에 투자하는 상품으로 약관상 주식편입비율이 50% 미만인 상품
② 주식혼합형 : 신탁재산을 주로 주식 등에 투자하는 상품으로 약관상 주식편입비율이 50% 이상인 상품
③ 채권형 : 신탁약관(정관)상 채권 및 채권관련 파생상품에 신탁재산의 60% 이상을 투자하는 상품으로, 주식 및 주식관련 파생상품에 투자 · 운용할 수 없음

개념 짚어 보기

용어의 이해

- **집합투자기구** : 집합투자를 수행하기 위한 기구
- **사모집합투자기구** : 집합투자증권을 사모로만 발행하며 일반투자자의 총수가 49인 이하인 집합투자기구
- **집합투자재산** : 집합투자기구의 재산(투자회사재산, 투자신탁재산, 투자조합재산, 투자유한회사재산, 투자합자회사재산, 투자익명조합재산)
- **집합투자증권** : 집합투자기구에 대한 출자지분을 표시한 것(투자신탁의 수익권)
- **집합투자자총회** : 집합투자기구 투자자 전원으로 이루어진 의사결정기관(주주총회, 사원총회, 수익자총회, 조합원총회, 익명조합원총회)

| 개념 확인 문제 **정답** | 01 ① 02 ② 03 ② | 실전 확인 문제 **정답** | ④

10 랩어카운트

개념 확인 문제

01 랩어카운트는 증권회사가 투자자의 투자 성향 및 목적 등을 정밀히 분석하고 진단하여 고객에게 적합한 다양한 투자수단을 대상으로 최적의 포트폴리오를 추천하고, 그 포트폴리오를 운용하여 (   )를 받는 종합자산관리계좌이다.

① 수수료(commission)　　② 보수(fee)

02 (   )은 일임투자자산운용사와의 상담을 통해 고객의 성향과 투자 목적에 맞는 우수 펀드로 가장 적합한 포트폴리오를 구성하는 투자전략을 제안한다.

① 펀드형 랩　　② 컨설턴트 랩

실전 확인 문제

▶ **다음 중 증권회사에서 랩어카운트를 운용함으로써 발생할 수 있는 장단점으로 적절하지 않은 것은?**

① 안정적인 수익기반을 확보할 수 있다.
② 자산기준의 운용수수료 수입이 발생한다.
③ 수수료 수입총액이 감소할 가능성이 있다.
④ 랩 업무에 대응하는 시스템을 구축하는 비용이 따로 발생하지 않는다.

해설 영업직원 재교육 등 랩 업무에 대응하기 위한 시스템을 구축하는 데 비용이 소요된다.

개념 짚어 보기

랩어카운트(Wrap Account)의 유형

유형	내용
펀드형 랩	일임투자자산운용사와의 상담을 통해 고객의 성향과 투자 목적에 맞는 우수 펀드로 가장 적합한 포트폴리오를 구성하는 투자전략을 제안한다.
컨설턴트 랩	일임투자자산운용사와의 상담을 통해 고객의 적극적이고 다양한 투자스타일이 반영된 최적의 포트폴리오와 개별주식에 관한 투자전략을 제안한다.
자문사 연계형 랩	증권사가 고객에게 랩 계좌로 투자자금을 받은 다음 투자자문계약을 체결한 우수한 외부의 투자자문사에게 자문을 받아 랩 계좌에서 운영한다.

| 개념 확인 문제 **정답** | 01 ② 02 ①　| 실전 확인 문제 **정답** | ④

11 주가지수연계증권(ELS)

개념 확인 문제

01 ELS가 조기상환되지 않고 만기까지 보유했을 때 투자기간 중에 낙인을 터치한 적이 없으면 만기에 지급되는 보너스 수익을 (　　)라고 한다.

① 리베이트　　② 더미 수익

02 참여율은 (　　) 녹아웃 ELS에서 최초기준가격부터 녹아웃배리어 가격까지의 상승구간에서 상승수익률을 계산할 때 사용되는 승수를 말한다.

① 원금보장형　　② 원금비보장형

실전 확인 문제

▶ **다음 중 주가지수연계증권(ELS)에 대한 설명으로 적절하지 않은 것은?**

① ELS는 법적으로 파생결합증권의 한 종류이다.

② ELS는 만기나 수익구조 등을 다양하게 설계할 수 있다는 것이 장점이다.

③ ELS는 자동조기상환 또는 만기상환이 원칙이므로 중도상환은 불가능하다.

④ ELS는 투자수익률이 연동되는 기초자산에 따라 지수형, 개별주식형, 혼합형 상품으로 분류된다.

해설 ELS는 자동조기상환 또는 만기상환이 원칙이나 투자자 요청에 따른 중도상환이 가능하다.

개념 짚어 보기

ELS(Equity Linked Securities) 관련 용어

- **녹아웃배리어, 녹인배리어**
  - 녹아웃배리어(Knock-Out Barrier) : 녹아웃ELS에서 상승수익률을 지급하는, 최초기준가격의 100~130%의 한계가격을 말한다.
  - 녹인배리어(Knock-In Barrier) : 원금손실가능성이 발생하는 기준점을 말한다.
- **더미(Dummy) 수익** : ELS가 조기상환되지 않고 만기까지 보유했을 때 투자기간 중에 낙인을 터치한 적이 없을 경우 지급되는 보너스 수익을 말한다.
- **리베이트(Rebate)** : 원금보장형 녹아웃ELS에서 사전에 정한 녹아웃배리어를 초과하여 상승한 경우에 지급되는 고정 수익률을 말한다.
- **참여율(Participation Rate)** : 원금보장형 녹아웃ELS에서 최초기준가격부터 녹아웃배리어 가격까지의 상승구간에서 상승수익률을 계산할 때 사용하는 승수를 말한다.

| 개념 확인 문제 **정답** | 01 ② 02 ①　| 실전 확인 문제 **정답** | ③

12 주식워런트증권(ELW)

개념 확인 문제

01 주식워런트증권이란 어떠한 대상물을 미리 정한 장래의 시기에 미리 정해둔 값으로 매매할 수 있는 권리가 있는 증권으로, 발행총액이 (　　) 이상일 때 상장 가능하다.

① 10억 원　　② 15억 원

02 발행자에게 기초자산을 권리행사가격으로 인수하거나 그 차액을 받을 수 있는 권리가 주어진 워런트로, 기초자산 가격이 상승함에 따라 이익이 발생하는 것을 (　　)라고 한다.

① 콜 워런트　　② 풋 워런트

03 (　　)는 거래소에 호가가 제출되자마자 체결하되, 잔량체결을 할 수 없을 때에는 호가수량을 전부 취소하는 것이다.

① IOC　　② FOK

실전 확인 문제

01 다음 중 주식워런트증권의 특징이라고 볼 수 없는 것은?

① 높은 유동성　　② 투자위험의 증대

③ 레버리지효과　　④ 시장상황과 상관없이 투자기회 제공

해설 투자자는 매수포지션만 보유하므로 손실은 주식워런트증권가격에 한정되나 이익은 무한대로 커질 수 있다.

02 다음 중 주식워런트증권의 가격결정요인이 아닌 것은?

① 기초자산의 가격　　② 기초자산의 가격변동성

③ 권리행사가격　　④ 환율

해설 주식워런트증권의 가격결정요인으로는 이외에도 만기까지의 잔존기간, 금리, 배당 등이 있다.

개념 짚어 보기

주식워런트증권(Equity Linked Warrant)의 거래 조건

- IOC(Immediate or Cancel) : 거래소에 호가가 제출되자마자 체결가능 수량은 체결하고 미체결잔량은 취소하는 조건
- FOK(Fill or Kill) : 거래소에 호가가 제출되자마자 체결하되, 잔량체결을 할 수 없을 때 호가수량을 전부 취소하는 조건

| 개념 확인 문제 정답 | 01 ① 02 ① 03 ②　| 실전 확인 문제 정답 | 01 ② 02 ④

13 환매조건부채권(RP) 매매

개념 확인 문제

01 환매조건부채권매매는 채권을 일정기간 후에 일정가액으로 환매수 · 환매도할 것을 조건으로 매도 · 매수하는 거래로 채권 ( )이다.

① 장내거래 ② 장외거래

02 환매조건부채권의 매매단위는 1만 원 이상으로 제한이 없으나 보통 ( ) 이상으로 회사마다 자율 결정이 가능하다.

① 10만 원 ② 100만 원

실전 확인 문제

▶ **다음 중 환매조건부채권(RP)상품에 대한 설명으로 적절하지 않은 것은?**

① 개인만 가입이 가능하다.

② 약정형과 예금형으로 나뉘어진다.

③ 투자 기간은 1일 이상이며, 약정 기간은 1년 이내로 정하나 연장 가능하다.

④ 투자 금액은 1만 원 이상으로 제한이 없으나 취급기관이 자율적으로 제한할 수 있다.

해설 개인과 법인 모두 가입이 가능하다.

개념 짚어 보기

RP상품 개요

- **가입대상** : 개인, 법인
- **투자금액** : 1만 원 이상 제한 없음(취급기관 자율 제한 가능)
- **투자기간** : 1일 이상(취급기관 자율 제한 가능)
- **약정기간** : 1년 이내(연장 신청 가능)
- **투자수익률** : 가입당시 약정이율로 확정
- **상품종류(업무처리방식에 따른 실무적 구분)**
  - 약정형 : 원금, 투자기간, 약정이율, 약정 전 · 후 이율 등의 조건을 거래가 발생할 때마다 건별 약정
  - 예금형 : 투자기간에 따른 적용 이율을 미리 확정해 놓고 고객의 입출금 기간에 따라 일수를 계산하여 이자 지급
- 입출금이 비교적 자유로우며, 금액 및 기간에 따라 차등 확정금리 적용
- 은행은 15일 이상 투자 가능(7일 이하 0%, 8~14일 보통예금이율)

| 개념 확인 문제 정답 | 01 ② 02 ② | 실전 확인 문제 정답 | ①

14 자산유동화증권(ABS : Asset Backed Securities)

개념 확인 문제

01 (　　)은 유동화자산집합에서 발생되는 현금흐름을 이용하여 증권화하는 것으로, 현금흐름을 균등하게 배분하지 않고 상환 우선순위를 각기 다르게 발행하는 채권이다.

① 지분이전증권(Pass-through Security)　　② 원리금이체채권(Pay-through Bond)

02 유동화가 이루어지는 자산은 매매가 가능하며, 자산보유자가 파산할 경우 파산재단에서 분리될 수 (　　).

① 있다　　② 없다

03 자산유동화증권의 신용보강방법 중 후순위 방법, 초과스프레드 방법은 (　　)에 해당한다.

① 내부 신용보강방법　　② 외부 신용보강방법

실전 확인 문제

▶ **자산유동화증권에 대한 다음 설명 중 적절하지 않은 것은?**

① 유동화가 이루어지는 자산은 집합이 가능하고 동질적이어야 한다.

② 투자자의 선호에 부응하는 상품을 만들 수 있다는 이점이 있다.

③ 초기 유동성비용 등으로 인해 신용도 등급이 같은 다른 채권보다 수익성이 상대적으로 낮다는 단점이 있다.

④ 유동화를 통해 자산의 부외화 효과를 거둘 수 있어 금융기관의 경우 자기자본관리를 강화하기 위해 자산유동화를 추진하기도 한다.

해설 유동화증권은 초기 유동성비용과 구조상의 프리미엄 등으로 인해 신용도 등급이 같은 다른 채권보다 상대적으로 높은 수익률을 거둘 수 있다.

개념 짚어 보기

현금수취방식에 따른 자산유동화증권의 종류

- **지분이전증권(Pass-through Security)** : 유동화중개기관에 유동화자산을 매각하면 유동화중개기관이 그것을 집합화하여 신탁을 설정하고 그 신탁에 대한 지분권을 나타내는 주식 형태로 발행하는 증권
- **원리금이체채권(Pay-through Bond)** : 유동화자산집합에서 발생되는 현금흐름을 이용하여 증권화하는 것으로, 현금흐름을 균등하게 배분하지 않고 상환 우선순위를 각기 다르게 발행하는 채권

자산유동화증권의 신용보강방법

- **내부 신용보강방법** : 후순위 방법, 초과스프레드 방법
- **외부 신용보강방법** : 신용공여 방법, 보증방법, 신용장 방식

| 개념 확인 문제 **정답** | 01 ② 02 ① 03 ①　| 실전 확인 문제 **정답** | ③

15 유동화구조

개념 확인 문제

01 신용카드 자산은 ( )에 현금화되며, 미래의 사용대금을 이용해서 유동화증권을 발행한다는 점에서 기존의 유동화와는 구조가 다르다.

① 단기 ② 장기

02 신용카드 유동화는 ( )을/를 통해 구조적 위험과 자산의 신용도 하락에 대응할 수 있다.

① 리볼빙구조 ② 조기상환규정

03 자산보유자의 자산을 실제로 매각하여 위험을 SPC로 전가시키는 것을 ( )라고 하며, 자산을 매각하지 않고 계속 보유하면서 자산의 신용위험만 SPC로 전가하는 것을 ( )라고 한다.

① Cash Flow CDO, Synthetic CDO ② Synthetic CDO, Cash Flow CDO

실전 확인 문제

▶ **다음 중 자동차할부금융에 대한 내용으로 잘못된 것은?**

① 보통 원리금 균등분할구조로 되어 있다.

② 국내의 경우 주로 만기일시상환상식으로 자산유동화증권을 발행하며, 이러한 구조에는 재투자수익의 위험요소가 존재하지 않는다.

③ 자동차할부금융을 기초자산으로 한 유동화증권을 평가할 때 할부금융의 연체율과 조기 상환율이 신용도에 가장 큰 영향을 미친다.

④ 신용도 하락위험을 통제하기 위해 주로 선후순위나 은행의 신용공여 등의 신용보강 방안을 시행한다.

해설 국내에서는 자산유동화증권을 주로 만기일시상환방식으로 발행하는데 이러한 구조에는 재투자수익의 위험이 존재한다.

개념 짚어 보기

조기상환규정

- 신용카드 유동화는 조기상환규정을 통해 구조적 위험과 자산의 신용도 하락에 대응할 수 있다.
- **조기상환 유발 요인**
  - 자산관리자의 신용도 하락 또는 자산관리자가 원활하게 자산관리업무를 수행하지 못할 때
  - 초과스프레드가 0 이하일 때
  - 최소위탁자지분 규모가 일정 수준 이하로 줄어들고 일정 기간 치유되지 않을 때
  - 자산규모가 투자자지분 이하로 줄어들 때

| 개념 확인 문제 정답 | 01 ① 02 ② 03 ① | 실전 확인 문제 정답 | ②

16 주택저당채권(MBS)

01 CMO는 하나의 상품을 만기가 다양한 여러 가지 tranche로 구성하여 현금흐름의 안정성을 높임으로써 ( ) 을 완화하기 위해 도입되었다.

① 유동성 위험　② 조기상환위험

02 역모기지(RM : Reverse Mortgage)는 본인 명의의 주택에 담보 · 대출계약을 맺은 후 일정 금액을 ( ) 형태로 받는 것이다.

① 연금　② 이자

실전 확인 문제

01 MBS의 신용보강방법 중 외부 신용보강이 아닌 것은?

① 법인보증　② 신용장

③ 저당대출집합보험　④ 선 · 후순위채구조

해설 선 · 후순위채구조는 가장 많이 사용되는 내부 신용보강방법이다.

02 MBS의 특징으로 적절하지 않은 것은?

① 채권구조가 단순하고 현금흐름이 명확하다.

② 대상자산인 주택저당대출의 형식에 따라 다양한 상품을 구성할 수 있다.

③ 별도의 신용보강이 이루어지므로 회사채보다 높은 신용등급의 채권을 발행할 수 있다.

④ 주택저당대출 만기와 대응하므로 일반적으로 장기로 발행한다.

해설 MBS는 채권구조가 복잡하고 현금흐름이 불확실하므로 수익률이 국채, 회사채에 비해 높다.

개념 짚어 보기

주택저당채권(MBS : Mortgage Backed Securities)의 특징

- 주택저당대출의 만기와 대응되므로 보통 장기로 발행된다.
- 조기상환으로 인해 수익이 변동된다.
- 채권구조가 복잡하고 현금흐름이 불확실하므로 수익률이 국채, 회사채에 비해 높다.
- 대상자산인 주택저당대출의 형식 등에 따라 상품 구성을 다양하게 할 수 있다.
- 자산이 담보되어 있으며 신용보완이 따로 이루어지기 때문에 발행하는 채권의 신용등급이 회사채보다 높다.
- 매월 대출원리금 상환액에 기초하여 발행증권에 대한 원리금이 매달 상환된다.
- 채권을 상환하는 과정에서 자산관리 수수료를 비롯한 각종 수수료가 발생한다.

| 개념 확인 문제 정답 | 01 ② 02 ①　| 실전 확인 문제 정답 | 01 ④ 02 ①

17 연금상품

개념 확인 문제

▶ (　　) 퇴직연금의 급여 수준은 적립금 운용 실적에 따라 근로자마다 다르다.

① 확정급여형　　② 확정기여형

실전 확인 문제

01 연금에 관한 다음 설명 중 적절하지 않은 것은?

① 개인연금은 만 20세 이상의 국내 거주자라면 누구나 가입해야 한다.

② 개인연금은 400만 원 한도 내에서 불입액의 100%가 소득공제된다.

③ 국민연금제도에 소요되는 비용은 원칙적으로 가입자, 사용자가 부담하도록 되어 있다.

④ 국민연금의 급여는 노령연금, 장애연금, 유족연금, 반환일시금, 사망일시금으로 분류된다.

해설 개인연금저축은 만 20세 이상, 연금저축은 만 18세 이상의 국내 거주자로 가입할 의사가 있는 경우에만 가입하는 것으로 가입 강제성이 없다.

02 미국의 기업연금 중 확정기여형 연금제도가 확산되는 이유가 아닌 것은?

① 기업이 도산하더라도 연금수급에 문제가 없다.

② 참여자들이 투자위험을 감수하지 않아도 된다.

③ 잦은 이직에 대한 연금제도의 연속성을 확보할 수 있다.

④ 통신기술 등의 발달로 인해 자유롭게 금융자산을 선택할 수 있다.

해설 확정기여형 연금제도는 각각의 참여자가 투자위험을 감수해야 한다.

개념 짚어 보기

개인연금

- **비용부담** : 본인 부담
- **가입요건** : 만 18세 이상 국내거주자
- **적립기간** : 10년 이상
- **가입한도** : 분기 300만 원 이내 자유적립
- **연금지급** : 만 55세 경과 후 15년 이상 연금으로 지급
- **연금저축상품** : 연금저축신탁, 연금저축펀드, 연금저축보험
- **세제혜택**
  - 개인연금저축 : 비과세, 매년 72만 원(연간 납입액의 40%)까지 소득공제(2000. 12. 31 이전 판매)
  - 연금저축 : 과세(세금우대), 매년 400만 원까지 소득공제(2001. 2. 1 이후 판매)

| 개념 확인 문제 정답 | ②　　| 실전 확인 문제 정답 | 01 ①　02 ②

핵심 플러스 OX 문제

01 금융투자업자란 금융투자상품의 거래와 관련된 업무를 하는 금융기관으로, 경제적 실질을 기준으로 한 금융기준에 따라 투자매매업자, 투자중개업자, 집합투자업자, 투자자문업자, 투자일임업자, 신탁업자 등으로 분류한다. (　)

02 은행의 대출상품 중 보금자리론은 만 60세 이상의 고령자가 소유하고 있는 주택을 담보로 맡기고 매월 평생 동안 연금방식으로 노후생활자금을 지급받는 금융상품이다. (　)

03 재형저축은 계약 기간 중 발생한 이자에 대해 소득세를 부과하지 않는 상품으로, 계약기간은 7년이며 분기 300만 원 내에서 1만 원 단위로 자유롭게 저축할 수 있다. (　)

04 분리과세 특정금전신탁에 가입한 경우 무조건 분리과세 된다. (　)

05 근로자가 본인이나 배우자(가족)를 피보험자로 하여, 만기 시 환급되는 금액이 납입보험료를 초과하지 않는 보장성보험에 가입하여 보험료를 납입하는 경우 연간 납입보험료 전액이 400만 원 한도로 소득공제 된다. (　)

06 생명보험 약관을 해석할 때 조항의 의미가 애매할 경우 작성자에게 불리하고 고객에게 유리한 방향으로 해석하는데 이를 작성자 불이익의 원칙, 또는 불명확성의 원칙이라고 한다. (　)

07 보험금 지급사유가 사망인 계약에서 만14세 미만자(상해보험 제외), 심신박약자나 심신상실자를 피보험자로 했을 때 보험계약은 무효이다. (　)

08 증권과 파생상품은 원본대비 손실비율에 따라 구분할 수 있는데, 추가지급이 없어 원본대비 손실비율이 100% 이하인 것은 증권, 추가지급이 발생 가능하여 원본대비 손실비율이 100%를 초과할 수 있는 것은 파생상품이다. (　)

09 집합투자증권이란 집합투자기구에 대한 출자지분이 표시된 것을 말하며, 투자신탁의 경우 수탁권을 말한다. (　)

10 투자회사의 이사는 집합투자업자인 이사(법인이사) 2인과 감독이사 1인 이상을 선임해야 한다. (　)

해설

02 주택연금(역모기지론)에 대한 설명이다. 보금자리론은 주택담보대출을 말한다.

04 분리과세 특정금전신탁에 가입했더라도 분리과세와 일반과세 가운데 투자자가 선택할 수 있다.

05 보장성보험의 소득공제 혜택 한도액은 100만 원이다.

07 사망을 보험금 지급사유로 하는 보험계약에서 무효가 되는 것은 피보험자가 만15세 미만일 때이다.

09 집합투자증권이란 집합투자기구에 대한 출자지분이 표시된 것으로, 투자신탁의 경우 수익권을 말한다.

10 투자회사의 이사는 집합투자업자인 이사(법인이사) 1인과 감독이사 2인 이상을 선임해야 한다.

정답 | 01 ○ 02 × 03 ○ 04 × 05 × 06 ○ 07 × 08 ○ 09 × 10 ×

핵심플러스 OX 문제

11 집합투자기구의 종류로는 증권집합투자기구, 파생상품집합투자기구, 부동산집합투자기구, 특별자산집합투자기구, 단기금융집합투자기구(MMF), 혼합자산집합투자기구 등이 있다. ( )

12 혼합자산집합투자기구는 자본시장법상 새로 만들어진 것으로, 주요 투자대상 자산을 특정하지 않고 어떤 자산에나 자유롭게 운용할 수 있다. ( )

13 엄브렐러펀드는 성격이 상이한 하위펀드를 3개로 단순화하여 투자자의 시황판단에 따라 자유롭게 전환이 가능한 펀드를 말한다. ( )

14 신탁재산을 금전으로 수탁하여 운용하고 만기 시에 금전으로 지급하는 것을 금전신탁이라고 하는데, 금전신탁은 자산의 종류에 따라 특정금전신탁과 불특정금전신탁으로 나눈다. ( )

15 자산유동화증권은 현금수취방식에 따라 Pass-Through Security(지분이전증권)와 Pay-Through Bond(원리금이체채권)로 구분할 수 있다. ( )

16 자산유동화증권(ABS : Asset-Backed Securities)은 높은 신용도를 지니는 증권을 발행할 수 있어 발행자의 입장에서는 상대적으로 조달비용을 낮출 수 있다는 장점이 있다. ( )

17 자산보유자(originator)는 유동화 대상자산을 보유한 기관을 말하며, 유동화전문회사(issuer)는 유동화증권 발행을 원활하게 하고 자산보유자로부터 자산을 분리하기 위해 설립하는 특수목적유한회사를 말한다. ( )

18 유동화자산의 유동성위험을 방지하기 위해 현금흐름을 엄격히 분석하여 유동화기간의 특정 기간 중에 자금이 부족하지 않도록 유동화자산의 조합(pooling)과 발행증권의 구조를 설정해야 한다. ( )

19 자산유동화증권의 신용보강방법 중 초과스프레드 방법은 자산의 수익률이 낮고 유동화증권의 현금유출 비율이 상대적으로 높은 경우에 활용된다. ( )

20 주택저당채권(MBS : Mortgage Backed Securities)은 구조가 복잡하나 현금흐름이 확실하여 국채 또는 회사채보다 수익률이 높다. ( )

21 우리나라의 퇴직연금제도에는 확정급여형(DB),확정기여형(DC), 개인형퇴직연금(IRP)의 세 가지 유형이 있다. ( )

해설

11 과거 「간접투자자산운용법」상 간접투자기구는 모두 7종류였으나, 「자본시장법」에서는 이를 증권집합투자기구, 부동산집합투자기구, 특별자산집합투자기구, 단기금융집합투자기구(MMF), 혼합자산집합투자기구의 5종류로 분류하였다. 각 집합투자기구별 주요 투자대상 자산에 해당 기초자산 관련 파생상품이 포함되므로 파생상품집합투자기구는 따로 구분하지 않는다.

14 금전신탁은 운용 방식의 특성에 따라 특정금전신탁, 불특정금전신탁으로 나뉜다. 특정금전신탁은 운용방법을 위탁자가 지정하는 것이고, 불특정금전신탁은 수탁자에게 맡기는 것으로, 둘 다 운용결과를 수익으로 받는 실적배당형이다.

19 초과스프레드 방법은 자산의 수익률이 높고 유동화증권의 현금유출 비율이 상대적으로 낮을 때 활용되는 신용보강방법이다.

20 주택저당채권은 구조가 복잡하고 현금흐름이 불확실하여 국채 또는 회사채보다 수익률이 높다.

정답 | 11 × 12 ○ 13 ○ 14 × 15 ○ 16 ○ 17 ○ 18 ○ 19 × 20 × 21 ○

투자자산운용사 핵심 포인트

3장 부동산 관련 상품

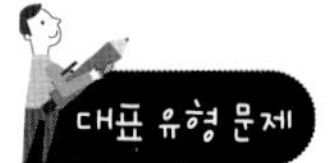

부동산 평가 방법 중 거래사례비교법에 대한 설명으로 옳은 것은?

① 거래사례자료는 대상부동산과 지역요인의 비교가 가능하므로 위치의 차별성, 물적 차별성 등이 있어야 한다.

② 사례의 과거 가격 변동이 있을 경우 가격변동률(시점수정)을 통해서 수정하여야 한다.

③ 개별요인이 대상부동산의 가격에 미치는 영향을 특별히 고려하지 않는다.

④ 대상부동산과 사례부동산이 속한 지역의 특성 분석을 통해 지역요인의 격차를 비교 수정한다.

정답해설 거래사례비교법에서는 수집한 거래사례의 거래시점과 감정평가 대상부동산의 가격시점이 일치하지 않는 것을 수정하여 가격을 정한다.

오답해설 ① 사례부동산과 대상부동산 사이에는 위치의 유사성, 물적 유사성이 있어야 한다.
③ 개별요인이 대상부동산의 가격에 미치는 영향을 고려하여야 한다.
④ 대상부동산과 사례부동산이 속한 지역의 표준적인 사용의 분석을 통해 격차를 비교 수정한다.

대표 유형 문제 알아 보기

부동산 평가 방법

• **거래사례비교법** : 거래사례에 시점수정, 사정보정, 지역요인 · 개별요인을 비교하여 비준가격을 구한다.

구분	내용
거래사례자료의 수집	위치의 유사성, 물적 유사성, 시점수정 및 사정보정 가능성
사정보정	거래에 있었던 특수 사정을 고려하여 그런 사정이 없는 경우의 가격수준으로 정상화
시점수정	거래사례의 거래시점과 감정평가 대상부동산의 가격시점 간의 시간상 괴리가 존재하므로, 그 사이에 토지의 가격수준이 변한 경우 가격변동률을 적용함으로써 가격시점의 가격으로 거래가격을 수정
지역요인 격차수정	인근 지역의 지역적 특성, 지역 간 가격형성 요인, 그 지역의 가격수준과 당해 지역의 표준적인 사용을 분석함으로써 격차를 비교 수정
개별요인 격차수정	개별 요인이 대상부동산의 가격에 끼치는 영향을 감안

• **원가법** : 대상부동산의 재조달원가를 구하고 그 값을 감가수정하여 복성가격을 구한다.

• **수익환원법** : 대상부동산이 미래에 창출할 것이라고 기대되는 순수익을 환원이익률로 환원하여 수익가격을 구한다.

| 대표 유형 문제 **정답** | ②

1 부동산 투자의 기초

개념 확인 문제

01 부동산의 자연적 특성에는 부동성, 영속성, 개별성, (　　) 등이 있다.
① 생산성　　② 부증성

02 부동산은 (　　) 때문에 일물일가의 법칙이 적용되지 않기 때문에 전문가가 부동산의 가격을 평가해야 한다.
① 영속성　　② 개별성

03 (　　)이란 법률의 범위 안에서 부동산을 자유롭게 사용 · 수익 · 처분할 수 있는 권리를 말하며, 다른 사람의 부동산을 일시적 · 부분적으로 지배하는 권리인 (　　)과 구별된다.
① 부동산소유권, 제한물권　　② 제한물권, 부동산소유권

실전 확인 문제

▶ **부동산의 개념에 대한 다음 설명 중 잘못된 것은?**

① 농촌에서의 토지 이용은 부동산을 주로 수평공간으로 이용하는 것이다.
② 부동산은 위치와 접근성에 따라 용도가 결정되므로 입지와 접근성에 대한 선호도를 유발하여 가격을 발생시킨다.
③ 부동산은 부의 증식이 가능한 투자대상으로 금융자산에 해당한다.
④ 부동산에 준하여 취급되는 특정 동산, 또는 동산과 일체로 된 부동산 집단을 의제부동산이라고 한다.

해설 부동산은 금융자산과 실물자산 중 실물자산에 해당한다.

개념 짚어 보기

부동산의 특성
- **자연적 특성**
  - 부동성(지리적 위치의 고정성)
  - 영속성(내구성 · 불변성 · 비소모성)
  - 부증성(비생산성)
  - 개별성(비동질성 · 비대체성)
- **인문적 특성**
  - 용도의 다양성
  - 합병 · 분할 가능성
  - 사회적 · 경제적 · 행정적 위치의 가변성

| 개념 확인 문제 정답 | 01 ② 02 ② 03 ①　| 실전 확인 문제 정답 | ③

2 부동산 투자의 이해

개념 확인 문제

▶ 전통적인 부동산 감정평가에는 원가법, 거래사례비교법, (　　) 등이 적용된다.

① 회귀분석법　　② 수익환원법

실전 확인 문제

01 부동산 투자에서 투자 타당성을 분석할 때의 판단기준인 현금흐름할인법에 해당하지 않는 것은?

① 순현재가치법　　② 수익성지수법

③ 자기자본수익률법　　④ 내부수익률법

해설 현금흐름할인법에는 순현재가치법, 내부수익률법, 수익성지수법이 있다.

02 다음 중 부동산 가격에 대한 설명으로 옳은 것은?

① 표준시가액이 국세 부과의 기준이 된다.

② 개별공시지가를 기준으로 지방세를 부과한다.

③ 기준시가는 일반적인 토지거래의 지표가 된다.

④ 한국감정원, 감정평가법인 등에 소속된 감정평가사가 조사 · 평가한 금액을 감정평가액이라고 한다.

해설 ① 국세는 기준시가를 기준으로 부과한다.
② 지방세는 시가표준액을 기준으로 부과한다.
③ 일반적인 토지거래의 지표가 되는 것은 공시지가이다.

개념 짚어 보기

현금흐름할인법

- **순현재가치** : 현금유입의 현재가치 – 현금유출의 현재가치
- **내부수익률** : 투자안의 현금유입의 현재가치와 현금유출의 현재가치를 일치시키는 할인율(순현재가치를 0으로 만드는 할인율)
- **수익성지수** : 부동산 투자를 통해 얻게 될 미래 현금흐름의 현재가치를 최초의 부동산 투자액으로 나눈 비율(편익/비용비율)

| 개념 확인 문제 정답 | ②　| 실전 확인 문제 정답 | 01 ③ 02 ④

3 부동산 이용 및 개발

개념 확인 문제

01 「국토의 계획 및 이용에 관한 법률」상 용도지역은 도시지역, 농림지역, 자연환경보전지역, (   )으로 구분된다.

① 계획지역　　② 관리지역

02 기존 건축물의 전부나 일부를 철거한 뒤 그 대지 안에 전과 같은 규모의 범위 내에서 다시 축조하는 것을 (   ) 이라고 한다.

① 개축　　② 재축

실전 확인 문제

▶ 다음은 부동산 개발 방식에 관한 설명이다. 이에 적합한 부동산 개발 방식은?

> 토지보유자가 보유하고 있는 토지의 유효이용을 도모하기 위하여 부동산 신탁회사에 위탁하고, 수탁자인 신탁회사는 필요한 자금 조달, 건물 건설 및 분양 · 임대를 담당하고, 수익의 일부를 신탁배당함으로써 수익자인 토지보유자에게 반환하는 방식

① 토지신탁방식　　② 사업수탁방식
③ 등가교환방식　　④ 합동개발방식

해설 토지신탁방식에 대한 설명이다.

개념 짚어 보기

지주공동 부동산 개발사업

- **등가교환방식** : 토지소유자는 토지의 전부나 일부를 개발업자에게 제공하고, 개발업자는 제공받은 토지를 개발하고 건축물을 건설하여 건설비와 토지평가액을 기준으로 토지소유자와 개발업자가가 토지와 건축물을 공동소유하거나 구분소유하는 방식
- **합동개발방식** : 토지소유자는 토지를 제공하고 개발업자는 건축공사비를 비롯한 개발비를 부담하여 사업을 시행, 분양이나 임대함으로써 발생한 수익을, 개발사업의 각 주체가 투자한 투자비율에 따라 배분하는 방식
- **사업수탁방식** : 개발업자 등이 사업의 기획, 설계, 시공, 임대유치, 운영관리에 이르는 업무 일체를 수탁받아 건물을 완공하고, 일괄적으로 건물을 임대받아 사업수지를 보증하는 방식
- **토지신탁방식** : 토지소유자가 보유하고 있는 토지의 유효이용을 도모하고자 부동산 신탁회사에 이를 위탁하고, 신탁회사는 필요한 자금을 조달하여 건물의 건설 · 분양 · 임대를 담당하고 수익의 일부를 신탁배당함으로서 토지소유자에게 반환하는 방식
- **차지개발방식** : 지주에게 개발업자가 특정 지역에 대한 이용권을 설정받아 토지를 개발, 건축물을 건설하여 제3자에게 건축물을 양도 · 임대하거나 개발업자가 직접 이용하여 지주에게 임차료를 지급하고, 차지권 기한이 되었을 때 지주에게 무상으로 토지를 반환하고, 일정 금액으로 건물을 양도하는 방식

| 개념 확인 문제 정답 | 01 ② 02 ①　| 실전 확인 문제 정답 | ①

4 부동산 투자상품의 이해

개념 확인 문제

01 부동산에 대한 시장가치를 판단하고 평가할 때 가장 중요한 원칙으로, 토지이용의 극대화에 따라 부동산의 가치가 여러 의미를 갖는 것을 (　　)라고 한다.

① 최유효이용　　② 감가수정

02 부동산 가치의 형성 요인 중에서 사회적 요인 · 경제적 요인 · 행정적 요인은 (　　)에 해당하며 일반적 요인 · 자연적 요인은 (　　)에 해당한다.

① 지역요인, 일반요인　　② 일반요인, 지역요인

실전 확인 문제

▶ **부동산 포트폴리오에 관한 설명 중 적절하지 않은 것은?**

① 부동산 포트폴리오의 수익률은 개별 부동산의 수익률에 포트폴리오 전체에서 해당 자산이 차지하는 비중을 가중평균한 값이다.

② 부동산 포트폴리오의 위험은 두 부동산의 분산을 가중평균한 것이다.

③ 포트폴리오에 투자되는 투자안들을 증가시키면 포트폴리오의 위험이 줄어든다.

④ 부동산 및 부동산 관련 자산에 투자하는 부동산펀드의 경우 부동산의 유형이나 지역별로 포트폴리오를 구성할 경우 부동산의 총위험을 낮출 수 있다.

해설 부동산 포트폴리오의 위험은 단순히 두 부동산의 분산을 가중평균한 것이 아니라 거기에 두 자산 간의 공분산을 포함한 것이다.

개념 짚어 보기

부동산 가치의 형성 요인

구분	요인	내용
일반요인	사회적 요인	인구 동향, 가족 구성, 교육 · 사회복지 수준, 정보화 촉진 상태, 생활양식의 상태 등
	경제적 요인	저축 · 소비 · 투자 등의 수준, 국제수지의 상태, 물가 · 임금 및 고용 수준, 세금 부담 수준, 교통 체계, 자금 이용 가능성 등
	행정적 요인	토지제도, 토지이용규제, 부동산 관련 세제, 공시지가 제도 및 거래 규제 등
지역요인	일반적 요인	지역 차원에서의 일반요인
	자연적 요인	자연 상태, 자연 자원 등
개별요인	토지	위치, 면적, 지질, 도로 깊이, 일조, 상하수도 공급 및 처리시설, 혐오시설의 접근 정도 등
	건물	면적, 높이, 구조, 재질, 부지 내 건물의 배치, 건물과 환경의 적합상태 등

| 개념 확인 문제 정답 | 01 ① 02 ②　| 실전 확인 문제 정답 | ②

5 「부동산투자회사법」의 이해

개념 확인 문제

01 「부동산투자회사법」에 따르면 (   )는 "자산을 부동산에 투자 · 운용할 목적으로 설립된 회사"로 정의되고 있다.

① 부동산투자회사   ② 개발전문 부동산투자회사

02 자기관리부동산투자회사의 설립자본금은 (   ) 이상이어야 하며, 영업인가 후 6개월 경과 시의 최저자본금은 (   ) 이상이어야 한다.

① 5억 원, 70억 원   ② 7억 원, 50억 원

실전 확인 문제

▶ **부동산투자회사에 대한 다음 설명 중 틀린 것을 모두 고르시오.**

㉠ 부동산투자회사는 매 분기말 현재 총자산의 80% 이상을 부동산 또는 부동산 관련 유가증권 및 현금으로 구성하여야 한다.
㉡ 부동산을 취득한 후 1년 이내에는 이를 처분해서는 안 된다.
㉢ 발기인은 설립 시 자본금의 20%를 초과하는 주식을 인수해야 한다.
㉣ 최저 자본금은 200억 원이다.

① ㉠, ㉡   ② ㉠, ㉢   ③ ㉡, ㉢   ④ ㉢, ㉣

해설 발기인은 설립 시 자본금의 30%를 초과하지 않는 범위 안에서 10% 이상의 주식을 인수하여야 한다.

개념 짚어 보기

부동산투자회사의 종류

구분	자기관리부동산투자회사	위탁관리부동산투자회사	기업구조조정부동산투자회사
영업인가	국토교통부장관		국토교통부장관 (금융위원회와 협의)
성격	실체가 있는 영속기업	paper company	
자산운용전문인력	영업인가 시 3인 이상 영업인가 6개월 경과 시 5인 이상	상근임직원 고용 및 본점 외 영업소 설치 불가 (자산관리회사 내 전문인력 5인 이상 확보)	

| 개념 확인 문제 정답 | 01 ① 02 ① | 실전 확인 문제 정답 | ④

OX 문제

01 토지와 같은 부동산은 일반 경제제와 다른 특성이 있는데, 그중 생산비나 노동을 투입하여 물리적 절대량을 늘리거나 재생산할 수 없는 것을 부동산의 부동성이라 한다. ( )

02 부동산의 특성 중 용도의 다양성, 합병 · 분할 가능성, 사회적 · 경제적 · 행정적 위치의 가변성은 부동산의 자연적 특성에 해당한다. ( )

03 제한물권이란 일정한 목적을 위해 타인의 물건을 부분적 · 일시적으로 지배하는 물권으로 등기능력이 있는 권리이며 부동산물권으로는 전세권, 저당권, 지상권, 지역권 등이 있다. ( )

04 부동산경기는 일반경기의 변동보다 정점(peak)이 높고 저점(trough)이 깊은데, 이는 일반경기의 변동에 민감하게 작용하지 못하는 부동산경기의 타성 때문이며, 이로 인해 일반경기보다 부동산경기가 시간적으로 뒤서는 경향이 있다. ( )

05 부동산시장에는 일반경기순환의 4가지 국면 외에 안정시장이라는 특수한 국면이 있는데, 이는 가격의 상승이 중단되어 거래가 점차 한산해지는 국면을 말한다. ( )

06 부동산현황을 확인하기 위한 관련 서류로는 토지이용계획확인서, 지적공부, 건축물대장, 개별공시지가확인원, 등기부등본, 등기권리증 등이 있다. ( )

07 기준시가는 토지시장의 지가정보를 제공하며 일반적인 토지거래의 지표가 되는 가액을 말한다. ( )

08 토지 등을 평가하는 데 가장 많이 이용되는 방법으로, 대상부동산과 동일하거나 유사한 다른 부동산의 거래사례를 수집하여 대상부동산의 현황과 가격시점에 맞게 사정보정과 시점수정을 하고, 지역요인 · 개별적 요인의 비교를 통해 대상물건의 비준가격을 구하는 방법을 거래사례비교법이라 한다. ( )

09 부동산 개발은 보통 구상 → 예비적 타당성 분석 → 타당성 분석 → 부지모색과 확보 → 금융 → 건설 → 마케팅의 단계에 따라 진행된다. ( )

10 고정자산의 구입취득에 들어간 금액을, 그것이 사용될 수 있는 기간에 걸쳐서 비용의 기간적 배분 또는 투자자본의 회수로서 결산기마다 비용화하는 회계상의 절차를 감가상각이라 한다. ( )

01 부동산의 부증성(비생산성)에 대한 설명이다. 부동성은 부동산의 지리적 위치의 고정성을 의미한다.

02 부동산의 인문적 특성에 해당한다. 부동산의 자연적 특성에는 부동성(지리적 위치의 고정성), 영속성(내구성 · 불변성 · 비소모성), 부증성(비생산성), 개별성(비동질성 · 비대체성) 등이 있다.

05 안정시장은 가격이 가벼운 상승을 유지하거나 안정되는 국면이다. 가격의 상승이 중단 · 반전되어 거래가 점차 한산해지는 국면은 후퇴시장이다.

07 공시지가에 대한 설명이다. 기준시가는 국세를 부과하기 위해 평가한 가액을 말한다.

09 부동산 개발의 단계는 구상 → 예비적 타당성 분석 → 부지모색과 확보 → 타당성 분석 → 금융 → 건설 → 마케팅의 순으로 구성되어 있다.

정답 | 01 × 02 × 03 ○ 04 ○ 05 × 06 ○ 07 × 08 ○ 09 × 10 ○

핵심플러스 OX 문제

11 부동산펀드의 내적성장은 경영진들이 능력을 발휘하여 부동산의 수익성을 높이는 것으로, 가장 중요한 것은 부속부동산의 수입 확대이다. ( )

12 부동산 포트폴리오의 수익률은 개별 부동산의 수익률에 포트폴리오 전체에서 해당 자산이 차지하는 비중을 가중평균한 값이다. ( )

13 부동산은 주식 및 채권과 상관관계가 낮으므로 부동산을 포함한 혼합 포트폴리오를 구성하면 위험을 전반적으로 낮출 수 있다. ( )

14 시장가치(Market Value)란 공정한 거래에 필요한 모든 조건들이 충족된 상태에서 경쟁자가 있고 공개시장이며, 매수자와 매도자는 각각 신중하고 거래에 필요한 지식을 가지고 있으며, 가격이 불공정한 동기에 영향을 받지 않는다고 가정할 때, 거래가 이루어질 가능성이 가장 높은 부동산 가격이다. ( )

15 부동산의 양이 한정되어 있어 가치가 발생하는 것을 부동산의 유효수요라 한다. ( )

16 부동산 가치추계의 원칙 중 가장 중추적인 기능을 담당하는 것은 수요 · 공급의 원칙이다. ( )

17 부동산의 시장가치를 측정하는 세 가지 감정평가 방식에는 시장접근법, 비용접근법, 소득접근법이 있으며, 감정평가 대상에 따라 이 방식들을 종합적으로 고려하여 최종 감정평가금액을 추계하는 것이 바람직하다. ( )

18 부동산개발사업의 위험분석은 위험요소 확인 → 분석 범위 및 방법 결정 → 민감도 측정 → 최종의견 반영 등의 절차에 따라 이루어진다. ( )

19 부동산투자회사가 자산의 투자 · 운용업무를 하려면 부동산투자회사의 종류별로 국토교통부장관의 영업인가를 받아야 한다. ( )

20 최저자본금준비기간이 끝난 뒤에는 주주 1인과 그 특별관계자가 부동산투자회사의 발행주식총수의 100분의 30을 초과하여 주식을 소유할 수 없다. ( )

해설

11 부동산펀드의 내적성장에는 임대수입 확대, 부속부동산의 수입 확대, 회사의 인건비 절감 등이 있는데, 이 중에서 가장 중요한 것은 임대료 수입의 확대이다. 임대료를 인상하거나 공실률을 인하함으로써 임대료 수입을 확대할 수 있다.

15 부동산의 가치를 발생시키는 요인에는 부동산의 효용성(utility), 유효수요(effective demand), 상대적 희소성(relative scarcity) 등이 있는데, 부동산의 유효수요란 부동산을 수요하려는 욕구와 이를 구매할 수 있는 능력을 동시에 갖춘 수요를 말한다. 부동산의 양이 한정된 데서 가치가 발생하는 것은 부동산의 상대적 희소성이며, 부동산의 효용성은 부동산을 사용하고 수익하여 얻을 수 있는 사용 가치성을 뜻한다.

16 부동산 가치추계의 원칙 중 가장 중추적인 기능을 담당하는 것은 최유효이용의 원칙이다. 이는 최유효이용을 전제로 파악되는 가격을 표준으로 부동산 가격이 형성된다는 것으로, 부동산에만 적용되는 원칙이다. 이 외에도 부동산 가치추계의 원칙에는 예측의 원칙, 수요 · 공급의 원칙, 외부성의 원칙 등이 있다.

20 주주 1인과 그 특별관계자는 최저자본금준비기간이 끝난 뒤에 자기관리부동산투자회사의 발행주식총수의 100분의 30, 위탁관리부동산투자회사의 발행주식총수의 100분의 40을 초과하여 주식을 소유할 수 없다. 다만 대통령령이 정하는 주주는 예외이다.

정답 | 11 × 12 ○ 13 ○ 14 ○ 15 × 16 × 17 ○ 18 ○ 19 ○ 20 ×

Certified Investment Manager

투자자산운용사 대표유형+실전문제

2과목

투자운용 및 전략 II

I 투자운용 및 전략2

1장 대안투자운용 · 투자전략

2장 해외증권투자운용 · 투자전략

1장 대안투자운용 · 투자전략

대표 유형 문제

다음 중 CDO에 대한 설명으로 틀린 것은?

① 전통적 CDO는 차주 또는 기업의 동의를 받아야 대출을 이전시킬 수 있다.

② 일반적으로 Structured Finance CDO는 만기가 5~12년이다.

③ CLN-CDO의 비용 측면을 보완한 것이 Synthetic CDO이다.

④ CLN-CDO는 SPV로 자산을 넘길 때 자산을 직접 넘기지 않고 CLN을 발행하여 넘긴다.

정답해설 일반적으로 Structured Finance CDO의 만기는 최장 35년이다.

오답해설 ① 전통적인 CDO는 차주와 기업의 동의를 받아야 대출을 이전시킬 수 있는 반면 CLN-CDO는 동의를 받지 않아도 된다.

③ Synthetic CDO는 CLN-CDO의 비용 측면을 보완한 것으로, 원자산은 은행이 계속 보유하고 CDS를 통해 신용위험만 이전한다.

④ CLN-CDO는 CLN을 발행하여 자산을 SPV로 넘기므로 차주와 기업의 동의가 불필요하다.

대표 유형 문제 알아 보기

CDO의 발전

- **CLN-CDO** : CLN을 발행하여 SPV에 넘김(차주와 기업의 동의 불필요), 추가비용부담
- **Synthetic CDO** : CLN-CDO의 비용 측면의 단점을 극복
  - 원자산은 은행이 계속 보유하고 CDS를 통해 신용위험만 이전한다.
  - 비용과 위험이 감소하며, 조기상환위험이 낮다.

CDO의 진화 : 다양한 자산편입

- **구조화채권편입 CDO** : ABS-CDO, CMBS-CDO
  - 보통 CDO의 만기가 5~12년인 반면 Structured Finance CDO의 만기는 최장 35년이다.
  - 원금상환을 빠르게 하는 장치 : Call option, Step-up Coupon, Turbo Mezzanine, Auction Call
- 중소기업대출편입 CDO
- CFO(Collateralized Fund Obligations)
- CDO Squared(CDO of CDO)
- ECO(Equity Collateralized Obligations)
- 신용파생의 위험을 담보로 하는 CDO

| 대표 유형 문제 **정답** | ②

1 대안투자상품

개념 확인 문제

01 주식, 채권, MMF 등에 투자하는 것을 (　　　)라 하며, 부동산, PEF, 헤지펀드, 일반상품펀드, 선박, 인프라스트럭처 등에 투자하는 것을 (　　　)라 한다.

① 전통적 투자, 대안투자　　② 대안투자, 전통적 투자

02 대안투자상품은 전통적 투자상품과의 상관관계가 (　　　) 전통적 투자와 포트폴리오를 구성할 경우 효율적인 포트폴리오를 구성할 수 있다.

① 높으므로　　② 낮으므로

03 대안투자방식의 위험요소로는 Mark to market risk, 운용역 위험, (　　　) 등이 있다.

① 신용 위험　　② 유동성 위험

실전 확인 문제

▶ **다음 중 대안투자상품의 특징으로 볼 수 없는 것은?**

① 리스크 조정 수익률이 높다.

② 차입, 공매도, 파생상품을 활용한다.

③ 전통적 투자 상품과의 상관관계가 낮다.

④ 보수율은 낮고 투자에 대한 유동성은 높다.

해설 대안투자상품은 전통적 투자에 비해 보수율이 높고 투자에 대한 유동성은 낮다.

개념 짚어 보기

대안투자상품의 특징

- 리스크 조정 수익률은 높고 상관관계는 낮다.
- 거래빈도가 낮으며 과거 데이터는 제한적으로 이용한다.
- 수익을 창출하는 데 있어 운용자의 운용능력이 중시된다.
- 차입, 공매도, 파생상품을 활용한다.
- 거래전략의 특성상 규제가 많다.
- 환금성이 낮고 장기투자, 보수율이 높다.
- 최근 기존의 기관투자자 · 거액자산가에서 일반투자자로 투자자의 범위가 확대되고 있다.

| 개념 확인 문제 정답 | 01 ① 02 ② 03 ② | 실전 확인 문제 정답 | ④

2 부동산 투자

개념 확인 문제

01 자산담보부증권(ABS)은 보유자산을 담보로 증권화하는 것으로, 자산 보유자가 (　　)에 양도한 자산을 담보로 발행하는 증권을 말한다.

① SPC　　② REITs

02 (　　)은 SPC가 발행하거나 스스로 발행한 주택저당증권에 대한 원리금을 보장함으로써 주택저당증권의 안정성을 높여준다.

① 신용보강기관　　② 유동화기관

03 사업자와 법적으로 독립된 프로젝트에서 만들어지는 미래현금흐름을 상환재환으로 하여 자금을 조달하는 금융기법을 (　　)이라고 한다.

① 기업금융　　② 프로젝트금융

04 에스크로 계좌에서는 제세공과금, (　　), (　　), 공사비, 사업이익 순으로 출금이 집행된다.

① 필수경비, 대출원리금　　② 대출원리금, 필수경비

실전 확인 문제

▶ **부동산 개발사업의 수익금인 분양수익금을 관리하는 계좌로 참여자 전원의 동의가 있어야 자금을 인출할 수 있는 계좌는?**

① PF 계좌　　② Core 계좌

③ 시행사 계좌　　④ 에스크로 계좌

해설 에스크로 계좌에 대한 설명이다.

개념 짚어 보기

에스크로 계좌(escrow account)

- 분양수입금(부동산 개발사업에서 발생하는 수익) 관리계좌
- 자금을 인출하려면 부동산 개발사업의 참여자 모두의 동의가 필요
- 사업을 위해 입금된 분양수입금을 사업에만 사용하도록 관리하는 업무
- 에스크로 계좌에는 정해진 방법으로만 분양수입금 입금이 가능
- 제세공과금, 필수경비, 대출원리금, 공사비, 사업이익의 순으로 출금 집행

| 개념 확인 문제 정답 | 01 ① 02 ② 03 ② 04 ①　| 실전 확인 문제 정답 | ④

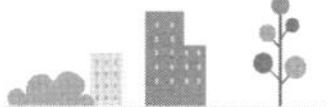

3 PEF(Private Equity Fund)

개념 확인 문제

01 PEF는 미공개주식에 투자한 뒤 기업공개 등의 방식을 통해 매각하여 차익을 남기는 것으로, (　　)에 따라 Buyout Fund와 Venture Capital 등으로 구분할 수 있다.

① 투자방법　　② 투자대상

02 (　　)의 자금은 PEF가 설립될 때가 아니라 실제 투자대상기업이 나타난 후 (　　)이 출자요청을 할 때 납입된다.

① 유한책임사원, 무한책임사원　　② 무한책임사원, 유한책임사원

실전 확인 문제

01 PEF에 대한 설명 중 틀린 것은?

① PEF 설립 시 금융감독위원회에 등록하여야 한다.
② GP와 LP는 각각 1인 이상이고 총 사원수는 49인 이하이다.
③ PEF의 ~~운용결과~~는 유한책임사원의 ~~운용능력~~에 의해 좌우된다.
④ 유한책임사원의 출자는 개인은 10억 원 이상, 법인은 20억 원 이상이다.

해설 PEF의 운용결과는 업무집행사원(무한책임사원 중에서 임명)의 운용능력에 의해 좌우된다.

02 EBITBA가 100억 원, TAX가 10억 원, 이자 비용이 10억 원이고 기업가치가 500억 원인 기업의 Exit 승수는?

① 5　　② 4.5
③ 6.2　　④ 5.5

해설 Exit 승수는 기업가치/EBITBA로, 500/100 = 5이다.

개념 짚어 보기

투자대상에 따른 PEF 분류
- Buyout Fund : 기업인수, 합병 전문
- Hedge Fund : 단기 시세차익 목적
- Venture Capital : 정상궤도에 진입하지 못한 회사에 투자

| 개념 확인 문제 **정답** | 01 ② 02 ①　| 실전 확인 문제 **정답** | 01 ③ 02 ①

4 헤지펀드의 의의와 전략

개념 확인 문제

01 헤지펀드는 (　　)의 일종으로, 합자회사 형태이다.
① 공모펀드 ② 사모펀드

02 (　　)은 적극적으로 위험을 취하고, 상황에 따라 공매도와 차입을 사용하는 전략으로 롱숏, 선물거래, 글로벌 매크로, 이머징마켓 헤지펀드 등이 있다.
① 상환의존형 전략 ② 방향성 전략

03 펀드 오브 헤지펀드는 (　　)보다는 (　　)를 선택하여 투자하는 것으로, 위험분산효과가 높다.
① 자산 종류, 펀드 운용자 ② 펀드 운용자, 자산 종류

실전 확인 문제

▶ **다음 중 헤지펀드의 특징이 아닌 것은?**

① 통상적인 집합투자기구에 부과되는 차입 규제를 받지 않아 높은 수준의 차입을 활용할 수 있다.
② 운용보수 및 성과보수를 부과한다.
③ 운용자 자신은 자기 자금을 투자할 수 없다.
④ 투기적 목적으로 파생상품을 활용하며 공매도가 가능하다.

해설 헤지펀드는 운용자 자신이 고액의 자기 자금을 투자할 수 있다.

개념 짚어 보기

헤지펀드 운용 전략
- **차익거래 전략** : 시장의 비효율성과 구분된 시장에서의 가격불일치를 바탕으로 한 차익거래기회를 통해 수익을 얻고자 하며, 시장 전체 움직임에 대한 노출을 피함으로써 시장변동성에 중립화하는 투자전략으로, 전환사채차익거래, 채권차익거래, 주식시장중립형 등이 있다.
- **상환의존형 전략** : 기업상황에 미치는 영향이 큰 사건을 예상하고 이로 인한 가격변동을 통해 수익을 얻고자하는 전략으로, 부실채권투자, 위험차익/합병차익거래로 구분할 수 있다.
- **방향성 전략** : 증권 또는 시장의 방향성에 따라 매매기회를 잡으려는 전략으로, 주식의 롱숏, 선물거래, 글로벌 매크로, 이머징마켓 헤지펀드 등이 있다.
- **펀드 오브 헤지펀드 전략** : 일반적으로 15~30개의 헤지펀드 포트폴리오에 배분하여 투자하는 전략으로, 분산투자효과가 크다는 것이 가장 큰 장점이다.

| 개념 확인 문제 정답 | 01 ② 02 ② 03 ① | 실전 확인 문제 정답 | ③

5 Long-Short 전략의 실제

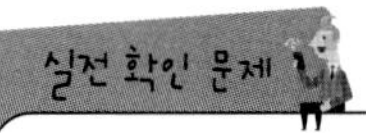

01 다음의 예에서 Net Market Exposure(가)와 Long-Short Ratio(나)는 각각 얼마인가?

- 100M의 포트폴리오
- 50M 차입
- Long 150M, Short 100M

① (가) : 100%, (나) : 2
② (가) : 50%, (나) : 2
③ (가) : 50%, (나) : 1.5
④ (가) : 100%, (나) : 1.5

해설 [Net Market Exposure] = $\frac{\text{long} - \text{short}}{\text{capital}} = \frac{50}{100} = 50\%$

[Long-Short Ratio] = $\frac{\text{long}}{\text{short}}$

위의 예에서 비율 = $\frac{150}{100} = 1.5$

02 다음 설명 중 잘못된 것은?

① Long-Short 전략 시 포트폴리오의 손익분기점은 Long-Short Ratio에 비례한다.
② Long-Short Ratio는 펀드매니저의 주식선택능력을 나타내는 지표로 나타난다.
③ 레버리지는 흔히 Gross Exposure로 나타나고 분자는 Long(+)Short, 분모는 Long(−)Short으로 계산된다.
④ 높은 Gross Exposure가 높은 Long-Short Ratio를 가진다.

해설 높은 Gross Exposure는 낮은 Long-Short Ratio를 가진다.

개념 짚어 보기

Long-Short 전략의 개념
- Long : 주식시장보다 더 높게 상승하고 주식시장보다 더 낮게 하락하는 것
- Short : 주식시장보다 더 낮게 상승하고 주식시장보다 더 많이 하락하는 것
- Net Market Exposure : 시장 위험에 노출되어 있는 정도를 보여주는 지표
- Long-Short Ratio : 매수와 매도의 균형을 보여주는 지표

| 실전 확인 문제 정답 | 01 ③ 02 ④

6 합병차익거래(Merger Arbitrage)

개념 확인 문제

01 합병차익거래는 발표되지 않은 추측정보에 ( ).

① 투자한다 ② 투자하지 않는다

02 합병차익거래 유형 중 경쟁입찰방식(multi bidder mergers)에서는 좀 더 ( ) 프리미엄이 요구된다.

① 높은 ② 낮은

03 합병차익거래에서 잠재적 이익을 구하려면 ( )를 구해야 한다.

① ROI ② ROE

실전 확인 문제

▶ **합병차익거래에 대한 설명 중 틀린 것은?**

① Take-over, Merger, Spin-off 등과 관련된 거래이다.

② Long-Short 전략과 주식교환방식의 공개매수 전략이 있다.

③ 합병이 무산되는 경우 큰 손실을 볼 수 있으므로 분산투자 전략을 취한다.

④ 기업의 인수합병이 시장에 노출되면 피인수기업의 주가는 하락하고 인수기업의 주가는 상승하는 패턴을 보인다.

해설 기업의 인수합병이 시장에 노출되면 인수기업의 주가는 하락하고 피인수기업의 주가는 상승하는 패턴을 보인다.

개념 짚어 보기

합병차익거래의 개념

- **합병차익거래** : 발표된 M&A, 공개매수(tender offer), 자본 재구성, 분사(spin-off) 등과 관련 있는 주식을 매매하는 이벤트 투자형(event driven) 차익거래전략
- **투자 목표** : 인수 · 합병 완료 후 발생 가능한 주식가치의 변동에서 이익을 만들어내는 것
- **유형**
  - Cash Merger
  - Stock Swap Mergers
  - Stock Swap Mergers with a Collar
- **Merger arbitrage spread** : 합병법인 측의 발표에 따른 인수가격과 피인수 합병주식 가격의 차이

| 개념 확인 문제 **정답** | 01 ② 02 ① 03 ① | 실전 확인 문제 **정답** | ④

7 전환증권차익거래(Convertible Arbitrage)

개념 확인 문제

01 전환사채는 ( ), 기초자산주식은 ( )하고 위험을 헤지하면서 전환사채의 이론가격과 시장가격의 차이에서 수익을 얻으려는 전략을 전환증권차익거래라고 한다.

① 매수, 매도 ② 매도, 매수

02 전환증권차익거래자가 기초자산인 주식을 매수하거나 매도할 때에는 ( )에 따라 주문 수량이나 주문 빈도수를 결정한다.

① 델타 ② 감마

실전 확인 문제

▶ **전환차익거래자가 선호하는 전환사채가 아닌 것은?**

① 낮은 implied volatility로 발행된 전환사채

② 높은 conversion premium을 가진 전환사채

③ 기초자산의 변동성이 크고 convexity가 큰 전환사채

④ 유동성이 높고 기초주식을 쉽게 빌릴 수 있는 전환사채

해설 전환차익거래자가 선호하는 전환사채는 낮은 conversion premium을 가진 전환사채이다.

개념 짚어 보기

전환차익거래자가 선호하는 전환사채의 속성

- 기초자산의 변동성과 convexity가 큰 전환사채
- 유동성이 높고 기초주식을 빌리기 쉬운 전환사채
- conversion premium이 낮은 전환사채
- 배당이 없거나 배당률이 낮은 기초자산의 전환사채
- 낮은 implied volatility로 발생된 전환사채

| 개념 확인 문제 정답 | 01 ① 02 ② | 실전 확인 문제 정답 | ②

8 채권차익거래

개념 확인 문제

01 Yield curve flattener는 수익률 곡선의 기울기가 (　　)으로 예상될 때 만기가 짧은 채권을 매도하고 만기가 긴 채권을 매수하는 전략이며, Yield curve steepener는 수익률 곡선의 기울기가 (　　)으로 예상될 때 만기가 짧은 채권을 매수하고 만기가 긴 채권을 매도하는 전략이다.

① 커질 것, 작아질 것　　② 작아질 것, 커질 것

02 Yield curve butterfly에서 수익률 곡선이 (　　)일 때 차익거래자는 나비몸통의 채권을 매수하고 날개의 채권을 매도하며, (　　)일 때 나비몸통의 채권을 매도하고 날개의 채권을 매수한다.

① 낙타 등 모양, 계곡 모양　　② 계곡 모양, 낙타 등 모양

03 국채와 스왑거래 사이에 발생하는 스프레드를 바탕으로 한 차익거래를 (　　)이라고 한다.

① Intermarket spread trading　　② Swap spread trading

실전 확인 문제

▶ **채권차익거래전략에 해당하지 않는 것은?**

① Basis trading　　② Credit pair trading

③ Volatility trading　　④ Carry trade

해설 Volatility trading은 전환증권차익거래이다.

개념 짚어 보기

채권차익거래의 종류

- Carry trade : 자본을 낮은 금리로 조달하여 높은 금리에 투자하는 전략
- Intermarket spread trading : 이종 통화 간 수익률 곡선 차익거래
- Swap spread trading : 국채와 스왑거래 사이에 발생하는 스프레드를 바탕으로 한 차익거래
- Capital structure arbitrage : 한 회사가 발행한 다양한 자본구조의 증권들 사이의 차익거래

| 개념 확인 문제 정답 | 01 ② 02 ① 03 ②　　| 실전 확인 문제 정답 | ③

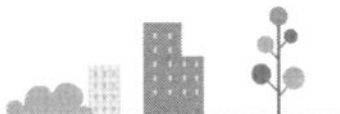

9 Credit Derivatives의 종류

개념 확인 문제

01 신용스프레드옵션이란 일반 주식옵션과 비슷한 형태로 일정한 행사가격에 신용스프레드를 매매할 수 있는 권리를 부여하는 계약으로, (　　)은 행사가격보다 실제 스프레드가 축소되는 경우 축소분에 대한 이익을, (　　)은 행사가격보다 실제 스프레드가 확대되는 경우 초과분에 대한 이익을 말한다.

① 콜옵션, 풋옵션　　② 풋옵션, 콜옵션

02 (　　)은/는 신용위험과 시장위험을 거래 상대방에게 모두 전가하는 신용파생상품으로, 자산의 양도와 취득이 실제로 발생하지 않지만 거래 상대방 사이에 이와 똑같은 현금흐름을 발생시키는 효과가 있다.

① TRS　　② CLN

실전 확인 문제

▶ **CDS의 보장 프리미엄에 대한 설명 중 틀린 것은?**

① 만기가 길수록 프리미엄이 높다.

② 채무불이행 가능성이 높을수록 프리미엄이 높다.

③ 거래상대방(보장매도자)의 신용등급이 높을수록 프리미엄이 높다.

④ 준거자산의 신용과 거래상대방 신용과의 상관관계가 높을수록 프리미엄이 높다.

해설 준거자산의 신용과 거래상대방 신용과의 상관관계가 낮을수록 프리미엄이 높다.

개념 짚어 보기

Credit Derivatives의 종류

- Credit Default Swap(CDS) : 준거자산의 신용위험을 보장매입자가 보장매도자에게 이전함으로써, 보장 Premium과 손실보전금액을 교환하는 계약
- Total Return Swap(TRS) : 거래 상대방에게 신용위험과 더불어 시장위험을 전가하는 신용파생상품으로, 기존 자산보유자(총수익매도자)는 준거자산의 총현금흐름을 총수익매입자에게 지급하고 총수익매입자는 시장기준금리에 TRS spread를 더해서 지급하는 계약
- 신용스프레드 옵션(Credit Spread Option) : 일반 주식옵션과 비슷한 것으로 일정한 행사가격에 신용스프레드를 매매할 수 있는 권리를 부여하는 계약
- Basket Default Swaps : 1개 이상의 준거자산으로 구성된 Basket이나 포트폴리오를 기본으로 발행되는 계약
- Credit Linked Notes(CLN) : 일반채권에 CDS를 결합한 것으로, 보장매입자는 발행자에게 준거자산의 신용위험을 전가하고, 발행자는 이를 채권의 형태로 바꿔서 투자자에게 발행함으로써 위험을 전가하는 상품
- 합성 CDO(Synthetic Collateralized Debt Obligation) : 보장매입자가 신용파생상품을 통해 SPC로 자산에 내재된 신용위험을 이전하는 유동화 방식, CDO의 특수 형태

| 개념 확인 문제 정답 | 01 ② 02 ①　　| 실전 확인 문제 정답 | ④

10 CDO(Collateral Debt Obligation)

개념 확인 문제

01 CDO는 개별채권 · 대출을 SPV에 담아 이를 담보로 하여 여러 가지 새로운 채권을 발행하는 것으로, (   )을 다루기 보다는 (   )을 다룬다.

① 개별적 신용위험, 포트폴리오의 위험　　② 포트폴리오 위험, 개별적 신용위험

02 COD는 위험전이 방법에 따라 Cash Flow CDO와 Synthetic CDO로 나뉘는데, 자산을 양도하여 SPV를 구성하며 SPV에서 발행한 트랜치에 매각대금으로 자본을 조달하는 것을 (   )라고 한다.

① Cash Flow CDO　　② Synthetic CDO

실전 확인 문제

▶ **CDO에 대한 투자 중 leverage 노출이 가장 높은 것은?**

① Equity 트랜치　　② Mezzanine 트랜치
③ Senior 트랜치　　④ Super Senior 트랜치

해설 노출이 높은 순서는 Equity 트랜치>Mezzanine 트랜치>Senior 트랜치>Super Senior 트랜치 순이다.

개념 짚어 보기

CDO의 구조

- CDO의 트랜치는 senior – mezzanine – equity의 3개 부분으로 나뉘는데 이 중 senior 트랜치가 위험과 수익이 가장 낮으며, equity 트랜치는 위험과 수익이 가장 높다.
- 발행자는 CDO를 발행함으로써 자산의 신용위험을 CDO 투자자에게 전가, 부외자산으로 옮김으로써 재무비율 개선이 가능하며, 개별기업의 신용한도에 구애되지 않고 고객의 대출 요청이 있을 때 지속적으로 대응할 수 있다.

CDO의 구분

구분	명칭
발행목적	Arbitrage CDO, Balance Sheet CDO
위험전이 방법	Cash Flow CDO Synthetic CDO
CDO 기초자산운용	Static CDO, Dynamic CDO, Hybrid CDO

| 개념 확인 문제 정답 | 01 ① 02 ①　　| 실전 확인 문제 정답 | ①

11 특별자산펀드

개념 확인 문제

01 세계적으로 실물자산은 모두 (　　)로 표시된다.
① 달러　　② 파운드

02 뉴욕 Mercantile 거래소에서 원유계약은 (　　) 단위로 거래 가능하다.
① 1,000배럴　　② 5,000배럴

03 실물자산의 가치는 글로벌시장의 (　　) 불균형보다는 글로벌시장의 (　　) 불균형에 의존한다.
① 수요와 공급의, 지역적　　② 지역적, 수요와 공급의

04 천연자원 기업에 투자하는 것은 해당 실물자산의 가격움직임에 (　　) 베타를 지닌다.
① 높은　　② 낮은

05 (　　)이란 기초실물자산의 인도를 보장하기 위한 예탁금으로, 전체 기초자산 거래금액의 10% 미만이 요구된다.
① 개시증거금　　② 유지증거금

실전 확인 문제

▶ **CBOT에서 거래되는 밀의 거래단위는?**

① 1,000뷰셀　　② 3,000뷰셀
③ 5,000뷰셀　　④ 7,000뷰셀

해설 밀은 5,000뷰셀 단위로 거래된다.

개념 짚어 보기

실물자산의 특징

- 주식, 채권과 달리 물가의 상승과 더불어 동반상승하는 인플레이션 헤징효과가 있다.
- 주식, 채권과 달리 지속적인 수익에 대한 권리가 없다.
- 자본자산과 달리 실물자산시장은 달러로 표시된다
- 실물자산의 가치는 글로벌시장의 수요 · 공급의 불균형에 의존한다.

| 개념 확인 문제 정답 | 01 ① 02 ① 03 ② 04 ② 05 ①　| 실전 확인 문제 정답 | ③

핵심플러스 OX 문제

01 대안투자상품에는 부동산, 인프라, 뮤추얼펀드, 헤지펀드 등이 해당된다. ( )

02 대안투자에서 거래하는 자산은 대부분 장외시장에서 거래되며 환금성이 높아지게 되고, 이로 인해 환매금지기간이 설정된다. ( )

03 부동산금융에는 주택금융과 수익형 부동산에 대한 금융이 있으며, 그중 수익형 부동산에 대한 금융은 부동산증권과 부동산개발금융으로 구분된다. ( )

04 REITs(Real Estate Investment Trusts)는 여러 투자자에게서 자금을 모아 부동산 및 관련사업에 투자한 뒤 배당을 통해 투자자에게 이익을 분배하는 회사를 말한다. ( )

05 부동산 개발사업에서 부동산 완공에 대한 책임이 있으며 부동산을 건축하는 역할을 담당하는 업체를 시행사라 한다. ( )

06 Private equity 투자는 인수대상기업 선정 → 구조화 → 사원모집 · 회사설립 → 자금조달 → 기업실사 · 인수대상기업 인수 → 기업가치 제고 → 투자회수의 프로세스에 따라 진행된다. ( )

07 헤지펀드 운용전략 중 방향성 전략은 위험을 소극적으로 취하고 상황에 따라 차입과 공매도를 사용하는 전략이다. ( )

08 상환의존성 전략의 장점으로는 위험분산, 구매의 적정성, 접근의 용이성, 전문가에 의한 운용, 사전 자산배분 등이 있다. ( )

09 Long/Short 전략은 주식시장의 상승보다 더 높이 상승하는 주식을 매수하고, 주식시장의 하락보다 더 많이 하락하는 주식을 매도할 수 있도록 주식을 잘 선택하는 것이 관건으로, 공매도의 제한에 대해서는 고려하지 않아도 된다. ( )

10 Long/Short Equity의 전략 중 시장중립전략(Market Neutral Strategy)은 한 번에 금액기준으로 같은 금액의 long position과 short position을 보유하는 전략이다. ( )

01 뮤추얼펀드, 주식, 채권, 단기자금시장 등은 전통적인 투자에 해당하며 부동산, 인프라, 헤지펀드 등은 대안투자에 해당한다.

02 대안투자에서 거래하는 자산은 대부분 장외시장에서 거래되며 환금성이 떨어지게 되고 이로 인해 환매금지기간이 있으며 투자기간이 길다.

05 시공사에 대한 설명이다. 시행사는 토지를 매입하고 사업의 주체가 되어 시행하는 업체로, 사업에 대한 전반적인 위험을 부담하며 가장 높은 수익을 취한다.

07 방향성 전략은 위험을 적극적으로 취하는 전략으로, 시장위험을 헤지한 종목을 선택하여 수익을 극대화하기보다는 증권이나 시장의 방향성에 따라 매매 기회를 잡으려는 기법이다.

08 펀지오브헤지펀드(fund of hedge funds) 전략에 대한 내용이다.

09 공매도에 있어 대주의 가능성 또는 법률에 의한 제한 등으로 공매도를 할 수 없는 경우가 있으므로, 공매도의 제한에 대한 부분을 고려해야 한다.

정답 | 01 × 02 × 03 ○ 04 ○ 05 × 06 ○ 07 × 08 × 09 × 10 ○

OX 문제

11 합병차익거래의 투자목표는 인수 · 합병 완료 후 발생 가능한 주식가치의 변화에서 이익을 만들어내는 데 있다. (　)

12 합병차익거래의 투자 프로세스는 잠재적 이익 추정 → 차익거래 포지션 구축 → 포지션 구축 후 리스크 관리의 단계에 따라 이루어지며, 잠재적 이익을 추정할 때에는 ROI를 먼저 구하고 gross spread를 구해야 한다. (　)

13 전환사채는 대개 이론가에 비해 높게 평가된다. (　)

14 감마(gamma) 트레이딩은 델타의 변화에 따른 기초주식매매를 통해 추가로 이익을 얻는 전략이다. (　)

15 Yield curve arbitrage는 Inter-curve와 Intra-curve로 구분되는데, Inter-curve 전략은 yield curve flattener, yield curve steepener, yield curve butterfly로 구분된다. (　)

16 CDS long position은 회사 신용위험 매도로 신용 스프레드가 넓어지면 이익이 증가하는 포지션이고 CDS short position은 회사 신용위험 매수로 신용 스프레드가 축소되면 이익이 증가하는 포지션이다. (　)

17 특별자산펀드는 주로 실물자산을 투자대상으로 하는데, 실물자산은 공급이 제한되지 않는다는 특징이 있다. (　)

18 기초실물자산의 수요와 공급에 의해 백워데이션과 콘탱고 시장이 결정된다. (　)

19 CDX는 북미 기업들을 중심으로 한 신용지수이고, iTraxx는 유럽 기업들을 중심으로 한 신용지수이다. (　)

20 파생상품거래의 신용위험을 담보로 하는 CDO는 파생상품거래의 시장위험과 신용위험 중에서 신용위험은 원자산 보유자가 보유하고 시장위험만을 이전하게 된다. (　)

21 Super Senior 트랜치는 Senior 트랜치에서 추가적인 손실이 발생하는 경우를 가정하는데, 재보험사에게 Super Senior 트랜치는 높은 신용등급을 가지고 기존 보유 위험을 헤지할 수 있는 분산투자의 도구로 인식된다. (　)

해설

12 합병차익거래의 잠재적 이익은 ROI를 구함으로써 측정할 수 있는데, 이때 ROI를 구하기 위해 먼저 gross spread를 구해야 한다.

13 전환사채의 대부분 발행자가 투기등급의 채권으로 적은 투자자들만 관심을 가지고 있어 시장의 유동성이 작다. 또한 전환사채 발행자는 대부분 소규모의 기업으로 기업분석가들의 분석이 많지 않으며, 투자자들은 단순하게 가격이 결정되는 평이한 증권투자를 선호하므로 전환사채는 일반적으로 이론가에 비해 낮게 평가되는 편이다.

15 동일국가의 채권으로 구성된 Intra-curve에 대한 내용이다. Inter-curve는 2개 이상의 국가 채권으로 구성된 차익거래이다.

17 실물자산은 주로 공산품의 원자재나 식량으로 사용되는데, 공급이 제한되어 있는 것이 특징이다.

20 파생상품거래의 신용위험을 담보로 하는 CDO거래에서 시장위험은 원자산 보유자가 보유하고 신용위험을 거래 상대방에게 이전하게 된다.

정답 | 11 O 12 × 13 × 14 O 15 × 16 O 17 × 18 O 19 O 20 × 21 O

2장 해외증권투자운용 · 투자전략

미국투자자가 한국시장에 분산투자한 경우에 대한 설명 중 틀린 것은?

① 한국주식과 한국시장 간의 상관계수는 한국주식과 미국시장 간의 상관계수보다 높을 것이다.

② 한국주식에 투자한 미국의 투자자라면 미국의 시장포트폴리오를 투자기준으로 삼게 될 것이며, 체계적 위험을 측정하는 것은 한국시장과 미국시장의 포트폴리오를 감안할 것이다.

③ 국제주식시장이 분리된 경우 한국주식의 균형수익률은 미국투자자가 한국주식 투자에서 요구하는 수익률보다 높아, 미국투자자는 한국투자에서 초과수익기회가 발생한다.

④ 세계의 주식시장이 완전 통합되어 있다면 비체계적 위험 간의 차이가 존재하지 않아 초과이익 가능성은 발생하지 않는다.

정답해설 세계의 주식시장이 완전 통합되어 있다면 체계적 위험 간의 차이가 존재하지 않아 초과이익 가능성은 발생하지 않는다.

대표 유형 문제 알아 보기

체계적 위험으로 본 해외분산투자

- 미국의 투자자가 한국주식에 투자하는 경우

$$E(R_K^{US}) = R_F^{US} + \beta_K^{US}(R_M^{US} - R_F^{US})$$

- $E(R_K^{US})$: 미국투자자가 한국 주식에 투자시의 요구기대수익률
- R_F^{US} : 미국의 무위험이자율
- R_M^{US} : 미국시장포트폴리오의 수익률
- β_K^{US} : 한국주식과 미국시장 간의 체계적 위험

- β_K^{US}와 β_K의 차이는 미국투자자가 한국주식투자에서 기대하는 수익률과 한국주식의 한국시장에서의 기대수익률의 차이를 의미하며 β_K가 β_K^{US}보다 큰 것으로 나타난다.
- 국제시장이 통합되어 있다면 β_K^{US}와 β_K차이는 존재하지 않는다.
- 국제시장이 통합되어 있다면 체계적 위험의 차이($\beta_K^{US} = \beta_K$)가 없기 때문에 초과이익의 발생 가능성이 없다.

| 대표 유형 문제 정답 | ④

1 해외투자의 동기 및 효과(1)

개념 확인 문제

01 시장 전체의 움직임 등을 ( )이라고 하며, 이는 분산투자를 해도 상쇄되지 않는 분산 불가능한 위험이다.

① 체계적 위험 ② 비체계적 위험

02 국가 간의 상관관계가 ( ) 해외분산투자의 효과가 크게 나타난다.

① 높을수록 ② 낮을수록

실전 확인 문제

01 국제분산투자의 효과에 대한 설명 중 잘못된 것은?

① 국제분산투자로도 포트폴리오의 위험을 완전히 제거할 수는 없다.

② 포트폴리오에 포함되는 국가의 증시 간에 상관관계가 높을수록 분산투자 효과는 커진다.

③ 국제적으로 분산투자할 경우 국내분산투자로 감소되지 않는 개별국가 고유의 위험이 줄어들면서 분산효과를 얻을 수 있다.

④ 체계적 위험이라고 해서 더 이상 제거 불가능한 것이 아니며 투자대상을 외국증권으로 확대하여 국제적으로 분산투자할 경우 체계적 위험도 상당 부분 제거된다.

해설 포트폴리오에 포함되는 국가의 증시 간에 상관관계가 낮을수록 분산투자의 효과가 커진다.

02 다음 중 국제분산투자 시 벤치마크지수로 적절한 것은?

① DAX ② S&P500

③ 니케이 225 ④ MSCI EAFE

해설 MSCI(Morgan Stanley Capital International) 지수는 글로벌 펀드의 투자기준이 되는 대표적 지표이며, 최초의 국제 벤치마크지수이다.

개념 짚어 보기

국제분산투자 시 벤치마크지수

- **세계지수** : MSCI World Index, FTSE
- **신흥시장** : MSCI Emerging Market, IFC Investable
- **유럽 · 호주 · 극동(선진국)지수** : MSCI EAFE
- **중남미** : IFC Latin America

| 개념 확인 문제 **정답** | 01 ① 02 ② | 실전 확인 문제 **정답** | 01 ② 02 ④

2 해외투자의 동기 및 효과(2)

개념 확인 문제

▶ 투자선택 시 총위험보다는 (　　　)을 고려해야 한다.

① 체계적 위험　　　　② 비체계적 위험

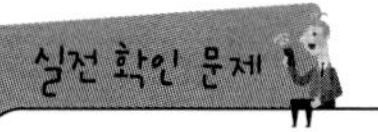

▶ **미국의 투자자가 한국의 주식에 투자하는 경우의 기대수익률은?**

- 한국의 무위험수익률 : 5%
- 미국의 무위험수익률 : 4%
- 한국시장 전체 기대수익률 : 7%
- 미국시장 전체 기대수익률 : 6%
- 한국주식과 미국시장 간의 상관계수 : 0.5

① 4%　　② 5%　　③ 6%　　④ 7%

해설 미국의 투자자가 한국주식에 투자 시 기대수익률

$E(R_K) = R_F^{US} + (R_M^{US} - R_F^{US}) \times \beta_K^{US} = 0.04 + 0.5 \times (0.06 - 0.04) = 0.05 \quad \therefore 5\%$

개념 짚어 보기

자본자산가격결정모형(CAPM : Capital Asset Price Model)

- 효율적 시장에서의 증권 균형가격을 이론적으로 도출한 모형
- 증권의 균형수익률(기대수익률)을 증권의 체계적 위험에 대한 보상으로 표현

$$E(R_P) = R_F + \beta_P(R_M - R_F)$$

- $E(R_P)$: 포트폴리오의 기대수익률
- R_F : 무위험이자율
- β_P : 포트폴리오의 베타
- R_M : 시장의 기대수익률

| 개념 확인 문제 **정답** | ①　| 실전 확인 문제 **정답** | ②

3 해외투자와 환위험

실전 확인 문제

01 해외투자와 환위험에 관한 다음 설명 중 틀린 것은?

① 외국의 주식에 투자하는 경우 환율 때문에 투자수익률이 변동한다.

② 외국주식에 투자한 경우 본국통화로 표시한 투자수익률은 외국통화표시수익률에 환율변동률을 합한 값과 거의 같다.

③ 외국주식에 투자한 경우 본국통화를 표시한 투자수익률의 분산은 외국통화표시 투자수익률의 분산과 환율변동률의 분산을 합한 값과 같다.

④ 자국 통화가치와 양의 상관관계를 가진 주식에 투자함으로써 헤지효과를 얻을 수 있다.

해설 해외투자 시의 분산 $VaR(R_{id}) = VaR(R_{if}) + VaR(e_i) + 2Cov(R_{if},\ e_i)$
투자자가 외국주식에 투자한 경우 본국통화로 표시한 투자수익률의 분산은 외국통화표시 자산수익률 분산, 환율변동률의 분산, 외국통화표시 자산가격과 환율변동율 간 공분산의 합으로 표시된다.

02 다음의 달러표시주식에 투자 시, 원화표시 투자수익률의 분산은?

- 달러표시 투자수익률의 표준편차 : 0.12
- 환율변동률의 표준편차 : 0.055
- 달러수익률과 환율변동률의 상관계수 : – 0.22

① 0.0125　　② 0.0135

③ 0.0145　　④ 0.0155

해설 원화표시투자수익률의 분산 = $(0.12)^2 + (0.055)^2 + 2 \times (-)0.22 \times 0.12 \times 0.055 = 0.0145$
- 해외투자 시의 분산 $VaR(R_{id}) = VaR(R_{if}) + VaR(e_i) + 2Cov(R_{if},\ e_i)$
- 상관계수 = 공분산/각각의 표준편차 → 공분산 = 상관계수 × 각각의 표준편차

개념 짚어 보기

투자위험과 환율과의 관계

$$VaR(R_{id}) = VaR(R_{if}) + VaR(e_i) + 2Cov(R_{if},\ e_i)$$

- $VaR(R_{id})$: 자국통화표시 투자수익률의 분산
- $VaR(R_{if})$: 외국통화표시 투자수익률의 분산
- $VaR(e_i)$: 환율변동률의 분산
- $Cov(R_{if},\ e_i)$: 외국통화표시 자산과 환율변동률과의 공분산

| 실전 확인 문제 정답 | 01 ③ 02 ③

4 세계증권시장의 통합과 국제분산투자

개념 확인 문제

01 통합된 국제자본시장에서는 최적의 포트폴리오를 구성할 때 국내주식과 외국주식을 (   ) 인식하게 된다.

① 동일하게　　② 다르게

02 최근에는 국제자본시장 통합의 장애요인이 (   )하는 추세이다.

① 증가　　② 감소

실전 확인 문제

▶ **자본시장의 동조화현상에 대한 다음 설명 중 적절하지 않은 것은?**

① 각 나라의 주가가 비슷한 움직임을 보이는 것을 주식시장의 동조화현상이라고 한다.

② 주식시장 동조화의 속도는 매우 빠르게 나타난다.

③ 인터넷의 발달로 각국 주식시장은 높은 상관관계를 보이고 있다.

④ 동조화현상이 발생하면 국제분산투자의 효과가 증가한다.

해설 동조화현상이 발생하면 국제분산투자의 효과는 감소한다.

개념 짚어 보기

국제자본시장 통합의 장애요인

- 환위험의 존재
- 국가 간 금융제도의 차이(회계원칙, 공시제도, 세제)
- 언어의 차이
- 정치적 위험
- 추가적 거래비용

| 개념 확인 문제 **정답** | 01 ① 02 ②　| 실전 확인 문제 **정답** | ④

5 국제주식시장의 의의와 변화

개념 확인 문제

01 (   )은 국내에 상장된 주식을 외국 거래소에 상장할 때 표시통화를 해당 국가의 표시통화로 전환하는 복수 상장방식이다.

① DR(Depository Receipt) ② 원주상장

02 한국기업의 경우 원화가 국제통화로 (   ).

① 인정받고 있다 ② 인정받지 못하고 있다

실전 확인 문제

▶ **다음 중 국제주식시장의 특징이 아닌 것은?**

① 한국, 대만은 시가총액 대비 주식매매 회전이 크다.

② 일본, 프랑스 등은 투자자들이 장기적으로 주식을 운용하고 있다.

③ 미국, 일본, 영국 등에서는 자본시장의 역할이 활발히 이루어지고 있다.

④ 독일, 프랑스, 이탈리아 등은 경제 규모에 비해 주식시장의 규모가 크다.

해설 독일, 프랑스, 이탈리아 등은 경제 규모에 비해 주식시장의 규모가 작은 나라에 해당하며 다른 산업에 비해서 금융시장의 발전 속도가 더디게 나타나고 있다.

개념 짚어 보기

국제주식시장의 특징

- 경제규모에 비해 주식시장의 규모가 큰 나라는 미국, 일본, 영국, 홍콩, 말레이시아, 싱가포르 등으로 이들 나라에서는 자본시장의 역할이 상대적으로 활발한 편이다.
- 경제규모에 비해 주식시장의 규모가 작은 나라는 독일, 프랑스, 이탈리아 등으로 다른 산업에 비해서 금융시장의 발전 속도가 더디게 나타나고 있다.
- 시가총액 대비 주식매매 회전이 큰 나라는 한국, 대만 등으로 단기차익을 얻기 위한 매매가 많으며 이러한 경향은 인터넷의 발전으로 사이버매매가 활성화된 데서 기인한 것이라고 할 수 있다.
- 시가총액 대비 주식매매 회전이 작은 나라는 일본, 프랑스, 이탈리아, 싱가포르 등으로, 투자자들이 주식을 장기적으로 운용하고 있음을 알 수 있다.

| 개념 확인 문제 **정답** | 01 ① 02 ② | 실전 확인 문제 **정답** | ④

6 국제채권시장의 의의와 구조

개념 확인 문제

▶ 어떤 국가의 차입자가 외국에서 그 국가의 통화가 아닌 다른 국가의 통화로 발행한 채권을 (　　)라고 한다.

① 외국채　　② 유로채

실전 확인 문제

▶ **유로채 발행 및 매매방식에 대한 설명 중 틀린 것은?**

① 공모발행형식이 대부분이나 사모발행도 증가추세이다.

② 유로채의 매매는 실물의 이동 없이 장부상으로 결제가 이루어지며 주요 결제기관으로는 유로클리어(Euroclear)와 세델(Cedel)이 있다.

③ 채권의 발행마감일(Closing Date) 이후에 투자자의 반응을 살펴볼 수 있으며 채권의 판매가 가능한 시장을 회색시장(Grey Market)이라고 한다.

④ 보우트딜(Bought Deal, 일괄매수) 형태로 발행한다.

해설 채권의 발행마감일(Closing Date) 이전에라도 투자자의 반응을 살펴볼 수 있으며 채권의 판매가 가능한 시장을 회색시장(Grey Market)이라고 한다.

개념 짚어 보기

유로채와 외국채

- 유로채(Euro Bonds)
  - 채권표시통화국 이외의 국가에서 발행되는 채권이다.
  - 역외에서 발행되기 때문에 역외채권(off shore bond)이라고 한다.
  - 표시통화국의 규제와 복잡한 절차가 면제되는 장점이 있다.
- 외국채(Foreign Bonds)
  - 채권표시통화의 국가에서 발행되는 채권이다.
  - 유로채의 경우와 달리 해당 국가의 규제에 따라야 한다.
  - 종류

양키본드	외국투자자가 미국에서 달러표시 채권발행
불독본드	외국투자자가 영국에서 파운드표시 채권발행
사무라이본드	외국투자자가 일본에서 엔화표시 채권발행
아리랑본드	외국투자자가 한국에서 원화표시 채권발행

| 개념 확인 문제 정답 | ②　| 실전 확인 문제 정답 | ③

7 해외투자전략

개념 확인 문제

01 국제시장이 글로벌화되어 시장의 효율성이 높아지면 (　　)의 수익영역이 점차 감소할 것으로 전망된다.
① 방어적 투자　　② 공격적 투자

02 환위험을 헤지하기 위해서는 투자대상국의 주식파생상품이나 금리파생상품을 이용하여 해당 국가의 통화에 대한 노출은 (　　) 투자자산의 가격에 대한 노출은 (　　).
① 줄이고, 보유해야 한다　　② 늘리고, 줄여야 한다

실전 확인 문제

▶ **다음 중 해외투자의 환위험 관리를 위한 헤지방법이 아닌 것은?**

① 투자대상증권과 환율의 상관관계를 이용한 내재적 헤지(Implicit Hedge)를 사용한다.
② 선물환, 통화선물, 통화스왑 같은 통화파생상품을 이용한다.
③ 가치상승이 예상되는 통화에 집중하여 투자한다.
④ 헤지를 하지 않으면서 헤지의 형태를 취함으로써 헤지비용을 절감한다.

해설 투자의 위험을 줄이기 위해서는 여러 통화에 분산투자하는 것이 좋다.

개념 짚어 보기

환위험 관리전략

- 적극적인 환위험 관리태도는 위험허용한도를 높게 설정하고, 소극적인 환위험 관리태도는 위험허용한도를 낮게 설정한다.
- 헤지방법
  - 선물환, 통화스왑, 통화선물 등의 통화파생상품을 이용한다.
  - 투자대상국의 주식파생상품이나 금리파생상품을 이용하여 해당 국가의 통화에 대한 노출은 줄이고 투자자산의 가격에 대한 노출은 보유한다.
  - 투자대상증권과 환율의 상관관계를 이용한 내재적 헤지(Implicit Hedge)를 사용한다.
  - 통화를 분산하여 투자한다.
  - 헤지를 하지 않으면서 헤지의 형태를 취함으로써 헤지비용을 절감할 수도 있다.
- 헤지방식에 따라 헤지의 규모와 기간 결정
  - 유동성이 충분한 시장을 활용하여 헤지규모를 결정한다.
  - 헤지기간은 장기헤지와 롤링헤지로 나눌 수 있는데, 롤링헤지는 단기헤지의 일종으로 투자기간을 맞추기 위해 여러 번 반복해서 헤지하는 것을 의미한다.

| 개념 확인 문제 정답 | 01 ②　02 ①　| 실전 확인 문제 정답 | ③

OX 문제

01 국내적으로 분산 불가능한 위험인 체계적 위험도 외국증권으로 투자대상을 확대하여 국제적으로 분산투자를 하면 위험의 추가적인 분산효과를 얻을 수 있다. (　)

02 MSCI지수는 달러기준의 국제주가지수로, 시가총액방식으로 산출된다. (　)

03 해외 펀드들이 한국 시장에 투자할 때 판단으로 삼는 지수로, 한국 증시를 가장 잘 설명해주는 대표적인 지수는 아시아지수이다. (　)

04 FTSE올월드인덱스(FTSE All World Index)는 선진시장, 선진신흥시장, 신흥시장으로 분류되는 3개 그룹으로 구성되는데, 우리나라는 선진신흥시장 그룹에 해당한다. (　)

05 세계 각 국가 간 통화가 다르며 국제투자에 보이지 않는 장벽이 존재하기 때문에 국제분산투자로 초과이익을 얻을 수 있다. (　)

06 국제투자의 관점에서 한 나라의 통화가치가 상승하면 외국인 투자자의 기대수익을 높여 그 나라의 주식에 대한 외국인 투자 유인이 커져 주가가 상승하게 된다. 따라서 한 나라의 통화가치는 주가와 양의 상관관계에 있다고 할 수 있다. (　)

07 통화파생상품을 이용한 헤지는 국제투자의 환위험을 줄이기 위한 가장 중요한 수단이다. (　)

08 정보통신, 특히 인터넷의 발달은 국제투자의 장애요인으로 작용하고 있다. (　)

09 각 나라의 주식시장이 긴밀한 영향을 주고받으면서 각 나라의 주가가 서로 비슷하게 움직이는 것을 전염효과라고 한다. (　)

10 자본시장의 동조화현상은 인터넷이 경제의 기본적 패러다임을 변화시키면서 모든 나라의 주식시장이 비슷한 방향으로 반응한 것으로 볼 수 있으며, 이는 자본시장 통합화의 진전으로 볼 수 있다. (　)

02 MSCI(Morgan Stanley Capital International)지수의 산출기준은 유동주식방식이다. MSCI지수는 정부 및 계열사 보유 지분 등 시장에서 유통되기 어려운 주식을 제외한 실제 유동주식을 기준으로 비중을 계산한다. 시가총액방식의 경우 시장에서 유통되지 않는 주식까지 포함하여 계산하므로 실제 공개시장에 대한 영향력을 정확히 반영하지 못한다는 단점이 있다.

03 MSCI지수 가운데 한국시장이 포함되는 것은 신흥시장지수, 아시아지수, 극동지수 등인데 그중 우리나라 증시를 가장 잘 설명해주는 것은 신흥시장지수(MSCI EM지수)이다.

04 우리나라는 2008년 9월 선진시장 그룹에 편입되었다.

08 인터넷의 발달은 정보 획득 및 분석 비용을 절감시켜줌으로써 국제투자에 긍정적인 영향을 준다. 국제투자의 장애요인으로는 국가 간 제도가 다른 데서 기인하는 추가적 비용 및 심리적 거리감, 환위험 · 정치적 위험 같은 추가적 위험인식, 언어의 차이 등이 있다.

09 동조화(synchronization) 현상에 대한 설명이다. 경기변동의 전염효과(contagion effect)는 상당한 시차를 두고 진행되지만, 주가는 기대에 의해 변동하는 것이므로 거의 동시적으로 일어난다.

10 동조화현상을 통합화의 진전으로 해석하는 경우가 있지만 자본시장의 통합화가 없어도 경제교류 증가 또는 세계 공통요인의 작용으로 나라 간 주식시장 움직임의 상관관계가 높아질 수 있으므로 동조화현상을 통합화로 해석할 수는 없다. 통합화는 차익거래의 가능 여부, 일물일가의 법칙 등으로 평가하는 것이나, 동조화는 주식시장 간의 높은 상관관계를 의미한다.

정답 | 01 ○ 02 × 03 × 04 × 05 ○ 06 ○ 07 ○ 08 × 09 × 10 ×

핵심플러스 OX 문제

11 각국의 자본자유화로 제도적 장벽이 상당히 제거되었으나, 국제투자에는 여전히 실제 혹은 심리적 투자비용이 존재하며 국제주식시장은 아직 완전 통합된 시장의 모습을 갖추지 못하고 있다. 이는 국제분산투자효과와 차익을 통한 초과이익의 기회가 존재한다는 것을 의미한다. ( )

12 우리나라 기업이 해외 거래소에 상장될 때에는 현지의 제도에 따라 DR이나 원주상장의 형태로 상장된다. ( )

13 국제채는 해외자금조달을 위해 발행되는 것으로, 외국채(foreign bonds)는 채권 표시통화 본국에서 발행되는 것을, 유로채(Eurobonds)는 채권 표시통화 본국 이외의 국가에서 발행되는 것을 말한다. ( )

14 국제채권시장에 참가하는 중개금융기관은 발행 전 준비작업, 인수단 형성, 판매, 트레이딩 등의 업무를 담당한다. ( )

15 유로채는 발행과 관련하여 당국의 규제가 없다는 점에서 역외채권(offshore bond)이며, 채권 소지자가 청구권을 갖는 무기명채권(bearer bond)이다. ( )

16 국내외 증권사에 본인 명의의 계좌를 개설하는 것이 가능하므로 해외직접투자를 할 때에는 해외증권사에 직접 계좌를 개설하는 것이 안전하다. ( )

17 해외펀드는 환매 신청 후 환매 대금을 지급받기까지 7~10일이 소요되며 환매 신청 후 대개 4영업일 후에 환매 대금이 결정되므로, 환매를 신청한 뒤에 며칠간 주가 변동성에 노출될 수 있다. ( )

18 딤섬본드는 중국 본토에서 발행하는 것으로, 대체로 신용등급이 높은 회사채로 채권 수익률이 낮은 편이며 만기가 2~3년 정도인 단기채가 많다. ( )

19 해외증권투자전략 중 공격적 전략은 투자자가 가진 정보에 따라 투자 대상국의 주가와 환율을 전망하고 이에 따라 전망이 가장 밝은 나라에 투자비중을 높여 수익률을 극대화하고자 하는 전략이며, 방어적 전략은 벤치마크지수의 구성을 모방하여 벤치마크의 수익률과의 괴리를 최소화하고자 하는 전략이다. ( )

20 국제포트폴리오의 자산배분에 있어서 하향식 접근방법에서는 국가의 비중을 산업 및 기업 선정의 결과로써 결정하게 된다. ( )

해설

12 원화는 국제통화가 아니어서 우리나라 기업의 주식이 해외시장에 상장되려면 현지의 제도와 상관없이 표시통화를 DR(Depository Receipt)의 형태로 전환해야 한다.

16 해외투자를 할 때 해외 증권사에 본인 명의의 계좌를 개설하는 것이 가능하지만, 국내 증권사를 이용하여 간접투자하는 것이 편리하고 안전하다.

18 딤섬본드는 홍콩에서 위안화로 발행하는 채권이다. 중국 본토에서 발행하는 채권은 판다본드라고 한다.

20 상향식 접근방법에 대한 내용이다. 상향식 접근방법에서는 세계 경제를 글로벌화된 산업들의 집합으로 보며, 산업 및 기업 분석이 연구의 중심이 된다. 반면 하향식 접근방법에서는 세계 경제를 완전히 통합되지 않고 서로 분리된 각국 경제의 결합체로 보며, 거시경제 및 국가 분석이 연구의 중심이 된다.

정답 | 11 ○ 12 × 13 ○ 14 ○ 15 ○ 16 × 17 ○ 18 × 19 ○ 20 ×

2과목

투자운용 및 전략 II

II 투자분석

1장 투자분석기법

2장 리스크 관리

1장 투자분석기법

다음 설명 중 잘못된 것은?

① 무역특화지수는 수출 또는 수입에 특화된 정도를 나타내는 지수로서 1에 가까우면 수출에, −1에 가까우면 수입에 특화되어 있다.

② 시장점유율은 각국의 경쟁력을 비교하는 데 가장 널리 사용되는 지수로서 시장의 지배력을 의미한다.

③ 산업성과는 경쟁자산과 산업구조 측면의 경쟁력이 실제 발휘된 것으로 현재의 경쟁력 수준을 보여주며 높은 산업성과는 미래경쟁력을 높이는 피드백 효과가 있다.

④ 현시비교우위지수(RCA)는 특정 국가에 대한 품목별수출(점유율)을 총수출(점유율)로 나눈 지수로서 1보다 크면 비교우위산업으로, −1보다 작으면 비교열위산업으로 분석한다.

정답해설 현시비교우위지수(RCA)는 1을 기준으로 한다.

대표 유형 문제 알아 보기

산업경쟁력 결정요인(M. Porter)
- **직접 요인** : 요소조건, 수요조건, 연관산업 및 지원산업, 기업전략, 경쟁여건
- **간접 요인** : 정부, 우발적 요인

수출과 관련된 산업성과지표

구분	내용
무역특화지수	수출 또는 수입에 특화되어 있는 정도를 나타내는 지수로서 1에 가까우면 수출에, −1에 가까우면 수입에 특화되어 있다.
현시비교우위지수(RCA)	특정 국가에 대한 품목별 수출(점유율)을 총수출(점유율)로 나눈 지수로서 1보다 크면 비교우위산업으로, 1보다 작으면 비교열위산업으로 분석한다.
시장점유율 (MS : Market Share)	각국의 경쟁력을 비교하는 데 가장 널리 사용되는 지수로, 시장 전체의 수입액에서 각 수출국이 어느 정도의 비중을 차지하고 있는가를 보여준다.

| 대표 유형 문제 정답 | ④

1 증권분석의 개념

개념 확인 문제

01 경제 · 산업동향, 개별 기업의 고유한 내용 등 계량화하기 어려운 자료를 대상으로 분석하는 것을 (　　)이라고 한다.

① 질적분석　　② 양적분석

02 기업가치를 분석할 때 '경제분석 → 산업분석 → 기업분석'의 단계로 진행하는 것을 (　　) 방식이라고 한다.

① Bottom-Up　　② Top-Down

실전 확인 문제

▶ **기본적 분석에 대한 다음 설명 중 적절하지 않은 것은?**

① 증권의 내재가치를 발견하고 이 내재가치와 시장가격을 비교함으로써 적절한 투자전략을 구사하려는 분석방법이다.

② 경제분석을 통해 시장동향을 파악할 수 있으며, 증권을 선택하고 증권에 자금을 배분하는 포트폴리오 구성에 참고할 수 있다.

③ 어떤 종목을 선택할 것인가를 알아보는 것은 산업분석에 해당되며, 어떤 업종을 선택할 것인가를 알아보는 것은 기업분석에 해당된다.

④ 거시분석을 통해 양호한 산업을 선택하면, 증권을 고르는 노력을 선택한 산업에 집중할 수 있어 미시분석보다 거시분석이 많이 사용된다.

해설 어떤 업종을 선택할 것인가를 알아보는 것은 산업분석에 해당하며, 기업분석은 어떤 종목을 선택하느냐와 관련이 있다.

개념 짚어 보기

기본적 분석의 구분

- **양적분석** : 재무제표 중심으로 계량화할 수 있는 자료 분석
- **질적분석** : 경제 · 산업 동향, 개별기업 고유 내용 등 계량화할 수 없는 자료 분석
  - 거시적 접근방법(Top-Down 방식) : '경제분석 → 산업분석 → 기업분석'의 순서로 접근
  - 미시적 접근방법(Bottom-Up 방식) : '기업분석 → 산업분석 → 경제분석'의 순서로 접근

| 개념 확인 문제 정답 | 01 ① 02 ② | 실전 확인 문제 정답 | ③

2 증권의 일반적 가치평가 모형

개념 확인 문제

01 자산이 가지고 있는 가치(Value)와 시장에서 형성되는 가격(Price)은 효율적 시장에서는 ( ) 비효율적 시장에서는 ( ) 경우가 대부분이다.

① 동일하지만, 동일하지 않은 ② 동일하지 않지만, 동일한

02 ( )보다 ( )이 요구수익률 변화에 따른 가격 변동이 더욱 크다.

① 단기채권, 장기채권 ② 장기채권, 단기채권

실전 확인 문제

▶ **甲회사의 배당은 금년에 주당 200원이었다. 배당성장률이 매년 5%라고 가정하고 甲주식에 대한 요구수익률이 10%라 할 때 甲주식의 현재가(P)를 계산하면?**

① 2,200원 ② 4,000원

③ 4,200원 ④ 5,000원

해설 $P = \dfrac{D_1}{k-g}$, $D_1 = 200 \times (1+0.05) = 210$

항상성장배당 모형 : $P = \dfrac{210}{(10-5)\%} = 4{,}200$원이다.

개념 짚어 보기

항상성장 모형(Constant Growth Model)
- Gordon 모형이라고도 한다.
- 매기간 일정한 비율(g)로 배당금이 계속 성장한다.

$$D_t = D_0(1+g)^t$$
$$P_0 = \sum_{t=1}^{\infty} \frac{D_0(1+g)^t}{(1+k_e)^t} = \frac{D_1}{k_e - g}$$

- 요구수익률

$$k_e = \frac{D_1}{P_0} + g$$

- $\dfrac{D_1}{P_0}$: 예상배당수익률
- g : 성장률(자본이득수익률)

- 배당과 성장률이 클수록 주가는 상승하며, 요구수익률이 클수록 주가는 하락한다.
- $k_e > g$이어야 정(+)의 가치를 가진다.

| 개념 확인 문제 정답 | 01 ① 02 ① | 실전 확인 문제 정답 | ③

3 주가이익비율(PER : Price-Earning Ratio)

개념 확인 문제

01 주가이익비율은 (　　)을 (　　)으로 나눈 값으로, 투자자들이 기업의 이익규모에 두고 있는 가치를 측정하는 지표이다.

① 1주당 가격, 주당 순이익　　② 주당 순이익, 1주당 가격

02 PER이 (　　) 투자자산의 변동성이 더욱 커지며 투자위험도 더 높아진다.

① 낮을수록　　② 높을수록

실전 확인 문제

▶ **다른 조건이 동일하다는 가정하에 주가수익비율(PER)에 대한 설명 중 틀린 것은?**

① 주가가 클수록 커진다.

② 기대수익률은 작을수록 커진다.

③ 기대배당성향이 클수록 커진다.

④ 기대되는 내부유보율이 클수록 커진다.

해설 $P_0 = \frac{D_0(1+g)}{k-g}$, $\frac{P_0}{E_1} = \frac{1-b}{k-g}$로 기대되는 내부유보율이 클수록 작아진다.

개념 짚어 보기

성장모형에 의한 PER분석

$$P_0 = \frac{D_1}{k-g}$$

- P_0 : 주식의 가치
- D_1 : 내년의 예상배당액
- k : 주주의 요구수익률
- g : 영구적 배당성장률

- 주당 순이익이 g%씩 해마다 성장하고, 배당성향이 $(1-b)$라면 $D_1 = E_0(1-b)(1+g)$이고, $E_1 = E_0(1+g)$이다(단, b : 유보율, E : EPS).
- $g = b \times ROE$이므로 $\frac{P_0}{E_1} = \frac{1-b}{k-(b \times ROE)}$이다.

| 개념 확인 문제 정답 | 01 ① 02 ② | 실전 확인 문제 정답 | ④

4 주가자산비율(PBR : Price on Book-value Ratio)

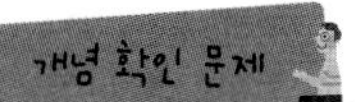

01 PBR은 자기자본의 (　　)를 (　　)로 나눈 값으로, 주식 1주를 기준으로 표시한 주가순자산비율을 의미한다.
① 총시장가치, 총장부가치　　② 총장부가치, 총시장가치

02 주가는 (　　)이나 주당 순자산은 (　　)이라는 시간성의 차이로 인해 1주당 순자산가치와 장부상의 실제 가치가 일치하지 않는다. 이외에도 집합성의 차이, 자산과 부채에 대한 인식기준의 차이로 인해 PBR은 1이 될 수 없다.
① 과거지향적, 미래지향적　　② 미래지향적, 과거지향적

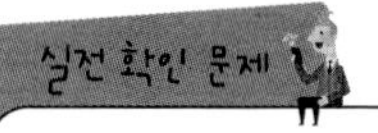

01 시장가치비율에 관한 설명 중 틀린 것은?

① 시장가치비율은 기업의 주식가격을 주당이익 및 주당 장부가치와 관련시킨 비율이다.
② 수익성 이외의 다른 면이 동일하다고 가정할 경우 기업의 주가수익률이 비교대상 기업보다 크면 그 기업의 주가가 상대적으로 고평가되어 있다고 본다.
③ PBR = (순이익/매출액) × (매출액/총자본) × (자기자본/총자본) × ROE이다.
④ 토빈의 Q가 1보다 크면 기업들에게 설비투자에 대한 동기를 부여한다.

해설 $PBR = ROE \times PER = \frac{순이익}{매출액} \times \frac{매출액}{총자본} \times \frac{총자본}{자기자본} \times PER$이다.

02 토빈의 Q에 대한 설명으로 틀린 것은?

① 자본의 사장가치와 자산의 대체원가의 비율이다.
② 토빈의 Q가 클수록 투자수익이 저조하고 경영이 비효율적이다.
③ 토빈의 Q가 작을수록 M&A 대상이 될 가능성이 높다.
④ 토빈의 Q는 자산의 대체원가를 추정하기가 어려운 단점이 있다.

해설 토빈의 Q가 클수록 투자수익이 양호하고 경영이 효율적이다.

| 개념 확인 문제 **정답** | 01 ① 02 ②　| 실전 확인 문제 **정답** | 01 ③ 02 ②

5 EV/EBITDA 비율

개념 확인 문제

01 EBITDA는 세금, 이자, 상각비 등의 (   ) 이익으로, 영업이익에 감가상각비와 기타 상각비를 합산한 금액으로 계산하는 것이다.

① 차감 전 ② 차감 후

02 EV/EBITDA 비율은 기업의 자본구조를 감안한 평가방식으로 추정방식이 단순하고, 회사 간 비교 가능성이 높아 공시정보로 유용하며 (   )의 한계를 보완한다.

① PER ② PBR

실전 확인 문제

▶ **주주가치와 채권가치의 합을 세전 이익으로 나눈 값으로 표시되며 공모기업의 주당가치 추정에 이용되는 지표는?**

① EV/EBITDA ② MVA

③ PER ④ EVA

해설 주주가치와 채권가치의 합을 세전 이익으로 나눈 값으로 표시되며 공모기업의 주당가치 추정에 이용되는 지표는 EV/EBITDA이다. EV는 기업 전체의 자산가치의 합이고, EBITDA는 이자 · 세금 · 감가상각비 차감 전의 이익이다.

개념 짚어 보기

EV/EBITDA 비율

- EV(Enterprise Value)는 기업의 전체 자산가치를 의미하여 주주가치와 채권자가치를 합산한 금액이다.

EV = 주주가치 + 채권자가치 = 주식시가총액 + (이자지급성 부채 − 현금 및 유가증권)

- EBITDA(Earnings Before Interest, Taxes, Depreciation and Amortization)는 세금, 이자, 상각비 등의 차감 전 이익으로, 영업이익에 감가상각비와 무형자산상각비를 합산한 금액으로 계산한다.
- EV/EBITDA 비율은 기업의 자본구조를 감안한 평가방식으로 추정방식이 단순하고, 회사 간 비교 가능성이 높아 공시정보로 유용하며, PER의 한계를 보완한다는 장점이 있다.
- 분석시점에 따라 시가총액이 달라지므로 추정시점과 실제 상장 · 등록 시의 시가변동의 차이를 생각해야 한다.

| 개념 확인 문제 정답 | 01 ① 02 ① | 실전 확인 문제 정답 | ①

6 경제적 부가가치(EVA : Economic Value Added) 모형

실전 확인 문제

01 자기자본의 기회비용까지 포함하여 투하자본에 대한 경영성과를 평가하는 지표는?

① EV/EBITDA
② EVA
③ BPS
④ MVA

해설 EVA(Economic Value Added)에 대한 설명이다.

02 A기업은 자기자본 400억 원, 타인자본 200억 원으로 구성된 회사이다. A기업의 세후 순이익이 100억 원이고 타인자본비용이 15%, 자기자본비용이 15%일 때 이 기업의 경제적 부가가치(EVA)는 얼마인가?

① 60억 원
② 10억 원
③ 100억 원
④ 40억 원

해설 EVA = NOPLAT − WACC × IC = 100억 − (600억 x 15%) = 10억

03 WACC(Weight Average Cost Capital, 가중평균비용)에 대한 설명 중 틀린 것은?

① 외부차입에 의한 타인자본비용 이외에 주주가 제공한 자기자본비용(기회비용)도 포함하는 총자본비용의 개념이다.
② WACC가 ROIC보다 크면 기업가치의 축소과정으로 볼 수 있다.
③ WACC가 (NOPLAT/IC)보다 커야 EVA가 양(+)의 수치를 가진다.
④ 보통 자기자본은 타인자본보다 위험에 대한 프리미엄이 높으므로 자기자본비용이 타인자본비용보다 높게 나타난다.

해설 WACC가 NOPLAT/IC보다 크면 EVA가 음(−)의 수치를 가진다.

개념 짚어 보기

경제적 부가가치(EVA : Economic Value Added)

EVA = 세후영업이익 − 투하자본 × 자본비용

- EVA는 타인자본비용과 자기자본비용을 포함하여 기업의 경영성과를 측정하는 지표이다.
- 조달비용의 개념을 타인자본비용에서 자기자본비용(기회비용)에까지 확대하였다.
- EVA의 값이 양(+)이면 경제적인 부가가치가 생성되었다는 것을 의미한다.
- 경영자의 관심이 당기 순이익이라는 단순한 회계상의 수치에서 벗어나 기업투자목표를 총자본비용 이상의 이익 창출로 설정하게 되었다.
- 자기자본에 대한 기회비용을 감안함으로써 기업투자의 최종목표가 주주의 부의 극대화로 연결되었다.

| 실천 확인 문제 정답 | 01 ② 02 ② 03 ③

7 시장 부가가치(MVA : Market Value Added)

개념 확인 문제

01 MVA가 양(+)이면 기업가치의 (　　)을/를, MVA가 음(−)이면 기업가치의 (　　)을/를 의미한다.

① 감소, 창출　　② 창출, 감소

02 MVA는 (　　) 경영전략 및 투자 결정에 유리하다는 장점이 있다.

① 단기적　　② 장기적

실전 확인 문제

▶ **다음 설명에 해당하는 지표는?**

- 시장에서 형성된 기업가치에서 주주와 채권자의 실제투자액을 차감한 금액이다.
- 양(+)이면 기업가치의 추가적인 창출을 의미한다.
- 음(−)이면 기업가치의 감소를 의미한다.
- 미래 여러 기간의 예상초과이익의 할인가로서 계산된다.

① EVA　　② MVA

③ PGER　　④ NOPLAT

해설 MVA(Market Value Added, 시장부가가치)에 대한 설명이다.

개념 짚어 보기

시장 부가가치(MVA : Market Value Added)

MVA = 시장에서 형성된 기업가치 − 주주와 채권자의 실제투자액

- MVA가 양(+)이면 기업가치의 추가적인 창출을, MVA가 음(−)이면 기업가치의 감소를 의미한다.
- EVA와 MVA의 관계
  - MVA는 모든 미래 EVA의 현재가치의 합이다.
  - MVA는 미래에 대한 지수인 반면 EVA는 매기의 초과이익을 나타내는 지수이므로 경영관리에서는 EVA가 더욱 유용하다.
  - '기업가치 = IC(투하자본) + MVA(초과이익) + 비사업 자산가치'로 표시된다.

| 개념 확인 문제 정답 | 01 ② 02 ② | 실전 확인 문제 정답 | ②

8 기업의 지표분석(1) – 안전성 지표

개념 확인 문제

01 안전성 지표는 기업의 (   ) 채무이행능력을 측정하는 것으로, 보통 부채비율로 판단한다.

① 단기적 ② 중장기적

02 기업이 부채에 지급하고 있는 이자보다 수익이 훨씬 많다면 재무레버리지는 (   )을 증가시키는 데 기여하게 된다.

① 자기자본이익률 ② 영업이익률

실전 확인 문제

▶ **(주)시스컴은 매출액 순이익률이 5%이고 매출액 회전율이 1이며, ROE가 6%이다. (주)시스컴의 부채비율(부채/자기자본)은 얼마인가?**

① 20% ② 40%

③ 60% ④ 100%

해설 $ROE = \frac{순이익}{매출액} \times \frac{매출액}{총자본} \times \frac{총자본}{자기자본}$

$6\% = 5\% \times 1 \times \frac{총자본}{자기자본} \quad \therefore \frac{총자본}{자기자본} = 1.2$

총자산 = 1.2, 부채 = 0.2, 자기자본 = 1.0

∴ 부채비율 = 20(%)

개념 짚어 보기

부채비율(DR : Debt Ratio)

$$DR = \frac{총부채}{총자산}$$

- 기업이 활용하고 있는 재무 레버리지의 크기를 측정한다.
- 보통 50% 미만일 때 안정적이라고 해석한다.
- 레버리지가 높으면 기업의 이익 변동성이 커진다.
- 우선주 주주와 채권자는 낮은 부채비율의 기업을 선호한다.

| 개념 확인 문제 정답 | 01 ② 02 ① | 실전 확인 문제 정답 | ①

9 기업의 지표분석(2) – 유동성 지표

개념 확인 문제

01 유동성 지표는 ( )를 상환하기 위한 기업의 현금 창출 능력을 검정한다.

① 단기부채 ② 장기부채

02 유동비율은 일반적으로 ( ) 이상이면 건전하다고 인식되어 왔으나 현금관리기법의 발달에 따라 적정 수준이 그 이하로 낮아졌다.

① 1.0 ② 2.0

실전 확인 문제

▶ **다음 재무제표의 내용 중 바르지 않은 것은?**

① 투자자본수익률(ROIC) = (순이익 + 이자비용)/영업용투하자본

② 배당성향 = 보통배당금 총액/보통주주들의 몫인 이익금 총액

③ 유동비율(%) = (유동자산/고정자산) × 100

④ 총자산회전률(%) = (순매출/총자산) × 100

해설 유동비율(%) = $\frac{\text{유동자산}}{\text{유동부채}}$ × 100

개념 짚어 보기

유동비율(CR : Current Ratio)

$$CR = \frac{\text{유동자산}}{\text{유동부채}}$$

- 기업의 단기채무 지급능력을 측정하는 비율이다.
- 유동자산은 현금, 시장성 유가증권, 외상매출금, 받을 어음, 재고자산, 선급금 등의 총액이다.
- 유동부채는 외상매입금, 미지급비용, 미지급법인세, 미경과수입, 지급어음 등 단기부채의 총액이다.
- 일반적으로 2.0 이상이면 건전하다고 인식되어 왔으나 현금관리기법의 발달로 인해 유동비율의 적정 수준이 낮아졌다.
- 유동비율의 수준은 재고자산, 외상매입금 등으로 인해 산업요인에 크게 영향을 받으므로, 같은 산업에 속하는 다른 기업의 수치들과 함께 평가해야 한다.

| 개념 확인 문제 **정답** | 01 ① 02 ② | 실전 확인 문제 **정답** | ③

10 레버리지 분석

개념 확인 문제

01 레버리지 분석이란 이자비용, 감가상각비 같은 (　　) 비용으로 인해 발생하는 손익확대효과를 분석하는 것을 말한다.

① 유동적　　② 고정적

02 (　　)는 이자 지급, 우선주 배당 등의 비용으로 인해 나타나는 EPS의 확대효과를 의미한다.

① 영업 레버리지　　② 재무 레버리지

03 영업 레버리지도가 높다는 것은 매출액이 줄어들면 영업이익도 줄어들고, 매출액이 늘어나면 영업이익도 늘어난다는 것을 의미하는데, 자본집약적 산업의 경우 영업 레버리지도가 (　　).

① 높다　　② 낮다

실전 확인 문제

▶ **레버리지에 대한 설명으로 적절치 못한 것은?**

① 재무 레버리지는 기업이 경영을 위해서 조달한 총자본 가운데 타인자본이 차지하는 비율을 의미한다.

② 변동비 때문에 매출액의 증감에 비해 영업이익이 크게 나타나는 현상을 영업 레버리지 효과라고 한다.

③ 기업이 부채를 사용하는 경우 영업이익의 변화율에 대한 주당이익의 변화가 크게 나타나는 것을 재무 레버리지 효과라고 한다.

④ 결합 레버리지는 재무 레버리지와 영업 레버리지의 곱으로 나타난다.

해설 고정비 때문에 매출액의 증감에 비해 영업이익이 크게 나타나는 현상을 영업 레버리지 효과라고 한다.

개념 짚어 보기

레버리지 분석 유형

- 영업 레버지리도(DOL) = $\frac{\text{매출액} - \text{변동비용}}{\text{매출액} - \text{변동영업비} - \text{고정영업비}}$
- 재무 레버리지도(DFL) = $\frac{\text{영업이익}}{\text{영업이익} - \text{이자}}$
- 결합 레버리지도(DCL) = $\frac{\text{매출액} - \text{변동비용}}{\text{매출액} - \text{변동비용} - \text{고정비용} - \text{이자비용}}$

| 개념 확인 문제 정답 | 01 ② 02 ② 03 ①　| 실전 확인 문제 정답 | ②

11 기술적 분석의 이해

개념 확인 문제

01 주식시장에 접근하는 세 가지 방법 중 기술적 분석은 주식의 (　　)에 초점을 두고 분석하는 방법이다.
① 가격(Price)　　② 가치(Value)

02 과거의 주가 추세나 패턴이 미래에도 반복된다는 기술적 분석의 기본 가정은 (　　)이라는 단점이 있다.
① 현실적　　② 비현실적

03 기술적 분석 방법 중 (　　)의 목적은 주식시장을 정적으로 관찰하여 주가의 전환시점을 포착하는 것이다.
① 추세 분석　　② 패턴 분석

실전 확인 문제

▶ **다음 중 기술적 분석의 기본 가정이 아닌 것은?**

① 증권의 시장가치는 수요 및 공급에 의해서만 정해진다.
② 시장의 사소한 변동을 고려하지 않는다면 주가는 지속되는 추세에 따라 상당 기간 동안 움직이는 경향이 있다.
③ 수요와 공급의 변동과 관계없이 추세의 변화가 발생한다.
④ 도표에 나타나는 주가모형은 스스로 반복하는 경향이 있다.

해설 추세는 수요 및 공급의 변동에 따라 변화한다.

개념 짚어 보기

기술적 분석

기술적 분석은 주가의 매매시점을 파악할 수 있도록 과거의 시세 흐름과 패턴을 파악해서 정형화하고 이를 분석하여 향후 주가를 예측하고자 하며, 다음과 같은 장점과 단점이 있다.

- **장점**
  - 주가에 영향을 미치는 요인 중 계량화하기 힘든 심리적 요인도 분석할 수 있다.
  - 매매시점의 포착이 용이하고 변화의 방향이 예측 가능하다.
- **단점**
  - 과거의 주가 추세나 패턴이 미래에도 반복된다는 가정이 비현실적이다.
  - 주가 변화의 시작 시점에 대한 해석에 차이가 존재한다.
  - 주식의 투자 가치와 시장의 변화 원인에 대한 분석은 불가능하다.

| 개념 확인 문제 **정답** | 01 ① 02 ② 03 ②　| 실전 확인 문제 **정답** | ③

12 다우이론

개념 확인 문제

01 다우이론은 증권시장의 평균적인 움직임을 분석하여 증권시장의 (　　) 국면을 예측하는 데 활용된다.

① 부분적인　　② 전체적인

02 (　　)은 전문가들의 불안심리가 확대되어 전문가들이 투자수익을 취한 뒤 주식시장에서 빠져나가는 단계로, 조금만 주가가 떨어져도 거래량이 증가하는 현상이 나타난다.

① 분산국면　　② 침체국면

03 전문투자자는 공포심을 갖는 반면 일반투자자는 확신을 갖는 국면은 (　　)이다.

① 약세 제1국면, 약세 제2국면　　② 강세 제1국면, 강세 제2국면

실전 확인 문제

▶ **다우이론에 대한 일반적 원칙에 대한 설명으로 틀린 것은?**

① 주가는 장기 파동, 중기 파동, 일일 파동과 같은 파동법칙에 의해 형성된다.

② 장기 파동은 직전에 형성된 최고가를 돌파하여 평균 주가가 상승할 때 만들어지고, 중기 파동은 최저가를 하향돌파하기 전에 끝난다.

③ 전체적인 주가의 흐름은 평균 주가 개념에 정확하게 반영된다.

④ 장기추세는 3단계로 진행되는데 1단계는 축적단계, 2단계는 분배단계, 3단계는 기술적 추세추종단계이다.

해설 장기추세는 3단계로 진행되는데 1단계는 축적단계, 2단계는 기술적 추세추종단계, 3단계는 분배단계이다.

개념 짚어 보기

투자결정과 투자행위

그랜빌(Granville)은 다우이론을 구체화하여 일반투자자와 전문가의 투자심리와 투자행위를 제시하였다.

구분	강세시장			약세시장		
	제1국면	제2국면	제3국면	제1국면	제2국면	제3국면
일반투자자	공포	공포	확신	확신	확신	공포
전문가 (투자전략)	확신 (–)	확신 (점차매도)	공포 (매도)	공포 (–)	공포 (점차매수)	확신 (매수)

| 개념 확인 문제 정답 | 01 ② 02 ① 03 ①　| 실전 확인 문제 정답 | ④

13 저항선과 지지선, 추세선

개념 확인 문제

01 (   )은 주가가 어느 이상으로 오르려는 추세를 저지시키는 높은 주가수준을 의미하는 것으로 주가파동의 상한점을 연결한 선을 말하며, (   )은 주가가 어느 이하로 떨어지려는 추세를 저지시키는 낮은 주가수준을 의미하는 것으로, 주가파동의 하한점을 연결한 선을 말한다.

① 저항선, 지지선　　② 지지선, 저항선

02 추세선이란 고점, 저점 중에서 의미 있는 두 개의 고점이나 저점을 연결한 직선을 말하며, 일반적으로 상승추세선은 (   )을, 하락추세선은 (   )을, 평행추세선은 고점 또는 저점을 연결한 다.

① 저점, 고점　　② 고점, 저점

실전 확인 문제

▶ 추세선의 전환이 나타나는 상황이 아닌 것은?

① 몸체가 짧은 음선이나 양선을 그리며 추세선을 돌파할 때 나타난다.

② 3% 또는 5% 등 일정 비율 이상 추세선을 벗어날 때 나타난다.

③ 3일 또는 5일 등 일정한 기간 이상 추세선을 벗어날 때 나타난다.

④ 거래량의 변화가 수반될 때 나타난다.

해설 몸체가 긴 음선이나 양선을 그리며 추세선을 돌파할 때 추세선의 전환이 발생할 수 있다.

개념 짚어 보기

저항선과 지지선

- **저항선** : 주가가 어느 이상으로 상승하려는 추세를 저지시키는 일련의 높은 주가수준을 의미한다.
- **지지선** : 주가가 어느 이하로 하락하려는 추세를 저지시키는 일련의 낮은 주가수준을 의미한다.
- 지지선이나 저항선은 오랜 기간에 걸쳐 만들어진 것이거나 최근에 만들어진 것일수록 신뢰도가 높다.
- 지지선이나 저항선은 현 주가의 최소 · 최대 목표치를 설정하는 데 유용하며, 매매 전략에 이용 가능하다.
- 저항선이나 지지선의 돌파 시도가 여러 번에 걸쳐 성공하지 못한다면 추세 전환의 신호로 볼 수 있다.
- 1만 원, 2만 원, 10만 원 같이 정액의 가격대에서는 심리적 지지선이나 저항선으로 작용할 수 있다.

추세선과 추세대

- **추세선** : 의미 있는 두 개의 고점이나 저점을 연결한 직선이다.
- **추세대** : 저항선과 지지선이 서로 평행한 상태로, 이 안에서 주가등락이 반복적으로 나타난다.

| 개념 확인 문제 **정답** | 01 ① 02 ①　| 실전 확인 문제 **정답** | ①

14 갭(Gap)

개념 확인 문제

01 갭은 지금까지 진행되어 오던 매도세와 매수세 간의 균형이 한쪽 방향으로 치우쳐 주가가 폭등 또는 폭락함으로써 그래프상에 나타나는 빈 공간으로, 갭이 발생함으로써 특정 가격대에서 거래가 성립되지 않았으므로 갭이 발생한 가격대는 앞으로 ( )의 역할을 할 수도 있다.

① 지지선 또는 저항선　② 추세선

02 돌파 갭은 주가가 모형에서 완전히 벗어나 결정적인 돌파를 할 때 나타나는 주가 갭으로, ( )을 예고한다.

① 주가 상승　② 주가 하락

03 섬꼴반전은 주가가 급격히 반전될 때 나타나는 형태로, 상승 ( )에 이어 하향 ( )이 나타나면서 섬과 같은 모습이 연출되는 반전패턴이다.

① 돌파 갭, 소멸 갭　② 소멸 갭, 돌파 갭

실전 확인 문제

▶ **추세반전이 이루어지기 직전에 나타나 단기변동을 예고하는 주가 갭으로, 주가 하락을 예고하는 것은?**

① 보통 갭　② 돌파 갭

③ 급진 갭　④ 소멸 갭

해설 소멸 갭(Exhaustion Gap)에 대한 설명이다.

개념 짚어 보기

갭의 종류

- **보통 갭(Common Gap)** : 모형 형성 과정에서 나타나는 첫 단계의 주가 갭으로, 특별한 기술적 의미가 없다.
- **돌파 갭(Break-away Gap)** : 주가가 모형에서 완전히 벗어나 결정적인 돌파를 할 때 나타나는 주가 갭으로, 새로운 주가 움직임 또는 새로운 추세의 시작을 알린다.
- **급진 갭(Run-away Gap, 중간 갭, 측정 갭)** : 주가가 반전모형이나 강화모형에서 완전히 벗어나 예상했던 방향으로 급격한 변화를 보이는 과정에서 나타나는 주가 갭으로, 주가변화의 예상 폭을 측정하는 데 유용하다.
- **소멸 갭(Exhaustion Gap)** : 추세반전이 이루어지기 직전에 나타나 단기변동을 예고하는 주가 갭으로, 주가 하락을 예고한다.
- **섬꼴반전(Island Reversal)** : 주가가 급격히 반전될 때 나타나는 형태로, 상승 소멸 갭에 이어 하향 돌파 갭이 나타나면서 섬과 같은 모습이 연출되는 반전패턴이다.

| 개념 확인 문제 **정답** | 01 ① 02 ① 03 ② | 실전 확인 문제 **정답** | ④

15 되돌림(Retracement) · 풀백(Pull-Back) 현상

개념 확인 문제

01 되돌림이란 시장가격의 추세가 전개되는 과정에서, 추세가 일단 움직임을 멈추면서 주된 추세의 움직임과 (　　) 나타나는 시장가격의 움직임을 말하며 풀백 현상이라고 하기도 한다.

① 똑같이　　② 반대로

02 되돌림 현상이 확인되면 그동안의 상승폭 또는 하락폭의 어느 특정한 비율 근처에 (　　)이 만들어질 것임을 예측할 수 있다.

① 상한선 또는 하한선　　② 지지선 또는 저항선

03 트리덴트 시스템은 시장가격이 새로운 추세 움직임의 (　　) 수준에 이른 다음에 매입하게 되기 때문에 안전하게 거래할 수 있다는 것이 가장 큰 장점이다.

① 25%　　② 75%

실전 확인 문제

▶ **트리덴트(trident) 시스템에 관한 다음 설명 중 잘못된 것은?**

① 주된 추세에는 반드시 되돌림이 있다는 원리를 이용한 거래기법이다.

② 추세의 움직임과 반대 방향의 포지션을 만든다.

③ 천장과 바닥을 노리기보다 전체 움직임의 1/2만을 취한다.

④ 시장가격의 움직임이 예상과 다르면 25% 수준에서 반대거래를 수행한다.

해설 추세의 움직임과 동일한 방향의 포지션을 만든다.

개념 짚어 보기

트리덴트 시스템(Trident System)의 기본 원리

- 주된 추세에는 필히 되돌림이 있다.
- 추세의 움직임과 동일한 방향으로 포지션을 만든다.
- 천장과 바닥을 노리기보다 전체 움직임의 1/2만을 취한다.
- 시장가격의 움직임이 예상과 다를 경우 적절한 수준(25%)에서 반대거래를 취한다.

| 개념 확인 문제 **정답** | 01 ② 02 ② 03 ① | 실전 확인 문제 **정답** | ②

16 이동평균선

개념 확인 문제

01 주가이동평균선은 일정기간 동안의 주가를 산술평균한 값인 주가이동평균을 차례로 연결해 만든 선으로, 해당 시점에서 시장의 전반적인 주가흐름을 판단하고 향후 주가 추이를 전망하는 데 사용된다. 매매시점은 주가가 이동평균선을 (　　)이다.

① 돌파하기 직전　　② 돌파할 때

02 단기이동평균선이 장기이동평균선을 상향돌파할 경우(주가상승 가능성)를 (　　)라 하고, 단기이동평균선이 장기이동평균선을 하향돌파할 경우(주가하락 가능성)를 (　　)라 한다.

① 골든 크로스, 데드 크로스　　② 데드 크로스, 골든 크로스

03 약세장에서는 주가가 이동평균선 (　　)에서 파동운동을 계속하면서 하락한다.

① 위　　② 아래

실전 확인 문제

▶ **주가와 거래량의 상관관계를 설명한 것 중 잘못된 것은?**

① 주가가 천장국면에 진입하면 주가가 상승하고 거래량도 증가한다.

② 거래량이 감소추세에서 증가추세로 전환되면 주가는 상승할 것으로 예상된다.

③ 주가가 상승하는데도 거래량이 감소하는 주식은 주가가 하락할 가능성이 높다.

④ 거래량은 일반적으로 주가에 선행하지만 하락시와 상승시에 나타나는 거래량 패턴은 상이하다.

해설 주가가 천장국면에 진입하면 주가가 상승함에도 불구하고 거래량은 감소하는 경향을 보인다.

개념 짚어 보기

이동평균선

추세를 하나의 대표 값으로 표시하여 시장 흐름을 파악하는 것으로, 일정 기간 주가 평균치의 진행 방향을 확인하고 현재 주가 진행 방향과의 관계를 분석하여 미래의 주가 동향을 예측하고자 하는 지표이다.

거래량 이동평균선을 이용한 분석

- 거래량이 점점 감소하다가 증가하는 추세를 보이기 시작하면 향후에 주가가 상승할 것으로 예상할 수 있다.
- 거래량이 점점 증가하다가 감소하는 추세를 보이기 시작하면 향후에 주가가 하락할 것으로 예상할 수 있다.
- 주가가 상승하여 정상에 가까워지는 경우에는 주가의 상승에도 불구하고 거래량이 감소하는 경향을 보인다.
- 주가가 하락하여 바닥에 가까워지는 경우에는 주가의 하락에도 불구하고 거래량이 증가하는 경향을 보인다.

| 개념 확인 문제 **정답** | 01 ② 02 ① 03 ②　| 실전 확인 문제 **정답** | ①

17 패턴분석

개념 확인 문제

01 반전형 패턴분석은 시세의 천장권과 바닥권에서 일어나는 주가패턴을 분석하여 주가의 전환시점으로 매매시점을 찾는 것으로 삼봉형, 원형모형, (　　), 확대형이 있다. 지속형 패턴분석은 시세의 상승 또는 하락과정 중에 주가 모형의 변화를 분석하는 방법으로 삼각형 모형, 깃대형, (　　), 쐐기형이 있다.

① V자형, 다이아몬드형　　② 다이아몬드형, V자형

02 상승쐐기형은 (　　)을, 상승깃대형은 (　　)을 의미한다.

① 주가하락, 주가상승　　② 주가상승, 주가하락

실전 확인 문제

01 다음 중 지속형 패턴이 아닌 것은?

① 삼각형　　② 원형

③ 직사각형　　④ 다이아몬드형

해설 지속형 패턴에는 삼각형, 깃발형, 다이아몬드형, 쐐기형, 직사각형 등이 있으며, 원형은 반전형 패턴이다.

02 헤드앤숄더형에 대한 다음 설명 중 바르지 못한 것은?

① 반전형 중에서 가장 신뢰할 수 있는 전환패턴이다.

② 오른쪽 어깨에서 거래량이 가장 많은 것으로 나타난다.

③ 상승추세에서 고점과 저점이 점점 높아지지만 하락추세로 반전되면서 고점과 저점이 점점 낮아진다.

④ 상승과 하락이 세 번 반복해서 일어나며, 두 번째 정상이 다른 좌우의 정상보다 높은 것이 일반적이다.

해설 헤드앤숄더 패턴에서는 주가상승과정에서 거래가 매우 활발하고 하락과정에서 거래량이 감소하므로 왼쪽 어깨에서 거래량이 가장 많은 것으로 나타난다.

개념 짚어 보기

패턴분석의 종류

반전형 패턴	• 현 추세가 반전되어 새로운 추세가 나타날 것을 암시하는 패턴 • 헤드앤숄더형, 이중천장형, 이중바닥형, 원형, 확대형, V자형, 선형
지속형 패턴	• 현 추세의 진행과정 속에서 일시적인 조정의 결과로 나타나는 패턴 • 삼각형, 깃대형, 페넌트형, 직사각형, 다이아몬드형, 쐐기형

| 개념 확인 문제 정답 | 01 ① 02 ①　| 실전 확인 문제 정답 | 01 ② 02 ②

18 캔들차트분석

개념 확인 문제

01 세 개 이상의 캔들로 구성된 것은 샛별형, ( ), 까마귀형이다.
① 유성형 ② 석별형

02 반격형은 ( )가 일치하는 패턴으로, 장악형이나 관통형보다 신뢰도가 낮다.
① 전일종가와 당일종가 ② 전일시가와 당일시가

03 교수형과 유성형은 ( )을 암시한다.
① 주가상승 ② 주가하락

04 장악형은 두 개의 일봉으로 구성되어 있는 것으로, 일봉형과 달리 몸체의 ( )가 ( )보다 중요하다.
① 꼬리, 길이 ② 길이, 꼬리

실전 확인 문제

01 캔들차트분석 중 사용하는 캔들차트의 개수가 다른 하나는?
① 상승장악형 ② 관통형
③ 하락반격형 ④ 해머형

해설 상승장악형, 관통형, 하락반격형은 두 개의 캔들차트를 이용한 분석법이고, 해머형은 한 개의 캔들차트를 이용한 분석법이다.

02 다음 캔들차트 중 일반적으로 천장권에서 나타나는 하락전환신호로 볼 수 없는 것은?
① 까마귀형 ② 샛별형
③ 교수형 ④ 하락장악형

해설 샛별형은 셋째 날 긴 양선이 발생하는 형태로, 바닥권에서 나타나는 상승전환신호인 경우가 많다.

개념 짚어 보기

캔들차트의 유형
- **한 개의 캔들차트** : 우산형, 십자형, 샅바형, 유성형, 역전된 해머형
- **두 개의 캔들차트** : 장악형, 관통형, 먹구름형, 잉태형, 격리형, 반격형, 집게형
- **세 개의 캔들차트** : 샛별형, 석별형, 까마귀형

| 개념 확인 문제 정답 | 01 ② 02 ① 03 ② 04 ② | 실전 확인 문제 정답 | 01 ④ 02 ②

19 사께다전술(酒田五法)의 반전패턴

개념 확인 문제

01 (　　)은 주가가 이미 높은 상태에서 음선 3개가 연달아 출현하는 하락반전의 주가패턴이다.

① 적삼병(赤三兵)　　② 흑삼병(黑三兵)

02 주가가 크게 상승한 뒤 매수세력이 계속되는 가운데 매물이 나와 더 이상 상승하지 못하고 하락세로 반전되는 형태를 (　　)이라고 한다.

① 삼산(三山)　　② 삼천(三川)

실전 확인 문제

▶ **다음 중 기술적 분석에 대한 설명으로 가장 적절하지 못한 것은?**

① 추세분석은 사후성을 지닌다.

② 십자형 캔들은 일반적으로 추세반전에 대한 신호로 추정한다.

③ 엘리어트 파동에서 4번 파동의 저점은 1번 파동의 고점과 겹칠 수 없다.

④ 헤드앤숄더(삼봉천장형)과 유사한 사께다전술 형태는 삼병이다.

해설 삼봉천장형과 유사한 형태는 삼산(三山)으로, 둘 다 하락세로 반전되는 형태이다. 삼병(三兵)에는 상승반전의 주가패턴인 적삼병(赤三兵)과 하락반전의 주가패턴인 흑삼병(黑三兵)이 있다.

개념 짚어 보기

사께다전술(酒田五法)의 반전패턴

구분	내용
삼공(三空)	• 일정기간 주가의 상승이 과열되어 갭(Gap)이 연달아 세 번 형성되는 것을 말한다. • 그래프상에서 공간이 3개 연속되는 형태로 단선삼공과 복선삼공이 있다.
삼병(三兵)	• 적삼병 : 주가가 장기간 바닥권에서 횡보하다가 짧은 기간에 양선 3개가 연달아 출현하는 상승반전의 주가패턴이다. • 흑삼병 : 주가가 이미 높은 상태에서 음선 3개가 연달아 출현하는 하락반전의 주가패턴이다.
삼산(三山)	• 주가가 크게 오른 뒤 매수세가 계속되는 가운데 매물이 나와 더 이상 오르지 못하고 하락세로 반전되는 형태이다. • 삼산형 패턴은 확률이 높은 만큼 자주 나타나는 것이 아니라 1년에 한 번 정도 나타나며, 형성되는 데 1개월 이상이 걸린다.
삼천(三川)	• 삼산의 반대 형태로, 주가가 하락세를 타는 도중에 매수세력에 의해 상승세로 반전되는 형태이다. • 삼천은 대바닥을 형성하는 주요 선으로, 대체적으로 수개월에 걸쳐 하락하여 발생한다.
삼법(三法)	• 주가의 상승 또는 하락 시 매수, 매도시점을 포착하기 위한 관망 형태이다. • 매 · 매 · 휴(賣 · 買 · 休)로, 매매시점을 포착하기 위한 적극적인 휴식기간을 의미한다.

| 개념 확인 문제 정답 | 01 ② 02 ① | 실전 확인 문제 정답 | ④

20 지표분석(1) – 스토캐스틱(Stochastics)

개념 확인 문제

01 시장가격의 최근 변동폭과 최근에 형성된 종가와의 관계를 나타내며, %K선과 %D선으로 구성되는 지표를 (   )(이)라 한다.

① 코포크지표　　② 스토캐스틱

02 %K의 값이 15 이하로 나타나고 %K선과 %D선이 서로 교차하는 것은 강력한 (   )이다.

① 매수신호　　② 매도신호

실전 확인 문제

▶ **갑은 어느 지표에서 자신이 보유한 종목의 %K가 85임을 확인했다. 갑이 사용한 지표는 무엇이며, 85가 보여주는 현 주가는 어떤 상태인가?**

① MACD, 침체　　② MACD, 과열

③ 스토캐스틱, 침체　　④ 스토캐스틱, 과열

해설 %K선과 %D선을 산출하여 해석하는 것은 스토캐스틱이며, 0~100의 값을 가지므로 20 정도는 침체, 80 정도는 과열을 의미한다.

개념 짚어 보기

스토캐스틱(Stochastics)

- **의의** : 일정기간의 주가 변동폭 가운데 금일종가의 위치를 백분율로 나타낸 것이다.
- **산출 방법**

$$\%K = \frac{\text{금일종가} - \text{최근 n일 중 최저가}}{\text{최근 n일 중 최고가} - \text{최근 n일 중 최저가}} \times 100$$

  - %D : %K의 이동평균선이다.
  - 0(%)≤%K≤100(%) 사이에 있다.
  - 70% 이상이면 상승추세, 30% 이하이면 하락추세로 본다.
- **이용 방법**
  - %K선이 %D선을 하향돌파하면 매도신호이다.
  - %K선이 %D선을 상향돌파하면 매수신호이다.
  - Divergence : 가격의 움직임과 스토캐스틱의 움직임이 상반되는 것으로, 강력한 추세반전의 신호이다.

| 개념 확인 문제 **정답** | 01 ② 02 ① | 실전 확인 문제 **정답** | ④

21 지표분석(2) – RSI(Relative Strength Index)

개념 확인 문제

01 상대강도지수(RSI)는 주가가 상승추세일 때는 얼마나 강세장인가를, 주가가 하락추세일 때는 얼마나 약세장인가를 나타내는 지표로, ( ) 동안의 움직임을 검증하는 것이 가장 효과적인 것으로 나타났다.
① 14일 ② 21일

02 주가가 횡보하거나 상승하더라도 RSI가 ( )이면 주가는 조만간 하락한다.
① 상향추세 ② 하향추세

03 Failure는 추세를 바꾸는 데 ( )하였다는 것을 의미하고, Failure Swing은 RSI가 직전의 고점(저점)을 뚫지 못하고 진행방향을 바꾸는 것을 의미하는데 이는 ( )의 신호이다.
① 성공, 추세지속 ② 실패, 추세반전

실전 확인 문제

▶ **상대강도지수(RSI)에 대한 다음 설명 중 바른 것은?**

① RSI가 75% 수준이면 하한선을 나타내는 경계신호이다.
② 주가지수가 상승추세인데도 RSI가 하향추세이면 상승을 예고하는 신호이다.
③ RSI 값은 최소 0에서 최대 100 사이에서 움직인다.
④ 시장가격이 기간 중 일시적으로 비정상적인 움직임을 보이면 분석이 곤란하다.

해설 ① RSI가 75% 수준이면 상한선을 나타내는 경계신호이다.
② 주가지수가 상승추세라고 해도 RSI가 하향추세이면 하락을 예고하는 신호이다.
④ RSI는 상승폭과 하락폭을 모두 평균값으로 구하므로 기간 중에 시장가격이 일시적으로 비정상적으로 움직이더라도 전반적인 분석에는 크게 영향을 주지 않는다.

개념 짚어 보기

상대강도지수의 계산

$$RSI(\%) = \frac{14\text{일간의 상승폭 합계}}{14\text{일간의 상승폭 합계} + 14\text{일간의 하락폭 합계}} \times 100$$

• 기간 설정에 있어서는 14일간의 움직임을 검증한 것이 가장 효과적이다.
• RSI가 75%(70~80%) 수준일 경우 상한선을 나타내는 경계신호로 판단하고 매도전략을 취한다.
• RSI가 25%(20~30%) 수준일 경우 하한선을 나타내는 경계신호로 판단하고 매수전략을 취한다.

| 개념 확인 문제 **정답** | 01 ① 02 ② 03 ② | 실전 확인 문제 **정답** | ③

22 지표분석(3) – OBV(On Balance Volume)

개념 확인 문제

01 OBV선은 그랜빌이 고안한 거래량 지표로, 거래량이 주가에 선행한다고 전제하여 거래량을 분석함으로써 주가를 분석하는 기법이다. 전일에 비하여 기준일 이후의 주가가 상승한 날의 거래량은 전일의 OBV에서 (　　) 하고, 하락한 날의 거래량은 전일의 OBV에서 (　　)하여 매일의 누적량을 집계하여 구한다. 기준일 전후로 변동이 없는 날의 거래량은 무시한다.

① 차감, 가산　　② 가산, 차감

02 OBV선이 장기적 상향추세선에서 저항선을 상향돌파하는 경우 강세장을, 장기적 하향추세선을 하향돌파하는 경우에는 약세장을 예고한다. 이 경우 강세장의 OBV선은 (　　)로, 약세장의 OBV선은 (　　)로 표시한다.

① U마크(up), D마크(down)　　② D마크(down), U마크(up)

실전 확인 문제

▶ **기준일 이후의 주식 거래량을 상승한 날의 거래량에서 하락한 날의 거래량을 차감하여 매일 누계적으로 집계한 지표를 무엇이라 하는가?**

① OBV　　② VR

③ ADL　　④ ADR

해설 OBV에 대한 설명이다. VR(Volume Ratio)도 거래량 지표이지만 VR은 백분비로 나타낸 것이다.

개념 짚어 보기

OBV선의 작성 방법
- 전일에 비해 주가가 상승한 날의 거래량은 전일의 OBV에 더한다.
- 전일에 비해 주가가 하락한 날의 거래량은 전일의 OBV에서 뺀다.
- 변동이 없는 날의 거래량은 무시한다.

OBV선의 분석 방법
- OBV선이 전 고점 상향돌파 시 U마크 표시로 매입신호이다.
- OBV선이 전 저점 하향돌파 시 D마크 표시로 매도신호이다.
- OBV선이 상승하면 현재 주가가 하락하더라도 주가는 조만간 상승한다.
- OBV선의 상승은 매입세력이 집중됨을, 하락은 분산됨을 나타낸다.

| 개념 확인 문제 **정답** | 01 ② 02 ①　　| 실전 확인 문제 **정답** | ①

23 지표분석(4) – VR(Volume Ratio)

개념 확인 문제

01 VR은 시세 판단 시 과거 수치와 비교할 수 없는 OBV선의 단점을 보완하기 위해 거래량 (　　)로 분석한 것이다.

① 비율　　② 누적차

02 VR은 (　　)에서 일률적으로 적용하기 어려운 반면 (　　)을 판단할 때 신뢰도가 높은 지표이다.

① 바닥권, 천장권　　② 천장권, 바닥권

03 VR은 150%가 보통 수준이며, 450%를 초과할 경우 단기적으로 주가의 경계신호로 보며 (　　) 이하이면 단기매수시점으로 본다.

① 70%　　② 100%

실전 확인 문제

▶ **VR에 대한 다음 설명 중 적절하지 않은 것은?**

① OBV의 단점을 보완한 거래량 비율지표이다.

② 천장권보다는 바닥권을 판단하는 데 신뢰도가 더 높은 투자지표이다.

③ 일정기간(보통 20거래일)의 거래량을 기준으로 주가상승일과 주가하락일의 거래량 비율을 백분비로 나타낸 것을 말한다.

④ 일반적으로 주가가 강세일 때는 주가하락일의 거래량 합계가 주가상승일의 거래량 합계보다 많기 때문에 150%를 보통으로 본다.

해설 일반적으로 주가가 강세일 때는 주가상승일의 거래량 합계가 주가하락일의 거래량 합계보다 많다.

개념 짚어 보기

VR 작성 방법

$$VR(\%) = \frac{\text{주가상승일의 거래량 합계 + 변동이 없는 날의 거래량 합계}}{\text{주가하락일의 거래량 합계 + 변동이 없는 날의 거래량 합계}} \times 100$$

VR에 의한 분석

- 주가가 변동하지 않은 날의 거래량의 반은 상승일에, 나머지 반은 하락일의 거래량 합계에 더하여 계산한다.
- 일반적으로 주가가 강세일 때는 주가상승일의 거래량 합계가 주가하락일의 거래량 합계보다 많다.
- 주가가 천장권일 때보다는 바닥권일 때 신뢰도가 더 높다.

| 개념 확인 문제 **정답** | 01 ① 02 ② 03 ①　| 실전 확인 문제 **정답** | ④

24 지표분석(5) – P&F(Point and Figure)차트

개념 확인 문제

01 P&F차트는 차트작성 시 (　　)이 절약되어 좁은 지면에 장기적으로 기록할 수 있다.

① X축(가로축)　　② Y축(세로축)

02 주가가 상승하는 경우에는 (　　)로, 하락하는 경우에는 (　　)로 구분하여 표시한다.

① ○표, ×표　　② ×표, ○표

실전 확인 문제

01 다음 지표분석 중 목표치 계산이 가능한 것은?

① 등락비율　　② 역시계곡선

③ 점수도표(P&F차트)　　④ 엔빌로프

해설 P&F차트는 시간개념과 사소한 주가변화를 무시하며, 목표치 계산을 할 수 있다.

02 P&F차트에 관한 설명 중 틀린 것은?

① 주요한 주가의 변화만을 나타내며 시간의 흐름은 무시한다.

② X축에 시간을, Y축에 주가를 나타낸다.

③ 주가상승 시에는 ×표로, 하락 시에는 ○표로 나타낸다.

④ P&F차트의 목적은 적절한 매매시점을 포착하는 데 있으며, 강세패턴과 약세패턴으로 나누어진다.

해설 시계열이 무시되어 X축이 절약되므로 좁은 지면에 장기간 기록 가능하다.

개념 짚어 보기

P&F차트 작성 방법

- 점수(Point)라고 하는 일정한 가격변동폭을 설정하고 정해진 점수 이상으로 주가가 변동할 때마다 일정한 기호(○, ×)로 가격 변동의 방향과 크기를 그려 나간다.
- 주가가 상승하는 경우에는 ×표로, 하락하는 경우에는 ○표로 구분하여, 주가상승이 계속될 경우에는 ×표, 주가하락이 계속될 경우에는 ○표를 Y축에 표시한다.
- 주가가 상승에서 하락으로 바뀔 경우에는 ×표에서 ○표로 바꾸어 한 칸 밑에 표시하고, 하락에서 상승으로 바뀔 때에는 ○표에서 ×표로 바꾸어 한 칸 위에 표시한다.

| 개념 확인 문제 정답 | 01 ① 02 ②　| 실전 확인 문제 정답 | 01 ③ 02 ②

25 지표분석(6) – 삼선전환도

개념 확인 문제

01 삼선전환도는 주가의 상승 또는 하락의 전환시점을 파악함으로써 매매시점을 포착하는 기법으로 주가가 (   )에만 선을 그린다.

① 주가가 일정 범위를 벗어날 때 ② 새로운 고가나 저가를 기록할 때

02 상승신호가 지속되다가 하락음선이 발생하는 경우에는 (   ) 신호로, 하락신호가 지속되다가 상승양선이 발생하는 경우에는 (   ) 신호로 해석한다.

① 매도, 매수 ② 매수, 매도

03 (   )은/는 삼선전환도의 단점을 보완하기 위해 주로 이용되는 지표로, 삼선전환도와 달리 큰 폭의 상승 또는 하락국면이 발생할 때 적중률이 높다.

① P&F차트 ② 10% 플랜 병용법

실전 확인 문제

▶ **삼선전환도의 신호내용과 한계점에 대해 설명한 것 중 옳지 않은 것은?**

① 단기간에 주가등락이 소폭으로 반복될 때는 적합하지 않다.

② 주가상승이 이전의 하락선 3개를 전환 · 돌파하는 경우에 상승선을 그린다.

③ 상승선이 그려질 때를 상승전환 또는 양(+)전환이라 하여 매도신호로 본다.

④ 직전의 전환신호가 길게 나타날 때는 다음의 전환신호가 잘 나타나지 않는다.

해설 상승선이 그려질 때를 상승전환 또는 양(+)전환이라 하여 매수신호로 본다.

개념 짚어 보기

10% 플랜 병용법

- 삼선전환도의 한계를 보완하는 보조지표로 활용되며, 주가가 상승할 때 최고가에서 10% 이상 하락할 경우 하락전환이 나타나지 않아도 매도하고, 주가가 하락할 때 최저가에서 10% 이상 상승할 경우 상승전환이 나타나지 않아도 매수하는 방법이다.
- 삼선전환도와 달리 큰 폭의 상승국면이나 하락국면이 발생할 때 높은 적중률을 보이며, 주가의 속성에 따라 3%, 5%, 7% 등을 활용하여 적중률을 극대화할 수 있다.

| 개념 확인 문제 정답 | 01 ② 02 ① 03 ② | 실전 확인 문제 정답 | ③

26 지표분석(7) – 볼린저 밴드(Bollinger Band)

개념 확인 문제

01 볼린저 밴드는 시간에 따른 가격변화 정도, 즉 (　　)을 반영한 지표로, 이동평균선을 이용한 박스권 매매전략이다.

① 범위성　　② 변동성

02 일정기간 동안 주가의 움직임이 지속되면 밴드의 폭이 (　　), 이는 주가가 곧 상승하거나 하락할 것임을 암시하는 신호라고 볼 수 있다.

① 넓어지는데　　② 좁아지는데

실전 확인 문제

▶ **볼린저 밴드에 대한 설명으로 틀린 것은?**

① 주가가 상 · 하한선을 기준으로 등락을 반복한다는 것을 기본적인 개념으로 하고 있다.

② 주가가 밴드 밖으로 움직이는 경우 추세의 반전신호이다.

③ 밴드의 폭이 좁아질수록, 좁은 폭 안에서 오랫동안 머물수록 변화의 가능성이 높아진다.

④ 중심선을 기준으로 상 · 하한선의 값은 표준편차를 이용하여 결정한다.

해설 주가가 밴드 밖으로 움직이는 것은 현재 추세가 지속됨을 뜻한다.

개념 짚어 보기

볼린저 밴드(Bollbamds, Bollinger Band)

- **작성 방법**
  - 추세중심선(n일의 이동평균선)을 중심으로 상 · 하한선을 설정한다.
  - 상한선은 추세중심선 +2로, 하한선은 추세중심선 −2로 정한다.
- **분석 방법**
  - 밴드 하한가 근처에서 매수하고, 밴드 상한가 근처에서 매도한다.
  - 좁은 밴드에서 상향 이탈하면 매수하고, 하향 이탈하면 매도한다.
  - 가격이 밴드 밖으로 움직인다면 추세가 지속됨을 의미한다.
  - 좁은 밴드 안에서 머무는 기간이 길수록 가격변동이 클 것으로 예상된다.

| 개념 확인 문제 **정답** | 01 ② 02 ②　　| 실전 확인 문제 **정답** | ②

27 지표분석(8) – 등락주선(ADL : Advance-Decline Line)

개념 확인 문제

01 ADL은 시장의 내부세력을 측정하는 데 가장 널리 사용되며, 당일 주가가 상승한 종목수와 하락한 종목수를 집계하여 (　　) 매일 누계된 수치를 도표화한 것이다.

① 상승종목수를 하락종목수로 나누어　　② 상승종목수는 가산하고 하락종목수는 차감하여

02 ADL선이 상승하는데도 종합주가지수가 하락할 때에는 장세가 (　　) 과정에 있다고 보며, ADL선이 하락하는데도 종합주가지수가 상승할 때에는 장세가 (　　) 과정에 있다고 본다.

① 상승, 하락　　② 하락, 상승

실전 확인 문제

▶ **일정기간 동안 매일의 상승종목수를 하락종목수로 나누어 백분비를 구하고 그것을 종목평균하여 도표화한 지표를 무엇이라 하는가?**

① ADL　　② ADR

③ 엔빌로프　　④ RSI

해설 등락비율(ADR)에 대한 설명이다. 이는 등락주선(ADL)과 비교해서 알아두어야 한다. 등락주선은 당일의 주가가 상승한 종목수와 하락한 종목수를 집계하여 상승종목수는 가산하고, 하락종목수는 차감하여 매일 누계한 수치를 도표화한 것이다.

개념 짚어 보기

등락주선(ADL)

- **작성 방법** : 전일종가에 비해 상승한 종목수에서 하락한 종목수를 뺀 값을 매일 누적한다.

ADL = 전일 ADL + (상승종목수 − 하락종목수)

- **분석 방법**
  - 주가는 하락하는데 ADL선이 상승한다면 조만간 주가상승이 예고된다.
  - 주가가 바닥권에 근접해지는데 ADL선이 전 고점을 돌파한다면 매입신호로 볼 수 있다.
- **한계점**
  - 상승종목수가 적더라도 주가가 상승하는 경우가 많아 분석에 한계가 있다.
  - 보합종목수를 고려하지 않기 때문에 독자적인 선행지표의 역할을 못한다.

등락비율(ADR : Advance Decline Ratio)

등락비율은 일정기간 동안 매일의 상승종목수를 하락종목수로 나누어 백분비를 구하고 그것을 종목평균하여 도표화한 지표로, 약세장의 바닥신호로서 역할을 제대로 하지 못하는 등락주선의 한계로 인해 등락비율을 보조적으로 사용하기도 한다.

| 개념 확인 문제 **정답** | 01 ② 02 ① | 실전 확인 문제 **정답** | ②

28 일목균형표

개념 확인 문제

01 일목균형표의 핵심 개념은 (　　)이다.

① 중간값(Median)　② 평균(Average)

02 현재의 주가추세가 상승세인 경우 9일간의 주가는 26일간의 주가 위에 자리 잡으므로 전환선이 기준선을 상향돌파하는 경우를 매수신호라고 할 수 있으며 이를 호전이라고 한다. 호전은 (　　)와 의미가 통한다고 할 수 있다.

① 골든 크로스　② 데드 크로스

03 전환선이 상승하면 (　　)하고 전환선이 하락하면 (　　)하는 전략을 취한다.

① 매도, 매수　② 매수, 매도

실전 확인 문제

▶ **일목균형표에 대한 다음 설명 중 적절하지 않은 것은?**

① 기준선은 당일을 포함하여 과거 26일간의 최고치와 최저치의 중간값을 의미한다.

② 전환선은 과거 13일간의 최고치와 최저치의 중간값을 의미한다.

③ 선행스팬1은 당일의 기준선과 전환선의 중간값을 의미한다.

④ 후행스팬은 과거 최고치와 최저치의 중간값이 아닌 당일의 종가를 의미한다.

해설 전환선은 과거 9일 동안의 최고치와 최저치의 중간값을 뜻한다.

개념 짚어 보기

일목균형표의 주요 개념

기준선	당일 포함 과거 26일 동안의 최고치와 최저치의 중간값을 뜻한다.
전환선	당일 포함 과거 9일 동안의 최고치와 최저치의 중간값을 뜻한다.
선행스팬1	• 기준선과 전환선의 중간값을 뜻한다. • 이 수치를 당일에 표시하지 않고 26일 앞선 위치에 표시한다.
선행스팬2	• 당일 포함 과거 52일 동안의 최고치와 최저치의 중간값을 뜻한다. • 이 수치를 당일에 표시하지 않고 26일 앞선 위치에 표시한다.
후행스팬	과거 최고치와 최저치의 중간값이 아니라 당일 종가를 뜻하며, 26일 뒤쳐진 위치에 표시한다.
구름대	선행스팬1과 선행스팬2 사이의 영역을 뜻한다.
변화일	추세가 바뀌는 시점을 뜻한다.

| 개념 확인 문제 **정답** | 01 ① 02 ① 03 ②　| 실전 확인 문제 **정답** | ②

29 산업의 의의와 분류(1)

개념 확인 문제

01 산업활동의 범위에는 비영리적 활동은 (　　)되나 가정 내의 가사활동은 (　　)된다.
① 포함, 제외　　② 제외, 포함

02 산업을 분류하는 기준은 다양한데, (　　)에 따라 1차 산업, 2차 산업, 3차 산업 등으로 분류할 수 있다.
① 산업의 특성　　② 경기변동과의 관련성

실전 확인 문제

▶ **경기 민감 산업에 대한 다음 설명 중 틀린 것은?**

① 고가 내구소비재 생산업이 여기에 속한다.
② 호경기에는 매출과 이익이 크게 신장된다.
③ 경기침체기에는 매출과 이익이 크게 영향 받는다.
④ 음식료 산업과 같은 생활필수품과 관련된 산업이 여기에 속한다.

해설 생활필수품과 관련된 산업은 경기 방어적 산업에 해당한다.
① 경기 민감 산업에는 고가 내구소비재 생산업, 내구생산재 생산업, 건설업 등이 있다.
②, ③ 경기 민감 산업은 경기가 좋을 때에는 매출과 이익이 크게 신장되지만 경기가 안 좋을 때에는 매출과 이익이 크게 감소한다.

개념 짚어 보기

경기변동과 관련된 산업의 분류

구분	경기 민감 산업	경기 방어 산업
의의	경기가 좋을 때에는 매출과 이익이 크게 신장하지만 경기가 안 좋을 때에는 매출과 이익이 격감하는 산업	매출과 이익이 경기에 크게 영향을 받지 않는 산업
유형	• 고가 내구소비재 생산업 • 내구생산재 생산업 • 건설업, 건설관련업	• 음식료 산업 • 생활필수품 관련 소비재 산업 • 전력, 가스 산업

| 개념 확인 문제 **정답** | 01 ① 02 ①　| 실전 확인 문제 **정답** | ④

30 산업의 의의와 분류(2)

개념 확인 문제

01 보통 ( )은 투자와 관련성이 있으며 ( )은 소비와 관련성이 있다.

① 경기선행산업, 경기후행산업 ② 경기후행산업, 경기동행산업

02 재고순환지표, 소비자기대지수, 자본재수입액 등은 ( )에 해당한다.

① 경기선행지수 ② 경기후행지수

03 한국표준산업분류에서 대분류는 알파벳문자를 사용하며, 중분류는 ( ) 숫자, 소분류는 ( ) 숫자를 사용한다.

① 한 자리, 두 자리 ② 두 자리, 세 자리

실전 확인 문제

▶ **다음 중 우리나라에서 발표되는 경기동행지수는?**

① 내수출하지수 ② 회사채유통수익률

③ 종합주가지수 ④ 구인구직비율

해설 회사채유통수익률은 경기후행지수에 해당하며, 종합주가지수와 구인구직비율은 경기선행지수에 해당한다.

개념 짚어 보기

경기종합지수의 구성지표(통계청)

구분	구성지표
경기선행지수(9개)	구인구직비율, 재고순환지표, 기계류내수출하지수(선박 제외), 건설수주액, KOSPI지수, 수출입물가비율, 소비자기대지수, 장단기금리차, 국제원자재가격지수(역계열)
경기동행지수(7개)	비농림어업취업자 수, 서비스업생산지수, 소매판매액지수, 건설기성액, 수입액, 내수출하지수, 광공업생산지수
경기후행지수(5개)	상용근로자 수, 생산자제품재고지수, 도시가계소비지출, 소비재수입액, 회사채유통수익률

| 개념 확인 문제 **정답** | 01 ① 02 ① 03 ② | 실전 확인 문제 **정답** | ①

31 산업구조 변화의 의미

개념 확인 문제

01 (　　)은 노동력의 구성비가 경제발전에 따라 1차 산업은 차츰 감소하고 2차, 3차 산업은 지속적으로 상승한다는 이론이다.

① Hoffman의 법칙　　② Petty의 법칙

02 Hoffman의 법칙은 소득 수준의 상승에 따라 총생산액에 대한 (　　) 수요 비중이 증가한다는 '생산의 우회화론'과 유사한 논리이다.

① 소비재　　② 중간재

실전 확인 문제

01 경제발전에 따라 2차 산업 내에서 생산재 산업의 비중이 소비재 산업보다 높아진다는 법칙은?

① Clack 법칙　　② Hoffman의 법칙

③ Petty의 법칙　　④ 뵘바베르크 이론

해설 산업 간 불균형 성장에 대한 이론으로 Hoffman의 법칙이다.

02 다음 중 산업구조 변화의 원인을 잘못 설명한 것은?

① 생산요소의 부존량은 동태적으로 변화하며 이는 국가의 현 산업구조와 요소 축적을 위한 노력의 정도에 의해 내생적으로 결정된다.

② 시장실패가 있는 상태에서 국제무역을 통한 국가 간 경쟁이 이루어지면 정부의 전략적 개입이 사회후생을 증대시킬 수 없다.

③ 내생적 성장이론은 경제성장을 인적자본 등 요소의 내생적 축적에 의하여 이루어진다고 보고 있다.

④ 한 국가의 산업구조는 그 국가가 갖고 있는 생산요소의 상대적인 부존량과 각 산업의 생산함수에 의해 결정되는 비교우위에 따라 결정된다.

해설 시장실패가 있는 상태에서 국제무역을 통한 국가 간 경쟁이 이루어지면 정부의 개입이 사회후생을 증대시킬 수 있다.

개념 짚어 보기

산업 간 불균형 성장 이론

- **Petty(Clack)의 법칙** : 경제발전에 따라 노동력의 구성비가 1차 산업은 감소하고 2차, 3차 산업은 상승한다는 이론이다.
- **Hoffman의 법칙** : 경제발전에 따라 2차 산업에서 생산재 산업에 대한 소비재 산업의 비중이 점점 하락한다는 법칙이다.

| 개념 확인 문제 **정답** | 01 ② 02 ②　| 실전 확인 문제 **정답** | 01 ② 02 ②

32 산업구조 변화의 의미

개념 확인 문제

01 (　　)은 생산요소를 노동과 자본으로 확대하여 상대적 부존도의 차이에 의해 무역방식이 결정된다는 이론이다.

① 신무역이론　　② 헥셔–올린 모형

02 한 나라의 경제가 발전하게 되면 산업구조는 (　　) 산업에서 (　　) 산업으로 바뀌게 된다.

① 자본집약적, 노동집약적　　② 노동집약적, 자본집약적

실전 확인 문제

▶ **산업경쟁력 분석에 대한 설명으로 틀린 것은?**

① 전통적 국제무역이론은 각 국가가 경쟁력을 갖는 산업을 특화하여 서로 교환함으로써 모든 국가들이 경제적 효율성을 높일 수 있다고 본다.

② 신무역이론에서는 시장의 효율성을 중요시하기 때문에 국가의 개입은 불필요하다고 주장한다.

③ 경제적 요인 외에도 정부정책, 국제협약에 따라 산업 대응전략이 달라진다.

④ M. Porter는 산업경쟁력의 결정요인을 4가지의 직접적인 요인과 2가지의 간접적인 요인으로 구분하였다.

해설 신무역이론은 규모의 경제, 불완전 경쟁 등의 시장실패를 가정하여 산업 내 무역과 정부개입의 필요성을 강조한 이론이다.

개념 짚어 보기

산업구조의 변화에 대한 경제이론

리카도의 비교우위이론	국가 간 비교우위가 있는 제품을 특화하여 수출한다는 이론이다.
헥셔–올린 모형	생산요소를 노동과 자본으로 확대하여 상대적 부존도의 차이에 의해 무역방식이 결정된다는 이론이다.
제품수명주기이론	기술 혁신과 신제품 개발 등으로 인해 제품의 수명주기가 바뀌고 산업구조의 변화가 초래된다는 이론이다.
신무역이론	규모의 경제, 불완전 경쟁 등의 시장실패를 가정하여, 산업 내 무역과 정부개입의 필요성을 강조하는 이론이다.
내생적 성장이론	인적자본을 비롯한 요소가 내생적으로 축적됨에 따라 경제가 성장한다는 이론이다.

| 개념 확인 문제 정답 | 01 ② 02 ② | 실전 확인 문제 정답 | ②

33 경제발전과 산업구조변화

개념 확인 문제

▶ 경제개발 초기단계에는 단순요소에 대한 경쟁력이 (　　), 경제가 일정 수준 이상 발전하게 되면 단순요소에 대한 경쟁력은 (　　).

① 강화되나, 하락한다　　② 하락하나, 강화된다

실전 확인 문제

▶ **고급요소와 단순요소 경쟁력을 경제발전 단계별로 정리하였다. 빈칸에 해당하는 것은?**

구분	단순요소 경쟁력	고급요소 경쟁력
성장기	상승	상승
1차 전환점	(㉠)	상승
구조조정기	(㉡)	빠른 상승
2차 전환점	(㉢)	급격한 상승
성숙기	(㉣)	계속 상승

① ㉠ 완만한 하락　㉡ 급격한 하락　㉢ 완만한 하락　㉣ 하락이 멈춤
② ㉠ 하락이 멈춤　㉡ 완만한 하락　㉢ 급격한 하락　㉣ 완만한 하락
③ ㉠ 급격한 하락　㉡ 하락이 멈춤　㉢ 완만한 하락　㉣ 완만한 하락
④ ㉠ 완만한 하락　㉡ 완만한 하락　㉢ 하락이 멈춤　㉣ 급격한 하락

해설 완만한 하락 → 급격한 하락 → 완만한 하락 → 하락이 멈춤

개념 짚어 보기

경쟁력 창출요인

- 고급요소
  - 고부가가치 산업과 제품 경쟁력에 중요한 요소이다.
  - 현대적인 사회간접자본(기술구조, 인적자본, 수요의 질, 통신 및 항공 등), 제조업 관련 서비스(유통, 금융 등) 수준
- 단순요소
  - 저부가가치 산업과 제품 경쟁력에 중요한 요소이다.
  - 전통적인 사회간접자본(천연자원, 단순인력, 임금수준, 물적자본, 금리수준, 토지가격, 도로 및 항만 등)

| 개념 확인 문제 **정답** | ①　| 실전 확인 문제 **정답** | ①

34 산업연관분석

개념 확인 문제

▶ 각각의 산업들은 직 · 간접적으로 긴밀한 관계를 맺고 있는데, 산업 간의 이러한 연관관계를 수량적으로 파악하는 것을 산업연관분석이라고 한다. 산업연관분석은 소비, 지출 등의 (　　) 총량지표와 임금, 환율과 같은 가격변수의 변동이 국민경제에 어떠한 파급효과를 미치는지 분석하는 데 도움이 된다.

① 거시적　　　　② 미시적

실전 확인 문제

▶ **산업연관분석에 대한 다음 설명 중 잘못된 것은?**

① 한 국가에서 생산되는 모든 재화와 서비스 산업 간의 거래관계를 체계적으로 기록한 통계표인 '산업연관표'가 분석의 기초자료가 된다.

② 산업연관표는 7년마다 통계가 작성되기 때문에 통계작성시점과 산업분석시점 간에 나타나는 경제구조의 변화를 충분하게 반영하지 못한다는 단점이 있다.

③ 산업연관분석을 통해 최종수요증가에 따른 생산유발효과, 수입유발효과, 부가가치유발효과, 고용유발효과 등을 계량적으로 측정할 수 있다.

④ 산업연관분석을 통해 원재료나 임금 등의 가격변화가 유발하는 가격파급효과를 측정할 수 있다.

해설 산업연관통계표는 5년마다 작성된다.

개념 짚어 보기

산업연관분석의 의의

- 산업연관분석은 소비, 지출, 투자 등의 거시적 총량지표와 임금, 환율과 같은 가격변수의 변동이 국민경제에 어떠한 파급효과를 미치는지 분석하는 데 도움이 된다.
- 한 국가에서 생산되는 모든 재화와 서비스 산업 사이의 거래관계를 체계적으로 기록한 통계표인 '산업연관표'가 분석의 기초자료가 된다.
- 산업연관표는 국민소득통계와 같이 국민 경제의 순환을 나타내지만, 국민소득통계에서 제외시키는 중간생산물 산업 간 거래를 포괄한다는 측면에서 국민소득통계와 다르다.
- 산업연관표는 5년마다 통계가 작성되기 때문에 통계작성시점과 산업분석시점 사이에 발생한 경제구조의 변화를 제대로 반영하지 못한다는 단점이 있다.

| 개념 확인 문제 **정답** | ①　　| 실전 확인 문제 **정답** | ②

35 라이프사이클 분석

개념 확인 문제

▶ 산업의 라이프사이클 분석은 제품수명이론을 산업분석에 적용한 것인데, 제품수명이론은 버논(R. Vernon) 등이 고안한 것으로, 신제품이 출시되면 (　　) 성장곡선을 따라 확산 · 보급되다가 더 좋은 제품이 새로 출시되면 쇠퇴 · 소멸한다는 이론이다.

① X자형　　② S자형

실전 확인 문제

▶ **제품수명주기이론에 대한 설명 중 틀린 것은?**

① 제품수명주기는 도입기, 성장기, 성숙기, 쇠퇴기의 4단계로 나눈다.

② 버논(R. Vernon) 등에 의해 개발된 이론으로 신제품이 나오면 성장곡선(S자형)을 따라 확산 · 보급되다가 더 나은 제품이 새로 나오면 쇠퇴 · 소멸한다는 이론이다.

③ 성장기에는 신제품 개발을 위해 연구개발비 지출이 증가한다.

④ 국제무역 등에도 제품수명주기이론을 적용할 수 있다.

해설 신제품 개발을 위한 연구개발비 지출 증가는 일반적으로 성숙기에 해당하는 사항이다.

개념 짚어 보기

라이프사이클(Life Cycle)의 단계별 특징

단계	특징
도입기	• 수요가 발생하기까지 상당한 시간이 소요되므로 매출 증가율이 저조하다. • 과도한 고정비, 판매비 등으로 인해 적자를 보거나 낮은 이익구조가 나타난다. • 사업성공 여부가 불확실하기 때문에 판매능력이 뛰어나야 한다. • 생존 기업은 신성장산업 기업군으로 각광받는다.
성장기	• 매출액과 이익이 급증하며 이익의 증대 속도가 최고조에 달한다. • 후반에 이르면 시장경쟁이 심화되어 이익률이 정점을 찍은 후 점차 떨어진다.
성숙기	• 시장점유율이 안정적으로 유지되며 매출이 완만하게 증가한다. • 가격경쟁 등으로 인해 이익률이 떨어지고 경영능력에 따라 기업마다 영업실적에 차이가 크게 난다. • 원가 절감, 철저한 생산관리, 제품수명주기 연장을 위한 노력에 경주한다. • 신제품 개발을 위해 연구개발비 지출이 증가한다.
쇠퇴기	• 매출증가율이 시장평균을 하회하게 되고, 이익률 하락으로 인해 적자기업이 여럿 생긴다. • 많은 기업이 철수하거나 업종을 다각화하기 위한 노력에 경주한다. • 이 시기에 도달한 산업은 사양 산업으로 분류된다.

| 개념 확인 문제 **정답** | ②　　| 실전 확인 문제 **정답** | ③

36 경기순환분석

개념 확인 문제

01 경제 전반의 경기순환에 따라 기업들의 영업실적과 더불어 주가가 변동하게 되어 주식시장도 순환하게 되는데, 일반적으로 주가 변동은 경기 변동을 (　　) 정도 선행한다. 따라서 모든 산업의 경영 성과가 경제 전체의 경기 변동과 똑같지 않고 산업 특성에 따라 시차를 두고 나타나게 된다.

① 3개월　　② 6개월

02 메릴린치사의 경기순환분석에 따르면 주식시장의 약세시장에서는 베타가 (　　) 주식의 투자성과가 상대적으로 높다.

① 큰　　② 작은

실전 확인 문제

▶ **경기국면과 그에 대한 투자성과의 연결이 바르지 못한 것은?**

① 강세초기국면 – 가구, 자동차, 소매, 섬유

② 강세중기국면 – 기계, 조선, 건설장비, 상용차, 건설업종

③ 약세초기국면 – 금융, 보험업

④ 약세후기국면 – 제약, 음료, 화장품

해설 금융, 보험업이 유망한 것은 강세후기국면이며, 약세초기국면에 유망한 산업은 석유화학, 1차 금속, 시멘트 등의 소비재 산업이다.

개념 짚어 보기

메릴린치사(Inc. Merrill Lynch and Company)의 경기순환분석

구분	내용
강세초기국면	• 가구, 자동차, 소매, 섬유, 의복, Mortgage(주택저당부채권), 항공, 전기전자, 컴퓨터, 반도체업종 등이 유망하다. • 베타(β)가 큰 경기관련 주식의 투자성과가 좋다.
강세중기국면	기계, 조선, 건설장비, 상용차, 건설업종이 유망하다.
강세후기국면	금융, 보험업이 유망하다.
약세초기국면	• 석유화학, 1차 금속, 시멘트 등 소비재 산업이 유망하다. • 베타(β)가 작은 주식이 상대적으로 투자성과가 좋다.
약세후기국면	제약, 음료, 화장품 등의 소비재 산업과 전력 · 가스산업 · 정유산업 등이 유망하다.

| 개념 확인 문제 정답 | 01 ② 02 ② | 실전 확인 문제 정답 | ③

37 산업정책분석

개념 확인 문제

01 (　　) 분석이란 산업 간의 구성 비율, 특정 산업의 기업체 수, 진입장벽 등을 파악하는 것이다.
① 산업구조정책　　② 산업조직정책

02 (　　)이란 산업 내에서의 기업 간의 경쟁 관계, 개별 기업의 형태 등을 대상으로 하는 정책이다.
① 산업구조정책　　② 산업조직정책

03 사양산업이나 구조불황산업을 보호하는 것은 (　　) 산업구조정책에 해당한다.
① 적극적　　② 소극적

실전 확인 문제

▶ **다음 중 최근의 산업환경 변화 및 산업정책과 거리가 먼 것은?**

① 가격경쟁력보다 제품의 질적경쟁력이 더 중시되고 있다.
② 지식기반 서비스산업의 집중 육성에 주력하고 있다.
③ 동북아 경제시대를 겨냥한 물류, 비즈니스, 금융허브가 구축되고 있다.
④ 대기업을 중심으로 한 글로벌화에 중점을 두고 있다.

해설 중소기업, 벤처기업의 경쟁력 제고를 통한 글로벌화에 중점을 두고 있다.

개념 짚어 보기

산업구조정책

정책범위에 따른 구분	일반적 정책, 기능별 · 행위별 정책, 지역적 정책, 산업별 정책, 기업별 정책
정책수단에 따른 구분	유인 정책, 규제 정책, 비전 제시 정책

| 개념 확인 문제 정답 | 01 ① 02 ② 03 ② | 실전 확인 문제 정답 | ④

OX 문제

01 투자안의 가치에 관한 의사결정과정에서 가장 중요한 것은 회계이익이 아니라 그 투자자산에서 발생되는 현금흐름이다. (   )

02 기업의 자산과 부채 및 자기자본에 관한 내용을 담고 있는 재무상태표는 대개 연도별로만 작성된다. (   )

03 IVT(Inventory Turnover, 재고자산회전률)는 기업이 보유한 재고자산을 판매하는 속도를 측정하는 지표로서, IVT가 낮을수록 기업이 영업을 효율적으로 하고 있다는 것을 의미한다. (   )

04 보상비율이란 현재 기업이 부담하고 있는 재무적 부담을 이행할 수 있는 능력을 측정하고자 하는 지표로, 배당성향, 이자보상비율, 고정비용보상비율, 우선주 배당보상비율 등이 있다. (   )

05 유동비율은 일시적인 재무위기에 처했을 때 기업의 현금 동원 능력을 검정한다. (   )

06 ROA(Return On Assets, 총자산수익률)는 기업이 보유 자산을 얼마나 효율적으로 활용하였는가를 측정하는 지표로, 자산을 근거로 한 기업의 이익 창출 능력을 나타낸다. (   )

07 영업 레버리지도(DOL : Degree of Operating Leverage)는 매출액의 변화율에 대한 영업이익의 변화율의 비율을 의미하며, 노동 집약적 산업은 영업 레버리지도가 높다. (   )

08 재무레버리지(financial leverage)는 기업이 경영을 함에 있어서 조달한 총자본 중에서 타인자본이 차지하는 비율을 의미하므로, 재무레버리지가 크다는 것은 타인자본 의존도가 높다는 의미이다. (   )

09 Tobin' s Q 비율은 PBR과 유사한 개념으로, PBR의 문제점 중 하나인 집합성의 차이를 극복한 지표이다. (   )

10 PER은 본격적으로 이익을 내지 못해 수익성 평가가 어려운 신생기업이나 벤처기업의 주가 평가에 많이 사용된다. (   )

해설

02 재무상태표는 연도별 · 분기별 · 반기별로 작성할 수 있으며, 기업이 보유하고 있는 자산에 투자한 자금을 마련하기 위하여 부담한 부채 및 자기자본의 형태로 조달된 자금이 얼마인가를 보여준다.

03 높은 IVT는 재고자산의 관리 상태가 아주 효율적이거나 재고자산의 규모가 충분하지 않다는 것을 의미하는데, 일반적으로 IVT가 높을수록 기업이 효율적으로 영업을 하고 있다는 것을 의미한다. 반면 낮은 IVT는 재고자산을 보유하는 데 너무 많은 비용을 지출하고 있다는 것을 의미한다.

05 당좌비율(QR : Quick Ratio)에 대한 내용이다. 유동비율(CR : Current Ratio)은 단기부채를 상환하기 위한 기업의 현금 창출 능력을 검정한다.

07 특히 영업 레버리지도가 높은 산업은 자본 집약적 산업이다.

09 Tobin' s Q 비율은 자산의 대체원가를 추정하기 어렵다는 단점이 있으나 대체원가는 자산들의 현재 가치에 기반을 두고 있으므로, PBR의 단점인 시간성의 차이를 극복하고 있다고 볼 수 있다.

10 PSR(주가매출액비율)에 대한 내용이다.

정답 | 01 ○ 02 × 03 × 04 ○ 05 × 06 ○ 07 × 08 ○ 09 × 10 ×

핵심플러스 OX 문제

11 시장구조이론은 자연적 현상이나 사회적 현상으로 주가를 설명하거나 예측하는 접근방법으로, 사이클(cycle)이나 파동(wave)원리가 사용된다. ( )

12 그랜빌은 일반투자자와 전문투자자는 강세시장과 약세시장에서 서로 반대로 생각한다고 보고, 일반투자자와 전문투자자의 투자심리와 투자행위를 각각 제시하였다. ( )

13 갭이 발생한 가격대는 앞으로 지지선이나 저항선의 역할을 할 수도 있는데, 상승 추세에서 발생한 갭은 강력한 저항선 역할을, 하락 추세에서 발생한 갭은 강력한 지지선 역할을 한다. ( )

14 역헤드앤숄더 패턴은 헤드앤숄더 패턴을 거꾸로 뒤집어 놓은 형태로, 상승 추세에서 하락 추세로 반전될 때 나타나는 패턴이다. ( )

15 삼각형(triangle pattern)은 그래프상에 가장 자주 나타나는 지속형 패턴 중 하나로, 최소한 3번 이상의 주가 등락이 있어야 하며 밑변과 꼭짓점으로 구성된다. ( )

16 캔들차트 중 유성형은 대개 갭을 동반하며 몸체가 작고, 몸체 위로 몸체보다 2배 이상 긴 꼬리를 갖추고 있는 캔들을 말한다. ( )

17 캔들차트 중 반격형은 전일 종가와 당일 종가가 일치하는 반전 패턴이며 신뢰도가 장악형이나 관통형보다 약하다. ( )

18 사께다전술에서 삼법(三法)은 매 · 매 · 휴(賣 · 買 · 休)로, 소극적인 휴식기간을 취하는 것을 강조한다. ( )

19 추세추종형 지표에는 MACD, MAO, 소나차트, 스토캐스틱 등이 있다. ( )

20 코포크지표는 대세파악을 통한 장기투자자의 매매시점 포착에 보다 유효하나, 후행성 지표로 단기매매시점 포착에는 한계가 있어 삼선전환도나 P&F차트를 병용하는 것이 좋다. ( )

해설

13 상승 추세에서 발생한 갭은 강력한 지지선 역할을 하며, 하락 추세에서 발생한 갭은 강력한 저항선 역할을 한다.

14 상승 추세에서 하락 추세로 반전할 때 나타나는 것은 헤드앤숄더 패턴이며, 역헤드앤숄더 패턴은 하락 추세에서 상승 추세로 반전할 때 나타난다.

15 삼각형은 최소한 4번 이상의 주가등락이 있어야 하며, 일반적으로 삼각형을 형성한 주가는 밑변과 꼭짓점 간 거리의 3분의 2 지점을 통과한 후에 추세선을 돌파한다.

18 삼법은 투자를 할 때 매매(賣買)하는 것에만 집중하는 것이 아니라 휴식(休息)을 취하며 시장을 관찰하라는 의미로, 적극적인 휴식기간을 강조한다.

19 스토캐스틱은 추세반전형 지표이며 이외에도 RSI, CCI, ROC 등이 추세반전형 지표이다. 추세추종형 지표는 일단 주가가 형성되면 일정 기간 한 방향으로 진행된다는 특성을 고려하여 만든 것으로, 추세에 대한 중기적인 흐름을 파악하는 데 용이하다. 추세반전형 지표는 주가의 변화를 민감하게 파악하여 추세 반전을 보다 빨리 알기 위한 것으로 단기적인 주가 변화를 빨리 포착한다는 특징이 있다.

정답 | 11 ○ 12 ○ 13 × 14 × 15 × 16 ○ 17 ○ 18 × 19 × 20 ○

핵심 플러스 OX 문제

21 자동차, 에어컨 등 고가의 내부소비재와 산업기계 같은 내구생산재 생산업, 건설업, 건설 관련업 등은 경기민감산업에 해당한다. ( )

22 보통 소비와 관련성이 큰 산업은 경기에 동행하는 경향이 있다. ( )

23 경제성장을 인적자본 등 요소의 내생적 축적에 의해 이루어진다고 보는 내생적 성장이론을 국제무역에 응용하면 동태적 비교우위와 산업구조의 변화에서 요소부존이 요소창출보다 더욱 중요해진다. ( )

24 경제의 발전에 따라 경쟁력을 확보할 수 있는 산업군이 저부가가치산업에서 고부가가치산업으로 이동한다. ( )

25 산업연관표는 매년 통계작성이 이루어지므로 우리나라와 같이 경제가 급속히 성장하는 경우 분석결과가 유용하게 작용한다. ( )

26 라이프사이클 분석은 산업의 성장성과 수익성을 분석함으로써 투자유망산업을 선택하는 데 유용한 반면 적정주가평가 등에는 한계가 있다. ( )

27 메릴린치사의 경기순환분석에 따르면 주식시장의 강세초기국면에서는 석유화학, 일차금속 등 소재산업의 투자성과가 좋다. ( )

28 세계경제포럼(WEF)은 국가경쟁력 순위를 경제성장경쟁력지수(GCI)와 기업경영경쟁력지수(BCI)로 나누어 발표하고 있다. ( )

29 사양산업을 합리화하거나 보호하는 것은 산업구조정책 중 소극적 정책에 해당한다. ( )

30 도로, 항만, 정보통신 등 사회간접자본을 구축하는 것은 산업정책 중 기능별 정책에 해당한다. ( )

31 시장경쟁강도를 측정하는 방법에는 집중곡선과 집중률, 허핀달(Herfindahl) 지수 등이 있다. ( )

해설

22 보통 소비와 관련성이 큰 산업은 경기에 후행하는 경향이, 투자와 관련성이 큰 산업은 경기에 선행하는 경향이 있다.

23 내생적 성장이론을 국제무역에 응용하면 동태적 비교우위와 산업구조의 변화에서 요소부존보다 요소창출이 중요해진다.

25 산업연관표는 5년마다 통계작성을 하므로 통계작성시점과 산업분석시점 사이에 나타난 경제구조의 변화를 제대로 반영하지 못하는 단점이 있다. 따라서 우리나라처럼 빠르게 성장하는 경제에서는 이러한 측면을 고려하여 분석결과를 해석해야 한다.

27 석유화학, 일차금속 등의 소재산업이 좋은 투자성과를 나타내는 것은 약세초기국면이다. 강세초기국면에서 투자성과가 좋은 것은 모기지업, 내구소비재산업 등이다.

29 사양산업 합리화하거나 유망산업을 육성하는 것 등은 적극적 산업구조정책에 해당하며, 사양산업이나 구조불황산업을 보호하는 것은 소극적 산업구조정책에 해당한다.

30 사회간접자본 구축과 관련된 것은 일반적 정책으로, 이는 모든 산업과 행위에 무차별적이고 일반적인 효과를 미치고자 하는 정책이다. 기능별 또는 행위별 정책은 특정 부문에 특정 행위를 지원하는 것을 말한다.

정답 | 21 ○ 22 × 23 × 24 ○ 25 × 26 ○ 27 × 28 ○ 29 × 30 × 31 ○

금융상식

소프트론 [Soft Loan]

대부조건이 까다롭지 않은 차관을 말하며, IBRD(세계은행)의 자매기구로 설립된 IDA(국제개발협회)의 차관방식이다. ADB(아시아개발은행)의 대부도 이에 속한다.

임팩트론 [Impact Loan]

국내 자금으로는 합리적인 조달이 이루어지지 않을 때 인플레의 충격을 피하면서 국가경제를 안정시키기 위한 것으로 용도의 규제가 없는 외국차관이다.

핫머니 [Hot Money]

국제금융시장을 돌아다니는 유동성 단기자금을 말한다. 핫머니에는 각국의 단기금리 및 환율 차이를 이용하여 단기 차익을 올리기 위한 투기를 목적으로 하는 것과 국내 정세의 불안이나 통화 불안을 피하기 위한 자본 도피 목적으로 이루어지는 것이 있다. 핫머니는 자금이동이 일시에 대량으로 이루어지며, 유동적인 형태를 취하는 특징 때문에 외환의 수급관계를 크게 동요시켜 국제금융시장의 안정을 저해한다. 최근에는 유로달러(Eurodollars)가 전형적인 핫머니의 성격을 나타내며 거액의 투기자금으로서 국제금리 및 통화안정에 크게 영향을 주고 있다. 또한 국제금융시장뿐 아니라 투기적 이익을 노리고 국내시장을 이동하는 단기자금도 핫머니라 일컫는다.

2장 리스크관리

대표 유형 문제

주식펀드 甲을 100억 원 보유하고 있을 때 주가지수의 일별수익률 변동성(σ)이 3%이고 이 주식의 베타가 0.7일 때 이 주식의 95% 신뢰수준에서의 100일 VaR은?

① 34.7억 원 ④ 48.9억 원

③ 41.1억 원 ④ 10.5억 원

정답해설 VaR = 포지션금액 × 신뢰수준 × $\sqrt{보유일수}$ × 변동성 × 민감도
→ 甲 펀드 VaR = 100억 × 1.65 × $\sqrt{100}$ × 0.03 × 0.7
= 34.7억 원

대표 유형 문제 알아 보기

델타-노말 분석법(Delta-Normal Analysis Method)

- 리스크의 형태는 금융자산별로 매우 다양하기 때문에 이를 통합하는 것이 용이하지 않은데, 델타분석법은 이러한 대규모의 복잡한 포지션을 리스크 요인별로 분류하여 요인에 대한 민감도(델타)에 따라 포지션의 가치변동을 추정한다.
- VaR 측정 방법(3단계 방식)
  - 포지션에 포함된 각 금융자산의 리스크 요인 결정
  - 리스크 요인 간의 상관관계 추정
  - 델타를 이용하여 포지션의 변동 추정
- 리스크의 민감도 측정
  - 주가는 베타를 이용한다.
  - 채권은 수정 듀레이션을 이용한다.
  - 옵션은 델타를 이용한다.
- 산출 공식
  VaR = 포지션금액 × 신뢰수준 × $\sqrt{보유일수}$ × 변동성 × 민감도

| 대표 유형 문제 **정답** | ①

1 리스크(Risk)의 정의

개념 확인 문제

01 리스크란 일반적으로 미래수익의 불확실성이라고 정의되지만 구체적으로는 미래에 발생할 (　　)을 뜻한다.
① 수익 가능성　　② 손실 가능성

02 재무적 리스크란 금융시장에서 발생 가능한 손실과 관련된 위험으로 시장리스크, 신용리스크, 유동성리스크, 운영리스크, (　　)로 분류할 수 있다.
① 법적리스크　　② 사건리스크

03 (　　)는 거래 상대방이 약속한 금액을 지급하지 못할 때 발생하는 손실에 대한 위험을 말한다.
① 신용리스크　　② 법적리스크

실전 확인 문제

▶ **다음 중 시장리스크에 해당하는 것은?**
① 결제위험　　② 환율위험
③ 사기위험　　④ 사건위험

해설 결제위험은 신용리스크에 해당하며, 사기위험은 운영리스크에 해당한다.

개념 짚어 보기

재무리스크의 종류

재무적리스크	시장리스크	주식위험, 이자율위험, 환율위험, 상품가격위험, 신용스프레드위험
	신용리스크	확정된 신용위험, 미확정된 신용위험, 결제위험
	유동성리스크	시장유동성위험, 유동성기준미달위험
	운영리스크	잘못된 내부시스템 및 통제, 관리의 실패, 사기위험, 인간의 오류 등으로 인한 위험
	법적리스크	계약 불이행으로 인한 위험
비재무적리스크	사건리스크	법적위험, 신용등급변동위험, 규제위험, 재앙위험, 조세위험
	포트폴리오 집중리스크	상품집중위험, 거래집중위험, 산업집중위험

| 개념 확인 문제 정답 | 01 ② 02 ① 03 ① | 실전 확인 문제 정답 | ②

2 리스크 관리의 구분

개념 확인 문제

01 ( )는 트레이딩과 관련된 의사결정을 직접적으로 담당하는 업무를 말하며 ( )는 거래가 체결된 후 이를 도와주는 것으로 결제, 회계, 모니터 등의 업무를 말한다.

① Back office, Front office ② Front office, Back office

02 승인된 리스크 관리전략은 ( )에서 직접 수행한다.

① 각 사업부서 ② 리스크 관리부서

실전 확인 문제

▶ **전사적 리스크 관리에 대한 설명 중 틀린 것은?**

① 전사적 리스크 관리 시스템은 크게 Front Office System(Trading System), Back Office System, Middle Office System(Risk Management System)으로 구성된다.

② Back Office System의 역할이 점점 중시됨에 따라 Back Office System을 중심으로 Front Office System과 Middle Office System이 연결되어 회사의 전체적인 리스크가 총괄적으로 관리된다.

③ 이사회는 정관에 의해 부여받은 일상적인 업무는 리스크 관리위원회에 위임하고, 리스크 관리전략을 최종적으로 승인한다.

④ 리스크 관리위원회는 리스크를 실무적으로 통제하는 역할을 수행한다.

해설 Middle Office System의 역할이 점점 중시됨에 따라 Middle Office System을 중심으로 Front Office System과 Back Office System이 연결되어 회사의 전체적인 리스크가 총괄적으로 관리된다.

개념 짚어 보기

전사적 리스크 관리(Enterprise-wide Risk Management) 전담부서의 역할

이사회	정관에 의해 부여받은 일상적인 업무는 리스크 관리위원회에 위임하고, 최종적으로 리스크 관리전략을 승인한다.
리스크 관리위원회	리스크를 실무적으로 통제하는 역할을 수행한다.
리스크 관리부서	승인된 리스크 관리전략을 직접 수행하는 실행부서이다.

| 개념 확인 문제 정답 | 01 ② 02 ② | 실전 확인 문제 정답 | ②

3 VaR의 정의

개념 확인 문제

▶ VaR은 정상적인 시장 여건하의 주어진 신뢰 수준에서 일정기간 동안 발생할 수 있는 (　　)의 크기를 의미하는 것으로, 최근 여러 금융기관의 감독규제기관들이 VaR을 시장리스크 측정 지표로 인정했다.

① 최소 손실　　② 최대 손실

실전 확인 문제

01 신뢰수준 99%에서 1일 VaR이 5억이라면 바른 설명은?

① 일일 동안에 누적 손실이 5억 이상일 확률이 99%이다.

② 일일 동안에 어느 순간 5억 이상의 손실이 발생할 확률이 99%이다.

③ 일일 동안에 누적 손실이 5억 이하일 확률이 1%이다.

④ 일일 동안에 누적 손실이 5억 이상일 확률이 1%이다.

해설 일일 동안에 누적 손실이 5억 이상일 확률이 1%이고, 5억 이하일 확률이 99%이다.

02 甲 펀드 포지션 A의 VaR이 5억이고, 포지션 B의 VaR이 3억일 때, 다음 설명 중 맞는 것은?

① 甲 펀드의 VaR은 2억보다 작을 수 있다.

② 甲 펀드의 VaR은 5억보다 작을 수 없다.

③ 甲 펀드의 VaR이 5억보다 클 수 있다.

④ 甲 펀드의 VaR은 5억보다 클 수 없다.

해설 전체 포트폴리오는 상관관계에 의해서, 차이보다는 크고 합보다 작다.
(5억－3억)< 전체 VaR<(5억＋3억) → 2억보다는 크고 8억보다는 작다.

개념 짚어 보기

VaR(Value at Risk, 위험가치)

- VaR은 리스크에 관한 구체적인 수치를 의미한다.
- 1일 동안 VaR이 신뢰구간 95%에서 100억 원이라면 이 포트폴리오를 보유함으로써 향후 1일 동안에 100억 원 이상의 손실을 입을 확률이 5%라는 것을 뜻하며, 하루에 100억 원 이상 손실이 발생할 확률이 20일에 한 번 정도라는 것을 뜻한다.
- n일 동안의 VaR은 1일 동안의 'VaR × $\sqrt{n}$'의 값이다.
- 회사 전체의 VaR은 각 상품의 개별 VaR의 합계액보다는 적게 나타나는데, 그 이유는 각 상품의 상관관계로 인해 전체 VaR이 줄어들기 때문이다.

| 개념 확인 문제 정답 | ②　　| 실전 확인 문제 정답 | 01 ④　02 ③

4 역사적 시뮬레이션 방법

개념 확인 문제

01 포지션의 가격변동 측정 시 델타-노말 분석법은 ( )으로 측정하는 반면 역사적 시뮬레이션 방법은 ( )으로 측정한다. 그러므로 역사적 시뮬레이션 방법을 사용할 때에는 위험요인의 변동 시 포지션의 가치변동을 측정할 수 있는 가치평가모형이 필요하다.

① 완전가치평가 방법, 부분가치평가 방법 ② 부분가치평가 방법, 완전가치평가 방법

02 역사적 시뮬레이션 방법은 ( )의 가격 데이터만 있다면 측정하는 것이 비교적 용이하다.

① 과거 ② 현재

실전 확인 문제

▶ **다음 중 역사적 시뮬레이션 방법(Historical Simulation Method)의 특징이 아닌 것은?**

① 개념을 이해하기가 쉽고, 과거의 가격 데이터만 있으면 쉽게 측정할 수 있다.

② 분산, 공분산 등과 같은 모수에 대한 추정이 필요하지 않으며 수익률 정규분포 같은 가정이 필요 없다.

③ 옵션 같은 비선형의 수익구조의 상품이 포함된 경우에도 사용 가능하다.

④ 이론적으로 가장 완벽한 모형이지만, 시간과 계산비용이 많이 들고 모형위험이 크다는 단점이 있다.

해설 구조화된 몬테카를로 방법(Structured Monte Carlo Method)에 대한 설명이다.

개념 짚어 보기

역사적 시뮬레이션 방법(Historical Simulation Method)

과거 일정기간 동안 위험요인의 변화를 이후의 가격변화로 가정하고 현재 보유하고 있는 포트폴리오의 가치변동분을 측정하여 그 분포에서 VaR을 계산하는 방법이다.

장점	단점
• 개념을 이해하기 쉽고 과거의 가격 데이터만 있다면 측정하는 것이 비교적 용이하다. • 분산 · 공분산 같은 모수에 대한 추정이 필요하지 않으며 수익률 정규분포 같은 가정을 필요로 하지 않는다. • 수익구조가 비선형인 상품이 포함되었더라도 사용 가능하다.	• 표본구간을 한 개만 사용하므로 임의적으로 변동성이 증가하게 될 경우 측정치가 정확하지 않다. • 결과의 질이 표본기간의 길이에 너무 의존한다. • 과거 데이터가 존재하지 않는 자산에 대해서는 추정할 수 없다.

| 개념 확인 문제 **정답** | 01 ② 02 ① | 실전 확인 문제 **정답** | ④

5 구조화된 몬테카를로 방법

개념 확인 문제

01 구조화된 몬테카를로 방법에서는 포지션의 가치변동을 (　　)에 따라 측정한다.

① 부분가치평가 방법　　② 완전가치평가 방법

02 몬테카를로 방법으로 VaR을 측정하는 과정은 위험요인을 얻는 방법을 제외하면 (　　)과 같다.

① 역사적 시뮬레이션 방법　　② 델타–노말 방법

실전 확인 문제

01 주가, 금리, 환율 등의 금융변수들의 비선형성, 변동성의 변화, 극단적 상황 등을 모두 고려할 수 있어 가장 효과적으로 VaR을 계산할 수 있는 방법으로 평가받는 것은?

① 역사적 시뮬레이션　　② 몬테카를로 시뮬레이션

③ 델타–노말 방법　　④ 분석적 분산–공분산 방법

해설 몬테카를로 시뮬레이션은 시장가격에 대한 적합한 확률모형을 찾을 수만 있다면 VaR을 측정하는 데 가장 유용한 방법이다.

02 주식을 1,000억 원 보유하고 있는 경우, 신뢰구간 99%에서 1일 VaR의 측정값은?(주가 수익률의 일일 변동성(σ)은 3%이다.)

① 23.3억 원　　② 30억 원

③ 49.5억 원　　④ 69.9억 원

해설 VaR = 1,000억 × 3% × 2.33 = 69.9억 원

개념 짚어 보기

구조화된 몬테카를로 방법(Structured Monte Carlo Method)

- 시뮬레이션 테크닉의 일종인 몬테카를로 시뮬레이션으로, 위험변동 요인을 구한 후 구하고자 하는 포지션의 가치변동 수치의 확률적 분포(정규분포)를 반복 실험한 통계로부터 구하는 방법이다.
- 위험요인을 구하는 방식을 제외하고 그 외의 과정은 역사적 시뮬레이션 방법과 같다.
- 비선형성, 내재변동성의 변화 등을 모두 고려할 수 있다.
- 옵션의 가치평가를 위해 제안되었으며, 완전가치평가 방법으로 측정한다.
- 이론적으로 가장 완벽한 모형이지만, 시간과 계산에 비용이 많이 들고 모형위험이 크다는 단점이 있다.

| 개념 확인 문제 **정답** | 01 ② 02 ①　| 실전 확인 문제 **정답** | 01 ② 02 ④

6 델타-노말 분석법(Delta-Normal Analysis Method)

개념 확인 문제

▶ 델타분석법은 ( )를 가정하여 VaR 값을 구하는 것으로, 95% 신뢰수준 아래에서는 1.65σ, 97.5% 신뢰수준 아래에서는 1.96σ, 99% 신뢰수준 아래에서는 2.33σ를 사용한다.

① 정적편포 ② 정규분포

실전 확인 문제

01 채권을 1,000억 원 보유하고 있는 경우, 신뢰구간 95%에서 10일 VaR의 값은?(회사채 수익률의 일일 변동성(σ)이 1%이고, 보유 채권의 듀레이션의 평균은 1.2, YTM은 8%이다.)

① 40억 원 ② 56.9억 원
③ 58억 원 ④ 62.6억 원

해설 VaR = 1,000억 × 1.65 × $\sqrt{10}$ × 1% × $\frac{1.2}{1+0.08}$ = 58억 원

수정 듀레이션으로 측정하며, 수정 듀레이션은 $\frac{1.2}{1+0.08}$ = 1.1이다.

02 주식에 500억 원을 투자하고 채권에 200억 원을 투자한 포트폴리오의 VaR는?(두 자산의 VaR는 각각 30억 원, 10억 원이고 상관관계는 0.8이다.)

① 20억 원 ② 32억 원
③ 38.5억 원 ④ 40억 원

해설 VaR = $\sqrt{30^2 + 10^2 + 2 \times 30 \times 10 \times 0.8}$ = 38.5억 원

03 코스피 200지수가 200포인트이고 행사가격이 150인 콜옵션의 가격이 8포인트일 때, 델타분석법에 의한 이 옵션에서 10계약의 95% 신뢰수준의 1일 VaR은?(옵션의 델타는 0.8이고 코스피 200지수의 변동성은 2%이다.)

① 502만 원 ② 2,640만 원
③ 1,003만 원 ④ 1,056만 원

해설 1.65 × (200 × 50만 원 × 10계약) × 0.02 × 0.8 = 2,640만 원
→ 옵션가격인 8포인트가 아니라 주가지수를 대입해야 한다.

| 개념 확인 문제 정답 | ② | 실전 확인 문제 정답 | 01 ③ 02 ③ 03 ②

7 스트레스 검증(Stress Testing, 시나리오 분석법)

개념 확인 문제

01 스트레스 검증은 주로 (　　)을 가정하여 포트폴리오 가치의 변화를 측정하는 방법이다.

① 최선의 상황　　② 최악의 상황

02 스트레스 검증은 다른 VaR 측정방법을 (　　) 역할을 한다.

① 대체하는　　② 보완하는

실전 확인 문제

▶ **스트레스 검증에 대한 다음 설명 중 적절하지 않은 것은?**

① 시나리오 분석이라고도 하며, 주요 변수들의 극단적인 변화가 포트폴리오에 미치는 영향을 시뮬레이션하는 기법이다.

② VaR 분석의 한계를 보완하는 역할을 한다.

③ 시나리오 생성, 포지션 가치의 재평가, 결과 요약의 3단계로 진행된다.

④ 스트레스 검증을 통해 VaR을 과학적으로 측정할 수 있다.

해설 스트레스 검증은 시나리오의 가정이 주관적이기 때문에 VaR을 과학적으로 계산할 수 없다.

개념 짚어 보기

스트레스 검증, 시나리오 분석법(Scenario Analysis)

- 미래의 극단적 상황을 가정하여 포트폴리오 가치의 변화를 측정하는 방법이다.
- 과거 자료가 존재하지 않는 경우에도 사용이 가능하다.
- 다른 측정방법과 달리 시나리오의 가정이 주관적이어서 VaR을 과학적으로 계산할 수 없다.
- 포트폴리오 리스크의 기본 구성요소인 상관관계를 제대로 계산하지 못한다.
- 완전가치평가 방법으로 측정한다.
- 스트레스 검증법은 다른 측정방법을 보완하는 역할을 한다.

| 개념 확인 문제 정답 | 01 ② 02 ②　| 실전 확인 문제 정답 | ④

8 VaR의 유용성

▶ **VaR의 유용성에 대한 다음 설명 중 적절하지 않은 것은?**

① 수치로 표시되기 때문에 구체적이며 회사 간 비교가 가능하다.

② 각 거래부분 또는 딜러별로 거래한도를 설정하면 총량규제보다 훨씬 효율적이다.

③ 계층적 구조가 형성되어, 분산투자가 잘 이루어진 부서는 거래 규모를 유연성 있게 확장할 수 있다.

④ RAPM에는 위험조정수익률의 개념인 RAROC가 이용되며 RAROC는 'VaR/순수익'으로 표시된다.

해설 RAPM(Risk Adjusted Performance Measurement)에는 위험조정수익률의 개념인 RAROC(Risk Adjusted Return On Capital)가 이용되며 RAROC는 '순수익/VaR'로 표시된다.

개념 짚어 보기

VaR의 유용성

구분	내용
정보로서의 가치	• 리스크에 대한 공통 언어로 인식됨에 따라 리스크에 대해 기존의 회계자료가 제공하지 못했던 정보를 제공한다. • 수치로 표시되어 구체적이며, 회사 간 비교가 가능하다.
거래관련 의사결정의 효율성 제고	• 제한된 투자자원을 효율적으로 배분하는 데 유용하게 사용된다. • 투자대상 선정 과정에서 VaR의 영향을 계산하여 리스크 대비 수익을 감안한 자산운용 의사결정을 내릴 수 있다.
한도관리	• 각 거래부분이나 딜러별로 거래한도를 설정하는 것이 총량규제보다 훨씬 효율적이다. • 각 상품 간의 상관관계를 고려할 수 있어 포트폴리오 효과 또는 분산 효과를 유발한다. • 계층 구조가 형성되어, 분산투자가 잘 된 부서는 거래 규모를 유연하게 확장할 수 있다.
RAPM (Risk Adjusted Performance Measurement)에의 이용	• 리스크 대비 수익률을 토대로 자산운용성과를 측정함으로써 리스크 여부에 관계없이 높은 수익률만 추구하는 자산운용행태에서 벗어날 수 있다. • RAPM에는 위험조정 수익률의 개념인 RAROC가 이용되고 있으며 RAROC는 '순수익/VaR'로 표시된다.
감독규제기관의 규제요건에 부응	각 감독규제기관(EU의 CAD, Basle 위원회, 미국의 SEC)에서는 VaR을 통해 시장리스크를 측정하고, VaR을 이용한 내부모형에 따라 시장리스크를 평가할 것을 권고하고 있다.

| 실전 확인 문제 **정답** | ④

9 VaR 모형의 한계

개념 확인 문제

01 VaR은 과거 자료를 사용하여 추정되므로 예기치 못한 구조적인 변화가 발생한 경우에는 (　　)의 방법으로 VaR을 추정하는 것이 바람직할 것이다.

① Sterss testing　　② 분석적 분산-공분산 방법

02 VaR 측정은 보유하고 있는 (　　) 상품의 가격자료를 필요로 하나 이용에 제한되는 경우가 있다는 단점이 있다.

① 일부　　② 모든

03 VaR은 설정하는 보유기간이 길어질 경우 리스크의 영향력이 (　　), VaR에서는 비선형적인 리스크요인이나 옵션의 리스크요인을 충분히 고려하는 것이 어려우므로 보유기간을 어떻게 설정하느냐에 따라 VaR의 측정치가 달라진다.

① 줄어드는데　　② 커지는데

실전 확인 문제

▶ **VaR의 한계에 대한 설명으로 가장 적절하지 못한 것은?**

① 과거 자료를 사용하므로 미래의 돌발사태를 예측하지 못한다.

② 자의적 모형 선택으로 예측력이 크게 떨어질 수 있다.

③ 비정상적 시장여건을 전제로 하므로 정상적 시장여건하에서의 위험을 측정할 수 없다.

④ VaR로 측정하기 어려운 금융위험들이 있다.

해설 VaR은 정상적인 시장여건하에서 주어진 신뢰수준으로 목표시간 동안에 발생할 수 있는 최대손실금액이다.

개념 짚어 보기

VaR의 한계

- VaR 측정치는 어떤 데이터, 방법론, 가정을 사용하느냐에 따라 차이가 크다.
- 과거의 데이터를 사용하여 추정한 측정치이기 때문에 안정성 · 신뢰성이 떨어질 수 있다.
- 예기치 못한 구조변화가 발생한 경우에는 잘못된 정보를 제공할 수 있다.
- 사용하는 모형에 따라 측정치가 달라진다.
- 보유기간의 설정에 따라 차이가 발생한다.

| 개념 확인 문제 **정답** | 01 ① 02 ② 03 ②　| 실전 확인 문제 **정답** | ③

10 신용리스크(Credit Risk)

개념 확인 문제

▶ 시장리스크와 달리 신용리스크는 채무불이행 리스크 때문에 한쪽으로 치우친 분포를 나타내므로 (　　)을/를 이용하여 리스크를 측정하는 것이 좋다.

① 모수적 방법　　② 퍼센티지

실전 확인 문제

01 A기업의 1년 후 기대 기업가치가 300억 원이고 표준편차는 50억 원이다. 이 기업의 1년 후 부채가치가 100억 원이라면 부도거리(DD)는 얼마인가?

① 4표준편차　　② 5표준편차

③ 6표준편차　　④ 7표준편차

해설 $\text{부도거리(DD)} = \frac{\text{자산의 시장가치} - \text{부채의 장부가치}}{\text{표준편차}} = \frac{300 - 100}{50} = \text{4표준편차}$

02 EDF 모형에 대한 다음 설명 중 적절하지 않은 것은?

① 기업의 주식가치를 기초자산으로 간주하고 부채금액은 행사가격인 풋옵션으로 간주하는 모형이다.

② 실제로는 이론적 EDF를 사용하는 대신 실증적 EDF를 사용한다.

③ 실증적 EDF는 부도거리(DD : Distance to Default)를 먼저 구하고 이 부도거리를 실제 부도율과 대응하여 EDF를 구한다.

④ 이론적 EDF와 실증적 EDF는 차이가 있으나, EDF는 기업에 대한 정보가 많아 유용하게 이용된다.

해설 부채금액은 행사가격인 콜옵션으로 간주한다.

개념 짚어 보기

EDF(Expected Default Frequency) 모형

- 기업의 주식가치를 기초자산으로 간주하고 부채금액은 행사가격인 콜옵션으로 간주하는 모형이다.
- 실제로는 이론적 EDF를 사용하는 대신 실증적 EDF를 사용한다.
- 실증적 EDF는 부도거리(DD : Distance to Default)를 먼저 구하고 이 부도거리를 실제 부도율과 대응하여 EDF를 구한다.
- 이론적 EDF와 실증적 EDF는 차이가 있으나, EDF는 기업에 대한 정보가 많아 유용하게 이용된다.
- 주가에 잡음이 너무 많아서 기존 모형에 비해 확실하게 우월한 예측 정보를 제공하는지는 미지수이다.

| 개념 확인 문제 정답 | ②　　| 실전 확인 문제 정답 | 01 ①　02 ①

11 신용손실분포로부터 신용리스크 측정 모형

개념 확인 문제

▶ 신용리스크는 신용손실분포로부터 (　　　)이라고 정의된다.

① 예상되는 손실(EL)　　　　② 예상하지 못한 손실(UL)

실전 확인 문제

01 B은행이 40억 원의 대출을 하고 있다. 대출 부도율은 2%이고 손실률이 40%라면 예상손실은 얼마인가?

① 0.28억 원　　　　② 0.32억 원

③ 0.35억 원　　　　④ 0.36억 원

해설 예상손실 = 신용손실 × 부도율 × 부도 시의 손실률
= 40억 원 × 0.02 × 0.4
= 0.32억 원

02 다음 중 MTM 모형에 대한 설명으로 적절하지 않은 것은?

① 부도 발생뿐만 아니라 신용등급 변동에 따른 손실리스크까지도 신용리스크에 포함하는 모형이다.

② 일정기간 후의 가치변화에 대한 분포를 도출한 뒤, 예상 가능한 가치변화를 VaR의 개념으로 추정한 것을 신용 VaR이라 한다.

③ 신용 VaR은 거래 상대방의 신용 하락이나 상승에 따른 포트폴리오 가치변화를 VaR로 평가하는 수단으로 사용된다.

④ 대표적인 신용리스크 측정 모델로 JP Morgan이 개발한 CreditMetrics 모형이 있다.

해설 일정기간 후의 가치변화에 대한 분포를 도출하고 예상치 못한 가치변화를 VaR의 개념으로 추정한 것을 신용 VaR이라 한다.

개념 짚어 보기

MTM 모형(Marking To Market Mode)

- 부도 발생뿐만 아니라 신용등급 변동에 따른 손실리스크도 신용리스크에 포함된다.
- 일정기간 후의 가치변화에 대한 분포를 도출하고 예상치 못한 가치변화를 VaR의 개념으로 추정한 것을 신용 VaR이라 한다.
- 신용 VaR는 거래 상대방의 신용 하락 또는 상승에 따른 포트폴리오 가치변화를 VaR로 평가하는 수단으로 사용된다.
- 대표적인 신용리스크 측정 모델에는 JP Morgan이 고안한 CreditMetrics 모형이 있다.
- CreditMetrics 모형은 VaR의 개념을 이용하여 신용리스크를 측정하는 방법이다.

| 개념 확인 문제 정답 | ②　　| 실전 확인 문제 정답 | 01 ②　02 ②

핵심플러스 OX 문제

01 재무위험이란 금융시장에서의 손실 가능성과 관련되어 있는 위험으로 시장리스크, 신용리스크, 유동성리스크, 운영리스크, 법적리스크, 사건리스크로 분류된다. ( )

02 통합리스크관리시스템은 middle office system을 중심으로 front office system과 back office system을 연결하여 회사 전체적인 리스크를 총괄적으로 관리하는 시스템이다. ( )

03 각 부서별 계량 가능한 리스크 측정방법을 승인하고 리스크 한도소진 여부를 감시하는 것은 리스크관리부서의 업무이다. ( )

04 front office와 back office는 모든 거래가 신속하고 정확하게 기록되는 것에 책임이 있으며, 이때 어떠한 실수나 횡령의 가능성도 없도록 설계되어야 한다. ( )

05 위험가치(Value at Risk) 개념은 선물, 옵션 및 이를 이용한 복잡한 파생상품 거래가 급증하고 증권회사들의 업무영역이 확대되면서 전체 리스크의 일괄관리가 어려워짐에 따라 만들어지게 되었다. ( )

06 VaR은 포트폴리오의 보유기간에 따라 여러 가지로 측정이 가능한데, 측정기간이 길어질수록 VaR은 작아진다. ( )

07 VaR은 통합 포트포리오에 대한 리스크를 추정하는 것보다 개별 상품에 대한 리스크를 추정하는 데 더 유용하다. ( )

08 델타분석법이란 규모가 크고 복잡한 포지션을 리스크 요인별로 나누고, 이 요인에 대한 민감도(델타)를 이용하여 포지션의 가치변동을 추정하는 것이다. ( )

09 델타분석법은 각 자산의 가치를 평가하는 가격모형을 요구하지 않는다는 장점이 있으나 시장리스크를 델타에 의존하여 측정하기 때문에 포트폴리오에 비선형 수익구조를 가진 상품이 포함된 경우 측정된 시장리스크가 부정확해진다는 단점이 있다. ( )

10 델타분석법은 과거의 가격 데이터만 있으면 비교적 쉽게 VaR을 측정할 수 있다. ( )

해설

01 사건리스크는 재무위험에 해당하지 않는다.

04 모든 거래를 신속 · 정확하게 기록하는 것은 middle office와 back office의 책임이다. front office에서는 거래가 이루어지기 전에 거래상대방에 대한 정보를 바탕으로 한 거래 상품과 유형의 적절성 여부, 관련 승인요청사항 및 자금조달상의 절차 등을 통제해야 한다.

06 VaR은 포트폴리오의 보유기간에 따라 하루 또는 일주일, 한 달 VaR 등 여러 가지로 측정이 가능하며, 이때 측정기간이 길어질수록 VaR은 커진다. 또한 VaR은 확률적 수치이기 때문에 신뢰구간에 따라서도 값이 달라진다.

07 VaR은 개별 상품별 리스크보다는 보유 상품의 통합된 포트폴리오에 대한 리스크를 추정할 때 훨씬 더 유용하다.

10 역사적 시뮬레이션 방법에 대한 내용이다. 이외에도 역사적 시뮬레이션의 장점으로는 분산이나 공분산 같은 모수에 대한 추정과 수익률의 정규분포와 같은 가정을 필요로 하지 않으며, 비선형의 수익구조를 가진 상품이 포함되어 있어도 사용 가능하다는 것 등이 있다.

정답 | 01 × 02 ○ 03 ○ 04 × 05 ○ 06 × 07 × 08 ○ 09 ○ 10 ×

OX 문제

11 역사적 시뮬레이션은 위험요인의 변동분을 과거의 실제 자료에서 얻기 때문에 자료의 수가 제한적이나, 몬테카를로 시뮬레이션은 컴퓨터에서 랜덤 넘버를 무한히 생성할 수 있어 원하는 개수만큼 위험요인도 생성할 수 있으므로 VaR값의 확률적 신뢰성이 높아진다. ( )

12 스트레스 검증은 과거 데이터가 없는 경우에도 사용할 수 있으며 객관적이라는 장점이 있다. ( )

13 옵션이 포함되지 않는 포트폴리오는 델타분석법을, 옵션포지션이 포함되는 포트폴리오는 역사적 시뮬레이션을 사용하는 것이 유용하다. ( )

14 Marginal VaR이란 특정 투자대산을 기존의 포트폴리오에 편입시킬 때 추가되는 위험을 말한다. ( )

15 거래부문이나 딜러별로 거래한도를 설정할 때에는 총량규제가 VaR을 이용하는 것보다 효율적이다. ( )

16 VaR은 위험에 대한 구체적인 수치를 제공하여 위험대비 수익률의 측정을 가능하게 해줌으로써 위험 여부에 상관없이 고수익을 추구하는 자산운용을 지향할 수 있다. ( )

17 VaR은 어떤 모형을 사용하는가와 상관없이 유사한 측정치를 얻을 수 있다. ( )

18 금융기관이 VaR을 측정하는 내부모형을 이용하여 리스크를 관리하는 경우 리스크 측정 시스템에 대해 6개월에 1회 이상 내부감사를 수행해야 하며, 동시에 1년에 1회 이상 외부감사를 받고 있어야 한다. ( )

19 신용리스크란 증권 발행자의 채무불이행 위험 또는 신용등급의 변화에 따른 가치의 변화가 수익 및 자본에 악영향을 초래할 수 있는 위험을 의미한다. ( )

20 MTM모형은 주가의 옵션적 성격을 이용하여 미래 특정 시점의 기업의 도산 가능성을 예측하는 것이다. ( )

21 신용집중리스크는 포트폴리오가 하나의 차입자나 동일한 성격을 가진 차입자 집단에 대한 노출이 증가됨에 따라 부담하게 되는 추가적인 신용리스크를 말한다. ( )

해설

12 스트레스 검증은 포트폴리오의 주요 변수들에 큰 변화가 발생했을 때 포트폴리오의 가치가 얼마나 변할지를 측정하기 위해 이용하는 것으로, 과거 데이터가 없어도 사용 가능하나 가정하는 시나리오가 주관적이기 때문에 VaR을 과학적으로 계산할 수 없다.

15 VaR을 이용하면 성격이 다른 상품 간의 포지션리스크를 동일한 척도로 나타내므로 리스크를 비교할 수 있어 거래부문별이나 딜러별로 거래한도를 설정할 때 총량규제보다 훨씬 효율적이다.

16 VaR은 위험에 대한 구체적인 수치를 제공하여 위험대비 수익률을 측정할 수 있고, 이에 따라 자산운용 성과를 측정함으로써 위험여부에 상관없이 높은 수익률만을 추구하는 자산운용 행태를 지양할 수 있다.

17 VaR은 사용하는 모형에 따라 측정치에 차이가 나며, 같은 모형을 사용한다고 하더라도 분포의 가정에 따라서 계산이 달라진다.

20 EDF모형에 대한 설명이다. MTM모형은 신용리스크에 부도발생과 신용등급의 변화에 따른 손실리스크를 포함하여 리스크를 추정하는 모형이다.

정답 | 11 O 12 × 13 O 14 O 15 × 16 × 17 × 18 O 19 O 20 × 21 O

at it
000
om-
bil-
ary
r of
net
ent
on
by
ate
by
gained 6.
1,662.74.

3과목
금융상품 및 직무윤리

I 직무윤리 및 법규

투자자산운용사 핵심 포인트

1장 직무윤리

대표 유형 문제

주어진 내용이 뜻하는 것을 순서대로 나열한 것은?

- 금융투자업종사자는 고객 등의 최선의 이익을 위하여 충실하게 그 업무를 수행하여야 하고, 자기 또는 제3자의 이익을 고객 등의 이익에 우선하여서는 안 된다.
- 금융투자업종사자는 고객 등의 업무를 수행함에 있어서 그 때마다의 구체적인 상황에서 전문가로서의 주의를 기울여야 한다.

① 충실의무, 주의의무 ② 충실의무, 이익상충의 금지

③ 주의의무, 자기거래의 금지 ④ 이익상충의 금지, 적합성의 원칙

정답해설 주어진 내용은 직무윤리기준 '신임관계 및 신임의무' 중 가장 핵심을 이루는 충실의무와 주의의무에 대한 내용이다.

대표 유형 문제 알아 보기

고객에 대한 의무

- 기본적 의무(충실의무, 주의의무)
- 고객과의 이익상충 금지
  - 이익상충의 금지
  - 투자자이익 우선의 원칙
  - 자기거래의 금지
- 투자목적 등에 적합하여야 할 의무
  - Konw-Your-Customer-Rule
  - 적합성의 원칙
  - 적정성의 원칙
- 설명의무
- 합리적 근거의 제공 및 적정한 표시의무
  - 객관적 근거에 기초하여야 할 의무
  - 사실과 의견의 구분 의무
  - 중요 사실에 대한 정확한 표시의무
  - 투자성과보장 등에 관한 표현의 금지
- 허위 · 과장 · 부실표시의 금지
  - 기대성과 등에 대한 허위표시 금지
  - 업무내용 및 인적사항 등에 대한 부실표시 금지
- 공정한 업무수행을 저해할 우려가 있는 사항에 관한 주지의무
- 재위임의 금지
- 고객의 합리적 지시에 따를 의무
- 요청하지 않은 투자권유의 금지
- 보고 및 기록의무
  - 처리결과의 보고의무
  - 기록 및 증거유지의무
- 고객정보 누설 및 부당이용금지
- 부당한 금품수수의 금지
- 모든 고객을 평등하게 취급할 의무
- 고객의 민원 · 고충처리

| 대표 유형 문제 정답 | ①

1 윤리경영과 직무윤리

개념 확인 문제

01 (   )는 공정하고 자유로운 경쟁의 전제조건이다.

① 기업윤리 ② 인사관리

02 (   )은 생산자가 특정 재화를 생산할 때, 그 과정에서 생산자를 포함한 사회 전체가 부담하게 되는 비용을 의미한다.

① 생산적 비용 ② 사회적 비용

실전 확인 문제

01 직무윤리가 강조되는 이유로 적절하지 않은 것은?

① 비윤리적인 행동은 더 큰 사회적 비용을 가져온다.

② 기업이 높은 수준의 윤리성을 유지하면 결과적으로 이득이다.

③ 직무윤리는 '대리인문제'가 발생했을 때 그것을 해결하는 유용한 수단이다.

④ 직무윤리는 자발성 내지 자율성이라는 장점을 지니며 법규의 결함을 보완한다.

해설 직무윤리는 '대리인문제'를 사전에 예방하는 유용한 수단이다.

02 금융투자산업에서 직무윤리가 강조되는 이유에 대한 설명 중 틀린 것은?

① 자본시장의 공정성 · 신뢰성 · 효율성을 확보하기 위해 필요하다.

② 외부의 부당한 요구로부터 금융투자업 종사자를 지켜주는 안전판이 되어 준다.

③ 사회책임투자가 하나의 경향으로 자리 잡아가는 데에 따라 성과측정 구축 여부를 평가하기 때문이다.

④ 실물의 사용가치가 없고 불특정 다수의 비대면거래이기 때문에 불공정 가능성의 규제가 필요하다.

해설 사회책임투자가 하나의 경향으로 자리 잡아감에 따라 내부통제 시스템과 윤리경영 시스템 구축 여부를 평가하기 때문이다.

개념 짚어 보기

사회책임투자

투자자의 투자원칙에 가치 및 윤리신념을 적용하여 실행하는 것을 말한다. 비도덕적으로 경영하고 환경을 파괴하는 기업에는 투자하지 않고 도덕적 · 환경친화적 기업에만 투자하며 기업의 변화를 이끌어낸다. 선진 자본시장에는 사회책임투자(Social Responsibility Investment)를 이르는 SRI펀드가 보편화되어 있다.

| 개념 확인 문제 정답 | 01 ① 02 ② | 실전 확인 문제 정답 | 01 ③ 02 ③

2 직무윤리의 기초 사상과 국내외 동향

개념 확인 문제

01 ( )은/는 경제활동의 윤리적 환경과 조건을 각 나라마다 표준화하려는 국제적 협상이다.

① 경제윤리협상 ② 윤리라운드

02 ( )는 국가별 부패인식지수인 부패지수를 매년 발표하는 국제적 부패감시 민간단체이다.

① 국제투명성기구 ② 국제윤리기구

실전 확인 문제

01 윤리강령의 국제적 · 국내적 환경에 대한 내용 중 틀린 것은?

① WTO와 OECD 등의 세계 무역기구는 'New Round'로 국제무역을 규제한다.

② OECD는 2000년에 '국제 공통의 기업윤리강령'을 발표했다.

③ 윤리라운드는 윤리강령을 실천하는 기업의 제품과 서비스만을 국제거래대상으로 삼자는 것이다.

④ 국내의 경우 관련법이 정립되지 않아 윤리수준이 낮게 평가되고 있다.

해설 국내에서도 2003년 부패방지법과 부패방지위원회(현 국민권익위원회)가 출범되었고, 공직자윤리강령이 제정되었다.

02 직무윤리 적용대상에 대한 설명으로 적절하지 못한 것은?

① 실질적 관련 업무 종사자를 대상으로 하며, 간접적으로 관련되어 있는 자는 제외한다.

② 적용대상을 판단할 때 회사와의 고용계약관계 및 보수의 유무를 불문한다.

③ 적용대상을 판단할 때 고객과의 법률적 계약관계 및 보수의 존부를 불문한다.

④ 직무행위는 직접 또는 간접으로 관련된 일체의 직무행위를 포함한다.

해설 직무윤리는 관련 업무에 간접적으로 관련되어 있는 자도 포함한다.

개념 짚어 보기

직무윤리의 사상적 배경

- **루터(소명적 직업관)** : 세상의 직업을 '소명'으로 인식
- **칼뱅(금욕적 생활윤리)** : 초기 자본주의 발전의 정신적 토대가 된 직업윤리 강조
- **베버(프로테스탄티즘의 윤리와 자본주의 정신)** : 서구 문화의 속성인 합리성 · 체계성 · 조직성 · 합법성은 세속적 금욕생활과 직업윤리에 의해 형성

| 개념 확인 문제 **정답** | 01 ② 02 ① | 실전 확인 문제 **정답** | 01 ④ 02 ①

3 신의성실의무와 전문지식 배양의무

개념 확인 문제

01 신의성실의무에 대한 내용은 (　　)에서 다루고 있다.

① 상법과 자산운용법　　② 민법과 자본시장법

02 (　　)는 금융투자업 종사자가 항상 담당 직무에 관한 이론과 실무를 숙지하고 그 직무에 요구되는 전문능력을 유지하고 향상시켜야 함을 강조한다.

① 신의성실의무　　② 전문지식 배양의무

실전 확인 문제

▶ **자본시장법상 신의성실의무에 대한 설명으로 옳은 것은?**

① 자본시장법에서 신의성실의무는 윤리적 의무일 뿐 법적 의무로 볼 수 없다.

② 신의성실의 원칙 위반은 강행법규에 대한 위반이 아니므로 법원이 직권으로 위반 여부를 판단할 수 없다.

③ 법규에 대한 형식적 적용으로 인해 발생하는 불합리를 시정할 수 있다.

④ 권리의 행사가 신의성실의 원칙에 반하는 경우라도 권리남용으로 인정되지 않는다.

해설 신의성실의 원칙을 적용하여 법의 형식적 적용을 통한 불합리에 대해 타당성 있게 시정하는 것이 가능하다.
① 자본시장법에서 신의성실의무는 법적 의무와 윤리적 의무의 측면이 중첩되어 있다.
② 신의칙 위반이 법원에서 다투어지는 경우, 이는 강행법규에 대한 위반이기 때문에 당사자가 주장하지 않더라도 법원은 직권으로 신의칙 위반 여부를 판단할 수 있다(대판 1995. 12. 22, 94다42129).
④ 권리의 행사가 신의성실의 원칙에 반하는 경우 권리의 남용이 되어 권리행사로서의 법률효과가 인정되지 않는다.

개념 짚어 보기

관련 법령 및 판례

- 「민법」 제2조(신의성실)
  - 권리의 행사와 의무의 이행은 신의에 좇아 성실히 하여야 한다.
  - 권리는 남용하지 못한다.
- 대법원 1995.12.22, 선고, 94다42129, 판결
  - 판시사항 : 신의성실의 원칙 위배 또는 권리남용이 직권조사사항인지 여부
  - 판결요지 : 신의성실의 원칙에 반하는 것 또는 권리남용은 강행규정에 위배되는 것이므로 당사자의 주장이 없더라도 법원은 직권으로 판단할 수 있다.

| 개념 확인 문제 정답 | 01 ② 02 ②　　| 실전 확인 문제 정답 | ③

4 공정성 및 독립성 유지의무

개념 확인 문제

01 (　　)는 금융투자업 종사자가 직무수행 과정에서 공정한 입장에 서서 독립적이고 객관적으로 판단해야 함을 강조한다.

① 공정성 유지의무　　② 균형성 유지의무

02 (　　)는 자기 또는 제3자의 이해관계에 영향을 받지 않고, 객관성 유지를 위해 합리적 주의를 기울여 업무를 수행해야 함을 뜻한다.

① 부당지시 금지의무　　② 독립성 유지의무

실전 확인 문제

▶ **금융투자업 종사자의 독립성 유지의무에 해당하지 않는 내용은 무엇인가?**

① 금융투자회사는 금융투자분석사에게 부당한 압력을 행사해서는 안 된다.

② 금융투자회사는 금융투자분석사가 조사분석업무를 독립적으로 수행할 수 있도록 내부통제기준을 제정해야 한다.

③ 금융투자회사는 조사분석자료를 공표하기 전에 내부기준에 따른 승인절차를 거치지 않고 제3자에게 조사분석자료를 제공해서는 안 된다.

④ 조사분석 담당부서와 기업금융 관련부서 간의 자료교환은 어떠한 경우에도 허용되지 않는다.

해설 준법감시부서를 통해 자료교환이 가능하다.
①, ②, ③은 금융투자회사의 영업 및 업무에 관한 규정 제2-28조(조사분석의 독립성 확보)의 내용이다.
④ 금융투자분석사가 기업금융업무 관련부서와 협의하고자 하는 경우 다음 조건을 충족시켜야 한다.
- 조사분석 담당부서와 기업금융 관련부서 간의 자료교환은 준법감시부서를 통해 할 것
- 양 부서 간 협의는 준법감시부서 직원의 입회하에 이루어져야 하며, 주요 내용은 서면으로 기록 · 유지되어야 함

개념 짚어 보기

조사분석의 독립성 확보(금융투자회사의 영업 및 업무에 관한 규정 제2-28조)

- **5항** : 금융투자회사는 조사분석 담당부서의 임원이 기업금융 · 법인영업 및 고유계정 운용업무를 겸직하도록 하여서는 안 된다. 다만, 임원수의 제한 등으로 겸직이 불가피하다고 인정되는 경우는 예외로 한다.
- **6항** : 준법감시인(준법감시인이 없는 경우에는 감사 등 이에 준하는 자)은 준법감시부서와 기업금융업무 관련부서 간의 회의 내용의 적정성을 조사하고 회의 내용이 협회의 정관 및 규정, 관계법규 등에 위반된 경우 필요한 조치를 취하여야 한다.

| 개념 확인 문제 정답 | 01 ① 02 ②　| 실전 확인 문제 정답 | ④

5 법규 등 준수의무와 소속회사 등의 지도 · 지원의무

개념 확인 문제

01 (   )은 금융투자회사의 임직원이 법령을 준수하고 자산을 건전하게 운용하며 투자자를 보호하기 위하여 준수하여야 할 적절한 기준과 절차를 정한 것이다.

① 표준내부통제기준 ② 자본시장법 시행령

02 (   )은 타인을 사용하여 어느 사무에 종사하게 한 자는 피용자가 그 사무집행에 관하여 제3자에게 가한 손해를 배상할 책임이 있음을 뜻한다.

① 고용책임 ② 사용자책임

실전 확인 문제

01 직무윤리 중 법규 준수의무에 대한 설명이 틀린 것은?

① 직무관련 법규에 대한 지식 없이 행한 위반행위 역시 관련 당사자에 대해 구속력을 갖는다.

② 금융투자협회의 '표준내부통제기준'은 그 자체로도 구속력을 갖는다.

③ 해외에서 직무를 수행하는 경우는 관할구역에 적용되는 법규를 준수한다.

④ 직무윤리에서의 법규는 자본시장법과 인접 분야의 법령 및 관련 기관이 만든 규정을 포함한다.

해설 표준내부통제기준은 그 자체로는 구속력이 없는 지침이다.

02 직무윤리 중 소속회사의 지도의무에 대한 설명이 틀린 것은?

① 지도와 지원에 대한 책임은 법인 및 단체의 업무집행권한을 보유하는 대표자에게 있다.

② 금융위원회는 금융투자업자의 임직원을 관리 · 감독한 다른 임직원에게 조치를 요구할 수 없다.

③ 지도 부족으로 업무 담당자가 타인에게 손해를 끼친 경우, 회사와 중간감독자는 사용자책임을 진다.

④ 사용자가 사용자 책임에 따라 배상을 한 때에는 불법행위를 한 피용자에 대해 구상권을 행사할 수 있다.

해설 금융위원회가 금융투자업자의 임직원에 조치를 요구하는 경우 임직원을 관리 · 감독한 다른 임직원의 조치를 함께 요구할 수 있다.

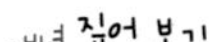

관리 · 감독의 책임

금융위원회는 금융투자업자의 임직원에 대하여 조치를 하거나 이를 요구하는 경우 그 임직원에 대하여 관리 · 감독의 책임이 있는 임직원에 대한 조치를 함께 하거나 이를 요구할 수 있다. 다만, 관리 · 감독의 책임이 있는 자가 그 임직원의 관리 · 감독에 상당한 주의를 다한 경우에는 조치를 감면할 수 있다.

| 개념 확인 문제 **정답** | 01 ① 02 ② | 실전 확인 문제 **정답** | 01 ② 02 ②

6 고객과의 이해상충 금지

개념 확인 문제

01 (　　)은 회사의 중요 정보가 정당한 접근 권한이 없는 곳으로 유출되는 것을 차단하기 위하여 사용하는 시스템이다.

① chinese wall　　② tariff wall

02 이해상충 발생의 예로, 영업실적을 올리기 위해 과도하고 빈번하게 거래하는 (　　)를 들 수 있다.

① 과당매매　　② 불공정매매

실전 확인 문제

01 직무윤리 중 고객과의 이익상충 금지 항목에 대한 설명이 적절하지 못한 것은?

① 조사분석자료의 제공에 관해서는 이해상충 금지가 적용되지 않는다.

② 금융투자업자는 이해상충 발생 가능성이 인정되는 경우 그 사실을 미리 투자자에게 알려야 한다.

③ 이해상충이 발생할 가능성을 낮추는 것이 곤란하다고 판단되는 경우 매매, 그 밖의 거래를 해서는 안 된다.

④ 정보차단벽 위의 임직원은 비밀정보를 보유하지 않은 경우에도 이를 알고 있는 것으로 간주하여야 한다.

해설 조사분석자료의 제공과 관련해서도 이해상충의 금지가 적용된다. 금융투자협회의 영업규정에서는 자신이 발생하였거나 관련되어 있는 대상에 대한 조사분석자료의 공표와 제공을 원칙적으로 금지하고 있다.

02 고객과의 이해상충이 발생하는 과당매매를 판단하는 기준이 될 수 없는 것은?

① 일반투자자의 수익률

② 일반투자자가 부담하는 수수료 총액

③ 일반투자자의 재산상태 및 투자목적에 적합한지 여부

④ 일반투자자의 경험에 비추어 거래에 수반되는 위험을 잘 이해하고 있는지 여부

해설 일반투자자의 수익률만으로 과당매매를 판단할 수 없다.

개념 짚어 보기

정보교류의 차단(「자본시장법」 제45조)

금융투자업자는 영위하는 금융투자업 간에 이해상충이 발생할 가능성이 큰 경우로서 다음의 행위를 할 수 없다.

- 금융투자상품의 매매에 관한 정보, 그 밖에 대통령령으로 정하는 정보를 제공하는 행위
- 임원 및 직원을 겸직하게 하는 행위
- 사무공간 또는 전산설비를 대통령령으로 정하는 방법으로 공동으로 이용하는 행위
- 그 밖에 이해상충이 발생할 가능성이 있는 행위로서 대통령령으로 정하는 행위

| 개념 확인 문제 정답 | 01 ① 02 ①　| 실전 확인 문제 정답 | 01 ① 02 ①

7 투자목적 등에 적합하여야 할 의무

개념 확인 문제

01 (　　)은 고객에게 투자권유를 하기 위해 고객의 재무상황, 투자경험, 투자목적 등을 파악해야 하는 의무를 의미한다.

① Know-Your-Customer-Rule　　② Suitability Rule

02 적합성의 원칙은 투자권유 등이 고객의 (　　)에 적합해야 한다는 내용이다.

① 투자목적　　② 투자규모

실전 확인 문제

▶ **다음 적정성의 원칙에 대한 설명으로 잘못된 것은?**

① 일반투자자를 대상으로 하는 장외파생상품을 신규로 취급하는 경우 금융투자협회의 사전심의를 받는다.

② 장내파생상품의 매매 상대방이 일반투자자인 경우에는 그 일반투자자가 위험회피 목적의 거래를 하는 경우에 한한다.

③ 영업용순자본이 총위험액의 2배에 미달하는 경우 그 미달상태가 해소될 때까지 새로운 장외파생상품의 매매를 중지한다.

④ 자본시장법에서는 일반투자자를 상대로 파생상품을 판매하는 경우 적합성의 원칙이나 설명의무의 이행에 추가하여 적정성의 원칙을 도입하고 있다.

해설 일반투자자의 거래를 위험회피 목적으로 한하는 경우는 장외파생상품일 때이다. 자본시장법은 장외파생상품의 투자자 보호를 위해 적극적으로 규제하고 있다.

개념 짚어 보기

Know-Your-Customer-Rule

- 고객이 일반투자자인지 전문투자자인지 우선 확인해야 한다.
- 일반투자자에게 투자권유를 하기 전에 면담 · 질문을 통해서 투자자의 투자목적 · 재산상황 및 투자경험 등의 정보를 파악한다.
- 일반투자자로부터 서명, 기명날인, 녹취 그 밖에 전자우편, 전자통신, 우편 등으로 확인받아 이를 유지 · 관리한다.
- 확인받은 내용을 투자자에게 지체 없이 제공해야 한다.

| 개념 확인 문제 정답 | 01 ① 02 ①　| 실전 확인 문제 정답 | ②

8 설명의무

개념 확인 문제

01 자본시장법상 설명의무와 관련된 제도는 ( )에 대해서만 적용된다.
① 전문투자자 ② 일반투자자

02 ( )는 고객이 투자를 결정하는 데에 필요한 충분한 정보를 가지고 투자에 임하는 것을 말한다.
① Informed Investment ② Investment Wants

실전 확인 문제

▶ **금융투자업자의 일반투자자에 대한 설명의무 중 틀린 것은?**

① 설명의무 위반으로 인하여 발생한 손해를 배상할 책임이 있다.

② 손해액은 금융투자상품의 취득으로 인하여 일반투자자가 지급하였거나 지급하여야 할 금전 등의 총액의 2배로 산정한다.

③ 금융투자상품의 내용, 투자에 따르는 위험, 그 밖에 대통령령으로 정하는 사항을 투자자가 이해할 수 있도록 설명해야 한다.

④ 투자자의 합리적인 투자판단 또는 해당 금융투자상품의 가치에 중대한 영향을 미칠 수 있는 사항을 거짓으로 설명하거나 중요사항을 누락해서는 안 된다.

해설 **손해액 추정**
손해추정액 = (금융투자상품의 취득으로 인하여 일반투자자가 지급하였거나 지급하여야 할 금전 등의 총액) − (그 금융투자상품의 처분, 그 밖의 방법으로 그 일반투자자가 회수하였거나 회수할 수 있는 금전 등의 총액)

개념 짚어 보기

표준투자권유준칙상의 집합투자증권에 대한 설명의무 특칙

해외자산에 투자하는 집합투자기구의 집합투자증권 투자권유 시 다음 사항을 설명 내용에 포함시켜야 한다.

- 투자대상 국가 또는 지역 및 투자대상 자산별 투자비율
- 투자대상 국가 또는 지역의 경제 · 시장상황 등의 특징
- 집합투자기구 투자에 따른 일반적 위험 외에 환율변동 위험, 해당 집합투자기구의 환위험 헤지 여부 및 목표 환위험 헤지 비율
- 환위험 헤지가 모든 환율 변동 위험을 제거하지는 못하며, 투자자가 직접 환위험 헤지를 하는 경우 시장상황에 따라 헤지 비율 미조정 시 손실이 발생할 수 있다는 사실
- 모자형 집합투자기구의 경우 투자자의 요청에 따라 환위험 헤지를 하는 자펀드와 환위험 헤지를 하지 않는 자펀드 간의 판매비율 조절을 통하여 환위험 헤지 비율을 달리하여 판매할 수 있다는 사실

| 개념 확인 문제 **정답** | 01 ② 02 ① | 실전 확인 문제 **정답** | ②

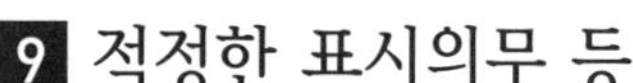

9 적정한 표시의무 등

개념 확인 문제

01 고객의 의사결정에 중대한 영향을 미칠 수 있는 정보를 제공할 때에는 정보의 ( )를 밝혀야 한다.

① 활용 성과 ② 출처

02 금융투자회사는 자신이 보증 등으로 채무이행을 보장하는 법인이 발행한 금융투자상품과 주식을 기초자산으로 하는 주식에 대한 조사분석자료를 공표할 경우, ( )를 명시해야 한다.

① 이해관계 ② 법인정보

실전 확인 문제

01 합리적 근거의 제공 및 적정한 표시의무에 대한 설명 중 틀린 것은?

① 중요한 사실에 대해서는 모두 정확하게 표시해야 한다.

② 투자성과를 보장하는 듯한 표현을 사용하여서는 안 된다.

③ 투자정보를 제시할 때에는 사실만을 제시해야 하고 의견은 제시해서는 안 된다.

④ 정밀한 조사 · 분석에 기초한 자료에 기하고 합리적이고 충분한 근거를 가져야 한다.

해설 투자정보를 제시할 때에는 사실과 의견을 명확히 구별하여 제시해야 한다.(정확한 표시의무)

02 자본시장법에서는 투자권유를 받은 투자자가 이를 거부하는 취지의 의사를 표시했다면 투자권유를 계속하지 못하도록 하고 있다. 이 제한에 대한 예외로 볼 수 없는 것은?

① 투자성 있는 보험계약에 대한 투자권유를 하는 행위

② 투자성 있는 수익증권에 대한 투자권유를 하는 행위

③ 다른 종류의 금융투자상품에 대하여 투자권유를 하는 행위

④ 거부의 의사를 표시한 후 1개월이 지난 후에 다시 투자권유를 하는 행위

투자성 있는 보험계약과 수익증권은 재권유가 가능하지 않다.

개념 짚어 보기

불건전 영업행위의 금지(금융투자업규정 제4-20조 1항 5호)

신뢰할 만한 정보 · 이론 또는 논리적인 분석 · 추론 및 예측 등 적절하고 합리적인 근거를 가지고 있지 않은 상태에서 특정 금융투자상품의 매매거래나 특정한 매매전략 · 기법 또는 특정한 재산운용배분의 전략 · 기법을 채택하도록 투자자에게 권유하는 행위는 금지된다.

| 개념 확인 문제 정답 | 01 ② 02 ① | 실전 확인 문제 정답 | 01 ③ 02 ①, ②

10 보고 · 기록의무 및 고객정보 누설 · 부당이용 금지

개념 확인 문제

01 기록을 문서로 작성하는 경우, 문서로서의 (　　)을 유지하도록 해야 한다.
① 법적 효력　　② 채권적 효력

02 (　　)은 금융거래정보를 임의로 누설하는 것을 원칙적으로 금지한다.
① 정보보호법　　② 금융실명법

실전 확인 문제

01 자료의 기록 유지기간이 다른 하나는?

① 자산구입 · 처분 등 그 밖의 업무에 관한 자료
② 내부통제기준, 위험관리 등 준법감시 관련 자료
③ 주요사항보고서에 기재하여야 하는 사항에 관한 자료
④ 임원 · 대주주 · 전문인력의 자격, 이해관계자 등과의 거래내역 관련 자료

해설 업무에 관한 것으로 자산구입 · 처분 등, 그 밖의 업무에 관한 자료의 유지기간은 3년이고 나머지는 5년이다.

02 금융실명법상 비밀보장의 원칙에 대한 예외사항으로 보기 어려운 것은?

① 검찰의 수사상 필요한 거래정보의 제공
② 조세에 관한 법률에 의하여 제출의무가 있는 과세자료의 제공
③ 법원의 제출명령 또는 법관이 발부한 영장에 의한 거래정보 등의 제공
④ 동일한 금융기관의 내부 또는 금융기관 상호 간에 업무상 필요한 거래정보의 제공

해설 법원의 제출명령이나 영장에 의한 제공은 가능하나 검찰의 수사 목적으로 제공되어서는 안 된다.

개념 짚어 보기

자료의 기록 유지기간(「자본시장법」 60조 1항)

- 영업에 관한 자료
  - 10년 : 투자권유 관련 자료, 주문기록 · 매매명세 등 투자자의 금융투자상품의 매매 · 그 밖의 거래 관련 자료, 집합투자재산 · 투자일임재산 · 신탁재산 등 투자자재산의 운용 관련 자료, 매매계좌 설정 · 약정 등 투자자와 체결한 계약 관련 자료
  - 5년 : 업무위탁 및 부수업무 관련 자료
- 재무에 관한 자료 : 10년

| 개념 확인 문제 정답 | 01 ① 02 ②　| 실전 확인 문제 정답 | 01 ① 02 ①

11 부당한 금품수수의 금지

개념 확인 문제

01 조사분석자료 작성을 담당하는 자에 대하여 대통령령으로 정하는 기업금융업무와 연동된 성과보수를 지급하는 것은 (　　)로 보고 있다.

① 불건전 영업행위　　② 불공정 영업행위

02 (　　)에 연동하여 보수를 받는 경우는 성과보수로 보지 않는다.

① 예탁자산규모　　② 성과규모

03 금융투자회사가 거래상대방에게 재산상 이익을 제공하거나 제공받고자 하는 경우 그 목적, 내용, 경제적 가치 등이 기재된 문서를 (　　)에게 보고하여야 한다.

① 금융위원장　　② 준법감시인

실전 확인 문제

▶ 부당한 금품수수 금지에 관한 직무윤리 규정으로 옳지 않은 것은?

① 3만 원 이하의 물품 또는 식사는 재산상 이익으로 보지 않는다.

② 20만 원 이하의 경조비 및 화환은 재산상 이익으로 보지 않는다.

③ 금융투자회사가 동일 상대방에게 1회당 제공할 수 있는 재산상 이익은 100만 원을 초과할 수 없다.

④ 조사분석자료의 작성을 담당하는 자에게 기업금융업무와 연동된 성과보수를 지급하는 행위는 금지된다.

해설 동일 거래상대방에 대한 재산상 이익의 1회 한도는 20만 원이며, 연간 100만 원을 초과할 수 없다.

재산상 이익으로 보지 않는 금품

- 금융투자상품에 대한 가치분석 · 매매정보 또는 주문의 집행 등을 위해 자체적으로 개발한 소프트웨어 및 해당 소프트웨어의 활용에 불가피한 컴퓨터 등 전산기기
- 금융투자회사가 자체적으로 작성한 조사분석자료
- 국내에서 불특정 다수를 대상으로 하여 개최되는 세미나 또는 설명회로서 1인당 재산상 이익의 제공금액을 산정하기 곤란한 경우 그 비용

개념 짚어 보기

재산상 이익의 가치 산정(금융투자회사의 영업규정 2-64조)

- 금전의 경우 해당 금액, 물품의 경우 구입 비용
- 접대의 경우 해당 접대에 소요된 비용
- 연수 · 기업설명회 · 기업탐방 · 세미나의 경우 거래상대방에게 직접적으로 제공되었거나 제공받은 비용
- 위에 해당하지 않는 재산상 이익의 경우 해당 재산상 이익의 구입 또는 제공에 소요된 실비

| 개념 확인 문제 정답 | 01 ① 02 ① 03 ② | 실전 확인 문제 정답 | ③

12 미공개 중요정보의 이용 및 전달 금지

개념 확인 문제

01 미공개 중요정보의 이용을 규제하는 것은 (　　)에 의한 불공정거래를 막기 위함이다.

① 불확실한 정보　　② 정보의 비대칭

02 (　　)는 해당 업무와 특별한 관계에 있는 사람이 그 입장을 이용, 입수한 정보를 기초로 주식을 매매하는 것을 말한다.

① 부외거래　　② 내부자거래

실전 확인 문제

▶ **직무윤리 중 미공개 중요정보의 이용 금지에 대한 설명으로 옳은 것은?**

① 규제대상이 되는 증권은 당해 법인이 발행한 증권에 한정된다.

② 규제대상인 행위는 미공개정보를 매매에 이용하는 행위로 제한된다.

③ 자본시장법에서는 종전의 증권거래법의 내부자거래에 대한 규제를 대폭 완화하였다.

④ 내부자에는 계열회사의 임직원, 주요 주주 등과 당해 법인과 계약체결을 교섭 중인 자도 포함된다.

해설 계열회사의 임직원, 주요 주주 등과 당해 법인과 계약체결을 교섭 중인 자(법인의 경우 그 임직원 및 대리인 포함)도 내부자에 포함된다.

① 규제대상이 되는 증권은 당해 법인이 발행한 증권에 한정되지 않고, 당해 법인과 관련한 증권을 기초자산으로 하는 신종 증권도 포함된다.

② 규제대상인 행위는 미공개정보를 매매에 이용하는 행위뿐만 아니라 다른 사람에게 내부정보를 알려주거나 거래를 권유하는 행위도 금지하고 있다.

③ 자본시장법에서는 내부자거래에 대한 규제를 한층 강화하고 적용대상을 확대하였다.

개념 짚어 보기

내부자거래 금지조항을 위반한 경우에 대한 형사책임

- **미공개 중요 정보의 이용 및 전달 금지의무 위반** : 10년 이하의 징역 또는 5억 원 이하의 벌금
- **부당이득의 3배 금액이 5억 원 초과** : 이익의 3배에 상당하는 금액 이하의 벌금
- **부당이득이 50억 원 이상** : 무기 또는 5년 이상의 징역
- **부당이득이 5억 원 이상 50억 원 미만** : 3년 이상의 유기징역
- **징역에 처할 때** : 10년 이하의 자격정지 병과 가능

| 개념 확인 문제 **정답** | 01 ② 02 ②　| 실전 확인 문제 **정답** | ④

13 가격의 인위적 조작 및 불공정거래의 금지

개념 확인 문제

01 (   )은 주가를 인위적으로 상승 · 하락시키거나 혹은 고정시키는 것을 뜻한다.

① 시세조종　　② 임의조종

02 증권 계약을 체결한 날부터 최초 상장된 후 (   ) 이내에 증권에 대한 조사분석자료를 공표하거나 특정인에게 제공하는 것은 금지된다.

① 30일　　② 40일

실전 확인 문제

01 불공정거래에 대한 설명이 옳지 않은 것은?

① 자본시장법에서는 시세조종행위를 금지한다.
② 선행매매와 스캘핑은 시간격차를 이용한 불공정거래이다.
③ 시세조종에는 위장거래, 현실거래, 허위표시 등을 이용한다.
④ 거래의 불공정성이 의심이 가는데도 이를 묵인하거나 방치하는 것도 금지된다.

해설 선행매매와 스캘핑은 정보격차를 이용한 불공정거래이다.

02 다음 내용의 빈칸에 적절한 것은?

> 금융투자분석사는 소속 금융투자회사에서 조사분석자료를 공표한 금융투자상품을 매매하는 경우에는 공표 후 (   )이 경과해야 하며, 해당 금융투자상품이 공표일부터 (   )이 경과하지 않은 때에는 공표내용과 같은 방향으로 매매해야 한다.

① 24시간, 3일　　② 24시간, 7일　　③ 48시간, 3일　　④ 48시간, 7일

해설 24시간이 경과해야 하며 공표일로부터 7일이 경과하지 않은 때는 공표내용과 같이 매매해야 한다.

개념 짚어 보기

선행매매(front running)
투자자로부터 금융투자상품의 가격에 중대한 영향을 미칠 수 있는 매수 또는 매도주문을 받거나 받게 될 가능성이 큰 경우, 이를 체결시키기 전에 그 금융투자상품을 자기의 계산으로 매수 또는 매도하거나 제3자에게 매수 또는 매도를 권유하는 행위

| 개념 확인 문제 정답 | 01 ① 02 ② | 실전 확인 문제 정답 | 01 ② 02 ②

14 소속회사에 대한 의무(1)

개념 확인 문제

01 금융투자업 종사자는 회사의 수임자로 맡은 직무를 성실하게 수행할 (　　　)에 있다.

① 신임관계　　② 대리관계

02 (　　　)은 임직원이 금융투자업무 관련 내용으로 외부 기관 및 매체 등과 접촉함으로써 다수인에게 영향을 미칠 수 있는 활동을 하는 것을 말한다.

① 외부활동　　② 대외활동

실전 확인 문제

01 소속회사에 대한 의무와 관련된 내용으로 틀린 것은?

① 소속회사의 업무를 신의로 성실하게 수행하여야 한다.

② 임직원이 전자통신수단을 사용하여 사외 대화방에 참여하는 것은 사적인 대화로 본다.

③ 회사와 이해상충관계에 있는 지위를 맡거나 업무를 수행할 때에는 사전승인을 얻는다.

④ 소속회사의 직무수행에 영향을 줄 수 있는 업무를 수행할 때는 회사의 사전승인을 얻어야 한다.

해설 임직원의 사외 대화방 참여는 공중포럼으로 간주되므로 언론기관과 접촉할 때와 동일한 윤리기준을 준수해야 한다.

02 신임관계의 존부를 판단하는 데 반영되는 것이 아닌 것은?

① 정식 고용계약관계의 유무　　② 회사의 직무에 대한 통제 및 감독권의 존부

③ 직무에 종사하는 기간　　④ 직무수행에 따라 지급되는 보수와 수당 등의 지급 형태

해설 정식 고용관계 유무는 신임관계의 존부를 판단하는 사항이 아니며, 신임관계의 존부를 판단할 때에는 직무의 성격에 비추어 그 기능이 당해 직무에 요구되는지의 여부, 운용경비를 회사가 부담하는지의 유무 등이 반영된다.

개념 짚어 보기

전자통신수단 사용 시 준수사항(내부통제기준 91조)

- 임직원과 고객 간의 이메일은 사용장소에 관계없이 관계법령 등 및 표준내부통제기준의 적용을 받는다.
- 임직원의 사외 대화방 참여는 공중포럼으로 간주된다.
- 임직원이 인터넷 게시판이나 웹사이트 등에 특정 금융투자상품에 대한 분석이나 권유와 관련된 내용을 게시하고자 하는 경우 사전에 준법감시인이 정하는 절차와 방법에 따라야 한다. 다만, 자료의 출처를 명시하고 그 내용을 인용하거나 기술적 분석에 따른 투자권유의 경우에는 그러하지 아니한다.

| 개념 확인 문제 정답 | 01 ① 02 ②　| 실전 확인 문제 정답 | 01 ② 02 ①

15 소속회사에 대한 의무(2)

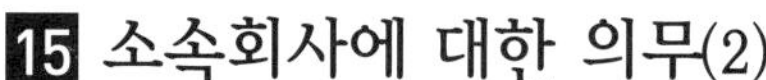
개념 확인 문제

01 (　　　)는 기업이 보유하고 있는 영업비밀을 법으로 보호하고 다른 기업의 영업비밀을 침해할 경우에는 부정경쟁방지법에 의해 민사 또는 형사상의 처벌을 받게 하는 제도를 말한다.

① 영업비밀 보호제도　　② 기업비밀 유지제도

02 (　　　)은/는 업무수행을 위한 최소 범위의 정보만을 제공해야 한다는 원칙을 말한다.

① Need to Know Rule　　② Chinese Wall Policy

실전 확인 문제

01 회사재산과 정보의 유출금지에 대한 내용 중 틀린 것은?

① 회사의 경영전략은 비밀정보 범위에 해당하지 않는다.

② 비밀정보가 포함된 서류는 필요 이상의 복사본을 만들 수 없다.

③ 영업비밀과 정보, 고객관계, 영업기회 등도 회사의 재산에 포함된다.

④ 비밀정보는 관련 전산시스템을 포함하여 적절한 보안장치를 구축하여 관리해야 한다.

해설 회사의 경영전략이나 새로운 상품 및 비즈니스 등에 관한 정보도 비밀정보에 해당한다.

02 비밀정보 제공을 위한 사전승인절차에 포함되는 내용이 아닌 것은?

① 비밀정보 제공의 필요성 또는 사유

② 비밀정보 제공을 승인한 자의 신상정보

③ 비밀정보 제공의 승인을 요청한 자의 이름

④ 비밀정보의 제공 방법 및 절차, 제공 일시 등

해설 비밀정보 제공을 승인한 자의 신상정보는 사전승인절차에 포함되지 않는다.

개념 짚어 보기

비밀정보의 정의

- 회사의 재무건전성이나 경영 등에 중대한 영향을 미칠 수 있는 정보
- 고객 또는 거래상대방(거래상대방이 법인, 그 밖의 단체인 경우 그 임직원을 포함)에 관한 신상정보, 매매거래내역, 계좌번호, 비밀번호 등에 관한 정보
- 회사의 경영전략이나 새로운 상품 및 비즈니스 등에 관한 정보
- 위 내용에 해당하는 미공개 정보(비밀정보인지 불명확할 경우 이용 전 준법감시인의 사전 확인을 받는다.)

| 개념 확인 문제 **정답** | 01 ① 02 ①　　| 실전 확인 문제 **정답** | 01 ① 02 ②

16 소속회사에 대한 의무(3)

개념 확인 문제

01 (   )는 회사 내에서 직무 관련 감독의무가 있거나 직권이나 다른 사람의 행위에 영향을 줄 수 있다.

① 중간감독자　　② 중간관리자

02 회사에 대한 선관주의의무 유지기간은 고용 내지 위임계약 (   ).

① 기간에 한한다　　② 종료 후에도 지속된다

실전 확인 문제

▶ **금융투자업 종사자의 고용계약 종료 후의 의무에 대한 설명 중 틀린 것은?**

① 고용기간 동안 본인이 생산한 지적재산물은 본인의 재산이므로 반납의무가 없다.

② 고용기간이 종료되면 어떠한 경우나 이유로도 회사명, 상표, 로고 등을 사용해서는 안 된다.

③ 고용기간이 종료된 이후에도 회사로부터 명시적으로 서면에 의한 권한을 부여받지 않으면 비밀정보를 출간, 공개 또는 제3자가 이용하도록 해서는 안 된다.

④ 고용기간의 종료와 동시에 또는 회사의 요구가 있을 경우에는 보유하고 있거나 자신의 통제하에 있는 기밀정보를 포함한 모든 자료를 회사에 반납해야 한다.

해설 본인이 생산한 지적재산물 역시 회사의 재산이므로, 고용기간 종료 후에도 지적재산물의 이용이나 처분에 대한 권한은 회사가 갖는다.

개념 짚어 보기

소속회사에 대한 의무(금융투자회사의 표준윤리준칙 제2절)

- 임직원은 해당 직무에 전념하여야 하며, 회사의 직무수행에 영향을 줄 수 있는 지위를 겸하거나 업무를 수행할 때에는 사전에 회사의 승인을 얻어야 한다. 다만, 부득이한 경우에는 사후에 즉시 보고해야 한다.
- 중간감독자는 자신의 지휘 · 감독하에 있는 자가 직무와 관련하여 관계법규 등을 위반하지 않도록 적절한 감독과 관리를 해야 한다.
- 임직원은 자신의 행동으로 인하여 회사의 품위나 사회적 신용이 훼손되는 일체의 행위를 하여서는 안 된다.
- 임직원은 회사를 퇴직하는 경우 적절한 후속조치를 취해야 하며, 퇴직 이후의 상당기간 동안 퇴직한 회사의 이익을 해치는 행위를 해서는 안 된다.

| 개념 확인 문제 **정답** | 01 ① 02 ②　　| 실전 확인 문제 **정답** | ①

17 내부통제

개념 확인 문제

01 (　　　)는 회사의 임직원이 업무수행 시 법규를 준수하고 조직운용의 효율성 제고 및 재무보고의 신뢰성을 확보하기 위하여 회사 내부에서 수행하는 모든 절차와 과정을 말한다.

① 내부통제　　　② 준법감시

02 (　　　)은 내부통제의 지침, 컴플라이언스 매뉴얼, 임직원 윤리강령 등을 제정 · 시행할 수 있다.

① 내부감시인　　　② 준법감시인

실전 확인 문제

▶ **내부통제기준의 제정 및 개정에 대한 설명으로 옳지 않은 것은?**

① 임직원은 수행하는 업무와 관련된 내부통제에 대한 일차적 책임이 있다.

② 실질적 내용의 변경이 수반되지 않는 개정은 이사회 보고로 그 의결에 갈음할 수 있다.

③ 금융투자업자는 내부통제기준을 제정하거나 변경하려는 경우 이사회의 결의를 거쳐야 한다.

④ 금융위원회는 법령을 위반한 사실이 드러난 금융투자업자에 대하여 내부통제기준의 변경을 강제할 수 있다.

해설 금융위원회는 법령 위반행위의 재발 방지를 위하여 내부통제기준의 변경을 권고할 수 있다.

개념 짚어 보기

자본시장법 내부통제기준 등

- 업무의 분장과 조직구조에 관한 사항
- 고유재산과 투자자재산의 운용이나 업무를 수행하는 과정에서 발생하는 위험의 관리지침에 관한 사항
- 임직원이 업무를 수행할 때 준수하여야 하는 절차에 관한 사항
- 경영의사결정에 필요한 정보가 효율적으로 전달될 수 있는 체제의 구축에 관한 사항
- 임직원의 내부통제기준 준수 여부를 확인하는 절차 · 방법과 내부통제기준을 위반한 임직원의 처리에 관한 사항
- 임직원의 금융투자상품 매매와 관련한 보고 등 법에 따른 불공정행위를 방지하기 위한 절차나 기준에 관한 사항
- 내부통제기준의 제정이나 변경절차에 관한 사항
- 준법감시인의 임면절차에 관한 사항
- 이해상충의 파악 · 평가와 관리에 관한 사항
- 집합투자재산이나 신탁재산에 속하는 주식에 대한 의결권 행사와 관련된 법규 및 내부지침의 준수 여부에 관한 사항
- 집합투자재산이나 신탁재산에 속하는 자산의 매매를 위탁하는 투자중개업자의 선정기준에 관한 사항

| 개념 확인 문제 **정답** | 01 ① 02 ② | 실전 확인 문제 **정답** | ④

18 준법감시인

개념 확인 문제

01 준법감시인을 임면한 때에는 그 사실을 (　　　)에 통보해야 한다.
① 금융위원회　　② 금융투자협회

02 준법감시인은 이사회 및 대표이사의 지휘를 받아 업무를 수행하며 대표이사와 (　　　)에 보고할 수 있다.
① 감사위원회　　② 금융감독원

실전 확인 문제

▶ **준법감시인에 대한 설명으로 적절하지 않은 것은?**

① 준법감시인을 임면하고자 하는 경우에는 이사회 결의를 거쳐야 한다.
② 금융투자업자는 그 규모를 불문하고 준법감시인을 1인 이상 두어야 한다.
③ 파산선고를 받고 복권되지 않은 자는 준법감시인이 될 수 없다.
④ 내부통제기준을 정하지 않거나 준법감시인을 두지 않는 경우에는 5천만 원 이하의 과태료를 부과한다.

해설 최근 사업연도말을 기준으로 투자일임재산의 합계액이 5천억 원 미만인 투자자문업자 및 투자일임업자는 준법감시인을 두지 않아도 된다.

개념 짚어 보기

준법감시인의 권한과 의무(표준내부통제기준 8조, 13조)

- 준법감시인은 이사회 및 대표이사의 지휘를 받아 그 업무를 수행하며, 대표이사와 감사(위원회)에 아무런 제한없이 보고할 수 있다.
- 준법감시인은 회사의 내부통제체제 및 이 기준의 적정성을 정기적으로 점검하고 점검 결과, 문제점 또는 미비사항이 발견된 경우 이의 개선 또는 개정을 요구할 수 있다.
- 준법감시인은 다음 사항에 대한 권한과 의무를 갖는다.
  - 내부통제기준 준수 여부 등에 대한 정기 또는 수시 점검
  - 업무 전반에 대한 접근 및 임직원에 대한 각종 자료나 정보의 제출 요구권
  - 임직원의 위법 · 부당행위 등과 관련하여 이사회, 대표이사, 감사(위원회)에 대한 보고 및 시정 요구
  - 이사회, 감사위원회, 기타 주요 회의에 대한 참석 및 의견진술
  - 준법감시 업무의 전문성 제고를 위한 연수프로그램의 이수
  - 기타 이사회가 필요하다고 인정하는 사항

| 개념 확인 문제 정답 | 01 ① 02 ①　| 실전 확인 문제 정답 | ②

19 위반행위에 대한 제재

개념 확인 문제

01 임직원의 위법 및 부당행위가 발견된 경우 회사와 준법감시인은 해당 임직원에 대한 제재, 내부통제제도의 개선 등의 (　　　)를 취해야 한다.

① 업무제한조치　　② 재발방지조치

02 내부통제기준 준수 시스템의 하나인 (　　　)은/는 운영 시 고발자의 비밀이 보장되는 등 임직원이 해당 제도를 용이하게 이용할 수 있는 체계로 구축해야 한다.

① 내부고발제도　　② 임직원에 대한 지원 및 자문

실전 확인 문제

▶ **위반행위에 대한 제재의 내용 중 틀린 것은?**

① 계약책임은 계약관계에 있는 당사자 사이의 계약 위반을 이유로 한다.

② 형사처벌은 법에서 명시적으로 규정하고 있는 것에 한정하며, 절차는 형사소송법에 의한다.

③ 금융투자협회는 회원 간의 건전한 영업질서 유지 및 투자자 보호를 위한 자율규제업무를 담당한다.

④ 법률행위에 중대한 하자가 있는 경우는 '손해배상', 가벼운 하자가 있는 경우 '무효' 할 수 있다.

해설 법률행위에 중대한 하자가 있는 경우는 '무효', 가벼운 하자가 있는 경우 '취소' 할 수 있는 행위가 된다.

개념 짚어 보기

제재(징계)의 종류

- **해임** : 근로자와의 근로관계를 종료시키는 징계
- **정직** : 근로자의 보직을 해제하는 등 근로제공을 일정기간 금지하는 징계
- **감봉** : 임금액에서 일정액을 공제하는 징계
- **견책** : 시말서를 제출하도록 하는 징계
- **경고** : 구두 · 문서로 훈계하는 데 그치고, 시말서의 제출을 요구하지 않는 징계

| 개념 확인 문제 **정답** | 01 ② 02 ①　　| 실전 확인 문제 **정답** | ④

OX 문제

01 오늘날 금융투자업의 고객인 투자자는 정확한 정보에 의해 투자여부를 스스로 판단한다고 전제하고 투자권유한다. (   )

02 신의성실 원칙은 권리의 행사와 의무를 이행하는 데 행위준칙이 된다. (   )

03 「자본시장법」에서는 투자자를 전문투자자와 일반투자자로 구분하는데, 장외파생상품 거래 시 주권상장법인은 법인투자자로 간주된다. (   )

04 전문가로서의 주의를 강조하는 주의의무에 대해 금융기관과 일반 주식회사는 동일한 수준을 요한다. (   )

05 투자중개업자가 투자자에게 증권 · 파생상품시장에서의 매매 위탁을 받아 매매가 진행되도록 한 경우에도 자기계약금지규정이 적용된다. (   )

06 자신이 발행주식총수의 100분의 1 이상의 주식 등을 보유하고 있는 법인은 조사분석자료에 이해관계를 명시해야 한다. (   )

07 금융투자업 종사자는 특정한 경우에 한하여 임의매매 하는 것이 가능하다. (   )

08 금융투자업자는 내부통제기준, 위험관리 등 준법감시 관련 자료와 임원 · 대주주 · 전문인력의 자격, 이해관계자 등과의 거래내역 관련 자료에 대해서 3년간 기록 · 유지해야 한다. (   )

09 금융실명법상 비밀보장의 원칙에서 예외 사유에 해당할 때에는 명의인에게 통보하지 않고 금융거래정보를 제공하는 것이 가능하다. (   )

01 금융투자상품이 점차 전문화 · 복잡화 · 다양화되어 감에 따라 정보의 정확성뿐만 아니라 적극적인 투자자 보호가 필요하며, 윤리적 업무자세의 중요성이 더욱 강조되고 있다.

03 주권상장 법인은 장외파생상품 거래 시 일반투자자로 간주되는데, 금융투자업자에게 서면을 통해 전문투자자로의 전환을 요구할 수 있다.

04 금융투자업자는 고객의 재산을 보호해야 하는 등 공공적 역할을 담당하기 때문에 일반 주식회사보다 더욱 높은 수준의 주의의무가 요구된다.

05 해당 경우에는 상대방이 우연히 결정되기 때문에 투자자의 이익을 해칠 가능성이 없어 자기계약금지규정 적용에서 제외된다.

07 임의매매는 금지되어 있으며 형사벌칙이 가해진다.

08 해당 내용의 기록 · 유지기간은 5년이다. 그 밖의 내부통제 관련 자료 등은 3년간 기록 · 유지해야 한다.

09 명의인의 동의가 있거나 예외 사유에 해당하여 금융거래정보 등을 제공한 경우, 제공한 날부터 10일 이내에 제공한 거래정보 등의 주요내용 · 사용목적 · 제공받은 자 및 제공일자 등을 명의인에게 서면으로 통보하고 이를 금융위원회가 정하는 표준양식에 의하여 기록 · 관리해야 한다.

정답 | 01 × 02 ○ 03 × 04 × 05 × 06 ○ 07 × 08 × 09 ×

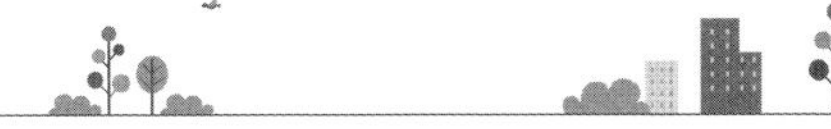

핵심플러스 OX 문제

10 거래상대방에게 재산상 이익을 제공할 수 없기 때문에, 문화활동과 관련된 상품권을 제공하는 것도 금지된다. ( )

11 민원 및 분쟁처리를 위한 전담조직 설치가 어려울 때에는 감사부서 또는 준법감시부서가 민원 및 분쟁처리를 수행한다. ( )

12 미공개 정보는 공개 시 주식가격에 영향을 줄 수 있는 정보로 주식의 매입 · 보유 · 매도를 결정하는 데 중요하다고 고려할 수 있는 정보를 말한다. ( )

13 임직원의 대외활동 중 회사, 주주 및 고객 등과의 이해상충이 사전에 회사에 보고한 범위보다 확대되는 경우 회사는 그 대외활동의 중단을 요구할 수 있다. ( )

14 절취, 기망, 협박, 그 밖의 부정한 수단으로 영업비밀을 취득하는 행위 또는 그 취득한 영업비밀을 사용하거나 공개하는 행위는 영업비밀 침해행위에 해당한다. ( )

15 중간감독자가 관리감독 권한을 하부로 이양했을 때에는 관리감독책임으로부터 면제된다. ( )

16 조사분석자료 공표 시, 금융투자회사는 투자등급의 의미와 공표일로부터 과거 5년간 해당 금융투자상품에 대하여 제시한 투자등급 및 목표가격 변동추이를 게재해야 한다. ( )

17 준법감시인은 해당 금융투자업자가 영위하고 있는 금융투자업 및 그 부수업무에 관한 직무를 담당하기도 한다. ( )

18 준법감시인은 회사가 정하는 준법서약서를 작성하여 임원진에게 제출해야 한다. ( )

19 자율규제는 금융위원회, 증권선물위원회, 금융감독원 등에 의한 제재가 중심이 된다. ( )

20 금융분쟁조정위원회에 신청이 이루어져 조정이 시작되면 해당 분쟁에 대해 합의를 볼 수 없다. ( )

해설

10 공연 · 운동경기 관람, 도서 · 음반구입 등 문화활동과 관련된 상품권을 제공하는 경우는 허용된다.

12 중요 정보에 대한 설명이다. 미공개 정보는 발행자 · 발행자 단체의 주식과 관련하여 공개되지 않은 정보를 말한다.

15 면제되지 않는다. 「민법」상 사용자책임규정에 따라 배상책임을 질 수도 있다.

16 공표일로부터 과거 2년간의 변동추이를 게재해야 한다. 이때 목표가격과 해당 금융투자상품의 가격의 변동추이를 그래프로 표기해야 한다.

17 준법감시인은 해당 금융투자업자의 고유재산의 운용업무 또는 금융투자업 및 그 부수업무 등을 수행하는 직무를 담당할 수 없다. 이는 독립성 보장을 위한 것이다.

18 준법서약서는 임직원이 작성하여 준법감시인에게 제출해야 한다.

19 자율규제업무를 담당하는 곳은 금융투자협회이며, 금융위원회, 증권선물위원회, 금융감독원 등의 제재는 행정제재이다.

20 분쟁조정 신청 시 금융감독원장은 당사자들에게 내용을 통지하고 우선적으로 합의를 권고한다.

정답 | 10 × 11 ○ 12 × 13 ○ 14 ○ 15 × 16 × 17 × 18 × 19 × 20 ×

2장 자본시장과 금융투자업에 관한 법률

다음 중 자본시장법의 진입규제에 대한 내용으로 옳은 것을 고르면?

① 투자자문업과 투자일임업의 경우 금융위원회에 등록을 한 후 영업행위를 하도록 하고 있으나, 대주주 변경승인은 필요하다.

② 인가업무의 전제로서 인정되는 금융투자업의 종류에는 투자매매업, 투자중개업, 집합투자업, 신탁업, 투자자문업과 투자일임업이 포함된다.

③ 자본시장법은 금융투자업자에 대하여 투자자가 노출되는 위험의 크기에 따라 진입규제 방식을 차별적으로 적용하고 있다.

④ 대주주 변경승인을 받고자 하는 자의 공통요건 위반 정도가 경미하더라도 승인은 불가능하다.

정답해설 자본시장법은 금융투자업자에 대하여 투자자가 노출되는 위험의 크기에 따라 진입규제 방식을 등록제와 인가제로 구분하여 적용하고 있다.

오답해설 ① 투자자문업과 투자일임업의 경우는 금융위원회에 등록을 한 후 영업행위를 하도록 하고 있으므로 대주주 변경승인을 받을 필요는 없으나 대주주가 변경된 경우에는 이를 2주 이내에 금융위원회에 보고해야 한다.
② 자본시장법은 금융투자업 중에서 투자자문업과 투자일임업에 대해서는 보다 완화된 진입규제를 적용하여 인가제 대신 등록제를 요건으로 한다.
④ 공통요건의 경우에는 위반의 정도가 경미한 경우에는 변경승인이 가능하다.

대표 유형 문제 알아 보기

금융투자업 진입규제

- **무인가 · 미등록 영업행위 금지** : 금융투자업을 영위하고자 하는 자는 금융위원회의 인가 또는 등록을 받아야 하며 무인가 또는 미등록 영업행위는 금지된다.
- **인가제와 등록제 채택**
  - 인가제 : 투자매매업, 투자중개업, 집합투자업, 신탁업
  - 등록제 : 투자일임업, 투자자문업
- **기능별 진입요건 수준 차등화** : 금융투자업 종류, 금융투자상품 범위, 투자자 유형 등의 동일한 금융기능에 대해서는 동일한 인가요건을 적용하되, 금융기능의 특성을 반영하여 진입요건의 수준을 차등화하고 있다.

| 대표 유형 문제 정답 | ③

1 자본시장법 개요

개념 확인 문제

01 자본시장법은 경제적 실질이 동일한 금융기능을 동일하게 규율하는 기능별 규율체제로 전환하고 금융기능을 금융투자업, 금융투자상품, (　　)를 기준으로 분류하고 있다.

① 투자자　　② 금융투자업자

02 자본시장법은 금융투자상품의 개념을 (　　)을 가진 모든 금융상품으로 포괄하여 정의하였다.

① 합목적성　　② 투자성(원본손실 가능성)

실전 확인 문제

▶ **다음은 자본시장법에 대한 내용이다. 잘못된 내용은?**

① 자본시장법의 궁극적인 목적은 투자자 보호이기 때문에 당연히 투자자 보호법의 기능을 한다.

② 자본시장법은 이해상충방지체계를 입법함으로써 겸영에 따른 투자자와 금융투자업자 간, 투자자 간 이해상충 가능성을 방지하고 있다.

③ 자본시장법은 금융투자상품의 개념을 구체적으로 열거하여 향후 출현할 모든 금융투자상품을 규제대상으로 하고 있다.

④ 자본시장법은 기초자산의 범위를 금융투자상품, 통화, 일반상품, 신용위험 및 그 밖에 자연적 · 환경적 · 경제적 현상 등에 속하는 위험으로서 산출이나 평가가 가능한 것으로 포괄하여 정의하고 있다.

해설 자본시장법은 금융투자상품의 개념을 추상적으로 정의하여 향후 출현할 모든 금융투자상품을 법률의 규율대상으로 포괄하고 있다.

개념 짚어 보기

자본시장법의 주요 내용

- **금융투자상품의 포괄주의 도입** : 금융투자상품의 정의 방식을 종전 열거주의 방식에서 포괄주의 방식으로 전환하여 투자성(원본손실 가능성)이 있는 모든 금융투자상품을 법률의 규제대상으로 포괄하여 금융투자업자의 취급가능상품과 투자자 보호 규제의 대상을 대폭 확대하였다.
- **기능별 규율체제로의 전환** : 기관별 규율체계를 경제적 실질이 동일한 금융기능을 동일하게 규율하는 기능별 규율체계로 전환, 경제적 실질에 따라 기능적으로 정의 · 분류함에 따라 그동안 투자자 보호가 미흡했던 부분을 해소할 수 있게 되었다.
- **금융투자업자의 업무범위 확대** : 업무범위의 제한에 따른 문제해결을 위해 금융투자업자가 원할 경우 6개 금융투자업 상호 간 겸영을 허용하는 등 금융투자업자의 업무범위를 확대하고 있으며, 업무범위 확대에 따른 투자자의 피해를 방지하기 위해 일정한 이해상충방지체계의 구축을 전제로 하고 있다.
- **투자자 보호제도의 강화** : 일반투자자에 대한 투자권유와 관련하여 고객알기의무, 적합성의 원칙, 설명의무, 적정성의 원칙 등과 그 위반 시의 손해배상책임 강화를 골자로 하는 선진적인 투자자 보호장치를 도입 · 강화하였다.

| 개념 확인 문제 정답 | 01 ① 02 ② | 실전 확인 문제 정답 | ③

2 금융투자업 감독 · 관계기관

개념 확인 문제

▶ 각종 금융관련 법률에서 위임받은 사항에 대한 심의 · 의결 기능을 수행하기 위해 설치된 기관은 (　　　)이다.

① 한국금융투자협회　　② 금융위원회

실전 확인 문제

▶ **다음 업무를 수행하는 자본시장의 행정기관은 어디인가?**

- 증권 등의 계좌 간 대체업무
- 증권 등의 보호예수업무
- 증권의 명의개서 대행업무
- 증권 등의 집중예탁업무

① 한국거래소　　② 명의개서대행회사

③ 증권금융회사　　④ 한국예탁결제원

해설 증권의 집중예탁과 이에 관련되는 결제 등의 복합서비스를 제공하는 한국예탁결제원의 업무들이다.

개념 짚어 보기

금융투자업 감독 · 관계기관

감독기관	금융위원회	금융기관 및 시장을 대상으로 전반적인 금융규제 및 감독에 대한 최고의사결정기구
	금융감독원	금융기관에 대한 검사와 감독업무를 수행하는 특수기관
	증권선물위원회	자본시장과 기업회계와 관련한 업무 수행 등 자본시장 분야를 담당하기 위해 금융위원회 내에 설치된 감독기구
관계기관	한국거래소	증권 및 장내파생상품의 공정한 가격 형성과 매매, 그 밖의 거래의 안정성 및 효율성을 도모하기 위하여 설립
	한국금융투자협회	회원 상호 간의 업무질서 유지 및 공정한 거래를 확립, 투자자 보호 등 금융투자업의 건전한 발전을 위하여 설립
	한국예탁결제원	증권 등의 집중예탁과 계좌 간 대체 및 유통의 원활을 위하여 설립된 중앙예탁결제기관
	증권금융회사	증권의 거래업무와 관련해 자금을 공급하는 주식회사(한국증권금융)
	금융투자상품거래 청산회사	자본시장법에 따라 금융위로부터 청산업 인가업무 단위의 전부나 일부를 택하여 금융투자상품거래청산업인가를 받은 기관
	신용평가회사	금융투자상품이나 기업 · 집합투자기구 기타 대통령령으로 정하는 자에 대한 신용상태를 평가하여 그 결과에 대하여 등급을 부여하고 그 신용등급을 발행인, 인수인, 투자자 그 밖의 이해관계자에게 제공하거나 열람하게 하는 행위를 영업으로 하는 기관

| 개념 확인 문제 **정답** | ②　　| 실전 확인 문제 **정답** | ④

3 금융투자상품의 분류

개념 확인 문제

01 금융투자상품은 원본손실위험과 대상상품의 기능을 기준으로 (　　　)과 파생상품으로 구분하고, 파생상품은 거래소 시장에서의 거래 여부에 따라 장내파생상품과 장외파생상품으로 세분화된다.

① 예금　　　② 증권

02 (　　　)이란 특정 투자자가 그 투자자와 타인(다른 투자자를 포함) 간의 공동사업에 금전 등을 투자하고 주로 타인이 수행한 공동사업의 결과에 따른 손익을 귀속받는 계약상의 권리가 표시된 것을 말한다.

① 투자계약증권　　　② 지분증권

실전 확인 문제

▶ **다음 중 금융투자상품에 대한 설명으로 옳지 않은 것은?**

① 투자성 판단 시 판매수수료 등 투자자가 지급하는 수수료는 투자원본에서 제외하여 산정한다.

② 금융투자상품에는 원본손실 가능성을 가진 모든 금융투자상품이 포함된다.

③ 파생상품은 거래구조에 따라 선도, 옵션, 스왑으로 구분된다.

④ 파생상품은 증권과는 달리 금전 등의 지급시기가 장래의 일정시점이고, 투자원본 이상의 손실발생 가능성을 가지고 있다.

해설 금융투자상품에서 원화로 표시된 양도성 예금증서(CD)와 수탁자에게 신탁재산의 처분 권한이 부여되지 않은 관리형 신탁의 수익권은 제외된다.

개념 짚어 보기

금융투자상품

- **정의** : 이익을 얻거나 손실을 회피할 목적으로 현재 또는 장래의 특정 시점에 금전, 그 밖의 재산적 가치가 있는 것(금전 등)을 지급하기로 약정함으로써 취득하는 권리로서, 그 권리를 취득하기 위하여 지급했거나 지급해야 할 금전 등의 총액(판매수수료 등 대통령령으로 정하는 금액을 제외)이 그 권리로부터 회수하였거나 회수할 수 있는 금전 등의 총액(해지수수료 등 대통령령으로 정하는 금액을 포함한다)을 초과하게 될 위험(투자성)이 있는 것을 말한다.
- **구분** : 증권, 파생상품(장내파생상품, 장외파생상품)
- **증권의 분류** : 채무증권, 지분증권, 수익증권, 투자계약증권, 파생결합증권, 증권예탁증권
- **원본대비 손실비율과 금융투자상품의 종류**

범위	손실비율≤0%	0%<손실비율≤100%	100%<손실비율
상품	원본보전형	원본손실형	추가지급형
	예금, 보험	증권	파생상품

| 개념 확인 문제 **정답** | 01 ② 02 ①　　| 실전 확인 문제 **정답** | ②

4 금융투자업자 규제 – 인가 · 등록요건

개념 확인 문제

01 금융투자업이란 이익을 얻을 목적으로 계속적이거나 반복적인 방법으로 행하는 행위로서, 고객과 직접 채권채무관계를 가지거나 고객의 자산을 수탁하는 금융투자업에 대해서는 ( )를, 고객의 자산을 수탁하지 않는 금융투자업에 대해서는 ( )를 적용한다.

① 인가제, 등록제　　② 등록제, 인가제

02 금융투자업자는 인가 또는 등록 이후에도 인가 · 등록요건을 계속 유지해야 하는데 해당 인가업무 단위별로 최저자기자본의 ( ) 이상을 유지하여야 한다.

① 50%　　② 70%

실전 확인 문제

▶ **금융투자업의 인가 및 등록에 관한 사항으로 잘못된 것은?**

① 일정한 자격을 갖추지 않은 자는 금융투자업을 영위할 수 없다.

② 장외파생상품을 대상으로 하는 인가에 대해서는 완화된 진입요건을, 전문투자자를 상대로 하는 금융투자업의 경우는 강화된 진입요건을 설정하였다.

③ 동일한 금융기능에 대해서는 동일한 인가요건 및 등록요건이 적용되도록 금융기능별로 진입요건을 마련하였다.

④ 금융투자업 진입요건은 인가제가 등록제보다 엄격하게 설정되었다.

해설 장외파생상품 등 위험금융투자상품을 대상으로 하는 인가와, 일반투자자를 상대로 하는 금융투자업에는 강화된 진입요건을 설정하였다.

개념 짚어 보기

금융투자업의 분류

- **투자매매업** : 누구의 명의로 하든지 자기의 계산으로 금융투자상품의 매도 · 매수, 증권의 발행 · 인수 또는 그 청약의 권유, 청약, 청약의 승낙을 영업으로 하는 것
- **투자중개업** : 누구의 명의로 하든지 타인의 계산으로 금융투자상품의 매도 · 매수, 그 중개 또는 청약의 권유, 청약, 청약의 승낙 또는 증권의 발행 · 인수에 대한 청약의 권유, 청약, 청약의 승낙을 영업으로 하는 것
- **투자자문업** : 금융투자상품의 가치 또는 금융투자상품에 대한 투자판단에 관한 자문에 응하는 것을 영업으로 하는 것
- **투자일임업** : 투자자로부터 금융투자상품 등에 대한 투자판단의 전부 또는 일부를 일임받아 투자자별로 구분하여 금융투자상품을 취득 · 처분, 그 밖의 방법으로 운용하는 것을 영업으로 하는 것
- **집합투자업** : 집합투자를 영업으로 하는 것으로서, 펀드를 설정하고 다수의 투자자에게 자금을 모은 뒤 이 자금을 운용하여 수익을 분배하여 갖는 업무
- **신탁업** : 신탁을 영업으로 하는 것
- **종합금융투자업(프라임 브로커)** : 전담중개업무를 주된 영업으로 하는 것

| 개념 확인 문제 **정답** | 01 ① 02 ②　　| 실전 확인 문제 **정답** | ②

5 임원에 대한 규제

개념 확인 문제

01 최근 사업연도말 기준으로 자산총액이 2조 원 이상인 금융투자업자는 사외이사를 (　　) 이상 두어야 하며, 사외이사는 이사 총수의 2분의 1 이상이 되도록 하여야 한다.

① 1인　　② 3인

02 자산규모 및 금융투자업의 종류 등을 고려하여 대통령령으로 정하는 금융투자업자는 상근 임원으로서 파생상품업무책임자를 1인 이상 두어야 한다. 이 경우 금융투자업자에는 겸영금융투자업자가 (　　).

① 포함된다　　② 제외된다

실전 확인 문제

▶ **다음 중 대주주 변경승인제도 및 금융투자업자의 지배구조에 대한 설명이 옳지 않은 것은?**

① 금융투자업자(투자자문업자 및 투자일임업자를 제외)가 발행한 주식을 취득하여 대주주가 되고자 하는 자는 대주주 요건 중 건전한 경영을 위하여 대통령령으로 정하는 요건을 갖추어 미리 금융위원회의 승인을 받아야 한다.

② 모든 금융투자업자는 내부통제기준의 준수 여부를 점검하고 내부통제기준을 위반하는 경우 이를 조사하여 감사위원회 또는 감사에게 보고하는 준법감시인을 1인 이상 두어야 한다.

③ 금융위원회는 승인을 받지 않고 취득한 주식에 대하여 6개월 이내의 기간을 정하여 처분을 명할 수 있다.

④ 투자자문업자 및 투자일임업자는 대주주가 변경된 경우에는 이를 2주 이내에 금융위원회에 보고하여야 한다.

해설 전업 투자자문업자 · 투자일임업자로서 최근 사업연도말을 기준으로 투자일임재산의 합계액이 5천억 원 미만인 자는 준법감시인을 두지 않아도 된다.

개념 짚어 보기

금융투자업자의 지배구조 규정 사항

- 대주주 변경승인제도
- 사외이사의 선임 및 이사회 구성
- 감사위원회 설치
- 상근감사제도
- 내부통제기준 설정 및 준법감시인 선임
- 파생상품업무책임자 선임

| 개념 확인 문제 정답 | 01 ② 02 ①　| 실전 확인 문제 정답 | ②

6 경영건전성 감독

개념 확인 문제

01 겸영금융투자업자와 전업투자자문업자와 투자일임업자를 제외한 금융투자업자는 영업용순자본을 ( ) 이상으로 유지해야 한다.

① 자기자본비율 ② 총위험액

02 금융투자업자는 대주주가 발행한 증권을 소유할 수 없고, 그 계열회사가 발행한 주식 채권 및 약속어음을 자기자본의 ( )를 초과하여 소유할 수 없다.

① 8% ② 15%

실전 확인 문제

▶ **다음 중 금융투자업자의 건전성 규제에 관한 사항으로 옳지 않은 것은?**

① 겸영금융투자업자를 제외한 금융투자업자는 그 금융투자업자의 대주주가 발행한 증권을 소유하는 행위를 해서는 안 된다.

② 모든 금융투자업자는 영업용순자본(NCR)을 총위험액 이상으로 유지해야 하는 규제를 받는다.

③ 금융투자업자는 금융투자업자의 고유재산과 신탁재산, 투자자가 예탁한 재산, 집합투자재산을 명확히 구분하여 회계처리해야 한다.

④ 금융투자업자는 매 분기마다 업무보고서를 작성하여 그 기간 경과 후 45일 이내에 금융위원회에 제출하여야 한다.

해설 겸영금융투자업자, 전업투자자문업자 · 투자일임업자는 영업용순자본(NCR) 규제 적용대상에서 제외된다.

개념 짚어 보기

금융투자업자의 건전성에 관한 규제

- **재무건전성 유지** : 영업용순자본을 총위험액 이상으로 유지해야 한다.
- **경영건전성 기준** : 자기자본비율 등 자본의 적정성, 자산의 건전성, 유동성에 관하여 금융위원회가 정하여 고시하는 사항을 준수해야 한다.
- **회계처리**
  - 투자매매업, 투자중개업, 투자자문업 및 투자일임업 : 매년 4월 1일부터 다음해 3월 31일까지의 기간
  - 신탁업, 종합금융회사 및 자금중개회사 : 정관에서 정하는 기간
- **업무보고서 및 경영공시** : 매 사업연도 개시일부터 3개월간 · 6개월간 · 9개월간 및 12개월간의 분기별 업무보고서를 작성하여 그 기간 경과 후 45일 이내에 금융위원회에 제출해야 한다.
- **대주주와의 거래제한** : 그 금융투자업자의 대주주가 발행한 증권을 소유하는 행위, 그 금융투자업자의 특수관계인 중 계열회사가 발행한 주식, 채권 및 약속어음을 소유하는 행위 등을 할 수 없다.

| 개념 확인 문제 **정답** | 01 ② 02 ① | 실전 확인 문제 **정답** | ②

7 공통 영업행위규칙

개념 확인 문제

▶ 금융투자업자가 금융투자업에 부수하는 업무를 영위하고자 하는 경우에는 그 업무를 영위하고자 하는 날의 (   ) 전까지 금융위원회에 (   )해야 한다.

① 5일, 보고　　　② 7일, 신고

실전 확인 문제

▶ **자본시장법에서 규정하고 있는 금융투자업의 공통 영업행위규칙에 해당되지 않는 것은?**

① 업무를 위탁받은 자가 위탁받은 업무를 제3자에게 재위탁하는 것은 원칙적으로 금지된다.

② 금융투자업자는 자기의 명의를 대여하여 타인에게 금융투자업을 영위하게 해서는 안 된다.

③ 금융투자업자가 아닌 자가 상호 중에 '금융투자'라는 문자를 사용해서는 안 되지만 financial investment 등의 외국어 문자를 사용하는 것은 가능하다.

④ 금융투자업자는 이해상충이 발생할 가능성을 파악 · 평가한 결과 이해상충이 발생할 가능성이 있다고 인정되는 경우에는 그 사실을 미리 해당 투자자에게 알려야 한다.

해설 금융투자업자가 아닌 자는 그 상호 중에 '금융투자'라는 문자 또는 이와 같은 의미를 가지는 외국어 문자로서 financial investment(그 한글표기문자를 포함)나 그와 비슷한 의미를 가지는 다른 외국어 문자(그 한글표기문자를 포함)를 사용해서는 안 된다.

개념 짚어 보기

금융투자업자의 공통 영업행위규칙

- **신의성실의무** : 신의성실의 원칙에 따라 공정하게 금융투자업을 영위해야 한다.
- **상호규제** : 금융투자업자가 아닌 자는 그 상호 중에 '금융투자'라는 문자 또는 이와 같은 의미를 가지는 외국어 문자를 사용해서는 안 된다.
- **명의대여 금지** : 자기의 명의를 대여하여 타인에게 금융투자업을 영위하게 해서는 안 된다.
- **부수업무 영위** : 금융투자업에 부수하는 업무를 영위하고자 하는 경우에는 그 업무를 영위하고자 하는 날의 7일 전까지 이를 금융위원회에 신고해야 한다.
- **업무위탁** : 금융투자업, 부수업무와 관련하여 그 금융투자업자가 영위하는 업무의 일부를 제3자에게 위탁할 수 있다.
- **이해상충관리** : 금융투자업의 영위와 관련하여 금융투자업자와 투자자 간, 특정 투자자와 다른 투자자 간의 이해상충을 방지하기 위하여 이해상충이 발생할 가능성을 파악 · 평가하고, 내부통제기준이 정하는 방법 및 절차에 따라 적절히 관리해야 한다.
- **정보교류의 차단** : 금융투자업자는 그 영위하는 금융투자업 간에 이해상충이 발생할 가능성이 큰 경우의 어느 하나에 해당하는 행위를 해서는 안 된다.

| 개념 확인 문제 **정답** | ②　　| 실전 확인 문제 **정답** | ③

8 투자권유 규제

개념 확인 문제

01 투자권유는 ( )를 상대로 금융투자상품의 매매의 체결을 권유하는 것을 의미하며, 투자광고는 ( )를 상대로 금융투자상품에 대해 광고하는 것을 의미한다.

① 특정 투자자, 불특정 다수 ② 불특정 다수, 특정 투자자

02 투자권유대행인은 금융투자협회가 정한 교육을 이수하고, 등록이 취소된 경우 그 등록이 취소된 날로부터 ( )이 경과한 자로서, 금융투자업자는 투자권유대행인에게 투자권유를 위탁하는 경우 위탁받은 자를 금융위원회에 등록해야 한다.

① 1년 ② 3년

실전 확인 문제

▶ **다음 중 투자자에게 투자권유 시 규제사항에 대한 설명이 옳지 않은 것은?**

① 파생상품 등에 대하여는 일반투자자의 투자목적 · 재산상황 및 투자경험 등을 고려하여 투자자 등급별로 차등화된 투자권유준칙을 마련하여야 한다.

② 투자권유대행인의 불완전한 판매로 인해 투자자에게 손해를 끼친 경우 금융투자업자와 관련 임원이 연대하여 손해배상책임을 진다.

③ 금융투자업자는 투자권유대행인에게 모든 상품에 대한 투자권유를 위탁할 수 있으며, 이 경우 업무위탁 관련 규제가 적용되지 않는다.

④ 투자권유대행인은 투자권유를 대행함에 있어서 투자자에게 자신이 투자권유대행인이라는 사실을 나타내는 표지를 게시하거나 증표를 투자자에게 내보여야 한다.

해설 금융투자업자는 투자권유대행인에게 고위험 금융투자상품인 파생상품 등에 대한 투자권유는 위탁할 수 없다.

개념 짚어 보기

투자권유대행인의 금지행위

- 위탁한 금융투자업자를 대리하여 계약을 체결하는 행위
- 투자자로부터 금전 · 증권, 그 밖의 재산을 수취하는 행위
- 금융투자업자로부터 위탁받은 투자권유대행업무를 제3자에게 재위탁하는 행위
- 둘 이상의 금융투자업자와 투자권유 위탁계약을 체결하는 행위
- 보험설계사가 소속된 보험회사가 아닌 보험회사와 투자권유 위탁계약을 체결하는 행위 등

| 개념 확인 문제 정답 | 01 ① 02 ② | 실전 확인 문제 정답 | ③

9 투자매매업 · 투자중개업 행위규칙(1) – 매매관련 규제

개념 확인 문제

▶ 투자매매업자는 투자자로부터 그 투자매매업자가 발행한 자기주식으로서 증권시장의 매매 수량단위 미만의 주식에 대하여 매도주문을 받은 경우에는 이를 증권시장 밖에서 취득할 수 있다. 이 경우 예외적으로 취득한 자기주식은 취득일부터 ( ) 이내에 처분하여야 한다.

① 3개월 ② 1년

실전 확인 문제

▶ **다음 중 투자매매업자 및 투자중개업자의 영업행위 규칙에 어긋나는 것은?**

① 자기계약 금지의 규정을 위반하여 금융투자상품을 매매한 자는 1년 이하의 징역 또는 3천만 원 이하의 벌금에 처한다.

② 투자자로부터 예탁받은 재산으로 금융투자상품을 매매한 자는 5억 원 이하의 벌금에 처한다.

③ 증권시장 또는 파생상품시장을 통하지 않고 매매가 이루어지도록 한 자는 1년 이하의 징역 또는 3천만 원 이하의 벌금에 처한다.

④ 사전에 자기가 투자매매업자인지 투자중개업자인지를 밝히지 않고 금융투자상품의 매매에 관한 주문을 받은 자는 1년 이하의 징역 또는 3천만 원 이하의 벌금에 처한다.

해설 투자자로부터 예탁받은 재산으로 금융투자상품을 매매한 자는 5년 이하의 징역 또는 2억 원 이하의 벌금에 처한다.

개념 짚어 보기

투자매매업자 및 투자중개업자의 일반 영업행위 규칙

- **매매형태의 명시** : 투자자로부터 금융투자상품 매매에 관한 주문을 받는 경우 사전에 그 투자자에게 자기가 투자매매업자인지 투자중개업자인지를 밝혀야 한다.
- **자기주식의 예외적 취득** : 투자매매업자는 투자자로부터 그 투자매매업자가 발행한 자기주식으로서 증권시장의 매매 수량단위 미만의 주식에 대하여 매도주문을 받은 경우에는 이를 증권시장 밖에서 취득할 수 있다.
- **최선집행의 의무** : 투자매매업자 또는 투자중개업자는 금융투자상품의 매매에 있어서 투자자의 청약 또는 주문을 처리하기 위해 최선의 거래조건으로 집행하기 위한 기준을 마련하고 이를 공표하여야 한다.
- **자기계약의 금지** : 투자매매업자 또는 투자중개업자는 금융투자상품에 관한 동일한 매매에 있어서 자신이 본인이 됨과 동시에 상대방의 투자중개업자가 되어서는 안 된다.
- **임의매매의 금지** : 투자매매업자 또는 투자중개업자는 투자자나 그 대리인으로부터 금융투자상품의 매매주문을 받지 않고 투자자에게 예탁받은 재산으로 금융투자상품을 매매해서는 안 된다.

| 개념 확인 문제 정답 | ① | 실전 확인 문제 정답 | ②

10 투자매매업 · 투자중개업 행위규칙(2) – 불건전 영업행위 규제 등

개념 확인 문제

01 투자자로부터 금융투자상품의 가격에 중대한 영향을 미칠 수 있는 매수 또는 매도주문을 받거나 받게 될 가능성이 큰 경우 이를 체결시키기 전에 그 금융투자상품을 자기의 계산으로 매수 또는 매도하거나 제3자에게 매수 또는 매도를 권유하는 행위를 (　　)라 한다.

① 과당매매　　② 선행매매

02 투자매매업자 또는 투자중개업자는 특정 금융투자상품의 조사분석자료를 투자자에게 공표함에 있어서 그 조사분석자료의 내용이 사실상 확정된 때부터 공표 후 (　　)이 경과하기 전까지 그 조사분석자료의 대상이 된 금융투자상품을 자기의 계산으로 매매하는 행위를 해서는 안 된다.

① 24시간　　② 7일

실전 확인 문제

▶ **다음 중 투자매매업자 및 투자중개업자의 불건전 영업행위로 볼 수 없는 것은?**

① 투자자에게 해당 투자매매업자 · 투자중개업자가 발행한 자기주식의 매매를 권유하는 행위

② 오로지 금융투자업자 내부에서 업무를 수행할 목적의 조사분석자료 작성을 담당하는 자에게 기업금융업무와 연동된 성과보수를 지급하는 행위

③ 투자권유대행인 및 투자권유자문인력이 아닌 자에게 투자권유를 하게 하는 행위

④ 일반투자자의 투자목적, 재산상황, 투자경험을 고려하지 않고 지나치게 자주 투자권유를 하는 행위

해설 해당 조사분석자료가 투자자에게 공표되거나 제공되지 않고 금융투자업자 내부에서 업무를 수행할 목적으로 작성된 경우에는 조사분석자료 작성을 담당하는 자에 대하여 기업금융업무와 연동된 성과보수를 지급하는 행위는 금지예외 사유에 해당된다.

개념 짚어 보기

불건전 영업행위의 금지

- 선행매매 · 일임매매의 금지
- 조사분석자료 공표 후 매매금지
- 조사분석자료 작성자에 대한 성과보수지급 금지
- 주권 등의 모집 · 매출과 관련된 조사분석자료의 공표 · 제공 금지
- 투자권유대행인 및 투자권유자문인력이 아닌 자의 투자권유 금지
- 매매명세의 통지

| 개념 확인 문제 **정답** | 01 ② 02 ① | 실전 확인 문제 **정답** | ②

11 투자매매업 · 투자중개업 행위규칙(3) – 투자자예탁금의 별도예치

개념 확인 문제

01 투자매매업자 또는 투자중개업자는 투자자로부터 금융투자상품의 매매 및 그 밖의 거래와 관련하여 받은 예탁금을 고유재산과 구분하여 증권금융회사에 예치하거나 신탁해야 하는데 은행 및 ( ), 한국산업은행, 중소기업은행은 증권금융회사를 제외한 신탁업자에게 신탁할 수 있다.

① 증권회사 ② 보험회사

02 예치금융투자업자는 파산선고, 인가취소 등에 해당하게 된 경우에는 예치기관에 예치 또는 신탁한 투자자예탁금을 인출하여 투자자에게 우선하여 지급해야 하며, 사유발생일로부터 ( ) 이내에 그 사실과 투자자예탁금의 지급시기 · 지급장소, 그 밖에 투자자예탁금의 지급과 관련된 사항을 둘 이상의 일간신문에 공고하고, 인터넷 홈페이지 등을 이용하여 공시해야 한다.

① 2개월 ② 3개월

실전 확인 문제

▶ **투자매매업자 또는 투자중개업자의 투자자예탁금의 별도예치에 관한 사항으로 옳지 않은 것은?**

① 겸영금융투자업자 중 은행과 보험회사 등은 투자자예탁금을 신탁업자에게 신탁할 수 있다.

② 예치금융투자업자는 투자매매업자 또는 투자중개업자의 인가가 취소된 경우 예치기관에 예치 · 신탁한 투자자예탁금을 인출하여 투자자에게 우선 지급해야 한다.

③ 투자매매업자 또는 투자중개업자는 투자자예탁금의 80% 이상을 예치기관에 예치 또는 신탁해야 한다.

④ 예치기관은 국채증권 또는 지방채증권을 매수하여 투자자예탁금을 운용할 수 있다.

해설 투자매매업자 또는 투자중개업자는 투자자예탁금의 100% 이상을 예치기관에 예치 또는 신탁해야 한다.

개념 짚어 보기

투자자예탁금의 우선지급

예치금융투자업자는 다음의 어느 하나에 해당하게 된 경우에는 예치기관에 예치 또는 신탁한 투자자예탁금을 인출하여 투자자에게 우선하여 지급해야 한다. 이 경우 그 예치금융투자업자는 2개월 이내에 그 사실과 투자자예탁금의 지급시기 · 지급장소, 그 밖에 투자자예탁금의 지급과 관련된 사항을 둘 이상의 일간신문에 공고하고, 인터넷 홈페이지 등을 이용하여 공시해야 한다.

- 인가가 취소된 경우
- 해산의 결의를 한 경우
- 파산선고를 받은 경우
- 투자매매업 또는 투자중개업 전부의 양도 · 폐지가 승인된 경우
- 투자매매업 또는 투자중개업 전부의 정지명령을 받은 경우
- 그 밖에 위의 사유에 준하는 사유가 발생한 경우

| 개념 확인 문제 **정답** | 01 ② 02 ① | 실전 확인 문제 **정답** | ③

12 집합투자업자의 영업행위 규칙

개념 확인 문제

01 집합투자기구의 계산으로 금전을 차입하는 경우 차입금의 총액은 차입 당시 집합투자재산 총액의 100분의 (　　)을 초과해서는 안 된다.

① 10　　② 20

02 집합투자업자는 자산운용보고서를 작성하여 (　　) 투자자에게 교부해야 한다.

① 3개월마다 1회 이상　　② 6개월마다 1회 이상

실전 확인 문제

▶ **집합투자업자에 대한 자본시장법의 내용으로 가장 적절하지 못한 것은?**

① 자산운용보고서는 정기공시에 해당된다.

② 투자운용인력이 변경된 경우 지체 없이 공시해야 한다.

③ 공모집합투자기구는 운용실적에 연동하여 미리 정하여진 산정방식에 따른 성과보수를 받을 수 없다.

④ 증권에 투자하는 경우 각 집합투자기구 자산총액의 5%를 초과하여 동일종목에 투자해서는 안 된다.

해설 동일종목 한도는 각 집합투자기구 자산총액의 10%이다.

개념 짚어 보기

금전차입 제한

- 집합투자업자는 집합투자재산을 운용함에 있어서 집합투자기구의 계산으로 금전을 차입하지 못한다. 다만, 다음의 어느 하나에 해당하는 경우에는 집합투자기구의 계산으로 금전을 차입할 수 있다.
  - 집합투자증권의 환매청구가 대량으로 발생하여 일시적으로 환매대금의 지급이 곤란한 때
  - 매수청구가 대량으로 발생하여 일시적으로 매수대금의 지급이 곤란한 때
- **금전차입의 한계** : 집합투자기구의 계산으로 금전을 차입하는 경우 그 차입금의 총액은 차입 당시 집합투자재산 총액의 100분의 10을 초과할 수 없다.
- **금전대여의 제한** : 집합투자업자는 집합투자재산을 운용함에 있어서 집합투자재산으로 금전을 대여해서는 안 된다.
- **채무보증과 담보제공의 제한** : 집합투자업자는 집합투자재산을 운용함에 있어서 집합투자재산으로 해당 집합투자기구 외의 자를 위하여 채무보증 또는 담보제공을 해서는 안 된다.

| 개념 확인 문제 **정답** | 01 ① 02 ①　　| 실전 확인 문제 **정답** | ④

13 투자자문업자 및 투자일임업자의 영업행위 규칙

개념 확인 문제

01 역외투자자문업자 또는 역외투자일임업자는 투자자 보호를 위하여 (　　)으로 정하는 요건에 해당하는 연락책임자를 국내에 두어야 한다

① 총리령　　② 대통령령

02 역외투자일임업자는 투자일임재산으로 취득한 외화증권을 대통령령으로 정하는 (　　)에 보관해야 한다.

① 국내 보관기관　　② 외국 보관기관

실전 확인 문제

▶ **투자일임업자의 투자일임재산 운용의 행위 규제에 대한 다음 설명 중 적절하지 않은 것은?**

① 투자일임재산을 투자자별로 운용하지 않고 여러 투자자의 자산을 집합하여 운용하는 행위

② 특정 투자자의 이익을 해하면서 자기 또는 제3자의 이익을 도모하는 행위

③ 자기 또는 관계인수인이 인수한 증권을 투자일임재산으로 매수하는 행위

④ 자기 또는 관계인수인이 총리령으로 정하는 인수업무를 담당한 법인의 특정 증권 등에 대하여 인위적인 시세를 형성하기 위하여 투자일임재산으로 그 특정 증권 등을 매매하는 행위

해설 대통령령으로 정하는 인수업무를 담당한 법인의 특정 증권 등에 대하여 인위적인 시세를 형성하기 위하여 자기 또는 관계인수인이 투자일임재산으로 그 특정 증권 등을 매매하는 행위는 금지된다.

개념 짚어 보기

역외투자자문업자 등의 특례 : 국내 투자자 보호 장치

- **연락책임자** : 역외투자자문업자 또는 역외투자일임업자는 국내 투자자 보호를 위하여 대리인 성격의 연락책임자를 국내에 두어야 한다.
- **내부통제기준** : 역외투자자문업자 또는 역외투자일임업자는 정한 사항의 준수 여부 점검 등을 위하여 임직원이 그 직무를 수행함에 있어서 따라야 할 적절한 기준 및 절차를 마련하고, 그 운영 실태를 정기적으로 점검해야 한다.
- **업무보고서 제출** : 역외투자자문업자 또는 역외투자일임업자는 매 사업연도 개시일부터 3개월간 · 6개월간 · 9개월간 및 12개월간의 업무보고서를 작성하여 그 기간이 지난 후 1개월 이내에 금융위원회에 제출해야 한다.
- **투자일임보고서 제공** : 역외투자일임업자는 금융위가 정하여 고시하는 기준에 따라 작성한 투자일임보고서를 월 1회 이상 투자자에게 직접 또는 우편발송 등의 방법으로 제공해야 한다. 투자자가 전자우편을 통해 해당 보고서를 받겠다는 의사표시를 한 경우 전자우편으로 보낼 수 있다.
- **투자자 제한** : 역외투자일임업자는 전문투자자 중 국가나 한국은행, 대통령령으로 정하는 자 외의 자를 대상으로 투자일임업을 영위해서는 안 된다.
- **외화증권의 보관** : 역외투자일임업자는 투자일임재산으로 취득한 외화증권을 대통령령으로 정하는 외국 보관기관에 보관하여야 한다.
- **국내법 적용** : 역외투자자문업자 또는 역외투자일임업자는 국내 거주자와 체결하는 투자자문계약 또는 투자일임계약 내용에 그 계약에 대하여 국내법이 적용되고 그 계약에 관한 소송은 국내법원이 관할한다는 내용을 포함해야 한다.

| 개념 확인 문제 **정답** | 01 ① 02 ②　| 실전 확인 문제 **정답** | ④

14 신탁업자의 영업행위 규칙

개념 확인 문제

01 수탁자는 누구의 명의로 하든지 신탁재산을 고유재산으로 하거나 이에 관하여 권리를 취득할 수 없다. 단, 수익자에게 이익이 되는 것이 명백하거나 기타 정당한 이유가 있는 경우 ( )의 허가를 얻어 신탁재산을 고유재산으로 할 수 있다.

① 금융위원회 ② 법원

02 신탁재산으로 취득한 주식에 대한 권리는 ( )가 행사한다.

① 수탁자 ② 신탁업자

실전 확인 문제

▶ **수익증권의 발행에 대한 다음 설명 중 적절하지 않은 것은?**

① 신탁업자는 금전신탁계약에 의한 수익권이 표시된 수익증권을 발행할 수 있다.

② 수익증권을 발행하고자 하는 경우에는 대통령령으로 정하는 서류를 첨부하여 금융위원회에 미리 신고해야 한다.

③ 수익증권은 무기명식으로 한다. 다만, 수익자의 청구가 있는 경우에는 기명식으로 할 수 있고 기명식 수익증권은 수익자의 청구에 의하여 무기명식으로 할 수 있다.

④ 수익증권이 발행된 경우에는 해당 신탁계약에 의한 수익권의 양도 및 행사는 그 수익증권으로 해야 한다. 다만, 무기명식 수익증권의 경우에는 수익증권으로 하지 아니할 수 있다.

해설 수익증권이 발행된 경우에는 해당 신탁계약에 의한 수익권의 양도 및 행사는 그 수익증권으로 해야 한다. 다만, 기명식 수익증권의 경우 수익증권으로 하지 않을 수 있다.

개념 짚어 보기

신탁재산과 고유재산의 구분

- 수탁자는 누구의 명의로 하든지 신탁재산을 고유재산으로 하거나 이에 관하여 권리를 취득하지 못한다. 단, 수익자에게 이익이 되는 것이 명백하거나 기타 정당한 이유가 있는 경우에는 법원의 허가를 얻어 신탁재산을 고유재산으로 할 수 있다. 「신탁법」 제31조 제1항 단서는 신탁업자에게는 적용하지 아니한다.
- **고유재산으로 취득할 수 있는 경우** : 신탁업자는 다음의 어느 하나에 해당하는 경우 신탁계약이 정하는 바에 따라 신탁재산을 고유재산으로 취득할 수 있다.
  - 신탁행위에 따라 수익자에 대하여 부담하는 채무를 이행하기 위하여 필요한 경우
  - 신탁계약의 해지, 그 밖에 수익자 보호를 위하여 불가피한 경우로서 대통령령으로 정하는 경우

| 개념 확인 문제 **정답** | 01 ② 02 ② | 실전 확인 문제 **정답** | ④

15 증권의 발행 및 유통(1) – 증권신고서

개념 확인 문제

01 일정한 방법에 따라 산출한 50인 이상의 투자자에게 새로 발행하는 증권 취득의 청약을 권유하는 행위를 (　　), 일정한 방법에 따라 산출한 50인 이상의 투자자에게 이미 발행된 증권 매도의 청약을 하거나, 매수의 청약을 권유하는 행위를 (　　)이라 한다.

① 모집, 매출　　② 매출, 모집

02 증권의 모집 또는 매출은 일정한 방법에 따라 산정한 모집가액 또는 매출가액 각각의 총액이 (　　) 이상인 경우에는 발행인이 그 모집 또는 매출에 관한 신고서를 금융위원회에 제출하여 수리되지 않으면 이를 할 수 없다.

① 1억 원　　② 10억 원

실전 확인 문제

▶ **다음 중 증권의 발행 시 증권신고서에 대한 설명으로 거리가 먼 것은?**

① 증권을 매출하는 경우 증권신고서의 제출의무자는 발행인이 된다.

② 효력의 발생은 그 증권신고서의 기재사항이 진실 또는 정확하다는 것을 인정하거나 정부에서 그 증권의 가치를 보증 또는 승인하는 효력을 갖지 않는다.

③ 신고의 효력이 발생하지 않은 증권의 취득 또는 매수의 청약이 있는 경우에 그 증권의 발행인 · 매출인과 그 대리인은 그 청약의 승낙을 해서는 안 된다.

④ 채무증권의 모집 또는 매출일 경우에는 그 증권신고서가 금융위원회에 제출되어 수리된 날부터 15일이 경과한 날에 신고서의 효력이 발생한다.

해설 채무증권의 모집 또는 매출일 경우에는 그 증권신고서가 금융위원회에 제출되어 수리된 날부터 7일이 경과한 날에 신고서의 효력이 발생한다.

개념 짚어 보기

신고의 효력발생시기

구분	효력발생시기
담보부사채, 보증사채권, 일괄신고서에 의한 채무증권	5일
채무증권, 주주 또는 제3자에게 배정하는 방식의 주식의 모집 및 매출	7일
주권상장법인, 환매금지형집합투자기구의 집합투자증권의 모집 및 매출	10일
지분증권, 기타 증권의 모집 및 매출	15일

| 개념 확인 문제 **정답** | 01 ① 02 ②　　| 실전 확인 문제 **정답** | ④

16 증권의 발행 및 유통(2) – 투자설명서

개념 확인 문제

01 투자설명서 중 증권신고서가 수리된 후 증권신고서의 효력이 발생하기 전에 작성하는 것으로 신고의 효력이 발생되지 않은 사실을 덧붙인 투자설명서를 (　　)라 한다.

① 간이투자설명서　　② 예비투자설명서

02 투자설명서에 중요사항을 허위기재하거나 중요사항을 표시하지 않아 증권의 취득자가 손해를 입은 때에는 (　　), 사업설명서를 작성하거나 교부한 자 등이 그 손해에 대해 배상할 연대책임이 있다.

① 그 증권의 발행자　　② 그 증권의 취득자

실전 확인 문제

▶ **다음 중 투자설명서의 작성 및 공시에 대한 사항으로 잘못된 것은?**

① 투자설명서에는 증권신고서에 기재된 내용과 다른 내용을 표시하거나 그 기재사항을 누락해서는 안 된다.

② 투자설명서는 증권신고서의 제출과 효력발생 기간에 따라 간이투자설명서, 예비투자설명서, 투자설명서 등의 형태로 작성 · 이용된다.

③ 일반투자자 외에 전문투자자와 신용평가업자에게도 투자설명서의 교부의무가 적용된다.

④ 누구든지 증권신고의 효력이 발생한 증권을 취득하고자 하는 자에게 적합한 투자설명서를 미리 교부하지 않으면 그 증권을 취득하게 하거나 매도할 수 없다.

해설 전문투자자와 신용평가업자 등의 일정한 전문가, 투자설명서를 받기를 거부한다는 의사를 표시한 자, 이미 취득한 것과 같은 집합투자증권을 계속하여 추가로 취득하려는 자 등에게는 투자설명서 교부의무가 면제된다.

개념 짚어 보기

투자설명서의 종류

투자설명서	• 증권신고서의 효력이 발생한 후 사용 • 증권의 모집, 매출을 위해 발행인이 일반투자자에게 제공하는 투자권유문서
예비투자설명서	• 증권신고서가 수리된 후 신고의 효력이 발생하기 전에 작성 • 신고의 효력이 발생되지 않은 사실과 기재사항이 일부 변경될 수 있음
간이투자설명서	• 증권신고서가 수리된 후 신문, 방송, 잡지 등을 이용한 광고 · 안내문 또는 전자매체를 통하여 작성 • 투자설명서에 기재할 사항 중 생략 또는 중요한 사항을 발췌하여 기재한 문서

| 개념 확인 문제 정답 | 01 ② 02 ①　| 실전 확인 문제 정답 | ③

17 유통시장공시제도 – 사업보고서 · 주요사항보고서

개념 확인 문제

01 주권상장법인, 그 밖에 사업보고서 제출대상법인은 사업보고서, 반기보고서, 분기보고서 등의 사업보고서를 ( ) 이내에 금융위원회와 거래소에 제출해야 한다.

① 각 영업활동 개시 후 60일 ② 각 사업연도 경과 후 90일

02 사업보고서 제출대상법인은 사업연도 말일부터 90일 이내, 반기보고서와 분기보고서는 각각 반기 및 분기 말일부터 ( ) 이내에 금융위원회와 거래소에 제출해야 한다.

① 45일 ② 60일

실전 확인 문제

▶ **다음 중 상장법인의 사업보고서 제출에 대한 설명으로 거리가 먼 것은?**

① 사업보고서를 제출해야 하는 법인은 사업보고서 제출대상법인에 해당하게 된 날부터 5일 이내에 그 직전 사업연도의 사업보고서를 금융위원회와 거래소에 제출해야 한다.

② 외국법인 등의 경우에도 사업보고서의 제출의무기한은 동일하게 적용된다.

③ 사업보고서 제출대상법인이 파산 및 그 밖의 사유로 인하여 사업보고서의 제출이 사실상 불가능하거나 실효성이 없는 경우에는 사업보고서를 제출하지 않을 수 있다.

④ 사업보고서 제출대상법인은 영업활동의 전부 또는 중요한 일부가 정지된 때에는 그 사실이 발생한 날의 다음 날까지 그 내용을 기재한 주요사항보고서를 금융위원회에 제출해야 한다.

해설 외국법인 등의 경우에는 대통령령으로 정하는 기준 및 방법에 따라 제출의무를 면제하거나 제출기한을 달리하는 등 그 적용을 달리할 수 있다. 외국법인 등은 사업보고서를 법에서 정하는 기간 경과 후 30일 이내에 제출할 수 있고, 반기보고서와 분기보고서는 법에서 정하는 기간 경과 후 15일 이내에 제출할 수 있다.

개념 짚어 보기

주요사항보고서의 제출

사업보고서 제출대상법인은 다음의 어느 하나에 해당하는 사실이 발생한 경우에는 그 사실이 발생한 날의 다음날까지 그 내용을 기재한 주요사항보고서를 금융위원회에 제출하여야 한다.

- 발행한 어음 또는 수표가 부도로 되거나 은행과의 당좌거래가 정지 또는 금지된 때
- 영업활동의 전부 또는 중요한 일부가 정지된 때 및 그 정지에 관한 이사회 등의 결정이 있을 때
- 채무자 회생 및 파산에 관한 법률에 따른 회생절차개시의 신청이 있은 때
- 이 법, 「상법」, 그 밖의 법률에 따른 해산사유가 발생한 때
- 자본증가 또는 자본감소에 관한 이사회의 결의가 있은 때
- 조건부자본증권의 발행에 따른 부채의 증가
- 대통령령으로 정하는 중요한 영업 또는 자산을 양수하거나 양도할 것을 결의한 때
- 그 밖에 그 법인의 경영 · 재산 등에 관하여 중대한 영향을 미치는 사항으로서 대통령령으로 정하는 사실이 발생한 때

| 개념 확인 문제 정답 | 01 ② 02 ① | 실전 확인 문제 정답 | ②

3과목 I 직무윤리 및 법규

18 기업의 인수 · 합병 관련제도(1) – 공개매수제도

개념 확인 문제

01 공개매수기간은 20일 이상 ( ) 이내여야 하며, 공개매수자가 공개매수신고서의 정정신고서를 제출하는 경우 공개매수기간 종료일 전 10일 이내에 해당하는 경우에는 ( )이 공개매수의 종료일이 된다.

① 90일, 그 공개매수기간이 종료하는 날

② 60일, 그 정정신고서를 제출한 날부터 10일이 경과한 날

02 공개매수는 공개매수의 공고 → 공개매수신고서 제출 → 공개매수신고서 사본의 송부 및 공고 → 발행인의 의견표명 → ( ) → 공개매수설명서 교부 → 공개매수의 철회 → 공개매수결과보고서의 제출 순으로 이루어진다.

① 금융위원회의 공개매수신고서 정정요구 ② 공개매수의 실시

실전 확인 문제

▶ **다음 중 공개매수제도에 관한 설명으로 맞지 않는 것은?**

① 소각을 목적으로 하는 주식 등의 매수는 공개매수를 하지 않아도 된다.

② 공개매수자가 공개매수를 하는 경우 그 매수가격은 균일해야 한다.

③ 불특정 다수인에 대하여 의결권 있는 주식, 그 밖에 주식 등의 매수의 청약을 하거나 매도의 청약을 권유하고 증권시장 밖에서 그 주식 등을 매수하는 것을 말한다.

④ 공개매수자는 공개매수공고일 이후에는 공개매수를 철회할 수 없다.

해설 공개매수자는 공개매수공고일 이후에는 공개매수를 철회할 수 없다. 다만, 대항공개매수(공개매수기간 중 그 공개매수에 대항하는 공개매수)가 있는 경우, 공개매수자가 사망 · 해산 · 파산한 경우, 그 밖에 투자자 보호를 해할 우려가 없는 경우에는 공개매수기간의 말일까지 철회할 수 있다.

개념 짚어 보기

공개매수 적용대상

해당 주식 등의 매수 등을 하는 날부터 과거 6개월간 10인 이상으로부터 매수 등을 하고자 하는 자는 그 매수 등을 한 후에 본인과 그 특별관계자가 보유(소유, 그 밖에 이에 준하는 경우로서 대통령령으로 정하는 경우를 포함)하게 되는 주식 등의 수의 합계가 그 주식 등의 총수의 100분의 5 이상이 되는 경우에는 공개매수를 해야 한다.

공개매수 적용면제

소각을 목적으로 하는 주식 등의 매수 등, 주식매수청구에 응한 주식의 매수, 신주인수권이 표시된 것, 전환사채권, 신주인수권부사채권 또는 교환사채권의 권리행사에 따른 주식 등의 매수 등, 파생결합증권의 권리행사에 따른 주식 등의 매수 등, 특수관계인으로부터의 주식 등의 매수 등 그 밖에 다른 투자자의 이익을 해칠 염려가 없는 경우로서 금융위원회가 정하여 고시하는 주식 등의 매수 등

| 개념 확인 문제 **정답** | 01 ② 02 ② | 실전 확인 문제 **정답** | ④

19 기업의 인수 · 합병 관련 제도(2) – 의결권 대리행사권유제도

개념 확인 문제

01 위임장 용지는 주주총회의 목적사항 각 항목에 대하여 의결권피권유자가 찬반을 명기할 수 있도록 해야 하며, 의결권권유자는 위임장 용지 및 참고서류를 ( )까지 이를 금융위원회와 거래소에 제출해야 한다.

① 주주총회일 전일 ② 의결권피권유자에게 제공하는 날 2일 전

02 의결권권유자가 위임장 용지 및 참고서류의 기재사항을 정정하고자 하는 경우에는 그 권유와 관련된 주주총회일 ( )까지 이를 정정하여 제출할 수 있다.

① 7일 전 ② 전일

실전 확인 문제

▶ **다음 중 의결권 대리행사권유제도에 대한 설명으로 적절하지 않은 것은?**

① 주주총회가 그 기능을 발휘할 수 있도록 하기 위하여 또는 현재의 경영진에 대한 불만을 갖는 측에게는 회사경영권의 변동 및 개선을 위하여 사용할 수 있는 수단이 된다.

② 의결권피권유자는 위임장 용지 및 참고서류를 일정한 방법으로 의결권 대리행사의 권유 이전이나 그 권유와 동시에 의결권권유자에게 내주어야 한다.

③ 의결권권유자는 위임장 용지에 나타난 의결권피권유자의 의사에 반하여 의결권을 행사할 수 없다.

④ 해당 상장주권의 발행인과 그 임원 외의 자가 10인 미만의 의결권피권유자에게 그 주식의 의결권 대리행사의 권유를 하는 경우에는 의결권 대리행사의 권유로 보지 않는다.

해설 상장주권의 의결권 대리행사의 권유를 하고자 하는 자(의결권권유자)는 그 권유에 있어서 그 상대방(의결권피권유자)에게 일정한 방법에 따라 위임장 용지 및 참고서류를 교부해야 한다.

개념 짚어 보기

의결권 대리행사의 권유

다음의 어느 하나에 해당하는 행위를 말한다. 다만, 의결권피권유자의 수 등을 고려하여 대통령령으로 정하는 경우에는 의결권 대리행사의 권유로 보지 않는다.

- 자기 또는 제3자에게 의결권의 행사를 대리시키도록 권유하는 행위
- 의결권의 행사 또는 불행사를 요구하거나 의결권 위임의 철회를 요구하는 행위
- 의결권의 확보 또는 그 취소 등을 목적으로 주주에게 위임장 용지를 송부하거나, 그 밖의 방법으로 의견을 제시하는 행위

| 개념 확인 문제 정답 | 01 ② 02 ① | 실전 확인 문제 정답 | ②

20 장외거래

개념 확인 문제

01 증권시장 및 파생상품시장 외에서 증권이나 장외파생상품을 매매하는 경우는 협회를 통한 비상장주권의 장외거래 및 채권중개전문회사를 통한 채무증권의 장외거래를 제외하고는 ( ) 간에 매매하는 방법으로 해야 한다.

① 투자매매업자 또는 투자중개업자 ② 단일의 매도자와 매수자

02 파생결합증권을 포함한 월별 장외파생상품의 매매, 그 중개 · 주선 또는 대리의 거래내역을 ( ) 금융위원회에 보고해야 하며, 장외파생상품을 신규로 취급하는 경우에는 협회의 사전심의를 받아야 한다.

① 거래 당일 ② 다음 달 10일까지

실전 확인 문제

▶ **다음 중 증권의 장외거래 시 매매원칙에 대한 설명으로 옳지 않은 것은?**

① 장외파생상품의 매매를 할 때마다 파생상품업무책임자의 승인을 받아야 한다.

② 장외파생상품의 매매에 따른 위험액이 금융위원회가 정하여 고시하는 한도를 초과하지 않아야 한다.

③ 증권의 대차거래 또는 그 중개 · 주선이나 대리업무를 하는 경우에는 증권의 대차거래 내역을 금융위원회를 통하여 거래 다음 날까지 공시해야 한다.

④ 종목별 외국인 및 외국법인 등의 전체 취득한도는 해당 종목의 지분증권총수의 40%를 초과하여 공공적 법인이 발행한 지분증권을 취득할 수 없다.

해설 증권의 대차거래 또는 그 중개 · 주선이나 대리업무를 하는 경우에는 증권의 대차거래 내역을 협회를 통하여 거래 당일에 공시해야 한다.

개념 짚어 보기

장외거래의 방법

- 협회를 통한 장외거래
- 채권중개전문회사(IDB)를 통한 장외거래
- 채권전문자기매매업자를 통한 장외거래
- 환매조건부매매
- 기업어음증권의 장외거래
- 해외시장 거래
- 증권의 대차거래 등

| 개념 확인 문제 정답 | 01 ② 02 ② | 실전 확인 문제 정답 | ③

21 주권상장법인에 대한 특례(1) – 자기주식 취득 및 처분의 특례

개념 확인 문제

▶ 주권상장법인이 자기주식을 취득하려는 경우에는 (　　　)부터 3개월 이내에 금융위원회가 정하여 고시하는 방법에 따라 증권시장에서 자기주식을 취득하여야 한다.

① 유상증자의 신주배정에 관한 기준일　　② 이사회 결의 사실이 공시된 날의 다음 날

실전 확인 문제

▶ **자기주식 취득의 특례에 관한 사항 중 주권상장법인이 자기주식을 취득하는 방법에 해당하지 않는 것은?**

① 거래소에서 시세가 있는 주식의 경우에는 거래소에서 취득하는 방법

② 각 주주가 가진 주식 수에 따라 균등한 조건으로 취득하는 방법

③ 신탁계약에 따라 자기주식을 취득한 신탁업자로부터 신탁계약이 해지되거나 종료된 때 반환받는 방법

④ 신탁업자가 해당 법인의 자기주식을 증권시장, 공개매수의 방법 외의 방법으로 취득하는 방법

해설 주권상장법인이 자기주식을 취득하는 경우에는 ①, ②, ③의 방법에 따라야 한다. 다만, 신탁업자가 해당 주권상장 법인의 자기주식을 해당 방법으로 취득한 경우만 해당한다. 이 경우 그 취득금액은 이익배당을 할 수 있는 한도 이내이어야 한다.

개념 짚어 보기

자기주식 취득 및 처분의 특례(법 제165조의3)

① 주권상장법인은 다음 각 호의 방법으로 자기주식을 취득할 수 있다.
- 「상법」 제341조 제1항에 따른 방법
- 신탁계약에 따라 자기주식을 취득한 신탁업자로부터 신탁계약이 해지되거나 종료된 때 반환받는 방법(신탁업자가 해당 주권상장법인의 자기주식을 「상법」 제341조 제1항의 방법으로 취득한 경우로 한정한다)

② 제1항의 경우 자기주식의 취득가액의 총액은 「상법」 제462조 제1항에 따른 이익배당을 할 수 있는 한도 이내이어야 한다.

③ 주권상장법인은 제1항의 방법 또는 「상법」 제341조 제1항 각 호의 어느 하나에 해당하는 방법으로 자기주식을 취득하는 경우에는 같은 조 제2항에도 불구하고 이사회의 결의로써 자기주식을 취득할 수 있다.

④ 주권상장법인은 제1항에 따라 자기주식을 취득(자기주식을 취득하기로 하는 신탁업자와의 신탁계약의 체결을 포함한다)하거나 이에 따라 취득한 자기주식을 처분(자기주식을 취득하기로 하는 신탁업자와의 신탁계약의 해지를 포함한다)하는 경우에는 대통령령으로 정하는 요건 · 방법 등의 기준에 따라야 한다.

| 개념 확인 문제 정답 | ②　　| 실전 확인 문제 정답 | ④

22 주권상장법인에 대한 특례(2) – 주식매수청구권에 대한 특례

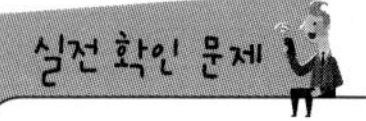

01 주권상장법인이 「상법」에서 규정하는 의결사항에 관한 이사회 결의에 반대하는 주주는 주주총회 전에 해당 법인에 대하여 서면으로 그 결의에 반대하는 의사를 통지한 경우에만 자기가 소유하고 있는 주식을 매수하여 줄 것을 해당 법인에 대하여 주주총회의 결의일부터 (　　)에 서면으로 청구할 수 있다.

① 1개월 이내　　② 20일 이내

02 주권상장법인은 합병 등 결의사항에 관한 주주총회 소집의 통지 또는 공고를 하거나 같은 법에 따른 통지 또는 공고를 하는 경우에는 주식매수청구권의 내용 및 행사방법을 명시하여야 하는데 이 경우 (　　)에게도 그 사항을 통지하거나 공고하여야 한다.

① 의결권 없는 주주　　② 주식매수청구 대상행위에 반대하는 주주

실전 확인 문제

▶ **다음 주식매수청구권에 대한 특례내용 중 바르지 못한 것은?**

① 청구를 받으면 해당 법인은 매수청구기간이 종료하는 날부터 1개월 이내에 해당 주식을 매수하여야 한다.

② 주식의 매수가격은 주주와 해당 법인 간의 협의로 결정하는 것이 원칙이다.

③ 매수가격에 대한 협의가 이루어지지 않은 경우에는 이사회 결의일 이전 증권시장에서 거래된 주식의 거래가격을 기준으로 하여 규정에 따라 산정된 금액을 매수가격으로 하며 이에 불복할 수 없다.

④ 주권상장법인이 매수한 주식은 매수일부터 5년 이내에 처분하여야 한다.

해설 주식의 매수가격은 원칙적으로 주주와 해당 법인 간의 협의로 결정하나 협의가 이루어지지 않은 경우에는 이사회 결의일 이전에 증권시장에서 거래된 해당 주식의 거래가격을 기준으로 하여 대통령령으로 정하는 방법에 따라 산정된 금액으로 한다. 단, 해당 법인이나 매수를 청구한 주주가 그 매수가격에 반대하면 법원에 매수가격의 결정을 청구할 수 있다.

개념 짚어 보기

주식매수청구권의 특례(법 제165조의5)

① 생략

② 제1항의 청구를 받으면 해당 법인은 매수청구기간이 종료하는 날부터 1개월 이내에 해당 주식을 매수하여야 한다.

③ 제2항에 따른 주식의 매수가격은 주주와 해당 법인 간의 협의로 결정한다. 다만, 협의가 이루어지지 아니하는 경우의 매수가격은 이사회 결의일 이전에 증권시장에서 거래된 해당 주식의 거래가격을 기준으로 하여 대통령령으로 정하는 방법에 따라 산정된 금액으로 하며, 해당 법인이나 매수를 청구한 주주가 그 매수가격에 대하여도 반대하면 법원에 매수가격의 결정을 청구할 수 있다.

④ 주권상장법인이 제1항에 따라 매수한 주식은 매수일부터 5년 이내에 처분하여야 한다.

⑤ 생략

| 개념 확인 문제 정답 | 01 ② 02 ① | 실전 확인 문제 정답 | ③

23 불공정거래의 규제(1) – 시세조종 행위 등의 규제

개념 확인 문제

01 증권 또는 장내파생상품의 매매를 함에 있어서 매매할 의사 없이 또는 권리이전의 목적이 없이 동일가격으로 매매를 하는 행위를 (　　)라 한다.

① 가장매매　　② 통정매매

02 투자매매업자가 일정한 방법에 따라 모집 또는 매출한 증권의 수요 · 공급을 그 증권이 상장된 날부터 (　　)의 범위에서 인수계약으로 정하는 기간 동안 시장을 조성하는 매매거래를 하는 경우는 가격고정 안정조작행위 금지의 예외사유에 해당한다.

① 1개월 이상 3개월 이하　　② 1개월 이상 6개월 이하

실전 확인 문제

▶ **다음 중 자본시장법상 시세조종행위 규제에 관한 내용으로 옳지 않은 것은?**

① 자기가 매도하는 것과 같은 시기에 그와 같은 가격 또는 약정수치로 타인이 그 증권 또는 장내파생상품을 매수할 것을 사전에 그 자와 서로 짠 후 매도하는 행위를 해서는 안 된다.

② 시세조종금지를 위반한 자는 10년 이하의 징역 또는 5억 원 이하의 벌금에 처한다.

③ 시세조종의 배상책임은 청구권자가 시세조종행위 금지를 위반한 행위가 있었던 사실을 안 때부터 3년간 이를 행사하지 않으면 소멸된다.

④ 시세조종행위 금지를 위반한 자는 그 위반행위로 인하여 형성된 가격에 의하여 해당 상장증권 또는 장내파생상품의 매매를 하거나 위탁을 한 자가 그 매매 또는 위탁으로 인하여 입은 손해를 배상할 책임을 진다.

해설 시세조종의 배상책임에 따른 손해배상청구권은 청구권자가 시세조종행위 금지를 위반한 행위가 있었던 사실을 안 때부터 1년간, 그 행위가 있었던 때부터 3년간 이를 행사하지 않은 경우에는 시효로 인하여 소멸한다.

개념 짚어 보기

규제대상 시세조종행위의 유형

- 위장거래에 의한 시세조종
- 실제거래에 의한 시세조종
- 허위표시에 의한 시세조종
- 가격고정 · 안정조작에 의한 시세조정
- 현 · 선물 연계 시세조종

| 개념 확인 문제 정답 | 01 ① 02 ②　| 실전 확인 문제 정답 | ③

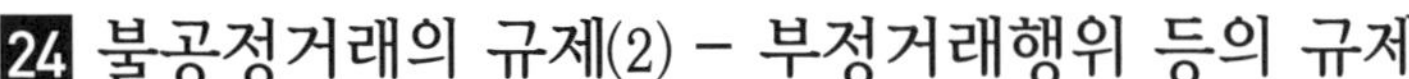

24 불공정거래의 규제(2) – 부정거래행위 등의 규제

개념 확인 문제

01 자본시장법에서는 ( ) 금융투자상품의 매매, 그 밖의 거래와 관련하여 부정한 수단, 계획 또는 기교를 사용하는 행위 등의 부정거래를 할 수 없다.

① 임원 및 주요 주주가 ② 누구든지

02 ( )는 실제 주식을 보유하고 있지 않은 투자자가 주가가 하락할 것으로 예상한 경우 차익을 얻기 위해 주식을 매도하여 주로 초단기 매매차익을 노리는 데 사용되는 방법을 말한다.

① 공매도 거래 ② 대차 거래

실전 확인 문제

▶ **다음 중 공매도 규제에 대한 설명으로 옳지 않은 것은?**

① 누구든지 증권시장에서 상장증권에 대하여 소유하지 않은 상장증권을 매도하거나 그 위탁 또는 수탁을 해서는 안 된다.

② 차입한 상장증권으로 결제하고자 하는 매도는 증권시장의 안정성 및 공정한 가격형성을 해친다.

③ 증권시장에서 매수계약이 체결된 상장증권을 해당 수량의 범위에서 결제일 전에 매도하는 경우는 공매도로 보지 않는다.

④ 상장증권으로서 파생결합증권과 전환사채권은 공매도 금지 대상증권에서 제외된다.

해설 공매도가 금지되는 대상증권에는 전환사채권, 신주인수권부사채권, 이익참가부사채권 또는 교환사채권, 지분증권, 수익증권, 파생결합증권, 증권예탁증권(위의 증권과 관련된 증권예탁증권만 해당)이 있다.

개념 짚어 보기

공매도로 보지 않는 경우

- 증권시장에서 매수계약이 체결된 상장증권을 해당 수량의 범위에서 결제일 전에 매도하는 경우
- 전환사채 · 교환사채 · 신주인수권부사채 등의 권리 행사, 유 · 무상증자, 주식배당 등으로 취득할 주식을 매도하는 경우로서 결제일까지 그 주식이 상장되어 결제가 가능한 경우
- **그 밖에 결제를 이행하지 않을 우려가 없는 경우로서 대통령령으로 정하는 다음의 경우**
  - 적용대상 증권예탁증권의 매도
  - 상장된 집합투자증권의 추가발행에 따라 받게 될 집합투자증권의 매도
  - 대여 중인 상장증권 중 반환이 확정된 증권의 매도
  - 증권시장 외에서 매매에 의해 인도받을 상장증권의 매도
  - 증권예탁증권에 대한 예탁계약의 해지로 취득할 상장증권의 매도
  - 그 밖에 계약, 약정, 권리행사 등으로 인해 인도받을 상장증권을 매도하는 경우로 정하는 경우 등

| 개념 확인 문제 **정답** | 01 ② 02 ① | 실전 확인 문제 **정답** | ④

25 집합투자기구의 구성 등

개념 확인 문제

01 집합투자업자는 매수청구가 있는 경우 매수청구기간이 만료된 날에서 (   ) 내로 투자신탁재산으로 수익증권을 매수해야 한다.

① 14일　　② 15일

02 사모투자전문회사는 1인 이상의 무한책임사원과 1인 이상의 유한책임사원으로 구성하되, 사원 총수는 (   ) 미만이어야 한다.

① 49인　　② 50인

실전 확인 문제

▶ **사모투자전문회사(PEF)에 대한 다음 설명 중 적절하지 않은 것은?**

① 설립등기일부터 2주 이내에 금융위원회에 등록해야 한다.

② 무한책임사원은 PEF 재산인 주식 또는 지분의 의결권행사에 영향을 미쳐서는 안 된다.

③ 유한책임사원의 최소 출자금액은 법인 및 단체는 20억 원, 개인은 10억 원이다.

④ PEF는 정관으로 무한책임사원 중 1인 이상을 업무집행사원으로 정해야 하며, 업무집행사원은 회사의 업무를 집행할 권리와 의무를 진다.

해설 유한책임사원은 PEF 재산인 주식 또는 지분의 의결권행사에 영향을 미쳐서는 안 된다.

개념 짚어 보기

사모투자전문회사(PEF : Private Equity Fund)

- 설립등기일부터 2주 이내 금융위원회에 등록하여 신청한다.
- **사원 및 출자**
  - 1인 이상의 무한책임사원과 1인 이상의 유한책임사원으로 구성되며 사원의 총수는 49인 이하이다.
  - 유한책임사원은 PEF 재산인 주식 또는 지분의 의결권행사에 영향을 미쳐서는 안 된다.
  - 유한책임사원의 최소출자금액은 법인 및 단체는 20억 원, 개인은 10억 원이다.
  - 동일 상호출자제한기업집단에 속하는 금융기관의 출자한도는 10%이다.
- **업무집행사원**
  - PEF는 정관으로 무한책임사원 중 1인 이상을 업무집행사원으로 정해야 하며, 업무집행사원은 회사의 업무를 집행할 권리와 의무가 있다.
  - 금융관련법령에서 규정하고 있는 업무를 영위하는 자는 그 법령에 불구하고 PEF의 업무집행사원이 될 수 있다.

| 개념 확인 문제 **정답** | 01 ② 02 ② | 실전 확인 문제 **정답** | ②

핵심 플러스 **O× 문제**

01 금융투자상품 거래는 그 속성의 일부가 도박에 해당될 우려가 높은데, 허가받은 금융투자업자가 금융투자업을 영위하는 경우에는 「자본시장법」에 "금융투자업자가 영업으로 행하는 금융투자상품 거래는 형법상 도박죄에 해당하지 않는다."는 예외 규정이 있어 형법상 도박죄가 적용되지 않는다. (　)

02 증권금융회사는 당연 설립기관으로, 자기자본 20억 원 이상의 주식회사이다. (　)

03 주권상장법인은 어떤 금융투자상품을 거래하더라도 별도의 의사표시가 없는 한 원칙상 전문투자자로 간주된다. (　)

04 일반투자자에 대하여는 투자권유, 설명의무, 부당권유의 금지, 적합성 및 적정성의 원칙 등의 투자권유 규제가 적용된다. (　)

05 투자자문계약을 체결한 투자자는 계약서류를 교부받은 날에서 7일 안으로 계약을 해제할 수 있다. (　)

06 투자매매업자 또는 투자중개업자는 투자자에게 받은 투자자예탁금 및 예탁증권을 고유재산과 함께 증권금융회사에 예치해야 한다. (　)

07 간주모집이란 청약의 권유를 받는 자의 수가 50인 미만이더라도 증권 발행일로부터 1년 이내에 50인 이상의 자에게 양도 가능한 경우로 금융위원회가 정하는 전매기준에 해당하는 것을 말한다. (　)

08 소액출자자란 해당 법인이 발행한 지분증권총수의 100분의 1에 해당하는 금액과 1억 원 중 적은 금액 미만의 지분증권을 소유한 자를 말한다. (　)

09 증권신고서 제출 의무가 없는 모집 · 매출에 대해서는 관련 사항을 공시하지 않아도 된다. (　)

10 증권신고서를 제출하지 않고 모집 행위를 하거나 증권신고서에 거짓기재를 한 사람은 5년 이하의 징역이나 2억 원 이하의 벌금에 처할 수 있다. (　)

02 한국거래소, 한국금융투자협회, 한국예탁결제원과 다르게 증권금융회사는 인가제로, 자기자본 20억 원 이상의 주식회사로서 금융위원회의 인가를 받아 설립할 수 있다. 현재는 한국증권금융만이 「자본시장법」에 따른 증권금융회사로 업무를 수행하고 있다.

03 모든 금융투자상품 거래 시 별도의 의사표시가 없는 한 주권상장법인은 전문투자자로 간주되어 왔으나 「자본시장법」 개정안은 주권상장법인등의 장외파생상품 거래에 한해 별도로 의사표시를 하지 않을 경우 상장법인을 일반투자자로 간주하여 투자자 보호 대상을 확대했다.

06 금융투자회사는 투자매매업자나 투자중개업자가 파산할 경우 투자자예탁금 등이 파산재산에 속하는 것을 방지하기 위해 예탁금 및 예탁증권을 고유재산과 구분하여 한국증권금융에 별도로 예치해야 하며, 금융투자회사가 도산하는 경우 투자자는 금융투자회사의 다른 채권자보다 우선하여 한국증권금융에 별도로 예치된 투자자예탁금을 변제받을 수 있다.

08 소액출자자란 해당 법인이 발행한 지분증권총수의 100분의 1에 해당하는 금액과 3억 원 중 적은 금액 미만의 지분증권을 소유한 자로, 법인의 최대주주와 특수관계인은 소액출자자로 보지 않는다.

09 발행인은 증권신고서 제출의무가 없더라도, 투자자를 보호하기 위해 재무상태에 관한 사항 등 일정한 사항을 공시하는 소액공모공시제도에 따라야 한다.

정답 | 01 ○ 02 × 03 × 04 ○ 05 ○ 06 × 07 ○ 08 × 09 × 10 ○

 OX 문제

11 중요경영사항공시제도는 「자본시장법」에서 법률상의 공시인 주요사항보고서와 수시공시제도로 일원화되어 있어 주요사항보고서는 물론 수시공시사항 위반 시 동일한 법적인 제재가 따른다. ( )

12 발생한 어음 또는 수표의 부도가 발생한 때, 채무자 회생 및 파산에 관한 법률에 따른 회생절차가 개시된 때 주요사항보고서의 제출대상이 된다. ( )

13 증권을 증권시장에 상장하거나 모집 · 매출한 실적이 있는 법인은 사업보고서, 반기보고서, 분기보고서 등을 반드시 제출해야 한다. ( )

14 공개매수란 주식 등 유가증권을 증권시장 외에서 10인 이상 불특정 다수인으로부터 청약을 받아 공개적으로 매수하는 것으로, 소각을 목적으로 하는 주식 등의 매수는 공개매수를 하지 않아도 된다. ( )

15 공개매수자는 공개매수 종료 시 지체 없이 공개매수 결과보고서를 금융위원회와 한국거래소에 제출해야 한다. ( )

16 5% 보고 시 보유상황, 보유목적과 관계없이 보고사유 발생일에서 5일 내에 최초의 보고를 해야 한다. ( )

17 주권을 유가증권시장에 상장하려는 법인이 주식을 모집하거나 매출하는 경우 해당 법인의 우리사주조합원은 모집하거나 매출하는 주식총수의 20% 범위에서 우선적으로 주식을 배정받을 받을 권리가 있다. ( )

18 주권상장법인은 법원의 인가가 없더라도 주주총회의 특별결의만 있으면 주식을 액면에 미달하는 가액으로 발행할 수 있다. ( )

19 증권시장 및 파생상품시장 밖에서 장외파생상품을 매매할 때에는 금융투자협회를 통한 비상장주권의 장외거래 및 채권중개전문회사를 통한 채무증권의 장외거래를 제외하고는 단일의 매도자와 매수자 사이에 매매하는 방법으로 해야 한다. ( )

20 투자자의 투자판단에 중대한 영향을 미치는 정보가 증권선물거래소 등을 통하여 공시된 경우에는 공시된 시점 즉시 미공개 중요정보에 해당하며 증권의 매매거래가 제한된다. ( )

해설

11 중요경영사항공시제도는 종전 「증권거래법」상의 제도로, 「자본시장법」에서 주요사항보고서와 수시공시제도로 이원화되면서 수시공시에 대한 권한이 한국거래소로 이관되었다. 주요사항보고서는 공적 공시로 위반 시 형사처벌되나 수시공시는 거래소에 의한 사적 공시로 위반 시 거래소 차원의 시장조치만 가능하다.

12 회생절차개시의 신청이 있은 때 주요사항보고서를 제출해야 한다.

13 사업보고서, 반기보고서, 분기보고서의 제출대상에 해당되는 법인이지만 파산이나 그 밖의 사유로 사업보고서 등의 제출이 불가능하거나 실효성이 없는 경우에는 제출이 면제된다.

16 보유목적이 경영에 영향을 주기 위한 것이 아닌 경우의 보유상황의 변동 또는 변동내용은 그 변동이 있었던 달의 다음 달 10일까지(일정한 전문투자자는 변동이 있었던 분기의 다음 달 10일까지) 금융위원회와 한국거래소에 보고할 수 있다.

20 증권의 매매거래 자체가 금지되는 것이 아니라 미공개 중요정보의 이용행위가 금지되는 것으로, 공시하고 해당사항이 정한 기간이나 일정시간이 경과해야 공시효력이 발생한다.

정답 | 11 × 12 × 13 × 14 ○ 15 ○ 16 × 17 ○ 18 ○ 19 ○ 20 ×

금융위원회규정

영업용순자본의 산정에 대한 설명으로 옳지 않은 것은?

① 시스템 관리부실, 부적절한 내부절차 등 운영상의 문제로 인하여 발생할 수 있는 잠재적인 손실액을 운영위험액이라 하며 영업별 영업이익에 위험값을 적용하여 산정한다.

② 파산 등의 사태가 발생할 경우 타 채무를 우선 변제하고 잔여재산이 있는 경우에 한하여 당해 채무를 상환한다는 조건이 명시된 후순위차입금은 영업용순자본에 가산할 수 없다.

③ 동일 기업집단을 대상으로 한 금리위험액 산정대상 및 신용위험액 산정대상 포지션의 합계액이 영업용순자본의 20%를 초과하는 경우에는 규정된 위험액을 신용집중위험액으로 산정해야 한다.

④ 신용위험액은 거래상대방의 계약불이행 등의 원인에 의해 초래될 수 있는 잠재적인 손실액을 말하며, 산정대상에 따라 별도로 환산하는 신용환산액에 거래상대방별 위험값을 적용하여 산정한다.

정답해설 파산 등의 사태가 발생할 경우 타 채무를 우선 변제하고 잔여재산이 있는 경우에 한하여 당해 채무를 상환한다는 조건이 명시된 후순위차입금은 영업용순자본에 가산할 수 있다.

오답해설 ① 종전의 경상비용에 위험값을 적용하여 산출하는 방식에서 운영위험액이 과도하게 산출되는 것을 개선하기 위하여 영업별 영업이익에 위험값을 적용하는 것으로 변경되었다.

③ 위험액의 가산은 금리 개별위험액과 신용위험액을 합산한 금액의 50%(영업용순자본의 20% 초과~35% 이하) 또는 금리 개별위험액과 신용위험액을 합산한 금액의 100%(영업용순자본의 35% 초과~50% 이하), 금리 개별위험액과 신용위험액을 합산한 금액의 200%(영업용순자본의 50% 초과)로 한다.

대표 유형 문제 알아 보기

후순위차입금(후순위사채)

- **영업용순자본에 가산할 수 있는 후순위차입금**
  - 원리금 상환으로 인하여 금융투자업자의 영업용순자본비율이 100% 미만으로 떨어질 경우 계약상 상환시기가 도래하여도 원리금을 상환하지 않는다는 약정이 있을 것
  - 차입일로부터 원금상환일까지의 기간이 5년 이상일 것
  - 후순위차입의 본질을 해할 우려가 있는 약정이 없을 것
  - 금융투자업자가 파산할 경우 타 채무를 우선변제하고 잔여재산이 있는 경우에 한하여 당해 채무를 상환한다는 조건이 명시될 것
  - 금융투자업자가 파산 등의 사태가 발생할 경우 타 채무를 변제할 때까지 후순위채권자의 상계권이 허용되지 않는다는 약정이 있을 것

| 대표 유형 문제 정답 | ②

1 금융위원회규정의 법적 성격

개념 확인 문제

01 금융위원회규정은 (   )의 성격과 법률종속명령 성격을 지닌다.

① 행정규칙 ② 법규명령

02 금융위원회규정에는 금융투자업규정, 증권의 발행 및 공시 등에 관한 규정, 금융기관 검사 및 제재에 관한 규정, 불공정거래 신고 및 포상 등에 관한 규정, 증권범죄조사 사무처리규정, 단기매매차익 반환 등에 관한 규정, (   ) 등이 포함된다.

① 자본시장조사 업무규정 ② 전자금융감독규정

실전 확인 문제

▶ **금융위원회규정에 대한 설명으로 옳지 않은 것은?**

① 자본시장과 관련된 법규의 법원으로서 보통거래약관의 성격도 존재한다.

② 자본시장법 등 상위법령의 집행을 위해 필요한 구체적 사항들을 규정하는 집행명령적 성격을 지닌다.

③ 금융위원회규정은 금융위원회에 의하여 제정된 규칙일 뿐 국가와 국민을 구속하는 구속력을 지니지는 않는다.

④ 자본시장법 등 상위법으로부터 위임받은 범위 내에서 시행에 필요한 구체적 사항들을 규정하는 위임명령적 성격을 지닌다.

해설 금융위원회규정에는 국가와 국민 모두를 구속하는 일반적 구속력이 있으므로 위반행위에는 위법성이 있다.

개념 짚어 보기

금융위원회규정

금융위원회가 자본시장법 등 금융관련법령에서 금융위원회에 위임 · 위탁한 사항 또는 금융관련법령의 구체적인 집행을 위하여 필요한 사항 등을 규정으로 정한 것을 의미한다.

금융위원회규정의 법적 성질

- **법규명령** : 국가와 국민 모두를 구속하는 일반적 구속력이 있으며 법규명령을 위반하는 행위에는 위법성이 있다.
- **법률종속명령** : 위임명령, 집행명령, 법원성, 보통거래약관

| 개념 확인 문제 정답 | 01 ② 02 ① | 실전 확인 문제 정답 | ③

2 금융투자업자 진입규제

개념 확인 문제

01 자본시장법은 건전한 시장질서 유지와 ( )를 목적으로 금융투자업에 대한 진입규제를 설정해 놓았다.
① 수익확대 ② 고객보호

02 자본시장법은 투자자가 노출되는 위험의 크기에 따라 인가제와 등록제를 병용하고 있으며, 투자자의 자산을 수탁하지 않는 업에 대해서는 ( )를, 투자자와 채권채무관계를 맺거나 자산을 수탁받는 등 투자자와 직접적인 이해관계가 있는 업에 대해서는 ( )를 채택하고 있다.
① 등록제, 인가제 ② 인가제, 등록제

03 금융투자업 인가를 받기 위해서는 ( )의 예비인가단계를 거친 후 본인가신청을 해야 한다.
① 금융투자협회 ② 금융위원회

실전 확인 문제

▶ **금융투자업자의 진입규제에 대한 설명으로 옳지 않은 것은?**
① 인가 및 등록의 요건은 계속 충족해야 하는 유지요건이다.
② 인가 및 등록의 요건은 법령에서 추상적으로 규정하고 있다.
③ 자본시장법 시행령에서 정하는 금융기관에 한하여 금융투자업의 인가를 받을 수 있다.
④ 금융투자업자의 경영건전성 확보, 투자자 보호 등을 위하여 필요한 사항은 인가조건으로 부가할 수 있다.

해설 시행령에서 정하는 금융기관 외에 신용협동조합, 신용사업을 영위하는 농업협동조합, 신용사업을 영위하는 수산업협동조합, 새마을금고, 체신관서도 인가대상 금융기관에 포함되며, 이들 금융기관은 집합투자증권의 투자매매업 또는 투자중개업에 한해 인가를 받을 수 있다.

개념 짚어 보기

인가 및 등록대상
- **인가대상** : 투자매매업, 투자중개업, 집합투자업 및 신탁업
- **등록대상** : 투자일임업, 투자자문업

인가절차
- **예비인가단계** : 절차안내 → 예비인가 신청 → 신청사실의 공고 및 의견수렴 → 예비인가 심사 → 예비인가(2개월)
- **인가단계** : 인가 신청 → 인가 심사 · 확인 → 인가(3개월, 단 예비인가를 받은 경우 1개월)

| 개념 확인 문제 **정답** | 01 ② 02 ① 03 ② | 실전 확인 문제 **정답** | ③

3 금융투자업자 인가심사기준

개념 확인 문제

01 대주주가 금융감독원의 검사를 받는 기관(사모투자전문회사를 제외)인 경우 최근 사업연도말 현재 그 법인의 수정재무제표에 따른 자기자본이 출자하려는 금액의 (　　)이어야 한다.

① 4배 이상　　② 5배 이상

02 인가신청 시 임원은 최근 (　　) 종합신용정보집중기관에 금융질서 문란정보 거래처 또는 약정한 기일 내에 채무를 변제하지 않은 자로 등록된 사실이 없어야 한다.

① 5년간　　② 7년간

실전 확인 문제

▶ **금융투자업의 인가요건에 대한 설명으로 옳지 않은 것은?**

① 집합투자증권의 투자매매업자 · 투자중개업자는 투자권유자문인력을 5인 이상 갖추어야 한다.

② 대주주가 금융기관 이외의 내국법인인 경우 최근 사업연도말 현재 부채비율이 100분의 150 이하여야 한다.

③ 장외파생상품에 대한 투자매매업을 영위하고자 하는 경우 위험관리기준 요건을 모두 충족하여야 한다.

④ 물적 설비에 관한 세부요건에서는 이해상충부서 간 별도 업무공간을 갖추는 등 정보차단벽(chinese wall)이 설치될 수 있도록 할 것을 요건으로 한다.

해설 대주주가 내국법인인 경우 최근 사업연도말 현재 부채비율은 100분의 200 이하여야 한다.

개념 짚어 보기

주요 인가심사기준

- **인력에 관한 요건**
  - 투자자 보호 및 적절한 업무집행을 위하여 전문인력을 적절하게 확보하고 배치할 것
  - 투자자를 대상으로 금융투자업을 직접 영위하는 직원은 투자권유자문인력 등 영위업무와 관련된 자격을 소지한 자일 것
  - 금융투자업자의 임원이 결격사유에 해당하지 않을 것
  - 인가업무 단위별로 규정된 투자운용인력을 갖출 것
- **물적 설비** : 전산설비 및 통신수단, 업무공간과 사무장비, 보안설비, 업무의 연속성을 유지할 수 있는 보완설비 등이 규정된 요건을 만족시킬 것
- **사업계획** : 수지전망, 경영건전성 기준, 내부통제장치 및 투자자 보호, 법령 및 건전 금융거래질서 준수 등이 규정된 요건을 만족시키고 사업계획 및 경제상황 등에 비추어 인가신청 업무를 영위함에 있어 필요한 전문인력에 대한 종합적 · 체계적인 양성계획이 마련되어 있으며, 그 계획이 실현가능할 것, 그 밖에 인가신청 업무를 안정적이고 원활하게 수행하는 데 필요한 사업계획을 적정하게 구비하고 있을 것
- **이해상충 방지체계** : 이해상충의 파악 · 평가 · 관리에 관한 내부통제기준과 정보교류 차단에 대해 규정된 요건을 만족시킬 것

| 개념 확인 문제 **정답** | 01 ① 02 ①　　| 실전 확인 문제 **정답** | ②

4 금융투자업자 건전성 규제

개념 확인 문제

01 영업용순자본 규제는 (　　) 및 전업투자자문업자, 투자일임업자를 제외한 금융투자업자에 대해 적용된다.
① 겸영금융투자업자　　② 투자매매업자

02 금융투자업자는 영업용순자본을 (　　)보다 항상 크거나 같도록 유지해야 하며, 이는 영업용순자본비율 100% 이상을 의미한다.
① 운영위험액　　② 총위험액

03 영업용순자본 산정 시 현물상환이 가능한 자산은 (　　)에 해당하며, 현금화하기 곤란한 자산은 (　　)에 해당한다.
① 차감항목, 가산항목　　② 가산항목, 차감항목

실전 확인 문제

▶ **영업용순자본비율을 산정하는 기본 원칙으로 옳지 않은 것은?**

① 부외자산과 부외부채에 대해서도 위험액을 산정한다.

② 영업용순자본 산정 시 차감항목에 대해서는 원칙적으로 위험액을 산정하지 않는다.

③ 시장위험과 신용위험을 동시에 내포하는 자산은 시장위험액과 신용위험액을 모두 산정해야 한다.

④ 영업용순자본의 차감항목과 위험액 산정대상 자산 사이에 위험회피 효과가 있더라도 위험액 산정대상 자산의 위험액을 감액할 수 없다.

해설 영업용순자본의 차감항목과 위험액 산정대상 자산 사이에 위험회피 효과가 있는 경우에는 위험액 산정대상 자산의 위험액을 감액할 수 있다.

개념 짚어 보기

영업용순자본비율(NCR : Net operating Capital Ratio)

영업용순자본은 기준일 현재 금융투자업자 자산의 즉시 현금화 가능 여부 등을 기준으로 평가한 자산의 순가치로, 재무상태가 악화된 금융투자회사에 대하여 조기경보를 통해 파산의 가능성을 사전에 막고 투자자와 채권자의 재산이 안전하게 변제될 수 있도록 하여 자본시장의 전체적인 안정을 도모하는 역할을 한다.

$$NCR(\%) = \frac{\text{영업용순자본(자산 − 부채 − 차감항목 + 가산항목)}}{\text{총위험액(시장위험액 + 신용위험액 + 운영위험액)}} \times 100 \geq 100\%$$

| 개념 확인 문제 정답 | 01 ① 02 ② 03 ②　| 실전 확인 문제 정답 | ④

5 경영실태평가

개념 확인 문제

▶ 경영실태평가는 (　　), 자본적정성, 수익성의 공통부문과 유동성, 안정성, 자산건전성 등의 업종부문으로 구분하여 계량하고, 평가결과를 감안하여 종합평가한다.

① 재무상태표　　② 내부통제

실전 확인 문제

▶ **금융투자업자에 대한 경영실태평가에 관한 설명으로 옳지 않은 것은?**

① 경영실태평가는 분기별로 금융회사가 제공하는 계량지표를 통하여 통계적인 방법으로 평가하는 계량평가와 임점검사를 통해 평가 항목별 체크리스트로 평가하는 비계량평가를 종합하여 평가한다.

② 경영실태평가는 금융투자업자의 경영 및 재무건전성을 판단하기 위하여 금융투자업자의 재산과 업무상태 및 위험을 종합적 · 체계적으로 분석 평가하여 일정등급을 부여하는 것이다.

③ 검사 이외의 기간에는 부문별 평가항목 중 계량평가가 가능한 항목에 대해서만 평가하며, 월별로 실시함을 원칙으로 한다.

④ 경영실태평가는 금융투자업자 본점, 해외 현지법인 및 해외지점을 대상으로 하며 경영실태평가를 위한 구체적인 사항은 금융감독원장이 정한다.

해설 검사 이외의 기간에는 부문별 평가항목 중 계량평가가 가능한 항목에 대해서만 평가하며, 분기별로 실시함을 원칙으로 하되, 금융감독원장이 필요하다고 인정하는 경우에는 수시로 실시할 수 있다.

개념 짚어 보기

경영실태평가

- **공통부문** : 자본적정성, 수익성, 내부통제
- **업종부문** : 유동성과 안정성(투자매매 · 중개업), 유동성과 집합투자재산운용의 적정성(집합투자업), 유동성과 자산건전성(부동산신탁업)

경영실태평가 방법

경영실태평가는 1등급(우수), 2등급(양호), 3등급(보통), 4등급(취약), 5등급(위험)의 5단계 등급으로 구분한다. 종합평가등급이 부실한 금융기관에 대하여 경영개선권고 · 요구 · 명령 등의 건의조치를 취할 수 있다.

경영개선계획의 제출 및 평가 등

경영개선권고 · 요구 · 명령을 받은 금융투자업자는 당해 조치일로부터 2개월의 범위 내에서 경영개선계획을 금융감독원장에게 제출해야 한다. 경영개선권고 · 요구 · 명령을 받은 금융투자업자가 제출한 경영개선계획에 대하여 금융위원회는 각각 당해 경영개선계획을 제출받은 날로부터 1개월 이내에 승인 여부를 결정해야 한다.

| 개념 확인 문제 정답 | ②　　| 실전 확인 문제 정답 | ③

6 업무보고 및 경영공시

개념 확인 문제

▶ 금융투자업자는 매 사업연도 개시일부터 3 · 6 · 9 · 12개월간의 업무보고서를 작성하여 그 기간이 경과한 후 45일 이내에 금융위원회에 제출해야 하며 업무보고서에 기재할 사항은 금융투자업자의 개요, 금융투자업자가 경영하고 있는 업무의 내용에 관한 사항, (　　) 등이다.

① 재무제표 및 부속명세서　　② 영업용순자본비율에 관한 사항

실전 확인 문제

▶ **금융투자업자의 업무보고 및 결산서류의 제출에 대한 설명이 옳지 않은 것은?**

① 금융투자업자는 업무보고서에 감사인의 감사의견 또는 검토의견, 영업용순자본비율에 관한 사항, 위험관리정책에 관한 사항 등을 기재하여 금융위원회에 제출하여야 한다.

② 금융투자업자는 분기별 업무보고서와 월별 업무보고서를 반드시 서면으로 제출하여야 한다.

③ 금융투자업자는 외감법에 따라 회계감사를 받은 감사보고서, 재무제표 및 부속명세서, 수정재무제표에 따라 작성한 영업용순자본비율보고서 및 자산부채비율보고서, 해외점포의 감사보고서, 재무제표 및 부속명세서를 금융감독원장이 요청할 경우 제출하여야 한다.

④ 금융투자업자는 회계감사인의 감사보고서의 내용이 회계연도 종료일 현재로 작성하여 제출한 업무보고서의 내용과 다른 경우에는 그 내역 및 사유를 설명하는 자료를 감사보고서와 함께 즉시 제출하여야 한다.

해설 금융투자업자는 분기별 업무보고서와 월별 업무보고서를 금융감독원장이 정하는 바에 따라 서면이나 전자문서의 방법으로 제출할 수 있다.

개념 짚어 보기

업무보고서 기재사항

- 시행령 제36조 제3항에서 정하는 사항(10가지)
- 감사인의 감사의견 또는 검토의견(월별 업무보고서의 경우 제외)
- 이사회 등 회사의 기관 및 계열회사에 관한 사항
- 영업용순자본비율에 관한 사항(반기별로 외부감사인의 검토보고서를 첨부하여야 함)
- 위험관리정책에 관한 사항
- 법규준수를 위한 내부통제정책에 관한 사항
- 그 밖에 금융투자업자의 경영 및 영업에 관한 중요사항
- 투자매매업자 또는 투자중개업자가 자산유동화에 관한 법률에서 정하는 유동화증권을 매매하거나 중개하는 경우 유동화증권 등 매매 · 중개의 업무내용 및 거래현황 등에 관한 사항

| 개념 확인 문제 **정답** | ②　　| 실전 확인 문제 **정답** | ②

7 공통 영업행위 규칙

개념 확인 문제

01 금융투자업규정에서는 업무위탁보고 시 ( ), 업무위탁에 따른 업무처리절차의 주요 변경내용 사항이 기재된 서류를 첨부하여 금융위원회에 보고해야 한다고 규정하고 있다.

① 업무위탁 운영기준 ② 업무위탁의 필요성 및 기대효과

02 금융투자업규정에서는 금융투자업자가 경영하려는 부수업무를 신고한 경우에는 ( ), 부수업무의 영위장소, 부수업무의 영위방법을 인터넷 홈페이지 등에 공고하여야 하는 사항으로 규정하고 있다.

① 금융투자업자의 소재지 ② 금융투자업자의 명칭

실전 확인 문제

▶ **정보교류의 차단에 대한 내용으로 옳지 않은 것은?**

① 투자자가 예탁한 증권의 총액 및 증권의 종류별 총액에 관한 정보는 교류금지 정보이다.

② 환매조건부매매로 매수한 증권은 정보교류 차단 대상인 고유재산 운용업무에서 제외된다.

③ 금융투자업자는 사외 계열금융회사들에 대해 각각의 정보교류 차단장치를 설치해야 한다.

④ 국채증권, 지방채증권, 특수채증권의 매매 및 소유 현황에 관한 정보는 교류금지 정보에서 제외된다.

해설 투자자의 금융투자상품 매매 및 소유현황에 관한 정보는 교류금지 정보에 해당하나 투자자가 예탁한 증권의 총액 및 증권의 종류별 총액에 관한 정보 및 채무증권의 종목별 총액에 관한 정보는 교류금지 정보에 해당하지 않는다.

개념 짚어 보기

예외적 정보교류 허용 기준

- 정보를 제공하는 임직원이 해당 정보를 제공해야 하는 상당한 이유가 있으며, 그 정보는 업무상 필요한 최소한의 범위일 것
- 해당 업무를 관장하는 임원 또는 준법감시인의 승인을 미리 받을 것
- 정보를 제공받은 임직원이 해당 정보를 해당 업무의 목적으로만 사용할 것
- 정보 제공과 관련된 기록을 유지 · 관리할 것
- 정보를 제공받은 임직원이 해당 정보를 해당 업무 외의 목적으로 이용하지 않을 것

교류가능 정보(교류금지 정보에서 제외되는 경우)

국채 · 지방채 · 특수채증권, 단기금융집합투자기구의 집합투자증권, 환매조건부매매로 매수 또는 매도한 증권, 자회사주식으로서 상장되지 않은 주권, 거래소 · 예탁결제원 또는 증권금융회사가 발행한 주권으로서 증권시장에 상장되지 않은 주권, 소송 등으로 인하여 발생할 수 있는 손실을 회피하기 위한 경우 등 경영건전성 유지를 위한 불가피한 거래로서 이해상충 발생가능성이 없다고 금감원장의 인정을 받아 거래하는 금융투자상품, 정보교류에 따른 이해상충이 발생할 가능성이 없다고 금감원장의 인정을 받아 거래하는 금융투자상품 등에 관한 매매 및 소유현황에 관한 정보

| 개념 확인 문제 **정답** | 01 ② 02 ① | 실전 확인 문제 **정답** | ①

8 투자매매업자 및 투자중개업자 영업행위 규제

개념 확인 문제

▶ 투자매매업자 또는 투자중개업자는 월간 매매, 그 밖의 거래가 있는 계좌에 대하여 월간 매매내역 · 손익내역, 월말잔액 · 잔량현황 등을 다음 달 (　　)까지, 반기 동안 매매, 그 밖의 거래가 없는 계좌에 대하여는 반기말 잔액 · 잔량현황을 그 반기 종료 후 (　　)까지 투자자에게 통지해야 한다.

① 20일, 20일　　② 30일, 30일

실전 확인 문제

▶ **금융투자업에서 규정하고 있는 투자매매업자 및 투자중개업자의 영업행위 규칙에 대한 설명으로 옳지 않은 것은?**

① 투자매매업자 또는 투자중개업자가 투자자로부터 신용거래를 수탁받은 때에는 신용거래계좌를 설정해야 하며 계좌설정 보증금으로 100만 원을 징구하여야 한다.

② 투자매매업자 또는 투자중개업자는 경쟁을 제한할 목적으로 다른 투자매매업자 또는 투자중개업자와 사전에 협의하여 금융투자상품의 매매호가를 정할 수 있다.

③ 투자매매업자 또는 투자중개업자는 증권의 인수업무와 관련하여 투자자의 증권 청약증거금 관리, 반환 등의 업무에 대해 적절한 주의의무를 하여야 한다.

④ 투자매매업자 또는 투자중개업자가 신용거래를 수탁하고자 하는 경우에는 투자자가 주문하는 매매수량에 지정가격을 곱하여 산출한 금액에 투자자의 신용상태 및 종목별 거래상황 등을 고려하여 정한 비율에 상당하는 금액을 보증금으로 징수해야 한다.

해설 투자매매업자 또는 투자중개업자는 경쟁을 제한할 목적으로 다른 투자매매업자 또는 투자중개업자와 사전에 협의하여 금융투자상품의 매매호가, 매매가격, 매매조건 또는 수수료 등을 정하는 행위를 할 수 없다.

개념 짚어 보기

투자자에 대한 정보제공

- **매매거래 등의 통지** : 매매가 체결된 경우에는 시행령에서 규정하는 방법과 예탁결제원의 기관결제 참가자인 투자자에 대해 예탁결제원의 전산망을 통하여 매매확인서를 교부하는 방법 중에서 미리 합의된 방법에 따라 통지하여야 한다.
- **월간 매매내역 등의 통지 등** : 투자매매업자 또는 투자중개업자는 월간 매매, 그 밖의 거래가 있는 계좌에 대하여 월간 매매내역 · 손익내역, 월말잔액 · 잔량현황, 월말 현재 파생상품의 미결제약정 현황 · 예탁재산잔고 · 위탁증거금 필요액 현황 등을 다음 달 20일까지, 반기 동안 매매, 그 밖의 거래가 없는 계좌에 대하여는 반기말 잔액 · 잔량현황을 그 반기 종료 후 20일까지 투자자에게 통지하여야 한다.

| 개념 확인 문제 정답 | ①　　| 실전 확인 문제 정답 | ②

9 증권의 발행 및 공시 등에 관한 규정

개념 확인 문제

▶ 청약의 권유를 받는 자의 수가 50인 미만으로서 증권의 모집에 해당되지 않더라도 해당 증권이 발행일부터 1년 이내에 50인 이상의 자에게 양도될 수 있는 경우로서 지분증권의 경우 같은 종류의 증권이 모집 또는 매출된 실적이 있거나 증권시장에 상장된 경우, 지분증권이 아닌 경우는 ( ) 이상으로 발행되거나 발행 후 ( ) 이상으로 권면 분할되어 거래될 수 있는 경우 증권별로 전매 가능하다.

① 50매 ② 80매

실전 확인 문제

▶ 증권의 발행신고 등에 관한 설명으로 옳지 않은 것은?

① 증권신고서에는 대표이사 및 담당이사의 서명, 모집 또는 매출에 관한 사항을 기재해야 하며, 발행인에 관한 사항은 생략할 수 있다.

② 증권 발행 후 지체 없이 한국예탁결제원에 예탁하고 예탁일부터 1년간 해당 증권을 인출하거나 매각하지 않기로 하는 예탁계약을 체결한 후 예탁계약을 이행하는 경우 전매기준에 해당하지 않는다.

③ 증권의 모집 또는 매출은 50인 이상의 투자자에게 새로 발행되는 증권의 취득의 청약을 권유하거나 이미 발행된 증권의 매도의 청약을 하거나 매수의 청약을 권유하는 것을 말한다.

④ 일괄신고서의 정정신고서는 수리된 날부터 3일이 경과한 날에 그 효력이 발생한다.

해설 증권신고서에는 발행인에 관한 사항을 기재하여야 하며, 발행인에 관한 사항으로는 부속명세서, 주요사항보고서 및 한국거래소 공시사항 등의 진행 · 변경상황, 우발부채에 관한 사항 등 필요한 사항을 기재해야 한다.

개념 짚어 보기

전매기준에 해당하는 경우

- **지분증권** : 같은 종류의 증권이 모집 또는 매출된 실적이 있거나 증권시장에 상장된 경우
- **지분증권이 아닌 경우** : 50매 이상으로 발행되거나 발행 후 50매 이상으로 권면 분할되어 거래될 수 있는 경우
- 전환권, 신주인수권 등 증권에 부여된 권리의 목적이 되는 증권이 위의 두 가지 규정에 해당되는 경우
- **거주자 외의 자를 대상으로 해외에서 증권을 발행하는 경우** : 해당 증권, 해당 증권에 부여된 권리 또는 그 권리의 행사에 따라 취득하는 증권 등을 해당 증권의 발행일부터 1년 이내에 거주자가 취득가능한 조건으로 발행하는 경우

증권신고서의 기재사항

증권신고서에는 대표이사 및 담당이사의 서명, 모집 또는 매출에 관한 사항, 발행인에 관한 사항을 기재하여야 하고 발행인에 관한 사항으로는 부속명세서, 주요사항보고서 및 한국거래소 공시사항 등의 진행 · 변경 상황, 우발부채에 관한 사항, 자금의 사용내역에 관한 사항, 그 밖에 투자자 보호를 위하여 필요한 사항을 기재해야 한다.

| 개념 확인 문제 정답 | ① | 실전 확인 문제 정답 | ①

10 단기매매차익반환 등에 관한 규정

개념 확인 문제

▶ 단기매매차익을 산정함에 있어서 자본증가, 자본감소, 주식분할과 병합, (　　) 등을 고려하여 산정해야 하며, 주식의 매수 또는 매도 후 특정 증권 등의 권리락 · 배당락 또는 이자락, 그 밖에 이에 준하는 경우로서 증권선물위원회가 정하여 고시하는 사유가 있는 경우에는 이를 고려하여 환산한 가격 및 수량을 기준으로 이익을 계산한다.

① 무상증자　　② 배당

실전 확인 문제

▶ **단기매매차익 반환제도에 대한 설명으로 옳지 않은 것은?**

① 단기매매차익 계산의 구체적인 기준과 방법 등 필요한 세부사항은 증권선물위원회가 정하여 고시한다.

② 이미 소유하고 있는 특정 증권 등의 권리행사에 따른 주식 취득의 경우 단기매매차익 반환에 해당한다.

③ 지분증권 외의 특정 증권 등의 가격은 증권선물위원회가 정하여 고시하는 방법에 따라 지분증권으로 환산하여 계산한 가격으로 한다.

④ 주권상장법인의 임원, 직원 중 증권선물위원회가 미공개 중요정보를 알 수 있는 자로 인정하는 자로 그 법인의 재무 · 회계 · 기획 · 연구개발에 관련된 업무에 종사하고 있는 직원은 단기매매차익 반환대상 직원에 해당한다.

해설 이미 소유하고 있는 지분증권, 신주인수권이 표시된 것, 전환사채권 또는 신주인수권부사채권의 권리행사에 따라 주식을 취득하는 경우는 단기매매차익 반환의 예외사유에 해당한다.

개념 짚어 보기

단기매매차익 반환의 예외

회사의 임직원 또는 주요 주주가 주식 등을 매수 · 도한 경우라 하더라도 거래상의 필요에 의하여 법령에서 예외적으로 허용하는 다음과 같은 경우에는 단기매매차익을 반환할 의무가 없다.

- 정부의 문서에 의한 지도 · 권고에 따라 매매하는 경우
- 주식매수선택권을 행사하여 취득한 주식을 매도하는 경우
- 근로자증권저축에 의하여 매매하는 경우, 유가증권 또는 협회중개시장에서 허용되는 최소매매단위 미만으로 매매하는 경우
- 이미 소유하고 있는 주권 · 전환사채권 · 신주인수권부사채권(분리형의 경우 신주인수권증권) · 신주인수권을 표시하는 증서에서 정한 권리를 행사하여 취득한 신주, 우리사주조합원에게 우선 배정된 주식을 청약하는 경우
- 유상신주발행 시 발생한 실권주 또는 단수주를 취득하는 경우, 공로금 · 장려금 등으로 주식을 취득하는 경우

| 개념 확인 문제 **정답** | ②　　| 실전 확인 문제 **정답** | ②

11 장외파생상품의 거래

개념 확인 문제

▶ 장외파생상품 투자매매업자 또는 투자중개업자가 인가신청 시 종합평가결과가 (　　) 이상이고, 위험관리조직 및 인력, 위험측정 및 관리실무, 위험관리 및 내부통제전산시스템 평가점수가 각각 (　　) 이하여야 한다는 위험관리기준을 모두 충족해야 한다.

① 양호, 2.4　　② 우수, 2.5

실전 확인 문제

▶ **장외파생상품의 매매에 대한 설명으로 옳지 않은 것은?**

① 장외파생상품의 매매에 따른 총위험액이 일정 한도를 초과하면 안 된다.

② 겸영금융투자업자인 투자매매업자 또는 투자중개업자가 적기시정조치의 기준을 하회하는 경우에도 미종결거래의 정리나 위험회피에 관련된 업무는 수행할 수 없다.

③ 투자매매업자 또는 투자중개업자는 장외파생상품을 대상으로 하여 투자매매업 또는 투자중개업을 하는 경우 위험액 한도기준요건, 영업용순자본요건 등을 충족해야 한다.

④ 장외파생상품 투자매매업 · 투자중개업을 영위하는 금융투자업자는 반드시 장외파생상품의 매매거래 시마다 해당 업무를 관장하는 파생상품업무책임자의 승인을 받아야 한다.

해설 파생상품업무책임자의 승인을 받은 기본 계약서에 근거하여 체결한 장외파생상품 매매인 경우에는 거래 당사자 간에 미리 합의된 계약조건에 따라 장외파생상품을 매매한다면 별도의 승인이 필요 없다.

개념 짚어 보기

장외파생상품의 매매기준

- **총위험액 한도**
  - 겸영금융투자업자인 투자매매업자 · 투자중개업자 : 겸영금융투자업자 내부기준에서 정한 한도
  - 겸영금융투자업자 이외의 투자매매업자 · 투자중개업자 : 자기자본의 100분의 30
- **영업용순자본 요건** : 총위험액(시장위험액, 신용위험액, 운영위험액의 합계액)의 2배 이상

파생상품업무책임자의 승인 제외

금융투자업자는 장외파생상품의 매매거래 시마다 해당 업무를 관장하는 파생상품업무책임자의 승인을 받아야 하지만 다음의 요건을 모두 충족하는 조건에 따라 장외파생상품을 매매하는 경우에는 승인이 필요 없다.

- 파생상품업무책임자의 승인을 받은 기본계약서에 근거하여 체결한 매매
- 채권가격, 금리 또는 통화를 기초자산으로 하는 장외파생상품 매매이거나 파생상품업무책임자로부터 위임받은 자가 승인한 매매

| 개념 확인 문제 **정답** | ①　　| 실전 확인 문제 **정답** | ④

12 집합투자기구

개념 확인 문제

01 집합투자업자는 자산운용보고서를 작성하여 신탁업자의 확인을 받은 후 투자자에게 ( )마다 1회 이상 교부하여야 한다.

① 1개월 ② 3개월

02 집합투자업자가 단기금융집합투자기구의 집합투자재산으로 운용할 수 있는 채무증권은 취득시점을 기준으로 신용평가업자의 신용평가등급이 상위 ( ) 등급 이내이어야 한다.

① 2개 ③ 3개

실전 확인 문제

▶ **집합투자기구에 대한 설명으로 옳지 않은 것은?**

① 투자회사, 투자유한회사, 투자합자회사, 투자조합 및 투자익명조합의 집합투자기구 등록을 위해서는 등록 신청 당시의 자본금이 또는 출자금이 1억 원 이상이어야 한다.

② 투자신탁이나 투자익명조합의 집합투자업자 또는 투자회사 등은 등록된 사항이 변경된 경우 투자자 보호를 해할 우려가 없는 경우로서 1주 이내에 그 내용을 금융감독원장에게 보고해야 한다.

③ 각 단기금융집합투자기구 집합투자재산의 남은 만기의 가중평균된 기간은 90일 이내이어야 한다.

④ 투자신탁 해지 시 해지승인신청서에는 시행령에서 정하는 사항 이외에 수익자에 대한 통지에 관한 사항, 해지금의 지급에 관한 사항을 기재해야 한다.

해설 투자신탁이나 투자익명조합의 집합투자업자 또는 투자회사 등은 등록된 사항이 변경된 경우 투자자 보호를 해할 우려가 없는 경우로서 2주 이내에 그 내용을 금융감독원회에 변경등록하도록 의무화하였다.

개념 짚어 보기

신용평가등급의 제한

- 집합투자업자가 단기금융집합투자기구의 집합투자재산으로 운용할 수 있는 채무증권(양도성 예금증서 및 금융기관이 발행매출중개한 어음 및 채무증서를 포함)은 취득시점을 기준으로 신용평가업자의 신용평가등급(둘 이상의 신용평가업자로부터 신용평가등급을 받은 경우는 낮은 신용평가등급)이 최상위등급 또는 최상위등급의 차하위등급(상위 2개 등급) 이내이어야 한다. 이 경우 신용평가등급은 세분류하지 않은 신용평가등급을 말한다.
- 보증인의 신용평가등급이 상위 2개 등급 이내인 채무증권, 담보 또는 처분옵션을 감안하여 집합투자재산평가위원회가 상위 2개 등급에 상응한다고 인정하는 채무증권, 신용평가등급이 없는 채무증권으로서 집합투자재산평가위원회가 상위 2개 등급에 상응한다고 인정하는 채무증권은 신용평가등급이 상위 2개 등급에 미달하거나 신용평가등급이 없는 경우에도 단기금융집합투자기구의 집합투자재산으로 운용할 수 있다.

| 개념 확인 문제 정답 | 01 ② 02 ① | 실전 확인 문제 정답 | ②

13 금융기관 검사 및 제재에 관한 규정

개념 확인 문제

▶ 감독원장은 현장검사를 실시하는 경우에는 검사목적 및 검사기간 등이 포함된 검사사전예고통지서를 당해 금융기관에 검사착수일 (　　) 전까지 통지하여야 한다.

① 3일　　② 7일

실전 확인 문제

▶ **금융기관의 검사 및 제재에 관한 규정으로 옳지 않은 것은?**

① 규정에 의하여 제재를 받은 금융기관의 임원은 금융업 관련 법령 및 이에 근거한 각 감독 관련 규정이 정한 바에 따라 일정 기간 임원선임 제한을 받는다.

② 검사원은 검사업무 수행 시 검사상 필요하다고 판단하는 조치를 취할 수 있으나, 금고·장부·물건 및 기타 보관장소 등의 봉인을 요구해서는 안 된다.

③ 감독원장은 금융기관에 대한 검사결과를 검사서에 의해 당해 금융기관에 통보하고 필요한 조치를 취하거나 당해 금융기관의 장에게 이를 요구할 수 있다.

④ 현장검사를 실시하는 경우 사전에 통지할 경우 자료·장부·서류 등의 조작·인멸, 대주주의 자산은닉 우려 등으로 검사목적 달성에 중요한 영향을 미칠 것으로 예상된다면 검사사전예고 통지서를 통지하지 않을 수 있다.

해설 검사원의 권한 및 의무
- 증명서, 확인서, 의견서, 문답서 및 기타 관계자료와 물건 등의 제출 요구
- 금고, 장부, 물건 및 기타 보관장소 등의 봉인
- 당해 금융기관 관계자에 대한 출석·진술 요구
- 기타 검사상 필요하다고 판단하는 조치

개념 짚어 보기

제재효과

규정에 의하여 제재를 받은 금융기관의 임원은 금융업관련법령 및 이에 근거하여 각 감독관련규정이 정한 바에 따라 일정기간 임원선임 제한을 받으며, 임직원이 2회 이상의 주의조치를 받고도 3년 이내에 다시 주의조치에 해당하는 행위를 한 경우에는 제재를 가중할 수 있다.

| 개념 확인 문제 정답 | ②　　| 실전 확인 문제 정답 | ②

14 자본시장조사업무 규정

개념 확인 문제

▶ 금융위원회 및 금융감독원의 업무와 관련하여 위법행위의 혐의사실을 발견한 경우나 한국거래소로부터 위법행위의 혐의사실을 이첩받은 경우 또는 위법행위에 관한 제보를 받거나 조사를 의뢰하는 민원을 접수한 경우 금융위원회는 조사를 실시할 수 있으며 주요 조사대상은 (　　), 시세조종 등 불공정거래행위, 내부자의 단기매매차익 취득 등이다.

① 투기거래　　② 미공개정보 이용행위

실전 확인 문제

▶ **자본시장조사에 대한 설명으로 옳지 않은 것은?**

① 시세조종 등 불공정거래행위는 조사의 대상에 포함된다.

② 위법행위에 관한 제보를 받거나 조사를 의뢰하는 민원의 접수만으로는 조사가 이루어지지 않는다.

③ 공시자료, 언론보도 등에 의하여 널리 알려진 사실이나 풍문만을 근거로 조사를 의뢰하는 경우는 조사를 실시하지 않을 수 있다.

④ 자본시장조사업무 규정은 자본시장법에 따라 금융위원회 또는 증권선물위원회가 위법행위를 조사 및 조치함에 있어 필요한 사항을 정함으로써 조사업무의 원활과 공정을 기함을 목적으로 한다.

해설 위법행위에 관한 제보를 받거나 조사를 의뢰하는 민원을 접수한 경우에도 조사를 실시할 수 있다.

개념 짚어 보기

자본시장조사 대상 행위

미공개정보 이용행위, 시세조종 등 불공정거래행위, 내부자의 단기매매차익 취득, 상장법인의 공시의무 위반, 상장법인 임원 등의 특정 증권 등 변동상황 보고의무 위반 등, 주식 등의 대량보유 등의 보고(5% Rule)

자본시장조사 실시 사유

- 금융위원회 및 금융감독원의 업무와 관련하여 위법행위의 혐의사실을 발견한 경우
- 한국거래소로부터 위법행위의 혐의사실을 이첩받은 경우
- 위법행위에 관한 제보를 받거나 조사를 의뢰하는 민원을 접수한 경우
- 기타 공익 또는 투자자 보호를 위하여 조사의 필요성이 있다고 인정하는 경우

| 개념 확인 문제 **정답** | ②　　| 실전 확인 문제 **정답** | ②

15 금융분쟁조정세칙

개념 확인 문제

▶ 금융분쟁조정위원회 위원장은 금융감독원 부원장이며, 위원은 (　　) 이내로 구성된다. 위원회 위원은 원장이 그 소속 부원장보 중에서 지명하는 자와 일정 조건을 갖춘 자 중에서 위촉하는 자로 하는데 금융기관 또는 금융관계기관 · 단체에서 8년 이상 근무한 경력이 있는 자는 이 조건에 (　　).

① 30인, 해당하지 않는다　　② 40인, 해당한다

실전 확인 문제

▶ **금융분쟁조정세칙에 관한 내용으로 옳지 않은 것은?**

① 위원회의 회의는 위원장 1인을 포함하여 보험 분야 또는 비보험 분야별로 매 회의 시 위원장이 지명하는 7인 이상 15인 이하의 위원으로 회의 2주일 전까지 구성하며, 위원장이 소집한다.

② 신청인이 동일한 내용으로 정당한 사유 없이 3회 이상 반복하여 분쟁조정을 신청한 경우에 2회 이상 그 처리결과를 통지한 후 접수되는 신청에 대하여는 내부적으로 종결처리 할 수 있다.

③ 금융분쟁은 금융관련기관, 예금자 등 금융수요자 및 기타 이해관계인이 금융관련기관의 금융업무 등과 관련하여 권리의무 또는 이해관계가 발생함에 따라 금융관련기관을 상대로 제기하는 분쟁을 말한다.

④ 금융관련기관, 예금자 등 금융수요자 및 기타 이해관계인은 금융과 관련하여 분쟁이 있는 경우 원장에게 조정신청을 할 수 있으며 원장에게 조정신청을 하고자 하는 자는 조정신청서를 원장에게 제출하여야 한다.

해설 금융분쟁조정원회의 회의는 위원장 1인을 포함하여 보험 분야 또는 비보험 분야(은행, 증권, 비은행 등)별로 매 회의 시 위원장이 지명하는 7인 이상 11인 이하의 위원으로 회의 1주일 전까지 구성하며, 위원장이 소집한다.

개념 짚어 보기

금융분쟁조정위원회의 구성

위원회는 위원장 1인을 포함한 30인 이내의 위원으로 구성하며 위원회의 위원장은 원장이 그 소속 부원장 중에서 지명하는 자가 되고, 위원회 위원은 원장이 그 소속 부원장보 중에서 지명하는 자와 다음의 자 중에서 위촉하는 자로 한다.

- 판사 · 검사 또는 변호사의 자격이 있는 자
- 소비자기본법에 의한 한국소비자보호원 및 소비자단체의 임원 또는 그 직에 있었던 자
- 금융기관 또는 금융관계기관 · 단체에서 15년 이상 근무한 경력이 있는 자
- 금융에 관한 학식과 경험이 있는 자
- 전문의의 자격이 있는 의사
- 기타 분쟁의 조정과 관련하여 원장이 필요하다고 인정하는 자

| 개념 확인 문제 **정답** | ① | 실전 확인 문제 **정답** | ①

핵심 플러스 OX 문제

01 금융투자업의 인가요건에서 금융투자업자는 최근 2년간 채무불이행 등으로 건전한 신용질서를 해친 사실이 없어야 한다. ( )

02 금융투자업 인가를 받은 금융기관, 내국법인, 개인, 사모투자전문회사 · 투자목적회사, 외국법인이 투자자문업 또는 투자일임업을 등록하려는 경우 최대주주는 최근 5년간 3억 원의 벌금형 이상에 상당하는 형사처벌을 받은 사실이 없어야 한다. ( )

03 지점 · 영업소의 신설 또는 폐지, 본점 · 지점 · 영업소의 영업의 중지 또는 개시는 사유발생일이 해당하는 분기종료 후 45일 이내에 금융감독원장에게 보고해야 한다. ( )

04 금융투자업자는 영업용순자본비율 산출내역을 매 월말 기준으로 1개월 이내에 금융감독원장에게 제출해야 하며, 영업용순자본비율이 100% 미만이 된 경우 지체 없이 금융감독원장에게 보고해야 한다. ( )

05 금융투자업자의 이사회는 경영전략에 맞는 위험관리의 기본방침 수립, 금융투자업자가 부담 가능한 위험 수준 결정, 적정투자한도 또는 손실허용한도 승인, 위험관리지침의 제정 및 개정과 관련한 사항을 심의 · 의결한다. ( )

06 외국환업무취급 금융투자업자는 외화자산과 외화부채를 잔존만기별로 각각 구분하여 관리하고, 잔존만기 3개월 이내 부채에 대한 잔존만기 3개월 이내 자산의 비율을 100분의 80 이상으로 유지해야 한다. ( )

07 금융투자업자는 장부외거래에 관한 기록을 발생시점을 기준으로 작성 및 유지해야 하며, 장부외거래기록은 해당 거래의 종료일부터 5년간 보존해야 한다. ( )

08 투자매매업자 또는 투자중개업자가 신용공여를 하고자 하는 경우, 신용공여에 관한 약정을 투자자와 체결하고 금융위원장의 허가를 받아야 한다. ( )

09 집합투자증권의 판매 시 투자매매업자 또는 투자중개업자는 집합투자재산의 연평균가액의 100분의 2 이하의 판매보수와 납입금액 또는 환매금액의 100분의 1 이하의 판매수수료를 취득할 수 있다. ( )

10 신탁업자는 신탁업에 관한 업무의 종류 또는 방법을 변경한 경우, 변경 내용과 이유를 기재한 서류를 첨부하여 변경일부터 2주 이내에 감독원장에게 보고해야 한다. ( )

해설

01 금융투자업자는 최근 3년간 채무불이행 등으로 건전한 신용질서를 해친 사실이 없어야 한다.

02 금융투자업 인가를 받은 자가 투자자문업 또는 투자일임업을 등록하려는 경우 최대주주는 최근 5년간 5억 원의 벌금형 이상에 상당하는 형사처벌을 받은 사실이 없어야 한다.

04 영업용순자본비율이 150% 미만이 된 경우 지체 없이 금융감독원장에게 보고해야 한다.

08 신용공여에 관한 약정을 투자자와 체결하고 투자자 본인의 기명날인 또는 서명을 받거나 본인임을 확인하여야 한다.

09 집합투자재산의 연평균가액의 100분의 1 이하의 판매보수와 납입금액 또는 환매금액의 100분의 2 이하의 판매수수료를 취득할 수 있다.

정답 | 01 × 02 × 03 ○ 04 × 05 ○ 06 ○ 07 ○ 08 × 09 × 10 ○

OX 문제

11 채권의 장외거래에 따른 결제는 매도자와 매수자가 협의하여 매매계약을 체결한 날의 다음 날부터 30영업일 이내에 이행해야 하며, 다만 조건부매매, 소매채권매매 및 단기증권집합투자기구의 채권매매는 매매계약을 체결한 날의 당일에 바로 결제할 수 있다. ( )

12 소유하지 않은 채권을 투자매매업자가 장외에서 매도하는 경우 증권시장 및 장외시장에서 직전에 체결된 가격보다 낮은 가격으로 호가할 수 없다. ( )

13 투자중개업자를 통하여 금융기관 등이 환매조건부매매를 한 경우, 매매대상증권을 공정한 시세로 평가한 가액에서 환매수 또는 환매도의 이행을 담보하기 위하여, 제공하거나 제공받는 추가담보상당가액을 차감한 가액으로 대상증권과 대금을 동시에 결제하여야 한다. ( )

14 투자매매업자 등이 투자자의 조건부매도증권을 보관하는 경우, 영업일마다 투자자별로 산정한 증권의 시장가액이 환매수가액의 100분의 105 이상이 되도록 유지해야 한다. ( )

15 투자매매업자 또는 투자중개업자가 일반투자자와 국내장외거래를 하는 경우, 투자매매업자 또는 투자중개업자의 역외집합투자기구가 발행한 증권은 거래대상으로 할 수 없다. ( )

16 외화증권의 국내장외거래의 결제일은 매매주문일의 다음 영업일부터 기산하여 해당 외화증권이 거래된 시장의 결제기간 또는 투자매매업자와 투자중개업자 등이 별도로 정한 결제기간이 경과한 날로 한다. ( )

17 단주 장외거래의 매매약정단가는 투자자가 주문한 날의 다음 날에 증권시장에서 형성된 그 증권의 종가로 결정되며, 주문 다음 날 종가가 형성되지 않은 경우에는 그날의 시가를 따른다. ( )

18 금융위원회의 승인을 얻어 주식을 대량으로 취득한 자는 취득기간의 종료일부터 5일 이내에 금융위원회에 대량주식취득의 사실을 보고하는 서류를 제출해야 한다. ( )

19 금융기관은 민사소송에서 패소 확정되거나, 소송물 가액이 최직근 분기말 현재 자기자본의 100분의 1 또는 100억 원을 초과하는 민사소송에 피소된 경우 정보사항을 금융감독원장에게 보고해야 한다. ( )

20 금융분쟁 당사자들이 금융분쟁조정위원회의 조정안을 수락한 경우 해당 조정의 효력은 '당사자 간 합의'이므로 해당 조정결정내용을 어느 일방이 이행하지 않아도 법적 강제력은 없다. ( )

해설

16 외화증권의 국내장외거래의 결제일은 매매주문일로 하며, 해외증권시장거래의 국내 결제일은 매매주문일의 다음 영업일부터 기산하여 해당 외화증권이 거래된 해외증권시장의 결제기간 또는 투자매매업자/투자중개업자와 외국 투자매매업자/투자중개업자 등이 별도로 정한 결제기간이 경과한 날로 한다.

17 해당 증권의 주문 다음 날 종가가 형성되지 않은 경우에는 투자매매업자와 투자자가 서로 협의하여 단주 장외거래의 매매약정단가를 결정한다.

18 주식을 대량으로 취득한 자는 취득기간의 종료일부터 10일 이내에 대량주식취득보고서를 제출해야 한다.

20 금융분쟁 당사자들이 금융분쟁조정위원회의 조정안을 수락하면 재판상 화해와 동일한 효력이 부여되며, 해당 조정결정내용을 어느 일방이 이해하지 않을 경우 그 상대방은 별도의 소송절차 없이 조정결정서를 근거로 강제집행을 신청할 수 있다.

정답 | 11 ○ 12 ○ 13 ○ 14 ○ 15 ○ 16 × 17 × 18 × 19 ○ 20 ×

4장 한국금융투자협회규정

대표 유형 문제

다음 중 금융투자회사의 투자권유에 대한 설명으로 옳은 것은?

① 투자권유 시 적합성을 확보하지 않아도 된다.

② 고객에 대한 정보는 대면을 통해서만 파악할 수 있다.

③ 확인한 투자자정보 내용은 5년 이상 기록 · 보관하여야 한다.

④ 금융투자회사는 일반투자자의 투자성향 등 분석결과를 서명, 기명날인, 그 밖의 전자통신 등의 방법을 통해 고객의 확인을 받아야 한다.

정답해설 금융투자회사는 분석결과를 서명 등의 방법으로 고객에게 확인받아야 한다.

오답해설 ① 투자권유 시 적합성을 확보해야 한다.
② 고객정보파악은 대면뿐만 아니라 전화 등 여러 가지 매체를 통해서도 가능하다.
③ 확인한 투자자정보 내용은 10년 이상 기록 · 보관해야 한다.

대표 유형 문제 알아 보기

투자권유의 적합성 확보

- 금융투자회사가 일반투자자에게 투자권유를 할 때에는 해당 일반투자자의 투자자정보를 감안하여 가장 적합한 금융투자상품의 매매, 투자자문계약, 투자일임계약 또는 신탁계약 등의 체결을 권유해야 한다.
- 금융투자회사는 고객의 정보를 분석한 결과를 서명, 녹취, 전자우편, 우편 등의 방법을 통하여 고객에게 확인받아야 하며 확인한 내용은 10년 이상 기록 · 보관해야 한다.
- 금융투자회사는 투자자정보를 제공하지 않은 일반투자자에게 금융투자업규정에 해당하는 금융투자상품에 대한 투자나 거래를 권유하면 안 된다.
- 금융투자회사는 자체적인 적합성 기준에 따라 일반투자자에게 적합하지 않다고 판단되는 투자권유를 하지 말아야 한다. 일반투자자가 본인에게 부적합한 금융투자상품을 거래하거나 매매하려 할 경우, 투자에 대한 위험성을 일반투자자에게 한 번 더 알려주고, 투자위험성을 고지받았음을 서명 등의 방법을 통해 고객에게 확인받아야 한다.
- 파생상품 등을 일반투자자에게 판매하려면 투자자에 대한 정보를 파악해야 하며, 정보를 파악하지 못했을 경우에는 일반투자자에게 상품을 판매할 수 없다.

| 대표 유형 문제 정답 | ④

1 한국금융투자협회 개요

개념 확인 문제

▶ 금융투자협회가 제정하고 운영하는 업무 규정으로는 (　　　), 금융투자회사의 영업 및 업무 관련 규정, 분쟁조정 관련 규정, 자율규제위원회 운영 및 제재 관련 규정 등이 있다.

① 시장운영 및 시장감시 관련 규정　　② 증권인수업무 관련 규정

실전 확인 문제

▶ **한국금융투자협회에 대한 사항으로 옳지 않은 것은?**

① 자본시장의 대표적 자율규제기관이다.

② 금융투자회사의 업무 및 영업행위에 대한 업무를 수행한다.

③ 자본시장법에 의해 한국증권업협회, 자산운용협회, 선물협회가 통합하여 설립되었다.

④ 시장참가자의 행위를 규율하는 공적규제기관이다.

해설 한국금융투자협회는 「자본시장과 금융투자업에 관한 법률」(자본시장법)에 의해 한국증권업협회, 자산운용협회, 선물협회가 통합하여 2009년 2월 4일 설립되었으며 자율규제기관에 해당한다.

개념 짚어 보기

한국금융투자협회의 성격

- 2009년 2월 설립된 자율규제기관으로, 「자본시장과 금융투자업에 관한 법률」에 의해 한국증권업협회, 자산운용협회, 선물협회가 통합된 것이다.
- 자본시장의 자율규제기관에는 한국거래소와 한국금융투자협회가 있다. 한국거래소는 시장운영 · 감시 부문과 관련된 자율규제업무를, 한국금융투자협회는 금융투자회사의 업무와 영업행위에 관련된 자율규제업무를 담당한다.

업무 관련 규정

- 증권인수업무 관련 규정
- 신용평가기관 평가 규정
- 분쟁조정 관련 규정
- 자율규제위원회 운영과 제재 관련 규정
- 장외주식의 호가중개 관련 규정
- 장외파생상품 심의위원회운영과 심의 관련 규정
- 금융투자회사의 영업 및 업무, 약관 운용 관련 규정
- 금융투자전문인력 및 자격시험 관련 규정

| 개념 확인 문제 **정답** | ②　　| 실전 확인 문제 **정답** | ④

2 금융투자회사의 영업 및 업무에 관한 규정 – 투자권유

개념 확인 문제

01 (　　)은/는 금융투자회사와의 계약에 따라 투자권유업무를 위탁받은 개인을 말하며, 파생상품에 대한 투자권유를 위탁받을 수 없다.

① 투자상담사　　② 투자권유대행인

02 투자권유대행인은 협회가 시행하는 보수교육을 (　　)마다 1회 이상 받아야 한다.

① 1년　　② 2년

실전 확인 문제

▶ **투자권유대행인에 대한 설명으로 옳은 것은?**

① 고객으로부터 금전이나 증권을 수취할 수 있다.

② 고객이 자신을 회사의 임직원으로 오인하게 할 수 있는 명칭을 사용해서는 안 된다.

③ 고객을 대리하여 계약을 체결할 수 있다.

④ 여러 금융투자회사와 투자권유 위탁계약을 체결할 수 있다.

해설 투자상담사, 부장 등 자신이 회사의 임직원인 것으로 고객이 잘못 생각할 수 있는 명칭이나 명함을 사용하거나 기타의 표시 등을 하는 행위는 협회의 표준투자권유준칙에서 금지하고 있다.
①, ③, ④ 법령 및 금융투자업규정상 금지되는 행위이다.

개념 짚어 보기

투자권유대행인 금지사항

- 회사를 대리하여 계약을 체결하는 것
- 고객을 대리하여 계약을 체결하는 것
- 고객에게 금전, 증권 등의 재산을 받는 것
- 고객에게 금융투자상품 매매권을 위탁받는 것
- 제3자가 고객에게 금전을 빌려주도록 주선 · 중개하거나 대리하는 것
- 회사로부터 위탁받은 투자권유대행업무를 제3자에게 재위탁하는 것
- 회사가 이미 발행한 주식을 매수하거나 매도할 것을 권유하는 것
- 두 개 이상의 금융투자회사와 투자권유 위탁계약을 체결하는 것
- 고객에게 빈번하고 지나치게 투자권유를 하는 것 등

| 개념 확인 문제 정답 | 01 ② 02 ② | 실전 확인 문제 정답 | ②

3 조사분석자료

개념 확인 문제

01 금융투자회사 임직원으로 조사분석자료 작성, 심사, 승인 등의 업무를 수행하는 금융투자전문인력을 (　　) 라 한다.

① 금융투자상담사　　② 금융투자분석사

02 다수의 일반인이 조사분석자료 내용을 알 수 있도록 조사분석 담당부서나 금융투자회사가 공식적 내부 절차를 밟아서 발표하는 것을 (　　)라고 한다.

① 공표　　② 공시

실전 확인 문제

▶ **조사분석자료에 대한 설명으로 옳지 않은 것은?**

① 금융투자분석사는 자신의 금융투자상품 매매내역을 분기별로 작성하여 보고해야 한다.

② 소속회사가 발행주식총수의 100분의 1 이상의 주식 등을 보유하고 있는 법인에 대해서 공표할 경우 그 이해관계를 고지해야 한다.

③ 소속회사에서 조사분석자료를 공표하는 경우 자신이 담당하는 업종이 아닐 경우에도 공표일로부터 7일간 같은 방향으로 매매는 가능하다.

④ 금융투자회사는 자신이 발행한 주식을 기초자산으로 하는 주식워런트증권에 대해서는 조사분석자료를 공표할 수 없다.

해설 금융투자분석사는 금융투자상품 매매내역을 매월 보고해야 한다.

개념 짚어 보기

금융투자분석사의 매매거래 규제

금융투자분석사는 자신이 소속된 금융투자회사에서 조사분석자료를 공표한 금융투자상품은 공표 후 24시간이 지나야 매매할 수 있으며, 해당 금융투자상품을 공표한 날로부터 7일 동안은 공표한 투자의견과 같은 방향으로 매매해야 하나 다음은 매매제한에 해당되지 않는다.

- 조사분석자료의 내용이 직간접적으로 특정한 금융투자상품을 매매하도록 유도하는 것이 아닌 경우
- 조사분석자료에 공표된 내용을 이용하여 매매하지 않았음을 증명한 경우
- 조사분석자료의 공표로 말미암은 매매유발 또는 가격변동을 의도적으로 이용했다고 보기 어려운 경우
- 조사분석자료가 이미 공표한 조사분석자료와 비교했을 때 새로운 내용을 담고 있지 않은 경우

| 개념 확인 문제 정답 | 01 ② 02 ①　| 실전 확인 문제 정답 | ①

4 투자광고

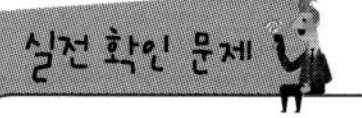

개념 확인 문제

▶ 투자광고 시 의무적으로 표시해야 하는 사항(펀드 제외)에는 금융투자업자의 명칭, 금융투자상품의 내용, (   ) 등이 있다.

① 투자로 인한 위험　　② 투자에 대한 이익 보장

실전 확인 문제

▶ **투자광고에 대한 설명으로 옳지 않은 것은?**

① 위험의 고지는 바탕색과 구별되는 색상으로 선명하게 표시해야 한다.

② MMF 광고는 텔레비전, 라디오 등의 방송매체를 이용해서는 안 된다.

③ 홈쇼핑 광고는 녹화방송이 아닌 생방송으로 진행해야 한다.

④ 홈쇼핑 광고는 쇼호스트가 아닌 금융투자회사의 임직원이 직접 해야 한다.

해설 홈쇼핑 광고는 녹화방송으로 제작하고 방송해야 한다.

개념 짚어 보기

텔레비전 홈쇼핑 투자광고 시 주의사항

- 홈쇼핑 광고는 생방송이 아닌 녹화방송으로 제작하고 방송해야 한다.
- 금융투자업과 금융투자상품에 대한 내용은 해당 금융투자업, 금융투자상품 관련 자격 보유자인 금융투자회사의 임직원이 직접 설명해야 한다.
- 투자자의 전화 문의 시 해당 금융투자업, 금융투자상품 관련 자격 보유자인 해당 회사의 임직원이 응대한다는 것을 안내 자막 · 음성을 통해 알려야 한다.
- 수익률이나 운용실적에 대한 내용을 포함시켜서는 안 된다.
- 광고의 1/3 이상의 시간을 안내 자막 · 음성을 통한 위험 사항 고지에 소요해야 한다.
- 집합투자증권과 관련된 내용을 다룰 경우 다음 사항을 충분히 설명해야 한다.
  - 환매청구 방법
  - 환매대금 지급시기
  - 환매청구 시 적용되는 기준가격
  - 환매 수수료 등 환매 관련 사항

| 개념 확인 문제 **정답** | ①　　| 실전 확인 문제 **정답** | ③

5 재산상 이익의 제공 · 수령

개념 확인 문제

01 금융투자회사가 거래상대방에게 재산상의 이익을 제공 또는 수령하기 위해서는 제공의 목적, 제공 내용, 제공 일자, 거래상대방, 경제적 가치 등을 적은 문서를 (　　)에/에게 먼저 보고해야 한다.

① 준법감시인　　② 금융위원회

02 금융투자회사가 거래상대방에게 제공하였거나 거래상대방에게 제공받은 재산상 이익 내역은 (　　) 이상 기록 · 보관해야 하며, 거래상대방 소속 기관의 장이 서면으로 소속 임직원 등에 대한 재산상 이익 제공 내역을 요청한다면 이에 응해야 한다.

① 3년　　② 5년

실전 확인 문제

▶ **금융투자회사가 동일 거래상대방에게 제공 가능한 재산상 이익의 한도가 바르게 연결된 것은?**

① 1회당 10만 원, 연간 50만　　② 1회당 10만 원, 연간 100만 원

③ 1회당 20만 원, 연간 100만 원　　④ 1회당 20만 원, 연간 200만 원

해설 1회당 한도는 최대 20만 원이며, 연간 한도는 100만 원이다.

개념 짚어 보기

제공 가능한 재산상의 이익 한도

- 금융투자회사가 동일 거래상대방에게 1회당 제공할 수 있는 재산상의 이익은 최대 20만 원이다.
- 금융투자회사가 동일 거래상대방에게 연간 제공할 수 있는 재산상의 이익은 최대 100만 원이다.
- 대표이사나 준법감시인에게 사전 승인을 받았을 때에는 위의 한도를 초과하여 재산상 이익을 제공할 수 있다. 이때, 부득이하게 사전 승인이 곤란한 경우에는 사후 보고로 대체할 수 있다.
- 금융투자회사가 연간 거래상대방에게 제공할 수 있는 재산상 이익의 합계액은 해당 금융투자회사가 금융투자업 영위와 관련하여 직전 연간 실현한 영업수익에 따라 다음의 금액을 초과할 수 없다.
  – 영업수익 1천억 원 이하 : 영업수익의 100분의 3과 10억 원 중 큰 금액
  – 영업수익 1천억 원 초과 : 영업수익의 100분의 1과 30억 원 중 큰 금액
- 추첨 등 우연을 이용하거나 특정한 행위의 우열 또는 정오의 방법을 통해 선정된 거래상대방에 대한 재산상의 이익 제공에는 한도가 적용되지 않는다.

| 개념 확인 문제 **정답** | 01 ① 02 ② | 실전 확인 문제 **정답** | ③

6 계좌관리 · 예탁금 이용료의 지급

개념 확인 문제

01 금융투자회사는 예탁자산 평가액이 10만 원 이하이고 최근 6개월 동안 매매거래, 입출금, 입출고 등이 ( ) 계좌는 다른 계좌와 구분하여 통합계좌로 따로 관리할 수 있다.

① 발생한 ② 발생하지 않은

02 주식워런트증권, 상장주권, 상장지수집합투자기구의 집합투자증권은 ( )에 따라 예탁자산을 평가한다. 다만, 회생절차개시신청으로 말미암아 거래가 정지되었을 때에는 금융투자회사가 자체적으로 평가한 가격으로 하며, 주식워런트증권의 권리행사 시에는 결제금액으로 한다.

① 취득가액 ② 당일 종가

실전 확인 문제

▶ **금융투자회사의 계좌관리 및 예탁금이용료에 관한 사항으로 옳지 않은 것은?**

① 투자자 계좌의 잔액 · 잔량이 0이 된 날에서 6개월이 지났을 때에는 그 계좌를 폐쇄할 수 있다.

② 장내파생상품거래예수금 전액에 대해서 투자자에게 협회가 정한 이용료를 지급해야 한다.

③ 금융투자회사는 투자자에게 받는 수수료 부과 기준과 절차에 관한 사항을 정하고 인터넷 홈페이지 등을 이용하여 공시해야 한다.

④ 예탁자산 평가액이 10만 원 이하이고, 최근 6개월 간 투자자의 매매거래 및 입출금 · 입출고 등이 발생하지 않은 계좌는 다른 계좌와 구분하여 통합계좌로 별도 관리할 수 있다.

해설 장내파생상품거래예수금 중 한국거래소의 "파생상품시장 업무규정"에 따른 현금예탁필요액은 제외할 수 있다. 투자자예탁금이용료 지급에 관한 기준은 금융투자회사가 제정하고 운영해야 한다.

개념 짚어 보기

투자자 계좌 폐쇄

- 금융투자회사는 투자자의 계좌가 다음의 어느 하나에 해당하는 경우 이를 폐쇄할 수 있다.
  - 투자자가 계좌 폐쇄를 요청할 때
  - 계좌 잔액 · 잔량이 0이 된 날에서 6개월이 지났을 때
- 폐쇄된 계좌의 투자자가 배당금(주식) 등의 출금(고)을 요청하면 본인임을 확인한 뒤에 처리해야 한다.
- 금융투자회사는 계좌를 폐쇄한 날에서 6개월이 지난 후에는 해당 계좌번호를 새로운 투자자에게 줄 수 있다.

| 개념 확인 문제 **정답** | 01 ② 02 ② | 실전 확인 문제 **정답** | ②

7 신용공여

개념 확인 문제

▶ 담보가격 산정 시 유가증권시장에서 상장되지 않은 투자회사의 주식은 (　　)을 담보가격으로 한다.
① 금융투자회사가 산정한 가격　② 기준가격

실전 확인 문제

01 신용공여 시 담보가격 산정 방법에 대한 설명으로 옳지 않은 것은?

① 담보가격 산정 방법에는 금융투자업규정상의 방법과 협회가 정하는 방법이 있다.
② 상장채권의 경우에는 둘 이상의 채권평가회사가 제공하는 가격정보를 기초로 금융투자회사가 산정한 가격으로 한다.
③ 유가증권시장에 상장되지 않은 투자회사의 주식은 채권평가회사가 제공하는 가격정보를 참고로 금융투자회사가 산정한 가격으로 한다.
④ 청약하여 취득하는 주식은 취득가액으로 한다.

해설 상장되지 않은 투자회사의 주식은 기준가격으로 담보가격을 산정한다.

02 신용공여에 대한 설명으로 옳지 않은 것은?

① 예탁증권 담보융자 시 상장채권은 담보로서 인정될 수 있다.
② 예탁증권 담보융자 시 외화증권은 담보로서 인정될 수 없다.
③ 예탁증권 담보융자 시 주식워런트증권은 담보로서 인정되지 않는다.
④ 담보가격 산정 시 유가증권시장에서 상장되지 않은 투자회사의 주식을 기준가격으로 한다.

해설 협회규정에서는 외화증권을 담보금지 대상으로 하고 있지 않다. 다만, 회사에 따라 자체 규정으로 담보에서 제외할 수 있다.

개념 짚어 보기

담보가격 산정 방법(협회규정)
- **유가증권시장에 상장되지 않은 투자회사의 주식** : 기준가격
- **공모파생결합증권 기업어음증권, 주가연계증권 제외** : 금융위원회에 등록된 채권평가회사 중 둘 이상의 채권평가회사가 제공하는 가격정보를 기초로 금융투자회사가 산정한 가격
- **기타 증권** : 금융투자회사와 투자자가 사전에 합의한 방법

| 개념 확인 문제 **정답** | ②　| 실전 확인 문제 **정답** | 01 ③　02 ②

8 증권인수업무에 관한 규정

개념 확인 문제

▶ 무보증사채의 인수에 있어서 발행회사와 주관회사는 증권신고서 제출 (　　) 전에 대표주관계약을 체결해야 하며 계약체결일로부터 (　　) 내에 협회에 신고해야 한다.

① 5영업일, 10영업일　　② 10영업일, 5영업일

실전 확인 문제

▶ **다음 중 증권인수업무에 관한 설명으로 옳지 않은 것은?**

① 금융투자회사는 주식의 인수를 의뢰받은 때에는 대표주관계약을 체결하여야 한다.

② 주관회사는 주식가치에 영향을 주는 사항들을 분석하여 이에 관한 평가의견을 발행회사가 제출하는 증권신고서에 기재하여야 한다.

③ 인수회사는 청약증거금을 받은 경우 회사별로 증권금융회사나 은행에 예치하여야 한다.

④ 인수회사가 무보증사채를 인수하는 경우에는 신용평가전문회사 중에서 3 이상의 자로부터 해당 무보증사채에 대한 평가를 받은 것이어야 한다.

해설 인수회사가 무보증사채를 인수하는 경우에는 신용평가전문회사 중에서 2 이상의 자로부터 해당 무보증사채에 대한 평가를 받은 것이어야 한다.

개념 짚어 보기

인수 대상 무보증사채

- **신용평가를 받은 것** : 신용평가전문회사 중에서 2 이상의 자로부터 평가를 받은 것이어야 한다.
- **표준무보증사채 관리계약서에 의한 계약이 체결된 것** : 사채관리회사와 무보증사채 발행인 사이에 표준무보증사채 관리계약서(표준사채관리계약서)에 의한 계약이 체결된 것이어야 인수 가능하다. 다만, 다음 중 해당 사항이 있는 무보증사채는 그러하지 않아도 된다.
  - 여신전문 금융회사가 발행하는 사채
  - 종합금융회사가 발행하는 사채
  - 금융기관이 발행하는 사채
  - 금융투자회사가 발행하는 사채
  - 증권금융회사가 발행하는 사채
  - 「자산유동화에 관한 법률」에 의해 사채 형태로 발행되는 유동화증권
  - 「주택저당채권유동화회사법」에 의해 사채 형태로 발행되는 유동화증권
- 증권신고서 제출이 면제되는 전자단기사채 등의 경우에는 복수신용평가의무 및 표준사채관리계약서 사용의무가 적용되지 않는다.

| 개념 확인 문제 **정답** | ②　　| 실전 확인 문제 **정답** | ④

9 금융투자회사의 약관 운용에 관한 규정

개념 확인 문제

01 금융투자회사는 표준 약관의 본질을 해치지 않는 범위 안에서 약관의 수정이 가능하며, 이때 금융투자회사는 수정하여 사용하려는 약관을 시행예정일 (　　)영업일 전까지 협회에 보고해야 한다.

① 10　　② 20

02 금융투자회사는 외화증권매매거래계좌설정 약관을 수정하여 사용할 수 (　　).

① 있다　　② 없다

실전 확인 문제

▶ **금융투자회사의 약관에 대한 사항으로 옳은 설명은?**

① 금융투자업무에 관련한 표준 약관은 금융감독원장이 정한다.

② 표준 약관이 없어 개별 약관을 제정하거나 변경하고자 할 때에는 시행예정일 10영업일 전까지 협회에 보고해야 한다.

③ 금융투자업무와 관련한 표준 약관이 있는 경우 금융투자회사는 본질을 해치지 않는 범위 내에서만 수정하여 사용할 수 있다.

④ 전문투자자만을 대상으로 하는 약관을 제정하거나 변경하고자 할 때에는 제정 또는 변경한 후 15일 내로 협회에 보고해야 한다.

해설 ① 금융투자업무에 관련한 표준 약관은 금융투자협회에서 정한다.
② 시행예정일 20영업일 전까지 보고해야 한다.
④ 제정하거나 변경한 후 7일 내로 보고해야 한다.

개념 짚어 보기

약관 보고의 특례

약관 제정 · 변경과 관련하여 다음 사항 중 해당되는 것이 있을 때 금융투자회사는 약관을 제정하거나 변경한 후 7일 내로 협회에 보고해야 한다.

- 약관 내용 가운데 고객의 권리나 의무와 상관없는 사항을 변경할 때
- 협회의 표준 약관을 그대로 사용할 때
- 제정하거나 변경하려는 약관의 내용이 다른 금융투자회사가 협회에 먼저 신고한 약관 내용과 동일할 때
- 전문투자자만을 대상으로 하는 약관을 제정하거나 변경할 때

| 개념 확인 문제 정답 | 01 ① 02 ② | 실전 확인 문제 정답 | ③

10 분쟁조정에 관한 규정

개념 확인 문제

▶ 분쟁조정위원회 위원장은 조정신청사건이 종결되었을 때 신청사건 접수일에서 (　　) 안으로 처리 결과와 사유 등을 명시하여 당사자에게 서면으로 알려야 한다.

① 30일　　② 45일

실전 확인 문제

▶ **다음의 분쟁조정에 대한 내용 중 적절하지 못한 것은?**

① 금융투자협회의 분쟁조정 담당 집행임원이 분쟁조정위원회 위원장이 되고, 외부 전문가들로 위원이 구성된다.

② 분쟁조정위원회는 신청사건이 회부된 날로부터 30일 이내에 이를 심의하여 조정결정을 해야 한다.

③ 분쟁조정 신청을 하려는 자는 대리인을 선임할 수 있고, 다수인이 공동으로 신청할 때에는 대표자를 선임할 수 있다.

④ 재조정 신청은 특별한 사유가 없어도 반드시 합의권고, 사실조사 등의 절차를 거쳐서 분쟁조정위원회에 회부해야 한다.

해설 재조정 신청은 특별한 사유가 없는 한 합의권고, 사실조사 등의 절차를 거치지 않고 바로 위원회에 회부한다.

개념 짚어 보기

재조정 신청

• **신청의 사유**
  - 조정 진행 중에 제출되지 않은 것으로 조정 결과에 큰 영향을 미치는 새로운 사실이 나타난 때
  - 조정의 증거(문서, 증인의 증언, 참고인 진술 등)가 위조되거나 변조된 것 또는 허위라는 것이 밝혀진 때
  - 조정의 기초가 된 법령이나 판결이 변경된 때
  - 조정 결과에 영향을 미칠 만한 중요 사항에 대해 판단을 하지 않은 때
  - 제척되었어야 할 위원이 조정에 관여했을 때
• **신청 기간** : 당사자가 조정이나 각하 결정을 통지받은 날에서 30일 이내에 재조정을 신청해야 한다. 이 기간이 지났을 때에는 특별한 사유가 없는 한 위원장이 각하 처리한다.
• **신청 절차** : 조정 절차에 관한 사항을 준용하되 별다른 사유가 없는 한 합의권고, 사실조사 등을 거치지 않고 위원회에 곧바로 회부하는 것이 원칙이다.

| 개념 확인 문제 **정답** | ①　| 실전 확인 문제 **정답** | ④

11 자율규제위원회

개념 확인 문제

▶ 자율규제위원회는 위원장 1인과 위원 6인으로 구성되며, 위원장의 임기는 (　　)이고, 위원의 임기는 (　　)이다.

① 2년, 3년　　② 3년, 2년

실전 확인 문제

01 **다음 중 자율규제위원회가 임원에 대하여 권고할 수 있는 제재가 아닌 것은?**

① 해임　　② 6개월 이내의 업무집행정지
③ 감봉　　④ 경고

해설 감봉은 직원에게 권고할 수 있는 제재이다.

02 **다음 중 자율규제위원회에 관련된 내용으로 적절하지 않은 것은?**

① 자율규제위원 6인 중 금융전문가를 3인 두어야 한다.
② 자율규제위원회는 총 7인으로 구성되는데 회원의 대주주 또는 임직원이 아닌 자 중에서 회원사의 추천을 받아 총회에서 선임되며, 연임은 불가능하다.
③ 회원에 대한 제재로 회원 자격정지와 더불어 제재금을 부과할 수 있다.
④ 견책은 임원에 대하여 권고할 수 있는 제재에 해당하지 않는다.

해설 자율규제위원회는 모두 7명으로 구성되는데, 회원의 대주주나 임직원이 아닌 사람 중에서 후보추천위원회의 추천을 통해 총회에서 선임되며, 연임할 수 있다.

개념 짚어 보기

자율규제위원회의 구성
- 위원장 1인(상근, 임기 3년)
- **위원 6인(비상근, 임기 2년)** : 금융전문가 3인, 법률전문가 1인, 회계 · 재무전문가 1인, 회원이사가 아닌 정회원 대표이사 1인

회원에 대해 권고 가능한 제재의 종류(직접 제재 불가)
- **임원** : 해임, 업무집행정지(6개월 이내), 경고, 주의
- **직원** : 징계면직, 정직, 감봉, 견책, 주의

| 개념 확인 문제 **정답** | ②　　| 실전 확인 문제 **정답** | 01 ③　02 ②

핵심 플러스 **OX 문제**

01 금융투자회사는 공모의 방법으로 발행된 파생결합증권(주식워런트증권 제외)을 일반투자자가 매매 또는 신용융자거래 또는 유사해외통화선물거래를 하고자 할 때 핵심설명서를 추가로 교부해야 한다. ( )

02 금융투자회사는 전문투자자가 주식워런트증권을 매매하고자 하는 경우 주식워런트증권의 투자설명사항 등이 포함되고 협회가 인정하는 교육을 사전에 이수하도록 해야 한다. ( )

03 금융투자상품 잔고가 100억 원 이상(지정신청일 전날 기준)인 개인 중 금융투자업자에 계좌를 개설한 날에서 1년이 지난 일반투자자는 협회에서 지정을 받음으로써 전문투자자로 전환될 수 있다. ( )

04 투자권유대행인은 금융투자회사의 임직원이 아닌 자로서 금융투자회사와의 계약에 따라 투자권유업무를 위탁받은 개인을 말한다. ( )

05 금융투자회사는 소속 금융투자분석사에 대하여 연간 4시간 이상의 윤리교육을 실시해야 하며, 교육실시 결과를 교육 종료일의 익월 말일까지 협회에 보고해야 한다. ( )

06 협회에 투자광고 심사청구를 하려면 투자광고계획신고서와 투자광고안을 함께 제출해야 하며, 협회는 신고서 접수일부터 3영업일 이내에 심사결과를 금융투자회사에 통보해야 한다. ( )

07 금융투자회사는 분기별 영업보고서를 금융위원회에 제출한 날부터 1년간 해당 금융투자회사의 본점 및 영업점에 영업보고서를 비치해야 하며, 인터넷 홈페이지 등을 통하여 이를 일반인이 열람할 수 있도록 해야 한다. ( )

08 금융투자회사가 거래상대방에게 재산상 이익을 제공하거나 제공받고자 하는 경우 반드시 준법감시인에게 사전 보고해야 한다. ( )

09 금융투자회사는 금고 이상의 형을 선고받고 그 집행이 종료되거나 면제된 지 5년이 경과되지 않은 자를 직원으로 채용할 수 없다. ( )

10 금융투자회사의 직원은 본인의 계산으로 금융투자상품의 매매거래, 투자자문계약, 투자일임계약, 신탁계약을 체결할 때 타인의 명의나 주소 등을 사용할 수 없다. ( )

해설

02 금융투자회사는 일반투자자가 주식워런트증권을 매매하고자 할 때 주식워런트증권의 투자설명사항 등이 포함되고 협회가 인정하는 교육을 이수하도록 해야 하며, 이수 여부까지 확인해야 한다. 다만 법인 · 단체 · 외국인은 사전교육이수 요건이 제외된다.

03 법인 또는 단체 중 금융투자상품 잔고가 100억 원 이상(지정신청일 전날 기준)인 일반투자자는 전문투자자로 지정받을 수 있다. 개인의 경우 금융투자상품 잔고가 50억 원 이상(지정신청일 전날 기준)인 일반투자자로서 금융투자업자에 계좌를 개설한 날에서 1년이 지나면 전문투자자로 지정받을 수 있다.

05 금융투자회사는 소속 금융투자분석사에 대하여 윤리교육을 연간 2시간 이상 자체적으로 실시해야 한다. 단, 소속 금융투자분석사가 협회가 개설한 윤리교육 또는 보수교육을 이수한 경우 해당 연도의 자체 윤리교육을 실시한 것으로 인정된다.

08 금융투자회사가 거래상대방에게 재산상 이익을 제공하거나 제공받고자 하는 경우에는 제공의 목적 · 내용 · 일자, 거래상대방, 경제적 가치 등이 기재된 문서를 준법감시인에게 미리 보고해야 하나, 사전보고가 부득이하게 곤란할 때에는 사후에 보고할 수 있다.

정답 | 01 ○ 02 × 03 × 04 ○ 05 × 06 ○ 07 ○ 08 × 09 ○ 10 ○

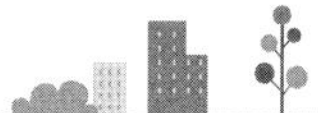

핵심플러스 OX 문제

11 금융투자회사가 배타적 사용권이 부여된 신상품을 판매하려면 배타적 사용권을 부여받은 금융투자회사에 서면으로 동의를 받아야 하며, 동의를 받은 금융투자회사는 동의서를 협회에 제출해야 한다. ( )

12 금융투자회사는 투자자예탁금 이용료 지급에 관한 내부기준을 제정 · 운영해야 하며 이용료 지급기준을 제정하거나 변경하고자 하는 경우에는 그 내용을 시행일 5영업일 전까지 협회에 신고해야 한다. ( )

13 협회에 등록된 미수채권 발생정보의 변동시점은 변동이 발생한 날의 다음 매매거래일로 하되, 협회를 통해 해당 미수채권 발생정보를 다른 금융투자회사로부터 통보받은 경우에는 통보받은 날의 다음 매매거래일에 변동이 발생한 것으로 본다. ( )

14 기업공개 시 대표주관회사가 당초 공모하기로 한 주식의 수량을 초과하여 청약자에게 배정하는 것을 조건으로 그 초과배정 수량에 해당하는 신주를 미리 정한 가격으로 발행회사로부터 매수할 수 있는 권리를 초과배정옵션이라고 하며, 초과배정 수량은 공모주식 수량의 15% 이내이다. ( )

15 기업공개를 위한 주식의 대표주관회사는 공모주식의 유가증권시장 또는 코스닥시장 상장일부터 3년간 발행회사와 관련된 사항을 협회에 제출해야 한다. ( )

16 금융투자회사는 "전자금융거래 이용에 관한 기본약관"을 수정하여 사용하고자 할 때에는 수정약관을 시행예정일 10영업일 전까지 협회에 보고해야 한다. ( )

17 분쟁조정위원회는 분쟁조정위원회 위원장 1인을 포함하여 15인 이내의 위원으로 구성되는데, 협회의 분쟁조정 담당 집행임원이 위원장이 되고 외부전문가들로 위원이 구성된다. ( )

18 분쟁조정위원회 위원장은 접수일로부터 60일 이내에 신청사건을 위원회에 회부하여야 한다. ( )

19 자율규제위원회는 총 9인으로 구성된다. ( )

20 금융투자협회는 회원과 임 · 직원에 대한 자율규제위원회의 제재조치를 부과할 때 제재의 종류가 경미하더라도 대상 회원명이나 임직원 실명을 공표해야 한다. ( )

해설

12 금융투자회사는 투자자예탁금 이용료 지급에 관한 내부기준을 제정하거나 변경하고자 할 때에는 시행일 7영업일 전까지 그 내용을 협회에 보고해야 한다.

16 금융투자회사는 업무와 관련하여 표준약관이 있는 경우 이를 우선적으로 사용하여야 하나, 본질을 해하지 않는 범위 안에서 수정하여 사용할 수 있다. 이때 수정약관을 시행예정일 10영업일 전까지 협회에 보고해야 하나, "전자금융거래이용에 관한 기본약관"은 금융위원회에 보고해야 한다.

18 분쟁조정위원회 위원장은 신청사건을 30일 이내에 위원회에 회부하여야 하나, 위원장이 불가피하다고 인정하는 경우에는 사유 발생일로부터 30일 이내에 위원회 회부를 연기할 수 있다.

19 자율규제위원회는 위원장 1인을 포함하여 총 7인으로 구성되며, 회원의 대주주나 임직원이 아닌 자(회원이사가 아닌 정회원의 대표이사 제외) 가운데 후보추천위원회의 추천을 받아 총회에서 선임되고 연임 가능하다.

20 금융투자협회는 회원 및 그 임 · 직원에 대한 제재조치 부과 시 의결일자, 대상 회원 · 임직원, 제재의 종류 및 내용, 위반행위의 주요 내용을 공표해야 하나, 주의와 같이 제재의 종류가 경미할 때에는 대상 회원명과 제재 권고대상 회원 임직원의 실명을 공개하지 않는다.

정답 | 11 ○ 12 × 13 ○ 14 ○ 15 ○ 16 × 17 ○ 18 × 19 × 20 ×

gained
bil-
ary
net
ent
by
by

3과목
금융상품 및 직무윤리

II 투자운용 및 전략1

1장 주식투자운용 · 투자전략
2장 채권투자운용 · 투자전략
3장 파생상품투자운용 · 투자전략
4장 투자운용 결과분석

1장 주식투자운용 · 투자전략

시장의 효율성과 관련하여 발생하는 이상현상(Anomaly)에 대한 다음 설명 중 옳은 것은?

① 1월 효과는 정보 비효율 그룹에 속한다.

② 무시된 기업 효과와 소형주 효과는 서로 독립적이다.

③ Residual Return Reversal은 상대적인 수익률이 낮았던 종목이 다음 기간에는 수익률이 상대적으로 높아지는 경향이 있는 현상을 설명한다.

④ 이상현상은 정보의 효율성만으로 구분이 가능하다.

정답해설 정보 비효율 그룹에는 수익예상수정 효과, 수익예상추세 효과, 무시된 기업 효과, 소형주 효과, 1월 효과 등이 있다.

오답해설 ② 무시된 기업 효과와 소형주 효과는 중복되는 경우가 많으므로 구분이 어렵다.
③ 수익률 역전(Return Reversal)은 어떤 기간 중 상대적인 수익률이 낮았던(높았던) 종목이 다음 기간에는 수익률이 상대적으로 높아지는(낮아지는) 경향이 있는 현상을 말하며, 잔차수익률 역전현상(Residual Return Reversal)은 통상 시장 전체의 요인으로 설명되는 수익률 이외의 수익률인 잔차수익률의 역전현상을 말한다.
④ 이상현상은 정보의 효율성과 주식의 수익률 변동으로 구분이 가능하다.

대표 유형 문제 알아 보기

이상현상

- **개념** : 효율적인 시장이라면 발생하지 않을 현상이 주식시장에서는 실제로 발생하는 것으로, 예외적 현상이라는 뜻이다.
- **분류**

정보 비효율 그룹	수익예상수정 효과, 수익예상추세 효과, 무시된 기업 효과, 소형주 효과, 1월 효과
상대적 저가주 효과 그룹	저PER 효과, 저PBR 효과
수익률 역전 그룹	장기수익률 역전현상, Winner-Loser 효과, 저β효과, 잔차수익률 역전현상, 고유수익률 역전현상

| 대표 유형 문제 정답 | ①

1 자산배분전략의 변화 – 과거의 자산배분전략

개념 확인 문제

▶ 자산배분전략 개념이 널리 알려지기 전에 국내 기관투자자들의 투자전략은 (　　) 투자행위, 목표수익률 달성, 종목선택 중시 등의 특징이 있었다.

① 단기적　　② 장기적

실전 확인 문제

01 동적자산 중 자산 재구성(Portfolio Rebalancing) 과정이 연속적으로 발생하지 않는 전략은?

① 이동평균 전략　　② Stop Loss 전략

③ Portfolio Insurance 전략　　④ Formula Plan 전략

해설 Stop Loss와 필터법칙하의 포트폴리오 인슈런스는 어떤 사건이나 한계에 도달했을 때 자산이 재구성된다.

02 다음 동적 자산배분 중 전략목표가 손실방지에 있는 것은?

① 고정배합

② 이동평균

③ 필터법칙하의 포트폴리오 인슈런스

④ 투자자산을 두 가지 위험자산으로 한 포트폴리오 인슈런스 전략

해설 ① 낮은 가격매수, 높은 가격매도
② 시장상승에 참여
④ 시장가격의 최고치 획득

개념 짚어 보기

과거의 자산배분전략

- **목표수익률 달성을 기초** : 단기적인 목표수익률이나 기대수익률을 세우고 운용
- **동적 자산배분전략을 사용**
  - 전술적 자산배분(tactical asset allocation) : 적극적인 수익률 달성
  - 보험자산배분(insured asset allocation) : 위험 방지

| 개념 확인 문제 **정답** | ①　　| 실전 확인 문제 **정답** | 01 ②　02 ③

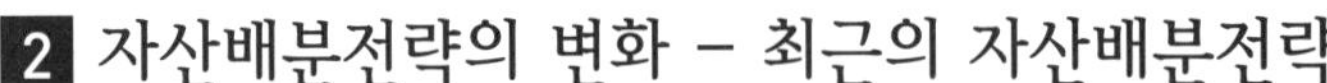

2 자산배분전략의 변화 – 최근의 자산배분전략

개념 확인 문제

▶ 최근 자산운용기관들은 자산을 효율적으로 운용하기 위해 여러 단계의 의사결정과정을 거치는데, 일반적으로 (　　) → (　　) → 증권선택의 단계에 따라 이루어진다.

① 스타일배분, 자산배분　　② 자산배분, 스타일배분

실전 확인 문제

01 다음 중 최근의 자산배분전략의 장점이 아닌 것은?

① 자산배분 권한이 투자자에게 있다.

② 펀드매니저의 활동이 넓어진다.

③ 펀드성과에 대한 평가 기준이 명확하다.

④ 저성과에 대한 책임이 명확하다.

해설 기존의 자산배분전략은 펀드매니저의 활동이 넓었으나 최근의 자산배분전략은 정해진 스타일 내에서만 투자하기 때문에 펀드운용의 전문화가 가능하다.

02 스타일 투자전략에 대한 설명 중 잘못된 것은?

① 스타일 투자전략을 통해 펀드매니저의 전문 분야 파악이 용이하다.

② 펀드매니저의 성과에 대해 사후적으로 평가기준을 명확하게 할 수 있다.

③ 펀드매니저의 자산배분과정에 대한 투자자들의 통제권이 줄어든다.

④ 주식이나 채권의 특성에 따라 구분되는 일부 자산에 대해서만 투자한다.

해설 펀드매니저의 자산배분과정에 대한 투자자들의 통제권이 향상된다.

개념 짚어 보기

자산운용기관들의 최근 자산배분전략

- **자산배분을 가장 먼저 결정** : 기관투자가들은 기금을 운용하거나 펀드에 가입하기 전에 투자목적에 알맞은 자산구성비율을 결정한다.
- **벤치마크 수익률을 상회하도록 운용** : 기금운용의 결과는 가장 기본적 투자지표인 벤치마크에 따라 평가되므로 벤치마크 수익률을 웃돌도록 운용한다.
- **스타일 투자 적용** : 자금운용자는 자신의 전문 분야를 미리 선정하고, 이 분야를 대변하는 인덱스 수익률을 웃돌기 위해 노력한다.

| 개념 확인 문제 정답 | ②　　| 실전 확인 문제 정답 | 01 ②　02 ③

3 자산배분전략의 준비사항

개념 확인 문제

01 기금운용의 전략에는 반드시 기금의 목적, 자산구성, 자산구성 실행방법, 운용성과 평가, 보상방법 등이 기록되어야 하는데, 이런 사항들을 자세하게 적은 서류를 (   )라고 한다.

① 자산운용지침서(IPS) ② 기금운용지침서(FPS)

02 자산배분전략의 의사결정대상인 자산집단(asset class)은 분산 가능성, 배타성, 포괄성, 충분성, (   ) 등의 성격을 지녀야 한다.

① 동질성 ② 이질성

03 과거의 자료를 바탕으로 미래에 발생 가능한 상황에 대한 기대치를 더하여 수익률을 예측하는 것을 (   )이라고 한다.

① 시나리오 분석법 ② 근본적 분석법

실전 확인 문제

▶ **다음 중 자산집단의 기대수익률을 추정하는 방법이 아닌 것은?**

① 추세분석법 ② GARCH
③ 근본적 분석법 ④ 시나리오 분석법

해설 GARCH(Generalized Auto-Regressive Conditional Hetero-skedasticity)는 자산집단의 위험을 추정하는 방법이다.

개념 짚어 보기

자산집단의 기대수익률 추정 방법

- **추세분석법(technical analysis)** : 자산집단의 과거 장기간의 수익률을 분석하여 미래 수익률로 사용하는 방법
- **시나리오 분석법(multi-scenario analysis)** : 과거의 수익률을 단순히 사용하기보다 여러 경제변수 사이의 상관관계를 고려하여 시뮬레이션 함으로써 수익률 추정의 합리성을 제고하는 방법
- **근본적 분석법(fundamental analysis)**
  - 과거의 자료를 바탕으로 미래에 발생 가능한 상황에 대한 기대치를 더하여 수익률을 예측하는 방법
  - 예측 방법 : 회귀분석, CAPM, APT 등
- **시장공통예측치 사용법**
  - 미래 수익률에 대한 시장참여자들의 공통적인 추정치를 이용하는 방법
  - 예측 방법 : 수익률곡선에서 채권기대수익률 추정, 주식기대수익률은 배당할인 모형 또는 현금흐름 방법으로 예측

| 개념 확인 문제 정답 | 01 ① 02 ① 03 ② | 실전 확인 문제 정답 | ②

4 자산배분전략의 종류

개념 확인 문제

▶ (　　)은 투자목적의 달성을 위해 장기적인 포트폴리오의 자산구성을 정하는 것이고, (　　)은 시장의 변화 방향을 예측하여 자산구성을 사전적으로 변동시키는 것이다.

① 전술적 자산배분, 전략적 자산배분　　② 전략적 자산배분, 전술적 자산배분

실전 확인 문제

▶ **전술적 자산배분과 보험 자산배분을 비교하였다. 내용 중 틀린 것은?**

	구분	전술적 자산배분	보험 자산배분
①	투자 전략	역투자 전략	시장순응 전략
②	투자 전략	Negative Feedback Strategy	Positive Feedback Strategy
③	실행 방법	저가매입, 고가매도 전략	고가매입, 저가매도 전략
④	투자곡선의 형태	오목전략(Concave)	볼록전략(Convex)

해설 볼록전략(Convex)은 전술적 자산배분, 오목전략(Concave)은 보험 자산배분이다.

개념 짚어 보기

자산배분전략의 종류

전략적 자산배분 (SAA : Strategic Asset Allocation)	전술적 자산배분 (TAA : Tactical Asset Allocation)	보험 자산배분 (IAA : Insured Asset Allocation)
장기적인 펀드 내 자산구성비율과, 중기적으로 개별자산이 취할 수 있는 투자비율의 한계를 정하는 의사결정이다.	• 자산가격에 대한 운용담당자의 예측에 따라 이미 정해진 자산배분의 투자비중을 변경하는 것이며, 중단기적인 가격착오를 적극적으로 활용하여 고수익을 지향하는 운용전략이다. • 단기적으로는 자산가격이 빈번하게 균형가격이나 적정가치에서 벗어날 수 있지만, 중장기적으로는 균형가격으로 자산가격이 복귀한다는 가정을 이용하는 투자전략이다.	• 투자자가 원하는 투자성과를 이끌어 내기 위해 펀드의 자산구성비율을 유동적으로 바꾸어 나가는 전략이다. • 미래예측치를 되도록 사용하지 않으면서 시장의 변동상황을 최대한 수용하고자 하는 수동적 전략이다. • 일반적인 투자목표나 투자위험을 수용하는 펀드보다는 일정기간 동안 목표수익률을 필히 달성해야 하는 특수목적의 펀드에 적용할 수 있다.

| 개념 확인 문제 **정답** | ②　| 실전 확인 문제 **정답** | ④

5 전략적 자산배분(1)

개념 확인 문제

01 전략적 자산배분이란 (　　)인 기금 내 자산집단별 투자비중과 각 자산집단이 (　　)으로 변화 가능한 투자비율의 한계를 결정하는 의사결정을 말한다.

① 중기적, 장기적　　② 장기적, 중기적

02 (　　)이란 다수의 효율적 포트폴리오를 수익률과 위험의 공간에서 연속선으로 연결한 것을 말한다.

① 효율적 투자기회선(efficient frontier)　　② 퍼지 투자기회선(fuzzy frontier)

실전 확인 문제

▶ **현실적인 최적 포트폴리오(Optimal Portfolio)란?**

① 추정오차를 반영한 효율적인 투자기회선

② 효율적 투자기회선 상위에 위치한 포트폴리오

③ 효율적 투자기회선 하위에 위치한 포트폴리오

④ 효율적 투자기회선과 투자자의 효용함수가 접하는 점

해설 현실적인 최적 포트폴리오는 효율적 투자기회선(efficient frontier)과 투자자의 효용함수(utility function)가 접하는 점에서 결정된다.

개념 짚어 보기

전략적 자산배분(SAA)의 이론적 배경

- 투자기회선
  - 변수추정의 오류 크기에 따라 퍼지 투자기회선 폭의 넓이가 결정된다.
  - 표준편차, 상관관계, 기대수익률 등의 변수들이 추정치를 따라 흔들리게 되면서 효율적 투자기회선도 상하좌우로 이동하면서 영역을 형성한다.
- 투자자의 최적 자산배분은 효율적 투자기회선과 투자자의 무차별곡선의 접점에서 결정된다.

$$U_m = E(R_m) - \frac{1}{2}\lambda\sigma_m^2$$

- U_m : 자산배분 m의 효용함수
- $E(R_m)$: 자산배분 m의 기대수익률
- λ : 투자자의 위험회피계수
- σ_m^2 : 자산배분 m의 수익률의 분산

| 개념 확인 문제 **정답** | 01 ② 02 ①　| 실전 확인 문제 **정답** | ④

6 전략적 자산배분(2)

개념 확인 문제

▶ 시장가치 접근 방법은 CAPM이론에 의해 지지되는 시장 포트폴리오 구성 방법이나 (　　　)의 경우 시장 포트폴리오를 형성하기 어렵기 때문에 적용할 수 없다.

① 대형기금　　② 소형기금

실전 확인 문제

01 포트폴리오 자산 구성 시 전략적 자산배분의 실행 방법으로 거리가 먼 것은?

① 시장투자의 조정 방법　　② 위험수익 최적화 방법

③ 투자자별 특수 상황을 고려하는 방법　　④ 유사 기관의 자산배분을 모방하는 방법

해설 전략적 자산배분 실행의 방법에는 시장가치 접근 방법, 위험수익 최적화 방법, 투자자별 특수 상황을 고려하는 방법, 다른 유사한 기관투자가의 자산배분을 모방하는 방법 등이 있다.

02 위험수익 최적화 방법에 대한 다음 설명 중 틀린 것은?

① 전략적 투자 방법 중 하나이다.

② 지배원리에 의하여 구성된다.

③ 기대수익과 위험을 축으로 효율적 투자곡선을 도출한다.

④ 효율적 투자곡선과 투자자의 기대효용이 만나는 점이 최소위험 포트폴리오이다.

해설 효율적 투자곡선과 투자자의 효용함수가 만나는 점이 최적 포트폴리오가 된다.

개념 짚어 보기

전략적 자산배분의 실행 방법

- **시장가치 접근 방법** : 투자자산들이 포트폴리오에서 차지하는 구성비율을 시장에서 각 자산이 차지하고 있는 시가총액의 비율과 같도록 포트폴리오를 구성하는 것이다.
- **위험수익 최적화 방법** : 기대수익과 위험의 관계를 감안하여 같은 위험수준에서 최대로 보상받을 수 있는 지배원리에 따라 포트폴리오를 구성하는 것이다.
- **투자자별 특수 상황을 고려하는 방법** : 최소요구수익률, 운용기관의 위험, 다른 자산들과의 잠재적 결합 등을 감안하여 투자전략을 세우는 것이다.
- **유사한 다른 기관투자가의 자산배분 모방** : 생명보험, 연기금, 투자신탁 등의 기관투자가들이 시장에서 실행하고 있는 자산배분을 본떠서 자산을 전략적으로 구성하는 것이다.

| 개념 확인 문제 정답 | ②　　| 실전 확인 문제 정답 | 01 ①　02 ④

7 전술적 자산배분

개념 확인 문제

01 전술적 자산배분은 시장 변화의 방향을 예상하여 자산구성을 사전에 변경해 가는 전략으로, 낮게 평가된 자산은 (　　)하고 높게 평가된 자산은 (　　)함으로써 펀드의 투자성과를 제고하는 전략이다.

① 매도, 매수　　② 매수, 매도

02 증권시장의 (　　)이란 새로운 정보에 너무 낙관적이거나 너무 비관적으로 반응함으로써 증권의 시장가격이 내재가치에서 상당히 멀어지게 되는 가격착오현상이다.

① 과민반응현상　　② 과잉반응현상

실전 확인 문제

▶ **전술적 자산배분에 대한 설명 중 틀린 것은?**

① 전략적 자산배분에 의해 결정된 포트폴리오를 투자전망에 따라 중 · 단기적으로 변경하는 실행과정이다.

② 자산가격은 중 · 장기적으로 빈번하게 균형가격을 벗어날 수 있다는 가정을 이용하는 전략이다.

③ 내재가치와 시장가격을 비교하여 고평가된 자산은 매도하고 저평가된 자산은 매수하는 전략을 Negative Feedback Strategy라고도 한다.

④ 시장가격의 움직임과 반대로 활동하는 역투자 전략(Contrary Strategy)이다.

해설 전술적 자산배분은 자산의 가치가 단기적으로 균형가격에서 이탈하여 괴리가 생기지만 중 · 장기적으로는 다시 균형가격으로 회귀한다는 이론에 근거한다.

개념 짚어 보기

전술적 자산배분(TAA)의 이론적 배경

- **역투자 전략** : 시장가격이 너무 많이 올라서 내재가치에 비해 높게 평가되면 매도하고, 시장가격이 너무 많이 떨어져서 내재가치에 비해 낮게 평가되면 매수하는 운용 방법이다.
- **증권시장의 과잉반응현상** : 새로운 정보에 너무 낙관적이거나 너무 비관적으로 반응함으로써 증권의 시장가격이 내재가치에서 꽤 멀어지게 되는 가격착오현상이다.

| 개념 확인 문제 정답 | 01 ② 02 ②　　| 실전 확인 문제 정답 | ②

8 보험 자산배분

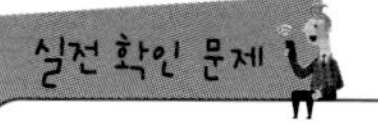

▶ 보험 자산배분이란 (   )를 되도록 사용하지 않으면서 시장변동상황을 최대한 수용하고자 하는 수동적 전략이다.

① 과거 데이터　　② 미래 예측치

실전 확인 문제

01 다음 중 포트폴리오 인슈런스가 아닌 것은?

① Protective Put 전략　　② Covered Put 전략
③ 합성 풋옵션 전략　　④ 동적 헤지전략

해설 Covered Put 전략은 포트폴리오 보험과 관련이 없다.

02 주가지수선물 이용 시 포트폴리오 보험 전략에 관한 설명이다. 거리가 먼 것은?

① 불리한 방향으로 선물가격이 잘못 형성될 위험 존재
② 선물운용에 따른 마진요구에 응하기 위해 현금자산을 보유해야 할 필요성 존재
③ 포트폴리오 채권이자수입 변동위험 존재
④ 선물의 당일결제제도로 자산들의 동시적 거래 가능

해설 포트폴리오 보험 전략은 채권이자수입의 흐름을 안정적으로 유지할 수 있다.

03 다음 중 포트폴리오 보험 전략에 대한 설명으로 틀린 것은?

① 미래의 예측치보다는 시장상황의 내용만을 수용하는 수동적인 시장순응적 전략으로, Positive Feedback Strategy라고도 한다.
② 일정기간 동안에 목표수익률을 달성해야 하는 특수목적의 펀드에 주로 적용된다.
③ 목표수익률 혹은 최저보장수익률은 무위험이자율인 국채수익률 이상에서 결정된다.
④ 미리 설정한 최소한의 투자수익을 달성하면서 동시에 주가상승을 획득할 수 있도록 주식채권 등의 투자비율을 변동시켜 나가는 투자방법이다.

해설 목표수익률 또는 최저보장수익률은 무위험이자율인 국채수익률 이하에서 결정된다.

| 개념 확인 문제 정답 | ②　　| 실전 확인 문제 정답 | 01 ② 02 ③ 03 ③

9 주식포트폴리오 운용 전략

개념 확인 문제

01 (　　)은 주어진 위험범위와 제약조건 안에서 벤치마크의 성과에 대비하여 최대한 좋은 성과를 올리고자 하는 운용방식으로, 효율적 시장가설이 성립하면 (　　)의 필요성이 없어진다.

① 패시브 운용　　② 액티브 운용

02 (　　)란 인덱스 펀드의 장점을 살리면서 초과수익을 달성하려는 목적의 펀드로, 준액티브 운용에 해당한다.

① 스타일 펀드　　② 인핸스드 인덱스 펀드

03 수익 · 위험구조 변경을 위한 운용에서는 근본적으로 (　　)을 이용한다.

① 델타헤징전략　　② 스택헤징전략

04 상장지수펀드(ETF)는 주식포트폴리오 운용전략 중 (　　)에 가장 근접한 전략이다.

① 액티브 운용　　② 패시브 운용

실전 확인 문제

▶ **액티브 운용전략에 대한 설명으로 적절하지 않은 것은?**

① 주식운용방식의 주류를 이루는 운용방법이다.

② 대표적인 운용 방법으로 인덱스 펀드가 있다.

③ 성과가 일관적이지 않다는 문제점이 있다.

④ 특정 스타일을 가진 펀드매니저를 평가하기 위해서는 성과요인 분석이 중요하다.

해설 인덱스 펀드는 패시브 운용전략에 해당한다.

개념 짚어 보기

액티브 운용 스타일

- **가치투자 스타일** : 기업이 미래의 성장보다 현재의 수익 또는 자산의 가치 관점에서 가격이 상대적으로 저렴한 주식에 투자하는 운용방식이다.
- **성장투자 스타일** : 미래에 기업의 주당 순이익이 늘어나고 PER이 하락하지 않는다면 최소한 주가가 주당순이익(EPS)이 증가한 만큼 오를 것이라고 가정한다.
- **혼합투자 스타일** : 성장투자와 가치투자의 절충 형태로 시장지향 스타일이라고도 한다.
- **시장가치에 의한 투자 스타일** : 주식 시가총액을 기준으로 대형(large-cap), 중형(mid-cap), 소형(small-cap)으로 구분한다.

| 개념 확인 문제 **정답** | 01 ② 02 ② 03 ① 04 ②　| 실전 확인 문제 **정답** | ②

10 주식포트폴리오 구성의 실제

개념 확인 문제

01 주식포트폴리오 종목 선택 시 유망한 개별 종목의 선정을 중시하는 방법을 (　　)라고 한다.

① top-down approach　② bottom-up approach

02 (　　)란 애널리스트에 의해 기업예상수익이 상향조정되었을 경우 수정발표한 뒤 당해 기업의 주식을 사더라도 수익을 얻을 수 있는 현상을 말한다.

① 수익예상수정 효과　② 수익예상추세 효과

실전 확인 문제

01 정상시장에서보다 초과수익을 얻는 이상현상을 그룹별로 분류한 것으로 잘못된 것은?

① 정보 비효율 그룹　② 상대적 저가주 효과 그룹

③ 수익률 역전 그룹　④ 시장주가 조정 그룹

해설 이상현상 그룹에는 정보 비효율 그룹, 상대적 저가주 효과 그룹, 수익률 역전 그룹 등이 있다.

02 다요인모형에 대한 설명 중 잘못된 것은?

① 수익률변동을 복수종목에 공통으로 미치는 팩터를 가지고 설명하려고 한다.

② 통계적으로 결정되는 팩터들은 경제적 의미가 분명하고 내용의 연속성이 보증된다.

③ 통계적인 절차로 팩터가 결정되는 모형을 통계형 모형이라 한다.

④ 사용하는 팩터의 수와 내용은 분석 목적에 따라 달라질 수 있다.

해설 통계적으로 결정되는 팩터들은 경제적 의미가 불분명하고 내용의 연속성이 보증되지 않아 투자성과 분석에 사용할 수 없다는 단점이 있다.

개념 짚어 보기

주식포트폴리오 종목 선정 방법

- 하향식 방법(top-down approach) : 종목 선정보다 섹터, 산업, 테마 선정을 중시하는 방법이다.
- 상향식 방법(bottom-up approach) : 유망한 개별 종목의 선정을 중시하는 방법으로, 어떠한 형식으로든 개별 종목의 내재적 가치를 측정하는 기법을 보유하고 있다.

| 개념 확인 문제 정답 | 01 ② 02 ①　| 실전 확인 문제 정답 | 01 ④ 02 ②

11 주식포트폴리오 구성 시 고려사항

실전 확인 문제

01 포트폴리오 운용에 필요한 벤치마크의 조건에서 가장 거리가 먼 것은 무엇인가?

① 시장포트폴리오만을 대변할 것

② 운용하기 이전에 구체적 내용이 명확할 것

③ 벤치마크 운용성과는 운용자가 추적 가능할 것

④ 적용되는 자산의 바람직한 운용상을 표현할 것

해설 벤치마크의 조건
- 운용하기 전에 구체적인 내용(종목과 가중치)을 명확하게 할 것
- 벤치마크의 운용성과를 운용자가 추적하는 것이 가능할 것
- 적용되는 자산의 바람직한 운용상을 표현할 것

02 벤치마크에 대한 설명 중 가장 거리가 먼 것은?

① 자산운영성과를 평가할 때 기준이 되는 구체적인 포트폴리오이다.

② 적용되는 자산의 바람직한 운영상을 표현하고 있어야 한다.

③ 라이벌 펀드매니저들의 운영성과 평균도 벤치마크가 될 수 있다.

④ KOSPI지수를 시장포트폴리오의 벤치마크로 사용하는 것에는 이론적 문제점이 없다.

해설 KOSPI지수를 시장포트폴리오의 벤치마크로 사용하는 것에는 이론적으로 많은 문제가 있다.

개념 짚어 보기

벤치마크
- 벤치마크는 운용성과 평가의 기준이 되는 구체적인 포트폴리오로 평가기준이자, 특별정보(효용함수값을 개선할 수 있는 정보)가 없는 경우의 바람직한 포트폴리오를 정의하고 있다는 점에서 운용계획 표현수단 혹은 스폰서와 펀드매니저 간의 커뮤니케이션 수단 등의 적극적인 의미를 포함한다.
- 실질적인 벤치마크는 다양하다.
- '벤치마크 = 시장포트폴리오 ≒ KOSPI 지수'라는 간편법이 이론적이라고 믿는 경향은 이중의 잘못을 범하는 것이다.
- CAPM이 현실적으로 타당하지 않은 이상 시장포트폴리오가 바람직한 포트폴리오로서 기준이 되는 것은 아니며, 이론이 요구되는 시장포트폴리오는 투자가능한 모든 위험자산을 시가총액비율로 보유하는 것이기 때문에 KOSPI 지수는 이에 해당하지 않는다.

| 실전 확인 문제 정답 | 01 ① 02 ④

핵심 플러스 OX 문제

01 패티브 운용은 마켓 타이밍, 테마 선택, 종목 선택의 세 가지 전략 중 하나 이상을 통해 가치를 높이려는 것을 말한다. ( )

02 최근의 자산배분전략은 목표수익률 달성을 추구하며 동적 자산배분전략을 사용하는 것이 특징이다. ( )

03 자산배분전략의 의사결정 대상은 개별 증권이 모여 큰 개념의 증권처럼 움직이는 자산집단(asset class)이다. ( )

04 자산집단의 기대수익률을 추정하는 방법 중 근본적 분석법은 자산집단에 대한 과거의 장기간 수익률을 분석하여 미래의 수익률로 사용하는 방법이다. ( )

05 변수 추정에 오류가 존재할 경우 효율적 투자기회선은 선이 아닌 일종의 영역으로 표시되는데, 이를 학술용어로 퍼지 투자기회선이라고 한다. ( )

06 시장가치접근방법은 엄밀한 도출과정을 거치며 다양하게 활용할 수 있으나 단일기간모형이라는 단점이 있다. ( )

07 전략적 자산배분의 이론적 배경에는 역투자전략, 증권시장의 과잉반응 현상 등이 있다. ( )

08 전술적 자산배분은 전략적 자산배분의 수립시점에 세웠던 자본시장의 여러 가정들이 변하여 자산집단의 상대적 가치가 변화할 때, 이러한 가치변화에서 투자이익을 얻기 위해 일정 주기마다 자산구성을 바꾸는 적극적 투자전략이다. ( )

09 전술적 자산배분은 중단기적인 가격착오(mis-pricing)를 적극적으로 활용하여 고수익을 지향하는 운용전략의 일종으로, 운용상의 권한과 책임은 기금운용자들에게 있다. ( )

10 전술적 자산배분은 자산집단의 기대수익률, 위험, 상관관계의 변화를 중기적으로 계속하여 예측하므로 예측기능을 매우 강조한다. ( )

해설

01 마켓 타이밍, 테마 선택, 종목 선택 전략과 관련 있는 것은 액티브 운용이다. 액티브 주식 매니저는 이 세 가지 전략 가운데 하나 또는 하나 이상을 통해 가치를 높이고자 한다.

02 기존의 자산배분전략에 대한 설명이다. 최근의 자산배분전략에서는 인덱스 초과수익률 달성을 추구하며, 적극적인 인덱스 투자전략을 사용하는 것이 특징이다.

04 추세분석법(technical analysis)에 대한 설명이다. 근본적 분석법(fundamental analysis)은 과거 자료를 바탕으로 하면서 미래의 발생 상황에 대한 기대치를 더하여 수익률을 예측하는 방법으로 회귀분석, CAPM, APT 등이 있다.

05 퍼지 투자기회선(fuzzy frontier)은 엄밀히 학술용어는 아니며 실무에서 사용하는 용어이다.

06 위험수익 최적화방법에 대한 내용이다. 시장가치접근방법은 여러 가지 투자 자산들의 포트폴리오 내 구성 비중을 각 자산이 시장에서 차지하는 시가총액의 비율과 동일하게 포트폴리오를 구성하는 것으로, 소형기금의 경우 시장포트폴리오를 형성하기 어려워 적용할 수 없다는 단점이 있다.

07 전략적 자산배분의 이론적 배경은 효율적 투자기회선, 최적 자산배분의 선택 등이며 역투자전략, 증권시장의 과잉반응현상 등은 전술적 자산배분의 이론적 배경이다.

정답 | 01 × 02 × 03 ○ 04 × 05 × 06 × 07 × 08 ○ 09 ○ 10 ○

핵심 플러스 OX 문제

11 포트폴리오 보험(portfolio insurance)전략은 위험자산에 투자하면서 위험을 극단적으로 회피하는 전략으로 이 전략을 선호하는 투자자는 비정상적인 투자가이다. (　)

12 보험자산배분전략은 옵션을 이용하면서 보험포트폴리오의 수익구조를 창출하기 위한 것으로, 위험자산과 무위험자산 간의 투자비율을 지속적으로 조정함으로써 수익을 창출할 수 있다. (　)

13 옵션모형을 이용한 포트폴리오 보험(option-based portfolio insurance)은 옵션의 델타헤징에서 발전된 것으로, 델타헤징은 옵션과 기초자산의 가격변화에 따라 연속적으로 변동하는 옵션델타를 계산하여 자산 투자비중을 조정하는 동적 자산관리 방법이다. (　)

14 고정비율 포트폴리오 보험전략(constant proportion portfolio insurance)은 다른 전략보다 전략이 단순하고 유연하다는 것이 단점이다. (　)

15 포트폴리오 보험은 투자 만기 시에 최소보장가치 이하의 투자성과가 발생할 확률이 0이다. (　)

16 국내주가지수인 KOSPI와 KOSPI 200은 주가가중 주가지수이다. (　)

17 준액티브 운용전략은 추가적인 위험을 많이 발생시키지 않으면서 벤치마크에 비해 초과수익을 획득하려는 전략으로, 벤치마크와의 괴리 위험을 적절히 통제한다는 점에서 액티브 운용과 다르다. (　)

18 투자자의 입장에서 펀드매니저의 운용에 따른 리스크를 판단하기 위한 도구로는 정보비율(Information Ratio), VaR(Value at Risk) 등이 있다. (　)

19 패시브 운용에서는 초과수익을 내기 위한 위험요소를 선택하기 위해, 액티브 운용에서는 포트폴리오의 위험요소를 벤치마크의 위험요소와 동일한 수준으로 유지하기 위해 포트폴리오 모형을 이용한다. (　)

20 국내에서 인덱스 펀드라고 흔히 불리는 패시브 펀드는 실제로 인핸스드 인덱스 펀드의 형태이다. (　)

해설

12 보험자산배분전략은 옵션을 이용하지 않으면서 수익을 창출하려는 것으로, 옵션의 가격모형을 이용하는 방법과 고정비율포트폴리오 보험으로 나뉜다.

14 고정비율 포트폴리오 보험(CPPI)전략은 전략의 단순성과 유연성이 장점이다. 단순성은 컴퓨터를 사용하지 않고도 어떤 거래가 필요한지 계산하는 것이 쉬울 정도로 간단한 모형을 사용한다는 것이고, 유연성은 투자개시시점이나 투자실행과정에서 투자자가 여러 변수에 대한 값을 수시로 변경 가능하여 투자자가 원하는 대로 다양한 전략을 수립할 수 있다는 것이다.

16 주가가중(price weighted) 주가지수는 절대적인 주당가격이, 시가가중(value weighted) 주가지수는 시가총액이 가중치가 되며 동일가중(equal weighted) 주가지수는 각 종목의 가중치가 동일하게 적용된다. KOSPI와 KOSPI 200은 유동시가가중 방식으로, 유동시가가중 주가지수는 유동주식 수에 주가를 곱한 값인 유동시가총액을 가중치로 사용한다.

19 액티브 운용에서는 초과수익을 내기 위한 위험요소를 선택하기 위해 포트폴리오 모형을 이용하며, 패시브 운용에서는 포트폴리오의 위험요소를 벤치마크의 위험요소와 동일 수준으로 유지하기 위해 포트폴리오 모형을 이용한다.

정답 | 11 ○ 12 × 13 ○ 14 × 15 ○ 16 × 17 ○ 18 ○ 19 × 20 ○

2장 채권투자운용 · 투자전략

다음 중 채권투자 전략에 대한 설명으로 옳은 것은?

① 채권비교평가 전략에는 롤링효과와 숄더효과가 있다.

② 채권인덱싱 전략은 채권을 매입하여 만기까지 보유하는 전략이다.

③ 수익률곡선타기 전략은 우하향 수익률곡선을 전제로 한다.

④ 상황대응적 면역전략은 상황에 따라 적극적 투자전략과 면역전략을 적절히 혼합하여 투자에 응용하는 전략이다.

정답해설 상황대응적 면역전략은 적극적 투자전략을 구사하다가 현재의 투자성과에서 추가적인 손실이 발생하여 목표로 하는 최소한의 수익을 달성하는 것이 불가능하게 될 경우 곧바로 면역전략을 구사하여 달성하고자 하는 최소한의 투자 수익목표를 면역하는 혼합전략으로, 동적 자산배분이라고도 한다.

오답해설 ① 롤링효과와 숄더효과는 수익률곡선타기 전략이다.
② 채권을 매입하여 만기까지 보유하는 전략은 만기보유 전략이다.
③ 수익률곡선타기 전략은 우상향 수익률곡선을 전제로 한다.

대표 유형 문제 알아 보기

수익률곡선타기 전략(Yield Curve Riding Strategy)

- **롤링(rolling)효과** : 잔존기간이 단축됨에 따라 수익률이 하락(채권가격이 상승)하는 효과
  - 잔존기간이 단축되면 수익률 하락을 기대할 수 있으므로 매입한 10년 만기채를 만기까지 보유하기보다는 만기가 1년 남았을 때 매각하고, 10년 만기채에 재투자하는 편이 수익률 하락폭만큼 투자효율을 높일 수 있다.
- **숄더(shoulder)효과** : 각 잔존연수마다 수익률 격차가 일정하지 않고 만기가 짧아질수록 수익률 하락폭이 커지는 효과
  - 투자기간을 1년으로 정한 경우 1년 만기인 채권에 투자하기보다 2년 만기의 채권에 일단 투자하고 1년 뒤에 매각하는 편이 투자효율을 높일 수 있다.

| 대표 유형 문제 정답 | ④

1 채권의 개요

개념 확인 문제

01 채권이란 정부 · 지방자치단체 · 특수법인 및 「상법」상의 주식회사 등의 발행자가 불특정 일반투자자들로부터 (　　　)의 자금을 집단적 · 대량적으로 조달하기 위하여 발행한 일종의 차용증서로 채무를 표시한 유가증권이다.

① 단기　　② 장기

02 채무불이행위험은 (　　　)으로 원리금 상환과 이자 지급이 지켜지지 않을 가능성이 존재하는 위험을 말하는데, 채권은 다른 금융상품보다 이러한 위험에 안전한 편이다.

① 체계적 위험　　② 비체계적 위험

실전 확인 문제

▶ **다음 중 채권의 일반적 특성과 관련이 없는 것은?**

① 기한부증권　　② 장기증권
③ 금리연동부증권　　④ 이자지급증권

해설 채권의 본질은 확정이자부증권으로, 발행할 때 발행자가 지급해야 할 이자와 원금의 상환금액 또는 기준이 미리 정해져 있다.

개념 짚어 보기

채권의 일반적 특성

- **확정이자부증권** : 발행할 때 발행자가 지급해야 할 이자와 원금의 상환금액 또는 기준이 미리 정해져 있다.
- **기한부증권** : 원금과 이자의 상환기간이 미리 정해져 있다.
- **이자지급증권** : 발행자는 수익 발생 여부와 상관없이 이자를 지급해야 한다.
- **장기증권** : 장기적으로 존속되어야 하며 환금성이 부여되어야 하기 때문에 반드시 유통시장이 필요하다.

채권의 장점

구분	내용
수익성	• 투자자가 채권의 보유를 통해 이자소득과 자본소득과 같은 수익을 거두는 것을 뜻한다. – 이자소득 : 채권을 보유함으로써 발생하는 이자에 대한 소득 – 자본소득 : 채권의 가격이 변동하여 시장가격이 매수가격보다 높을 때 발생하는 소득
안전성	• 채무불이행위험(비체계적 위험)은 원리금 상환 및 이자 지급이 제대로 이행되지 않을 가능성으로 인한 위험으로, 채권은 타 금융상품보다 이러한 위험에 안전한 편이다. • 시장위험(체계적 위험)은 채권의 시장가격이 매입가격보다 떨어질 위험으로, 시장수익률 변화에 대해 투자자가 정확하게 예측하고 분산투자함으로써 위험을 낮출 수는 있지만 위험을 완전히 피하기는 어렵다.
유동성	• 화폐가치가 손실되지 않고 바로 현금으로 전환될 수 있는 정도를 의미한다. • 채권은 채권유통시장에서 거래되며, 당일 결제로 현금화할 수 있다.

| 개념 확인 문제 **정답** | 01 ② 02 ②　| 실전 확인 문제 **정답** | ③

2 채권의 종류(1)

개념 확인 문제

01 국채 및 일부 금융채와 대부분의 회사채는 ( )에 해당한다.
① 이표채 ② 할인채

02 발행회사의 신뢰도에 의해 발행 · 유통되는 채권을 ( )라고 한다.
① 일반보증채 ② 무보증채

03 상환기간이 ( )을 초과하는 채권을 장기채라고 하며, 서울시 도시철도공채, 국민주택 2종 등이 이에 해당한다.
① 5년 ② 7년

실전 확인 문제

▶ **잔존기간이 3년 78일 남은 할인채권을 시장수익률 10%로 매매할 경우의 세전단가 산정 방식으로 옳은 것은?**

① $\dfrac{10{,}000}{(1+0.1)^3}$

② $\dfrac{10{,}000}{(1+0.1)^3\left(1+0.1\times\dfrac{78}{365}\right)}$

③ $\dfrac{10{,}000}{(1+0.1)^3}+\dfrac{10{,}000}{(1+0.1)}$

④ $10{,}000\times(1+0.1)^3$

해설 $P=\dfrac{\text{액면가}}{(1+r)^n\left(1+r\times\dfrac{d}{365}\right)}$ (n : 연수, d : 일수, r : 만기수익률)

할인채는 만기 시 액면가(10,000원)만 지급하는 채권이다.

개념 짚어 보기

이자 및 원금지급방법에 따른 채권의 분류

- **복리채** : 이자가 단위기간 수만큼 복리로 재투자되어 만기 시 원금과 이자를 같이 지급하는 채권
- **단리채** : 단리금액에 의한 이자금액이 원금과 함께 만기에 일시지급되는 원리금지급방식의 채권
- **할인채** : 만기 시까지의 총이자를 채권발행 혹은 매출 시에 미리 공제하는 방식으로 선지급하는 채권
- **이표채** : 정해진 단위기간마다 주기적으로 이자를 지급하는 채권
- **거치분할상환채** : 원금을 일정기간 거치한 후에 분할상환하는 채권
- **감채기금사채(sinking fund bond)** : 채무불이행 위험을 낮추기 위해 발행회사가 감채기금을 적립, 발행된 사채의 일부를 해마다 상환하는 것

| 개념 확인 문제 정답 | 01 ① 02 ② 03 ① | 실전 확인 문제 정답 | ②

3 채권의 종류(2)

개념 확인 문제

01 제1종, 제2종 국민주택채권, 지역개발채권 등은 (　　)에 해당한다.

① 3개월단위 재투자복리채　　② 연단위 재투자복리채

02 (　　)란 정해진 단위기간마다 주기적으로 이자를 지급하는 채권을 말한다.

① 단리채　　② 이표채

03 일정 기간마다 기준금리에 가산금리를 더하여 액면이자를 지불하는 채권을 (　　)이라고 한다.

① 변동금리채권　　② 역변동금리채권

실전 확인 문제

▶ **만기가 3년이고 표면이율이 4%인 3개월단위 복리채의 만기상환 금액은 ?**

① $10,000 \times (1+0.01)^{12}$　　② $10,000 \times (1+0.02)^{12}$

③ $10,000 \times (1+0.03)^{12}$　　④ $10,000 \times (1+0.04)^{12}$

해설 만기상환원리금 $S = 10,000 \times \left(1+\frac{0.04}{4}\right)^{3\times4} = 10,000(1+0.01)^{12}$

개념 짚어 보기

복리채

- **연단위 재투자복리채** : 제1종 · 제2종 국민주택채권, 지역개발채권 등

$$S = F \times (1+i)^N$$

• S : 만기상환금액　• F : 액면금액　• i : 연단위 표면이율　• N : 만기연수

- **3개월단위 재투자복리채** : 금융채 중 복리채로 발행되는 채권

$$S = F \times \left(1+\frac{i}{m}\right)^{m\times N}$$

• m : 재투자횟수

| 개념 확인 문제 **정답** | 01 ② 02 ② 03 ①　| 실전 확인 문제 **정답** | ①

4 합성채권

개념 확인 문제

▶ 신주인수권부사채의 발행 조건은 대부분 전환사채와 동일하지만, 신주인수권부사채의 신주인수권 비중이 대체로 전환사채보다 (　　) 표면금리는 전환사채보다 (　　) 하며 보통사채보다 낮아야 한다.

① 높으므로, 낮아야　　② 낮으므로, 높아야

실전 확인 문제

▶ **다음은 합성채권에 관한 설명이다. 옳은 것으로 묶인 것은?**

㉠ 전환사채 표면이율은 일반사채 표면이율보다 낮다.
㉡ 콜옵션이 부여된 사채는 만기 전에 발행회사가 원금을 상환할 수 있다.
㉢ 전환사채의 권리행사 시 발행기업의 재무구조가 개선된다.
㉣ 권리행사를 한 경우 신주인수권부사채는 신주인수대금을 신규로 납입하고 사채권이 존속한다는 점에서 전환사채와 구별된다.
㉤ 교환사채는 발행기업의 주식으로 교환할 수 있는 권리를 부여한 사채이다.

① ㉠, ㉡, ㉢　　② ㉠, ㉡, ㉢, ㉣
③ ㉡, ㉢, ㉣　　④ ㉡, ㉢, ㉣, ㉤

해설 교환사채는 발행기업이 소유한 타사 상장주식으로 교환할 수 있는 권리가 부여된 사채이다.

개념 짚어 보기

합성채권의 종류

구분	내용
전환사채(CB)	발행회사의 주식으로 전환 가능한 권리가 부여된 채권
신주인수권부사채(BW)	일정 기간이 지난 뒤에 일정 가격(행사가격)으로 발행회사의 신주를 일정 수 인수할 수 있는 권리(신주인수권)가 사채권자에게 부여된 채권
교환사채(EB)	사채의 소지인에게 일정 기간 안에 사전에 합의한 조건(교환조건)으로, 당해 발행회사 소유의 상장주식으로 직접 교환청구를 할 수 있는 권리가 부여된 채권
옵션부사채 (Bond with Imbedded Option)	사채 발행 시 제시된 일정 조건이 성립되면 만기 전이라도 발행회사가 사채권자에게 매도청구를, 사채권자가 발행회사에 매수(상환)청구를 할 수 있는 권리가 있는 채권
이익참가부사채(PB)	일정한 이율의 이자가 지급되는 동시에 회사의 이익 분배에도 참여 가능한 권리가 부여된 채권

| 개념 확인 문제 정답 | ②　　| 실전 확인 문제 정답 | ②

5 전환사채

개념 확인 문제

▶ 패리티(Parity)란 주식적 측면에서 파악한 전환사채의 (　　)로서, 현재의 주가가 전환가격을 몇 퍼센트 웃돌고 있는가를 나타낸다.

① 실제가치　　② 이론가치

실전 확인 문제

▶ **다음은 전환사채에 대한 설명이다. 옳은 것들로 묶인 것은?**

㉠ 전환기간에 전환가격으로 발행회사의 주식으로 전환될 수 있는 권리가 부여된 채권이다.

㉡ $패리티 = \frac{전환가격}{주가} \times 100\%$

㉢ $괴리율(\%) = \frac{전환사채\ 시장가격 - 패리티가격}{패리티가격} \times 100$

① ㉠　　② ㉠, ㉡

③ ㉠, ㉢　　④ ㉠, ㉡, ㉢

해설 $패리티 = \frac{주가}{전환가격} \times 100\%$

개념 짚어 보기

전환사채(CB : Convertible Bond)

- **개념** : 발행회사의 주식으로 전환 가능한 권리가 부여된 채권
  전환사채의 현재가치 = Max(일반사채가치, 전환가치) + 미래의 주가상승 가능성에 대한 시간가치(실현 가능성에 대한 가치)
- **전환가격 조정**
  - 조정 전의 전환가격을 밑도는 발행가격으로 신주를 발행한 때
  - 무상증자(주식배당 포함)한 때
  - 전환가격을 밑도는 발행가격으로 당해 회사의 주식으로 전환 가능한 증권을 발행한 때
- **표면금리** : 자율결정이 원칙으로, 보통 매 사업연도 말에 해당 이자를 후급
- **상환기간** : 만기의 개념으로, 자율결정이 원칙
- **전환비율** : 100% 이내에서 가능
- **전환청구기간**
  - 공모 : 발행한 지 1월이 지난 뒤에 전환 가능하다는 조건으로 발행
  - 사모 : 발행한 지 1년이 지난 뒤에 전환 가능하다는 조건으로 발행
- **만기보장수익률** : 만기에 표면금리와 만기보장수익률의 차이를 연복리로 계산하고 이를 원금에 가산하여 지급

| 개념 확인 문제 **정답** | ②　| 실전 확인 문제 **정답** | ③

6 자산유동화증권

개념 확인 문제

01 유동화대상자산은 유동성이 (   ) 현금흐름을 예측할 수 있고 자산이 어느 정도 동질적이며 자산을 양도할 수 있는 것이 좋다.

① 높으며 ② 낮으며

02 주택저당채권, 대출채권, 리스채권 등은 (   )에 따른 유동화증권의 종류에 해당한다.

① 기초자산 ② 현금수취방식

실전 확인 문제

▶ **유동화자산집합에서 발행되는 현금흐름을 이용하여 증권화하되, 현금흐름을 균등하게 배분하는 단일증권이 아닌 상환 우선순위가 각기 다른 채권을 발행하는 방식의 자산유동화증권을 무엇이라고 하는가?**

① CBO ② CLO

③ Pay-through Bond ④ Pass-through Security

해설 Pay-through Bond에 대한 설명이다.

개념 짚어 보기

자산유동화증권(ABS : Asset Backed Security)

- **개념** : 기업 또는 금융기관의 보유 자산을 표준화하고 특정 조건별로 집합하여 증권을 발행하고 기초자산의 현금흐름을 이용하여 증권을 상환하는 방식이다.
- **종류**
  - 현금수취방식에 따른 유동화증권 종류

Pass-through Security	유동화중개기관에 유동화자산을 매각하면 유동화중개기관이 이를 집합하여 신탁을 설정하고 이 신탁에 대한 지분권을 나타내는 주식의 형태로 증권을 발행하는 방식
Pay-through Bond	유동화 자산집합에서 발행되는 현금흐름을 이용하여 증권화하되, 상환 우선순위가 각기 다른 채권을 발행하는 방식

  - 기초자산에 따른 유동화증권 종류 : 주택저당채권, 자동차할부금융, 대출채권, 신용카드계정, 리스채권, CLO/CBO, 기업대출, 회사채 등
- **도입 의의** : 발행자 입장에서는 신용등급이 높은 유동화증권을 발행할 수 있기 때문에 발행비용 등의 제반비용이 소요되더라도 낮은 신용등급의 자산보유자가 일정 규모 이상의 유동화발행으로 조달비용을 낮출 수 있다는 이점이 있다.

| 개념 확인 문제 정답 | 01 ② 02 ① | 실전 확인 문제 정답 | ③

7 발행시장

개념 확인 문제

▶ 우리나라에서는 (   )의 경우 창구매출발행이 가능하지만 (   )의 경우 매출발행이 불가능하다.

① 금융채, 회사채　　　② 회사채, 금융채

실전 확인 문제

▶ **다음 중 채권의 발행방법에 대한 설명으로 적절하지 않은 것은?**

① 불특정다수의 투자자를 대상으로 발행하는 것을 공모발행이라고 한다.

② 사모발행은 공모채권보다 발행이율이 높고 만기가 상대적으로 길다.

③ 직접발행은 매출발행과 공모입찰발행으로 구분할 수 있다.

④ 위탁모집과 인수모집은 간접발행에 해당한다.

해설 사모발행은 채권발행자가 직접 소수의 투자자와 사적으로 교섭함으로써 채권을 매각하는 방법으로, 일반적으로 공모발행보다 발행이율이 높고 만기가 짧은 것이 특징이다.

개념 짚어 보기

공모발행

<table>
<tr><th colspan="4">구분</th><th>방식</th></tr>
<tr><td rowspan="4">직접발행</td><td colspan="3">매출발행</td><td>발행조건을 미리 정한 후 일정기간 안에 투자자들에게 개별적으로 매출하여 매도한 금액 전체를 발행총액으로 삼는 방식</td></tr>
<tr><td rowspan="3">공모입찰발행</td><td rowspan="2">경쟁입찰</td><td>Conventional Auction</td><td>내정 수익률 이하에서 각 응찰 수익률을 낮은 수익률(높은 가격)순으로 배열하여 최저 수익률부터 발행 예정액에 달할 때까지 순차적으로 결정하되 제시한 수익률로 적용되므로 복수낙찰가격이 발생함</td></tr>
<tr><td>Dutch Auction</td><td>내정 수익률 이하에서 낮은 수익률 응찰분부터 발행 예정액에 달하기까지 순차적으로 결정하되 가장 높은 수익률로 통일 적용되어 단일가격으로 발행이 이루어짐</td></tr>
<tr><td colspan="2">비경쟁입찰</td><td>당일 이루어진 경쟁입찰에서의 가중평균 낙찰금리로 발행금리가 결정되는 방식</td></tr>
<tr><td rowspan="3">간접발행</td><td colspan="3">위탁모집</td><td>발행인의 대리인이나 발행기관 자신의 명의로 채권을 발행하는 방식으로, 발행자가 모든 책임 부담</td></tr>
<tr><td colspan="2" rowspan="2">인수모집</td><td>잔액인수방식</td><td>발행기관에 의하여 발행자 명의로 된 채권을 모집 · 매출하는 방식으로, 총액에 미달한 잔액만 발행기관이 인수</td></tr>
<tr><td>총액인수방식</td><td>발행채권 총액을 발행기관이 모두 인수 모집 · 매출하는 방식으로, 발행기관이 모든 책임 부담</td></tr>
</table>

| 개념 확인 문제 정답 | ①　| 실전 확인 문제 정답 | ②

8 수익률곡선

개념 확인 문제

01 수익률곡선은 위험과 세금 등 모든 다른 조건이 (   ) 만기만 (   ) 채권들에 대해 일정 시점의 수익률을 보여주는 것이다.

① 같고, 다른　　② 다르고, 같은

02 수익률곡선 중 우하향형은 단기금리 수준이 장기금리 수준을 웃도는 형태로, 이는 통화정책이 긴축적이라는 것을 반영하는 것이며 통화긴축에 따른 장래의 물가안정 기대로 (   )가 상대적으로 안정적일 때 나타난다.

① 단기금리　　② 장기금리

실전 확인 문제

▶ **2년 만기 현물이자율이 5%, 3년 만기 현물이자율이 6%라면 2년 후 1년 만기 내재선도이자율(IFR)은 얼마인가?**

① 6%　　② 7%

③ 8%　　④ 9%

해설 $(1+0.06)^3=(1+0.05)^2(1+IFR) \quad \therefore IFR=8\%$

$$IFR=\frac{(r_2\times t_2-r_1\times t_1)}{(t_2-t_1)}=\frac{(0.06\times 3-0.05\times 2)}{3-2}=8\%$$

개념 짚어 보기

수익률곡선(Yield Curve)

- 만기까지 기간의 차이에 따른 채권수익률의 변동을 곡선으로 나타낸 것이다.
- **현물이자율 곡선(Spot Rate Curve)**
  - 현물이자율 : 무이표채의 수익률
  - 현물이자율 곡선 : 현물이자율과 만기 간의 관계를 나타낸 것
- **현물이자율 곡선을 이용한 채권 가격결정** : 채권은 무이표 채권으로 볼 수 있다. 이표채의 가격은 기간별 현금흐름을 그와 대응되는 현물이자율로 현가화한 값들을 더한 것으로 나타난다. 만약 그렇지 않다면 매입–스트립(purchase–and–strip) 전략에 따라 차익거래 이익을 얻을 수 있다.
- **선도이자율(Forward Rates)** $_nf_t$: 현재시점 n기 후부터 t기까지의 선도이자율

| 개념 확인 문제 정답 | 01 ① 02 ② | 실전 확인 문제 정답 | ③

9 기간구조이론(1)

개념 확인 문제

01 불편기대이론에 따르면 수익률곡선은 미래 단기이자율 (　　) 예상 시 우상향, 미래 단기이자율 (　　) 예상 시 우하향한다.

① 상승, 하락　　② 하락, 상승

02 불편기대이론은 미래의 이자율을 정확하게 (　　)고 가정한다.

① 예상할 수 있다　　② 예상할 수 없다

실전 확인 문제

▶ **불편기대가설이 주장하는 아래 설명 중 가장 옳지 않은 것은?**

① 투자자들이 미래 이자율에 대하여 동질적 기대를 가진다.

② 장기금리는 미래의 단기금리의 기하평균값이므로 미래의 단기금리를 모른다면 장기금리도 예상할 수 없다.

③ 향후 단기금리가 하락한다고 예상한다면 현재 수익률곡선은 우하향 형태를 보인다.

④ 모든 시장참여자들이 "위험회피형"이란 가정을 하고 있다.

해설 불편기대가설에서는 모든 시장참여자들이 위험중립형이라고 가정한다.

개념 짚어 보기

불편기대이론

- 피셔(Fisher)가 제기하고 러츠(Lutz)가 고안한 이론이다.
- 장기채권수익률은 그 기간 안에 성립할 것으로 예상되는 단기채권수익률(기대현물이자율)의 기하평균과 동일하다.
- n년 만기의 장기채권수익률

$$(1+R_{0,n})n = (1+r_{0,1})(1+E(r_{1,2}))\cdots\cdots(1+E(r_{n-1,n}))$$

- $R_{0,n}$: 3년 만기 장기채권수익률
- $E(r_{0,1}),\ E(r_{1,2}),\ E(r_{2,3})\cdots E(r_{n-1,n})$: 각 연도의 단기채권수익률

- 수익률곡선의 형태는 미래 단기이자율에 대한 투자자들의 기대에 따라 형성된다.
- 미래의 단기이자율 상승 예상 시 수익률곡선은 우상향, 미래의 단기이자율 하락 예상 시 수익률곡선은 우하향
- 불편기대이론이 성립하기 위한 기본 가정
  - 투자자는 모두 위험중립형이다.
  - 장기채권과 단기채권은 완전대체관계이다.
  - 미래의 이자율을 정확하게 예상하는 것이 가능하다.

| 개념 확인 문제 정답 | 01 ① 02 ①　　| 실전 확인 문제 정답 | ④

10 기간구조이론(2)

개념 확인 문제

01 유동성프리미엄 이론에 따르면 매기의 유동성프리미엄은 만기까지의 기간이 (　　) 체감적으로 증가한다.

① 짧을수록　　② 길어질수록

02 미래의 이자율이 일정할 것으로 예상되더라도 유동성프리미엄의 영향을 받아 수익률곡선은 (　　)할 것이다.

① 우상향　　② 우하향

실전 확인 문제

▶ **유동성프리미엄 이론에 대한 다음 설명 중 틀린 것은?**

① 주창자는 J. R. Hicks이다.

② 유동성프리미엄은 만기까지의 기간이 길어질수록 체감적으로 증가한다.

③ 장기채권수익률은 기대현물이자율에 유동성프리미엄을 가산한 값의 기하평균과 같다.

④ 향후 이자율이 일정할 것이라고 예상될 때에는 수익률곡선이 수평의 형태를 띤다.

해설 미래의 이자율이 일정할 것으로 예상되더라도 유동성프리미엄의 영향으로 인해 수익률곡선은 우상향하는 형태를 띤다.

개념 짚어 보기

유동성프리미엄 이론(기대위험회피 이론)

- 힉스(Hicks)가 고안한 이론이다.
- 장기채권수익률은 유동성프리미엄을 기대현물이자율에 더한 값의 기하평균과 동일하다.
- 매기의 유동성프리미엄은 만기가 길수록 체감적으로 증가한다.
- n년 만기 장기채권수익률

$$R_{0,n}=\sqrt[n]{(1+r_{0,1})(1+E(r_{1,2})+L_1)\cdots\cdots(1+E(r_{n-1,n})+L_{n-1})}-1$$

단, $L_1<L_2<L_3\cdots\cdots L_n$

- L_n : n년 만기채권의 유동성프리미엄

- 미래의 이자율이 일정할 것으로 예상되더라도 수익률곡선은 유동성프리미엄의 영향을 받아 우상향할 것이다.

| 개념 확인 문제 **정답** | 01 ② 02 ① | 실전 확인 문제 **정답** | ④

11 수익률의 위험구조(1)

개념 확인 문제

01 수의상환위험(callable risk)이란 만기 (　　)에 시장가격이나 일정 금액으로 채권을 매입하거나 소각할 수 있는 채권 발행자의 권리로 인해 발생 가능한 위험이다.

① 이전　　② 이후

02 채권의 수의상환 가능성이 존재하는 경우와 그렇지 않은 경우는 채권수익률 확률분포가 다른데, 우측으로의 비대칭 정도가 (　　), 보다 위험이 커지게 되고 결국 수의상환 가능성을 지닌 채권의 가격은 일반적으로 낮아지게 된다.

① 적으므로　　② 크므로

실전 확인 문제

▶ **다음 중 채권투자 시 고려해야 할 위험요소로 보기 어려운 것은?**

① 이자율변동위험　　② 채무불이행위험
③ 배당축소위험　　④ 중도상환위험

해설 채권투자위험에는 이자율변동위험, 구매력위험, 채무불이행위험, 중도상환위험, 유동성위험, 잔존기간위험 등이 있다.

개념 짚어 보기

위험의 종류

구분	내용
이자율변동위험 (interest rate risk)	상쇄되는 경향이 있는 가격위험과 재투자위험이 완전히 상쇄되지 않아 이자율 변동에 따라 발생하는 위험이다.
구매력위험 (purchasing power risk)	일정 수준의 물가상승을 예상하여 이자율이 결정된 경우 물가가 예상과 다르게 변동함으로써 발생하는 위험으로, 물가가 급변할 경우 주요한 위험요인으로 작용한다.
채무불이행위험 (default risk)	약정된 이자나 원금을 상환할 수 없는 상태에 빠질 위험을 말한다. – 부분적 채무불이행위험 : 이자나 원금의 일부를 지급할 수 없는 위험이다. – 완전 채무불이행위험 : 기업이 완전히 파산하여 전체 채무를 지급할 수 없는 위험이다.
중도상환위험 (call risk)	중도상환 조건에 따른 발행자의 중도상환으로 당초의 수익률을 달성하지 못할 위험으로, 중도상환 조항이 없는 채권을 매입하거나 분산투자함으로써 위험을 회피하거나 축소할 수 있다.
유동성위험 (liquidity risk)	보유채권을 매각하려할 때 수요 부족으로 매각할 수 없거나 매각은 할 수 있지만 적정한 가격을 받지 못할 수 있는 위험으로, 시중의 자금사정이 악화되는 경우에 위험성이 커진다.

| 개념 확인 문제 정답 | 01 ① 02 ①　| 실전 확인 문제 정답 | ③

12 수익률의 위험구조(2)

실전 확인 문제

01 어떤 채권의 약정수익률이 15%이지만, 지급불능의 가능성이 높기 때문에 기대수익률은 10%라고 한다. 또한 만기가 동일한 무위험채권의 수익률은 8%라고 할 때, 수익률 스프레드는 얼마인가?

① 4%　　② 5%

③ 6%　　④ 7%

해설 수익률 스프레드 = 약정수익률 − 무위험수익률 = 15 − 8 = 7%

02 무위험채권의 수익률이 4%일 때 甲채권의 약정수익률이 10%, 기대수익률이 8%이다. 甲채권의 수익률 스프레드와 위험프리미엄은 얼마인가?

① 6%, 4%　　② 4%, 2%

③ 6%, 2%　　④ 2%, 2%

해설 수익률 스프레드 = 약정수익률 − 무위험수익률 = 10 − 4 = 6%
지급불능 프리미엄 = 약정수익률 − 기대수익률 = 10 − 8 = 2%
위험 프리미엄 = 기대수익률 − 무위험수익률 = 8 − 4 = 4%

개념 짚어 보기

수익률 스프레드(yield spread)

- 위험이 일절 없는 채권의 수익률과 채무불이행위험이 있는 채권의 수익률 차이로, 위험 프리미엄이라고도 한다.
- 수익률 스프레드 = 약정수익률 − 무위험수익률
- 채권수익률의 위험구조

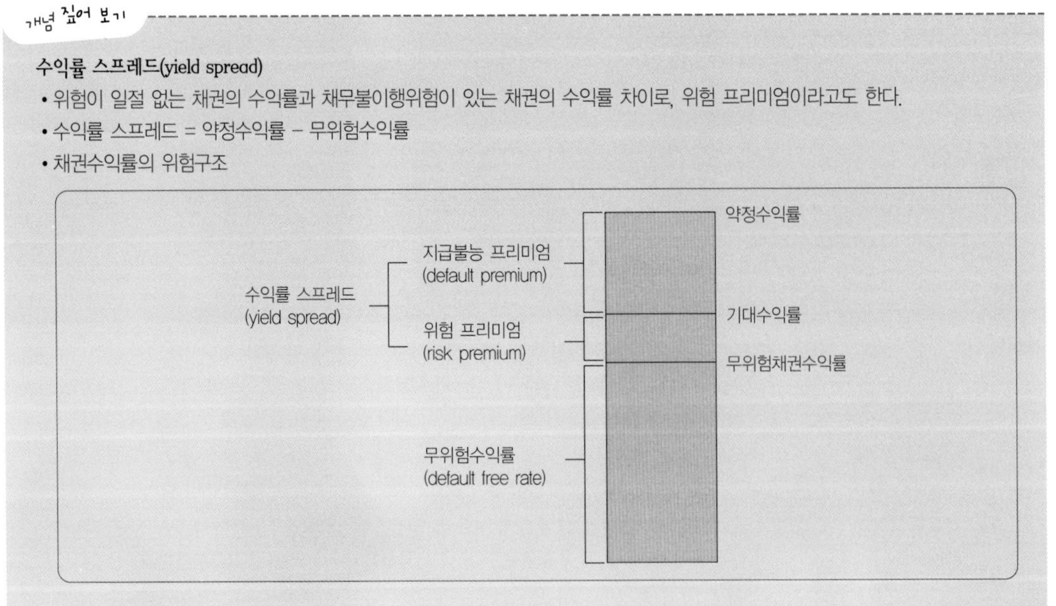

| 실전 확인 문제 **정답** | 01 ④　02 ①

13 채권가격

개념 확인 문제

01 채권가격과 수익률은 서로 (   )의 관계에 있으며 볼록한 형태를 띤다.

① 정　　② 역

02 채권가격 변동성은 큰 폭의 수익률 변화에 대해서는 (   ).

① 대칭적이다　　② 대칭적이지 않다

03 수익률이 큰 폭으로 변화할 경우 채권의 가격 상승폭은 채권의 가격 하락폭보다 (   ).

① 크다　　② 작다

04 (   )은 채권의 내부수익률(IRR)을 뜻하며, 채권에서 발생하는 현금흐름의 현재가치와 채권의 시장가격을 똑같게 하는 할인률을 뜻한다.

① 경상수익률　　② 만기수익률

05 만기가 (   ) 채권 가격이 액면가에 수렴하는 것을 Pull-to-par 현상이라고 한다.

① 짧아질수록　　② 길어질수록

실전 확인 문제

▶ **채권가격정리에 대한 설명 중 가장 거리가 먼 것은?**

① 일반적으로 채권가격과 채권수익률은 반비례 관계이다.

② 장기채권이 단기채권보다 가격변동이 적다.

③ 동일한 잔존만기 채권의 가격변동률은 채권수익률이 상승할 때보다 하락할 때가 크다.

④ 표면이자율이 낮을수록 동일한 수익률 변동에 따른 가격변동률이 크다.

해설 단기채권이 장기채권보다 가격변동이 적다.

개념 짚어 보기

말킬(B. Malkiel)의 채권가격정리

- 채권가격은 수익률과 반대로 움직인다.
- 채권의 잔존기간이 길수록 같은 수준의 수익률 변동에 대한 가격변동률이 커진다.
- 채권의 잔존기간이 길어짐에 따라 발생하는 가격변동률은 체감한다.
- 동일한 크기로 수익률이 변동하더라도 수익률이 하락할 때와 상승할 때의 채권가격 변동률은 다르다.
- 표면이율이 높을수록 같은 크기의 수익률 변동에 대한 가격변동률이 감소한다.

| 개념 확인 문제 **정답** | 01 ② 02 ② 03 ① 04 ② 05 ①　| 실전 확인 문제 **정답** | ②

14 듀레이션(Duration)

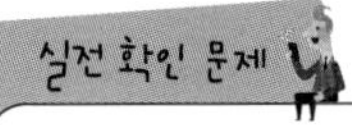

01 표면이율 10%, 액면금액 10,000원, 만기 3년인 어떤 할인채는 수익률 6.5%일 때 단가가 8,278.4원이다. 만약 이 채권의 수익률이 1% 하락할 때 듀레이션에 의해 추정된 채권가격 변동률과 가격변동폭은?

① 3.0%, 300원
② 3.0%, 248원
③ 2.8%, 232원
④ −2.8%, −248원

해설
$$채권가격\ 변동률 = -\left(\frac{듀레이션}{1+\frac{만기수익률}{연간이자지급횟수}}\right)\times 만기수익률의\ 변동률\times 100$$
$$= -\left(\frac{3}{1+\frac{0.065}{1}}\right)\times(-0.01)\times 100 = 2.8\%$$

채권가격 변동폭 = 8,278.4원 × 2.8% = 232원

02 상환가격이 1,050달러인 수의상환채권이 오늘 980달러에 거래되고 있다. 만약 수익률곡선이 0.5%만큼 위로 이동한다면, 채권가격은 930달러로 떨어질 것이다. 또한 수익률곡선이 0.5%만큼 아래로 이동한다면 채권가격은 1,010달러로 올라갈 것이다. 이 채권의 실효듀레이션은 얼마인가?

① 8.16년
② 9.40년
③ 10.20년
④ 11.40년

해설
$$실효듀레이션 = \frac{P_{-}-P_{+}}{2\cdot(P_0)(\Delta r)} = \frac{1,010-930}{2\times 980\times 0.005} = 8.16년$$

개념 짚어 보기

수정듀레이션(MD : Modified Duration)

- 채권가격 변동률의 측정수단이다.
- 위험측정

$$수정듀레이션 = \frac{맥컬레이듀레이션}{1+\frac{YTM}{m}}$$

채권가격 변동률 = −(수정듀레이션) × 만기수익률의 변동률 × 100

- YTM : 만기수익률
- m : 연간 이자지급횟수

| 실전 확인 문제 정답 | 01 ③ 02 ①

15 볼록성

개념 확인 문제

▶ (　　)에는 동일한 시점의 수익률 변동에 따른 채권가격의 변동성을 나타낸다는 한계가 있다.

① 듀레이션 　　② 힉스듀레이션

실전 확인 문제

▶ **볼록성이 6.75인 채권의 만기수익률이 8%에서 7%로 하락할 경우 볼록성에 기인한 가격변동률은?**

① 0.338% 　　② 0.0338%

③ 0.00338% 　　④ 0.000338%

해설 $\frac{\Delta P}{P} = \frac{1}{2} \times 6.75 \times (0.01)^2 = 0.0003375$

$\therefore$ 약 0.0338%

개념 짚어 보기

볼록성(convexity)

- 듀레이션 값의 변동성을 설명하는 제2차적 지표
- 볼록성을 고려한 채권가격변동률

$$\frac{\Delta P}{P} = -D_H \cdot \Delta r + \frac{1}{2} C \cdot (\Delta r)^2$$

- C : 볼록성

- 채권가격곡선의 2차 곡선으로서의 근사

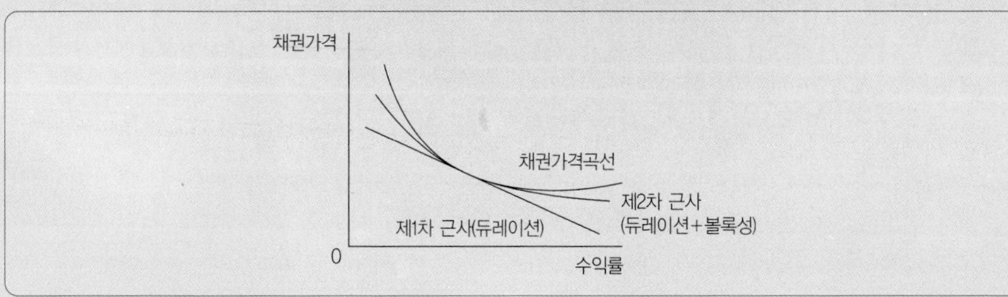

- 힉스듀레이션과 볼록성을 함께 적용하여 채권가격변동을 추정하면 수익률이 큰 폭으로 변동할 때 나타난 추정오차가 어느 정도 제거된다.

| 개념 확인 문제 **정답** | ② 　　| 실전 확인 문제 **정답** | ②

16 채권투자운용 전략 – 적극적 투자전략(1)

개념 확인 문제

01 적극적 투자전략은 ( ) 채권시장을 가정하고 미래의 금리를 예측함으로써 고위험을 감수하면서 고수익을 추구하는 전략이다.

① 효율적 ② 비효율적

02 ( )은 섹터들 간의 관계를 분석하여 일정한 관계를 도출한 다음 일정한 관계를 벗어난 이상현상이 나타났을 때 차익거래를 통해 수익률을 강화할 수 있는 포트폴리오로 조정하기 위한 전략이다.

① 수익률 예측전략 ② 스프레드 운용전략

03 각 잔존연수마다 수익률 격차가 일정하지 않고 만기가 짧아질수록 수익률 하락폭이 커지는 것을 ( )라고 한다.

① 롤링효과 ② 숄더효과

실전 확인 문제

▶ **향후에 수익률곡선의 수평적 하락이동을 확신할 경우 투자수익률 극대화를 위해 취하는 적극적 채권투자 방식은?**

① 표면이율이 낮은 장기채의 보유 비중을 증대시킨다.

② 듀레이션이 낮은 채권의 보유 비중을 증대시킨다.

③ 현금 및 단기채와 장기채 보유 비중의 균형을 이룬다.

④ 채권포트폴리오의 듀레이션을 감소시킨다.

해설 표면이율이 낮을수록, 장기채일수록 수익률 하락에 대한 채권가격의 상승효과가 커진다.

개념 짚어 보기

수익률 예측전략

- 미래의 채권수익률을 예측하여 채권포트폴리오 구성을 조정함으로써 수익을 높이고자 하는 전략이다.
- 수익률의 변동방향 · 변동크기 · 변화시점의 측면에서 수익률을 예측해야 한다.

구분	만기	표면금리	듀레이션
수익률 하락예상 시	장기화	하향조정	장기화
수익률 상승예상 시	단기화	상향조정	단기화

| 개념 확인 문제 정답 | 01 ② 02 ② 03 ② | 실전 확인 문제 정답 | ①

17 채권투자운용 전략 - 적극적 투자전략(2)

개념 확인 문제

01 (   )는 잔존기간이 단축됨에 따라 채권가격이 상승하는 효과를 말한다.
① 롤링효과 ② 숄더효과

02 채권포트폴리오를 중기채 중심으로 구성하는 것을 (   )라고 한다.
① Barbell형 채권운용 ② Bullet형 채권운용

실전 확인 문제

▶ **다음 채권의 매매전략에 대한 설명으로 틀린 것은?**

① 롤링효과(rolling)는 잔존기간이 단축됨에 따라 수익률이 하락(가격이 상승)하는 효과이다.
② 스프레드 확대예상 시에는 수익률이 높은 채권을 매입하고 수익률이 낮은 채권을 매도해야 이익이다.
③ 미래 이자율 상승예상 시에는 듀레이션을 감소시키는 방향으로 포트폴리오를 재구성한다.
④ 경기가 불황일수록 채권 간 스프레드는 확대된다.

해설 스프레드 확대예상 시에는 수익률이 낮은 국채를 매입하고 수익률이 높은 회사채를 매도한다.

개념 짚어 보기

스프레드(Spread)

채권이나 대출금리를 정할 때 신용도에 따라 기준금리에 덧붙이는 가중금리를 스프레드라고 한다. 스프레드는 융자를 원하는 기관의 신용도에 따라 정해지는 금리이기 때문에 돈을 빌리는 기관의 신용도가 높을수록 스프레드가 적게 붙고, 신용도가 나쁠수록 스프레드가 많이 붙는다. 스프레드의 단위로는 bp(basis point)를 사용한다.

스프레드 운용전략

- 섹터(채권들을 동질시할 수 있는 분류)들 간의 관계를 분석하여 일정한 관계를 도출한 다음 일정한 관계를 벗어난 이상현상이 나타났을 때 차익거래를 통해 수익률을 강화할 수 있는 포트폴리오로 조정하기 위한 전략이다.
- **스프레드 운용** : 상이한 두 종목 사이의 수익률 격차가 일시적으로 확대되거나 축소되었다가 시간이 지남에 따라 다시 원래의 상태로 돌아오는 채권의 특성을 이용해서 수익률 격차가 확대 또는 축소된 시점을 파악하여 교체매매함으로써 투자의 효율을 제고하는 방법이다.
- **스프레드 지수** : 교체매매 시 어느 쪽이 유리한지를 알려주며, 배수가 클수록 유리하다.

$$\text{스프레드 지수} = \frac{\text{현재의 스프레드} - \text{평균 스프레드}}{\text{스프레드 표준편차}} \text{(배)}$$

| 개념 확인 문제 정답 | 01 ① 02 ② | 실전 확인 문제 정답 | ②

18 채권투자운용 전략 – 소극적 투자전략(1)

개념 확인 문제

01 소극적 투자전략은 (　　　)을/를 고려하여 채권포트폴리오를 구성한 후 만기일이나 중도상환 시까지 보유하고 있다가 상환한 뒤 다시 유사한 채권포트폴리오를 구성하여 기계적으로 운용하는 것이다.

① 투자 목표　　② 투자 기간

02 (　　　)은 포트폴리오 전체를 각 잔존기간별로 채권보유량을 동일하게 유지하여 이자율변동 시의 위험을 평준화시키는 전략이다.

① 사다리형 만기전략　　② 현금흐름 일치전략

03 채권시장 전체의 흐름을 그대로 따르도록 포트폴리오를 구성함으로써 채권시장 전체의 수익률을 달성하고자 하는 전략을 (　　　)이라고 한다.

① 채권인덱싱 전략　　② 면역전략

실전 확인 문제

▶ **채권인덱싱 전략의 일반적인 특징으로 보기 어려운 것은?**

① 펀드매니저의 자의적 판단이 축소되어 시장예측 실제위험을 줄일 수 있다.

② 적극적 운용펀드에 비해 거래비용이 많이 든다.

③ 선정된 지수와 정확한 기준이 될 수 있어 실제 형태의 객관성을 높일 수 있다.

④ 비교적 대규모의 펀드운용에 적합한 방법이다.

해설 채권인덱싱 전략은 적극적 운용펀드보다 매매회전율이 낮기 때문에 거래비용과 자문수수료가 싸다.

개념 짚어 보기

채권인덱싱 전략의 단점

- 지수가 만들어진 시점과 지수 포트폴리오가 구성되는 시점의 채권가격이 서로 다르며, 채권물량이 부족하면 효과적으로 전략을 운영하는 데 차질이 생긴다.
- 각 포트폴리오의 현금흐름이 서로 다르게 재투자될 경우 총수익률이 달라진다.
- 포트폴리오가 자주 재조정됨에 따라 추적오차가 커진다.
- 고수익종목의 포기라는 높은 기회비용을 감수해야 한다.

| 개념 확인 문제 **정답** | 01 ① 02 ① 03 ① | 실전 확인 문제 **정답** | ②

19 채권투자운용 전략 – 소극적 투자전략(2)

개념 확인 문제

▶ 자산의 듀레이션이 부채의 듀레이션과 같아지도록 자산을 구성하여 재투자위험과 가격위험을 상쇄하는 것은 (　　)이다.

① 목표시기 면역전략　　② 순자산가치 면역전략

실전 확인 문제

01 채권면역전략에 대한 설명 중 옳지 않은 것은?

① 이자율 변동에 관계없이 최초 설정한 목표수익률을 목표기간 말에 실현하기 위한 방법이다.

② 포트폴리오의 듀레이션을 목표투자기간과 일치시킴으로써 면역상태를 이끌어낼 수 있다.

③ 이자율 변동 시 나타나는 가격변동효과와 재투자효과의 상반관계를 이용하는 전략이다.

④ 일단 포트폴리오를 구성하면 투자기간 내내 변경할 필요가 없다.

해설 시간이 경과함에 따라 잔존만기와 듀레이션이 서로 다른 비율로 감소하므로 재면역을 위한 정기적인 포트폴리오의 조정이 필요하다.

02 이자율 변동에 다른 위험을 회피하기 위하여 甲, 乙 두 종류의 채권으로 6년간 포트폴리오를 구성하려고 한다. A채권의 듀레이션은 3년, B채권의 듀레이션은 9년일 경우 甲채권의 투자비율은?

① 0.25　　② 0.5

③ 0.75　　④ 1

해설 이자율 변동위험을 피하고자 한다면 투자기간과 듀레이션을 일치시키는 면역전략을 선택한다. 甲채권의 투자비율을 X라 하면 $3X+9(1-X)=6$에서 $X=0.5$

개념 짚어 보기

전통적 면역전략

- 목표투자기간 내에 발생하는 시장수익률의 변동과 상관없이 채권을 매입할 당시에 설정했던 최선의 수익률을 목표기간 말에 차질 없이 실현시키는 기법이다.
- 채권의 듀레이션과 투자자의 목표투자기간을 일치시켜 면역상태를 유도할 수 있다.
- **면역전략의 한계**
  - 듀레이션은 수익률곡선이 일정한 형태를 유지한다는 가정으로 유도되나, 실제로는 수익률곡선의 형태가 변하면서 면역효과가 떨어진다.
  - 시간의 경과에 따라 듀레이션과 잔존만기가 상이한 비율로 감소하므로 재면역을 위해 포트폴리오를 정기적으로 재조정해야 한다.

| 개념 확인 문제 **정답** | ① | 실전 확인 문제 **정답** | 01 ④ 02 ②

OX 문제

01 채권의 장점은 수익성, 안전성, 유동성 등인데 그중 유동성이란 투자자가 돈이 필요할 때 화폐가치의 손실을 보더라도 채권을 즉시 현금으로 전환할 수 있는 정도를 말한다. ( )

02 채권은 발행주체에 따라 국채, 지방채, 금융채, 회사채, 특수채 등으로 나뉘며, 이자지급방법에 따라 이표채, 할인채, 복리채, 거치분할상환채 등으로 나뉜다. ( )

03 전환사채(CB)는 사채와 주식의 중간 형태를 취한 채권으로, 전환 전에는 주식으로서의 이익을 얻을 수 있고 전환 후에는 사채로서의 확정이자를 받을 수 있다. ( )

04 주식적 측면에서 본 전환사채의 이론가치를 패리티(Parity)라고 하며, 이에 액면 10,000원을 곱한 것을 패리티가격 또는 적정투자가격이라고 한다. ( )

05 교환사채(EB)는 사채 자체가 상장회사의 소유 주식으로 교환되는 것으로, 교환 시 발행사의 자산과 부채가 동시에 감소하게 되는 것이 특징이다. ( )

06 발행시장은 제1차 시장으로 발행자, 발행기관, 투자자로 구성되어 있는 직접적 시장이다. ( )

07 채권가격은 이표율과 수익률이 같을 경우 액면가에 거래되나 이표율이 수익률보다 클 경우 액면가보다 싸게, 이표율이 수익률보다 작을 경우 액면가보다 비싸게 거래된다. ( )

08 만기수익률은 채권의 내부수익률을 의미하며, 채권에서 발생하는 현금흐름의 현재 가치와 그 채권의 시장가격을 일치시키는 할인율을 뜻한다. ( )

09 채권의 변동성은 이표율이 낮을수록, 만기가 길어질수록, 만기수익률의 수준이 높을수록 커진다. ( )

10 Macaulay 듀레이션은 포트폴리오 자산의 듀레이션과 부채 듀레이션을 일치시키는 면역화 전략을 이용한 포트폴리오를 구성하는 데 사용된다. ( )

11 동일한 폭의 수익률 등락에 따른 볼록성 효과는 일치하며, 수익률 변화폭이 크거나 듀레이션이 길수록 채권가격변동에 볼록성이 미치는 영향이 커진다. ( )

해설

01 유동성은 화폐가치의 손실 없이 채권을 현금으로 전환할 수 있는 정도를 말하며, 채권의 경우 유가증권에 비해 유통시장이 발달되어 있어 현금화가 가능하다.

03 전환사채는 일정 조건에 따라 채권을 발행한 회사의 주식으로 전환할 수 있는 권리가 부여된 채권으로, 전환 전에는 사채로서의 확정이자를 받을 수 있고 전환 후에는 주식으로서의 이익을 얻을 수 있는 사채와 주식의 중간 형태이다.

06 발행시장은 간접적 시장이다. 유통시장은 제2차 시장으로 계속적 · 구체적 · 조직적 시장이며, 투자자 간의 수평적 이전 기능을 담당하는 횡적 시장이다.

07 이표율이 수익률보다 작을 경우 액면가보다 싸게(discount) 거래되며, 수익률이 이표율보다 작을 경우 액면가보다 비싸게(premium) 거래된다.

09 채권의 변동성은 만기수익률의 수준이 낮을수록 커진다.

11 동일한 폭의 수익률 등락에 따른 볼록성 효과는 완전히 일치하지(대칭되지) 않는다.

정답 | 01 × 02 ○ 03 × 04 ○ 05 ○ 06 × 07 × 08 ○ 09 × 10 ○ 11 ×

핵심 플러스 O× 문제

12 수익률 곡선이 우상향형으로 나타나는 것은 순수기대가설 측면에서 볼 때 통화정책이 상대적으로 완화상태에 있다는 것을 나타낸다. ( )

13 낙타형 수익률 곡선은 단고장저(短高長低)형 곡선의 변형으로, 장기적으로는 금리의 하향안정이 기대되지만 갑작스러운 통화긴축으로 채권시장이 일시적으로 위축될 때 나타난다. ( )

14 수익률 곡선의 비틀림형 기간구조변동은 단기와 장기 만기수익률은 동일한 방향으로 이동하지만 중기 만기수익률은 이와 반대 방향으로 이동하는 경우를 말한다. ( )

15 선도이자율은 현재 시점에서 요구되는 미래 기간에 대한 이자율로서 현재 시점의 장 · 단기 현물이자율을 이용(기하평균)하여 구할 수 있는데, 이를 내재선도이자율이라 한다. ( )

16 편중기대이론은 불편기대이론과 유동성프리미엄이론의 결합으로, 수익률곡선이 어느 시기의 기대선도이자율과 유동성프리미엄을 동시에 반영한다는 이론이다. ( )

17 시장분할이론은 채권시장의 이질적인 투자가 집단들이 그 집단의 제도적 또는 법률적 여건을 비롯해 집단이 보유하고 있는 자금의 성격, 운용방식의 차이 등에 따라 채권투자에서 만기까지의 기간이 길고 짧음에 대해 민감한 선호를 갖고 있다고 전제하며, 불편기대이론과 극단적인 대조를 이룬다. ( )

18 실현수익률은 실제 실현되리라고 예상되는 이자 및 원금상환액의 현재가치와 채권의 시장가격을 일치시켜주는 할인율로, 실현수익률이 약정수익률에 가까울수록 낮은 확률을 갖는 것이 일반적이다. ( )

19 적극적 채권운용전략 중 채권교체전략은 독점적 정보를 기초로 단기적 이득을 얻기 위한 것으로, 채권시장이 효율적인 경우 초과이득을 얻을 수 있다. ( )

20 수익률곡선타기전략은 수익률 곡선이 우하향의 기울기를 가진 경우에 한하여 실시할 수 있으며, Barbell형 채권운용과 Bullet형 채권운용이 이에 해당한다. ( )

21 순자산가치면역전략은 자산과 부채의 듀레이션 갭을 최소화하여 순자산 가치의 변동성을 최소화하고자 하는 것으로, 자산의 시중가치 가중 듀레이션과 부채의 시중가치 가중 듀레이션을 일치시키는 것이다. ( )

해설

14 나비형(butterfly) 기간구조변동에 대한 내용이다. 비틀림형(twist) 기간구조변동은 중기의 만기 수익률은 크게 움직이지 않는 상태에서 단기와 장기의 만기수익률이 서로 반대 방향으로 이동하는 것을 말한다.

18 약정수익률은 약정된 이자와 원금을 모두 회수할 수 있을 때의 수익률을 말하는데, 대개 실현수익률이 약정수익률에 가까울수록 높은 확률을 갖는다.

19 채권교체란 포트폴리오에 포함되어 있는 채권을 다른 채권으로 교체하는 것으로, 채권시장이 효율적인 경우 초과이득을 얻을 수 없다.

20 수익률곡선타기전략은 수익률 곡선이 우상향의 기울기일 때 실시될 수 있는 채권투자기법으로, 수익률곡선상의 롤링효과(Rolling Effect)와 숄더효과(Shoulder Effect)가 이에 해당한다. Barbell형 채권운용과 Bullet형 채권운용은 수익률곡선전략에 해당한다.

정답 | 12 ○ 13 ○ 14 × 15 ○ 16 ○ 17 ○ 18 × 19 × 20 × 21 ○

3장 파생상품투자운용 · 투자전략

다음 설명 중 틀린 것은?

① 불스프레드는 기초자산의 가격상승 시에는 이익을, 가격하락 시에는 손실을 보게 된다.
② 수평스프레드는 만기가 서로 다른 두 개의 옵션을 가지고 포지션을 구축하는 거래이다.
③ 베어스프레드는 손실이나 이익의 폭이 제한된다.
④ 비율수직스프레드는 기초자산가격이 상승할 가능성이 하락할 가능성보다 높다고 판단되는 경우에 사용한다.

정답해설 백스프레드(Backspread)에 대한 설명이다. 백스프레드는 행사가격이 낮은 옵션을 한 개 매도함과 동시에 행사가격이 높은 옵션을 두 개 매수하는 경우에 구축되는 포지션이다. 비율수직스프레드(Ratio Vertical Spread)는 행사가격이 낮은 옵션을 한 개 매수함과 동시에 행사가격이 높은 옵션을 두 개 매도하는 경우에 구축되는 포지션이다.

오답해설 ① 불스프레드는 행사가격이 낮은 옵션을 매입하고 높은 옵션을 매도할 경우, 기초자산가격이 오르면 이익을 보고 떨어지면 손해를 보되, 그 손실이나 이익의 폭이 제한된 수익구조를 지닌 전략이다.
② 수평스프레드는 만기가 상이한 두 개의 옵션을 가지고 포지션을 구축하는 것이고, 수직스프레드는 행사가격이 상이한 두 개 이상의 옵션을 가지고 스프레드 포지션을 구축하는 것이다.
③ 베어스프레드는 행사가격이 낮은 옵션을 매도하고 높은 옵션을 매수할 경우 기초자산가격이 오르면 손해를 보고 떨어지면 이익을 보되, 그 손실이나 이익의 폭이 제한된 수익구조를 지닌 전략이다.

대표 유형 문제 알아 보기

베어(약세장)스프레드

	콜 베어스프레드	풋 베어스프레드
포지션	낮은 콜옵션 매도 + 높은 콜옵션 매입	낮은 풋옵션 매도 + 높은 풋옵션 매입
최대손실	행사가격차이 − 프리미엄차이	프리미엄차이
최대이익	프리미엄차이	행사가격차이 − 프리미엄차이
손익분기점	낮은 행사가격 + 프리미엄차이	높은 행사가격 − 프리미엄차이

| 대표 유형 문제 정답 | ④

1 파생상품 개요

개념 확인 문제

01 (　　)은 파생금융상품을 거래소에 상장시켜서 거래하는 것으로, 주로 선물 및 옵션 상품이 여기에 해당한다.

① 장내파생상품　　② 장외파생상품

02 (　　)과 관련된 파생상품은 최근 급성장하고 있는 상품으로 신용파산스왑, 신용연계채권 등이 있다.

① 채권　　② 신용위험

실전 확인 문제

▶ **파생상품과 관련된 다음 설명 중 적절하지 않은 것은?**

① 투기거래는 방향예측을 전제로 한 베팅성 거래이다.

② 헤지거래는 가치보전의 수단으로 사용되는 거래이다.

③ 차익거래는 현물과 선물 간의 가격차이가 이론적인 수준을 벗어날 경우 그 비정상적인 가격차를 통해 이윤을 획득하는 거래로, 위험투자이다.

④ 스프레드거래는 비슷하게 움직이는 선물 혹은 옵션 간의 가격차이의 움직임에 대해 베팅하는 거래로, 한쪽은 매수 다른 한쪽은 매도하는 반대 방향으로 포지션을 구축한다.

해설 차익거래는 무위험투자이다.

개념 짚어 보기

파생금융상품

- **기법에 따른 분류** : 선물(Futures), 옵션(Options), 스왑(Swaps), 선도(Forward)
- **거래의 개념적 장소에 따른 분류**

구분	내용
장내파생상품 (Exchange-Traded Derivative Products)	– 거래소에 상장되어 거래되는 파생상품으로, 선물 및 옵션 상품이 여기에 해당한다. – 유동성이 좋은 반면 상품이 약간 경직적으로 규격화되어 거래되는 것에 따른 문제점이 있다.
장외파생상품 (OTC Derivative Products)	– 거래소를 거치지 않고 일대일 계약을 통해 거래되는 파생상품이다. – 일단 포지션을 취하면 해지 · 반대매매가 쉽지 않다.

- **거래대상이 되는 기초자산** : 개별주식, 주가지수, 금리, 채권, 통화(외환, 환율), 상품(원자재), 신용위험, 임의적 선물계약 등

| 개념 확인 문제 정답 | 01 ① 02 ②　| 실전 확인 문제 정답 | ③

2 선도거래와 선물거래

개념 확인 문제

01 차액결제선물환거래는 (   )의 변형된 형태로, 만기시점에 당사자들 사이에 실물인수도를 하지 않고 차액만을 결제하는 제도이다.

① 선도거래 ② 선물거래

02 NDF거래에서 환율상승 시 매수가 (   ), 매도가 (   )이므로 매도투자자가 매수투자자에게 현물가격과 선물계약가격의 차이를 지급한다.

① 이익, 손실 ② 손실, 이익

실전 확인 문제

▶ **선도거래와 선물거래의 차이점에 대한 다음 설명 중 적절하지 않은 것은?**

① 선도계약에는 한정된 거래자가 참여하나 선물계약에는 다수의 거래자가 참여할 수 있다.
② 선도계약은 거래조건이 표준화되어 있지만, 선물계약은 거래조건이 표준화되어 있지 않다.
③ 선도계약의 결제시점은 만기일이나, 선물계약은 일일정산된다.
④ 선도계약보다 선물계약의 유동성이 높다.

해설 선도계약은 거래조건이 표준화되어 있지 않은 반면, 선물계약은 표준화된 거래조건이 있다.

개념 짚어 보기

선물계약과 선도계약의 비교

구분	선물계약	선도계약
거래조건	표준화	비표준화
상품의 인도 · 인수	만기일 이전에 반대매매됨	만기일에 인도 · 인수됨
거래 중개자	결제소 보증에 의한 간접적 거래	중개자 없이 직접 거래
결제시점	일일정산	만기일
유동성	높음	낮음
가격과 거래 제한	제한 있음	제한 없음
참여거래자 범위	다수	한정됨

| 개념 확인 문제 정답 | 01 ① 02 ① | 실전 확인 문제 정답 | ②

3 선물거래의 경제적 기능과 특징

개념 확인 문제

▶ 파생상품 거래에는 계약시점과 이행시점이 존재하기 때문에 계약시점에는 자금이 이동하지 않는다. 따라서 만기일 (　　) 발생된 파생금융상품의 거래사실은 대차대조표에서 각주사항으로 기록되므로 부외거래로 처리된다.

① 이전까지　　② 이후에

실전 확인 문제

01 다음 중 선물거래의 효용으로 볼 수 없는 것은?

① 가격 발견　　② 시장 효율성 증대

③ 거래비용 절감　　④ 신속한 자금동원

해설 선물거래의 경제적 기능은 가격 발견, 효율성 증대, 거래비용 절감, 위험전가 등이다.

02 증거금과 일일정산제도에 대한 설명 중 옳지 않은 것은?

① 증거금은 선물계약 시 거래 쌍방이 청산기관에 납입한다.

② 증거금이 유지증거금 이하이면 유지증거금 수준으로 즉시 회복시켜야 한다.

③ 선물거래의 손익은 일일정산제도에 의해 증거금에서 가산, 차감한다.

④ 선물거래증거금은 계약의 불이행을 방지하기 위한 것이다.

해설 유지증거금 이하로 계좌의 잔액이 내려가면 개시증거금과의 차액을 납부하게 된다.

개념 짚어 보기

선물거래의 특징

- **증거금제도와 일일정산**
  - 초기증거금 : 선물시장에서 참여자들의 신용위험을 최소화하기 위해 일정 금액을 보증금 형태로 예치하는 것이다.
  - 일일정산 : 하루의 거래가 종결되면 그날의 결제가를 기준으로 정산한다.
- **만기일 이전의 포지션 정산**
  - 전매도(long liquidation) : 매수포지션을 청산하기 위해 매도포지션을 취하는 것을 말한다.
  - 환매수(short covering) : 매도포지션을 청산하기 위해 매수포지션을 취하는 것을 말한다.
- **거래소와 청산소의 존재**
  - 거래소 : 선물계약의 매매체결, 관리
  - 청산소 : 일일정산담당
- **거래대상의 규격화 · 표준화** : 선물거래는 계약의 변동 폭과 이에 따른 자금액수가 규격화 내지 표준화되어 거래된다.

| 개념 확인 문제 정답 | ①　　| 실전 확인 문제 정답 | 01 ④　02 ②

4 균형선물가격의 결정

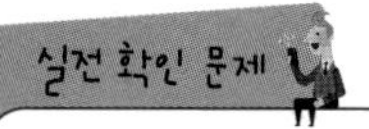

01 KOSPI 200의 현재지수가 113, 평균배당률은 연 1%, 무위험금리가 연 5%인 경우, 만기가 75일 후인 주가지수선물의 균형가격은 약 얼마인가?(단, 이자지급방식은 단리로 가정)

① 111.54 ② 113.94
③ 113.93 ④ 115.39

해설 $F = S(1+(r-d)\times\frac{t}{365}) = 113(1+(0.05-0.01)\times\frac{75}{365}) \fallingdotseq 113.93$

02 KOSPI 200 현물 주가지수 90포인트, 이자율 5%(연율), 배당율 연 2%, 그리고 잔존만기일 30일인 KOSPI 200 선물가격이 91포인트일 경우 차익거래 이익을 실현하고자 한다면 어떤 전략이 가장 바람직한가?

① 선물매수 + 현물매수 ② 선물매수 + 현물매도
③ 선물매도 + 현물매수 ④ 선물매도 + 현물매도

해설 선물이론가격 $= 90 + 90(0.05-0.02)\times\frac{30}{365} \fallingdotseq 90.22$

∴ 선물가격(91)이 선물이론가격(90.22)보다 고평가되어 있으므로, '현물매수 + 선물매도'의 전략을 실행한다.

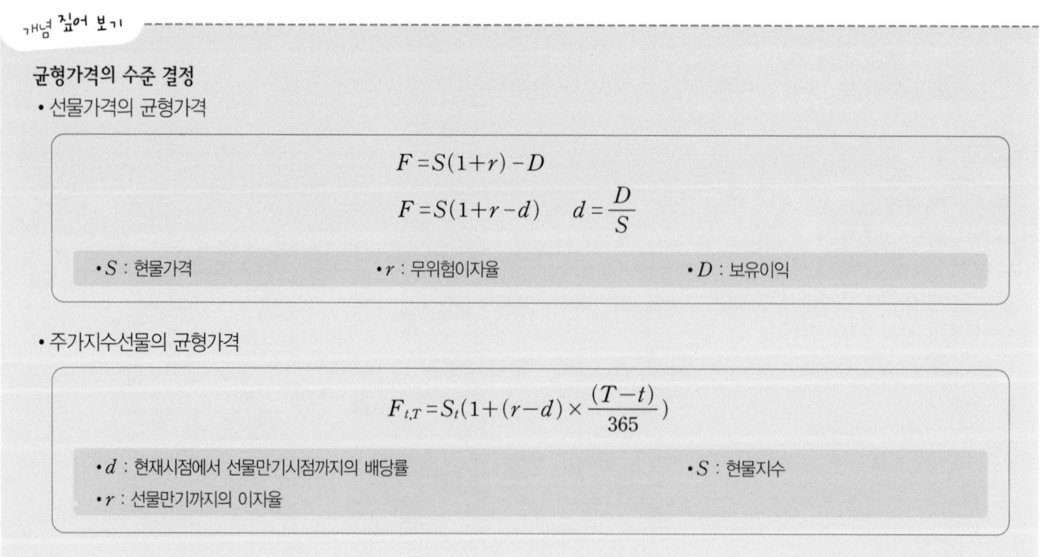
개념 짚어 보기

균형가격의 수준 결정

- 선물가격의 균형가격

$$F = S(1+r) - D$$

$$F = S(1+r-d) \qquad d = \frac{D}{S}$$

- S : 현물가격 - r : 무위험이자율 - D : 보유이익

- 주가지수선물의 균형가격

$$F_{t,T} = S_t(1+(r-d)\times\frac{(T-t)}{365})$$

- d : 현재시점에서 선물만기시점까지의 배당률
- r : 선물만기까지의 이자율
- S : 현물지수

| 실전 확인 문제 **정답** | 01 ③ 02 ③

5 선물시장의 기본적인 이용 전략

개념 확인 문제

01 헤징기간의 불일치에서 기인하는 베이시스 위험으로 인해 헤징의 결과가 완벽하게 나타나지 못하는 것을 (　　)라고 한다.

① 제로 베이시스 헤지　　② 랜덤 베이시스 헤지

02 선물가격이 현물가격보다 높고, 선물가격 내에서 원월물 가격이 근월물보다 높은 것을 (　　)(이)라고 한다.

① 콘탱고　　② 백워데이션

실전 확인 문제

01 제로 베이시스 헤지(Zero Basis Hedge)를 설명한 내용 중 가장 거리가 먼 것은?

① 선물계약의 만기일과 헤지기간의 만료일이 일치한다.

② 베이시스 위험(Basis Risk)에 노출된다.

③ 헤징 손익을 사전에 확정할 수 있다.

④ 선도거래를 통한 헤지를 실행하는 것과 동일한 효과를 얻을 수 있다.

해설 불완전 헤지 또는 랜덤 베이시스 헤지(Random Basis Hedge)에 대한 설명이다.

02 선물시장가격이 백워데이션 상태일 경우의 차익거래 형태는?

① 현물매수 + 선물매수　　② 현물매도 + 선물매도

③ 현물매수 + 선물매도　　④ 현물매도 + 선물매수

해설 백워데이션 상태는 선물 저평가, 현물 고평가 시 발생하므로 매도차익거래(현물매도 + 선물매수)를 실행한다.

개념 짚어 보기

헤지거래

- **제로 베이시스 헤지(Zero Basis Hedge)** : 선물계약 만기일까지 현물과 선물포지션을 보유함으로써 선물시장을 이용한 헤징의 효과가 선도거래를 이용한 헤징의 효과와 동일해지는 것($b_{T,T} = S_T - F_{T,T} = S_T - S_T = 0$)을 말한다.
- **불완전 헤지, 랜덤 베이시스 헤지(Random Basis Hedge)** : 헤징기간의 불일치에서 기인하는 베이시스 위험으로 인해 헤징의 결과가 완벽하게 나타나지 못하는 것을 말한다.

차익거래

- **매수차익거래** : 선물 고평가 · 현물 저평가 시 발생, 현물매수 + 선물매도
- **매도차익거래** : 선물 저평가 · 현물 고평가 시 발생, 현물매도 + 선물매수

| 개념 확인 문제 **정답** | 01 ② 02 ① | 실전 확인 문제 **정답** | 01 ② 02 ④

6 풋-콜 패리티(1)

개념 확인 문제

01 콜옵션의 가치는 기초자산가격에서 행사가격 현재가치를 차감한 값보다 (　　).

① 작다　　② 크다

02 유럽식 풋옵션은 만기에서의 행사가격의 현재가치보다 (　　).

① 작아진다　　② 커진다

실전 확인 문제

01 기초자산가격이 103이고, 동일한 행사가격(X = 105)에 대하여 풋옵션 프리미엄이 4.5일 때 잔여만기가 3개월 남아 있는 콜옵션의 가치는?(단리로 계산, 1년 무위험이자율은 4%)

① 1.07　　② 2.87

③ 3.54　　④ 4.21

해설 $c+\frac{X}{(1+r)}=p+S=c+\frac{105}{(1+0.01)}=103+4.5 \quad \therefore c=3.54$

02 A주식의 현재가격이 10,000원이고, 만기 3개월인 A주식의 콜옵션가격이 500원일 때 만기 3개월인 A주식의 풋옵션 이론가격은?(단, 콜옵션, 풋옵션의 행사가격은 모두 9,800원이고 연간 무위험이자율은 8%이다. 원 미만 절사)

① 121원　　② 107원

③ 98원　　④ 97원

해설 $p+S=c+\frac{X}{(1+r)}$

$p+10{,}000=500+\frac{9{,}800}{(1+0.02)}$

연간 무위험이자율이 8%이므로, 만기 3개월의 경우 무위험이자율은 $2\%(=8\%\times\frac{1}{4})$가 된다.

$\therefore p=107$원

| 개념 확인 문제 정답 | 01 ② 02 ①　　| 실전 확인 문제 정답 | 01 ③ 02 ②

7 풋-콜 패리티(2)

개념 확인 문제

01 콜옵션의 가치는 (　　　)보다 클 수 없다.
① 기초자산의 가격　　② 행사가격

02 풋옵션의 가치는 (　　　)보다 클 수 없다.
① 기초자산의 가격　　② 행사가격

실전 확인 문제

▶ **콜옵션매수와 동일한 손익구조를 가진 포트폴리오를 합성하려 한다. 이를 위해 필요한 포지션이 아닌 것은?**

① 풋매수　　② 무위험이자율로 차입
③ 주식매입　　④ 주식공매도

해설 풋-콜 패리티 정리에 의해 $c = p + S - \frac{X}{(1+r)}$
∴ 콜옵션매수 = 풋옵션매수 + 주식매입 + 채권매도(자금차입)

개념 짚어 보기

풋-콜 패리티(Put-Call Parity)

- 만기와 행사가격이 동일한 풋옵션과 콜옵션 사이에 성립하는 관계식

$$c + \frac{X}{(1+r)} = p + S$$

- 만기와 행사가격이 동일한 유럽식 풋옵션과 콜옵션 프리미엄 사이의 관계식

$$p_t + S_t = c_t + B_t$$

- p_t, c_t : 만기와 행사가격이 동일한 풋과 콜옵션의 현재시점 프리미엄
- S_t : 기초자산의 현재시점 가격
- B_t : 만기시점(T)에서 행사가격(X)만큼 지급하는 채권의 현재 할인가치

| 개념 확인 문제 정답 | 01 ① 02 ② | 실전 확인 문제 정답 | ④

8 옵션을 이용한 스프레드 전략(1)

개념 확인 문제

01 콜 불스프레드의 경우 (　　)을 매입하고 (　　)을 매도한다.

① 낮은 콜옵션, 높은 콜옵션　　② 높은 콜옵션, 낮은 콜옵션

02 풋 불스프레드의 경우 (　　)을 매입하고 (　　)을 매도한다.

① 낮은 풋옵션, 높은 풋옵션　　② 높은 풋옵션, 낮은 풋옵션

실전 확인 문제

01 불스프레드에 관한 다음 설명 중 틀린 것은?

① 기초자산의 가격이 상승할 때 이익을 얻을 수 있다는 의미에서 불(강세장)스프레드라고 한다.

② 기초자산가격이 하락할 때 손실은 제한되지만 상승할 때에는 이익을 무제한으로 얻을 수 있다.

③ 콜 불스프레드의 경우 낮은 콜옵션을 매입하고 높은 콜옵션을 매도한다.

④ 풋 불스프레드의 경우 낮은 풋옵션을 매입하고 높은 풋옵션을 매도한다.

해설 불스프레드는 기초자산가격이 하락할 때의 손실뿐만 아니라 상승할 때의 이익에도 그 폭이 제한된 수익구조를 지닌 전략이다.

02 콜옵션을 이용한 콜 불스프레드(call bull spread)의 전략으로 옳은 것은?

① 만기가 긴 call 매입 + 만기가 짧은 call 매도

② 만기가 짧은 call 매입 + 만기가 긴 call 매도

③ 행사가격이 높은 call 매입 + 행사가격이 낮은 call 매도

④ 행사가격이 낮은 call 매입 + 행사가격이 높은 call 매도

해설 콜 불스프레드는 행사가격이 낮은 옵션을 매입하고 행사가격이 높은 옵션을 매도할 경우, 기초자산가격이 오르면 이익을 보고 떨어지면 손해를 보되, 그 손실이나 이익의 폭이 제한된 수익구조를 지닌 전략이다.

개념 짚어 보기

불(강세장)스프레드

행사가격이 낮은 옵션을 매입하고 높은 옵션을 매도할 경우, 기초자산가격이 오르면 이익을 보고 떨어지면 손해를 보되, 그 손실이나 이익의 폭이 제한된 수익구조를 지닌 전략이다.

| 개념 확인 문제 정답 | 01 ① 02 ①　| 실전 확인 문제 정답 | 01 ② 02 ④

9 옵션을 이용한 스프레드 전략(2)

개념 확인 문제

▶ 만기와 행사가격이 동일한 두 개의 옵션(콜옵션, 풋옵션)을 동시에 매수하는 경우에 나타나는 포지션을 (   )이라고 한다.

① 스트래들　　② 스트랭글

실전 확인 문제

01 다음 중 주가가 당분간 현재와 비슷한 수준이라고 예상될 때 사용 가능한 옵션전략은?

① long 스트래들　　② long 스트랭글

③ long call　　④ short 스트래들

해설 주가의 변동성이 낮을 경우에는 콜옵션과 풋옵션을 동시에 매도하는 전략인 short 스트래들이나 short 스트랭글이 유효하다.

02 스트랭글 거래에 해당하는 것은?

① 행사가격 100 콜매수 + 행사가격 100 풋매수

② 행사가격 100 콜매수 + 행사가격 90 풋매수

③ 행사가격 90 콜매수 + 행사가격 100 풋매수

④ 행사가격 100 콜매수 + 행사가격 100 풋매도

해설 스트랭글 매수는 행사가격이 다른 콜과 풋옵션을 동시에 매수하는 전략으로, 상대적으로 낮은 행사가격의 풋옵션과 상대적으로 높은 행사가격의 콜옵션을 매수함으로써 기초자산가격의 큰 변동을 예상하고 투자하는 전략이다.

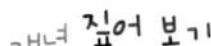

개념 짚어 보기

스트래들(Straddle) 매수포지션

- 만기와 행사가격이 동일한 두 개의 옵션(콜옵션, 풋옵션)을 동시에 매수하는 경우에 나타나는 포지션이다.
- 기초자산가격이 현재시점보다 크게 상승 또는 하락할 경우에 이익이며, 현재시점과 거의 변동이 없을 경우에는 손해이다.

스트랭글(Strangle) 매수포지션

- 행사가격이 다른 콜과 풋옵션을 동시에 매수하는 경우에 나타나는 포지션이다.
- 행사가격이 상대적으로 낮은 풋옵션과 행사가격이 상대적으로 높은 콜옵션을 매수함으로써 기초자산가격이 크게 변동할 것이라고 예상하고 투자하는 전략이다.

| 개념 확인 문제 정답 | ①　　| 실전 확인 문제 정답 | 01 ④　02 ②

10 옵션을 이용한 스프레드 전략(3)

개념 확인 문제

▶ 나비스프레드는 세 개의 옵션 가운데 행사가격이 가장 낮은 옵션과 행사가격이 가장 높은 옵션에 대해서는 각각 (　　)씩 매수포지션을 구성하고, 행사가격이 중간인 옵션에 대해서는 (　　)의 매도포지션을 구성하는 전략이다.

① 한 개, 두 개　　② 두 개, 한 개

실전 확인 문제

01 기초자산과 만기가 동일하고, 행사가격이 90인 콜옵션을 한 개 매수하고, 100인 콜옵션을 두 개 매도, 110인 콜옵션을 한 개 동시에 매수하였다. 이러한 투자전략을 무엇이라고 하는가?

① Straddle　　② Strangle

③ Butterfly Spread　　④ Time Spread

해설 나비스프레드(Butterfly Spread)에 관한 내용이다.

02 2012년 11월 현재 KOSPI 200 옵션시장에서 행사가격이 95인 11월물 콜옵션 10계약을 1.50에 매도하고, 반면 동일 행사가격의 12월물 콜옵션 10계약을 4.50에 매수하였다면 이와 같은 전략은?

① Bull−call spread　　② Bear−call spread

③ Time spread　　④ Back spread

해설 시간스프레드(Time spread)는 두 옵션의 행사가격은 동일하며, 만기가 짧은 옵션은 매도하고 만기가 긴 옵션은 매수하는 전략이다.

개념 짚어 보기

나비스프레드(Butterfly Spread)

세 개의 옵션 가운데 행사가격이 가장 낮은 옵션과 행사가격이 가장 높은 옵션에 대해 각각 한 개씩 매수포지션을 구성하고, 행사가격이 중간인 옵션에 대해서는 두 개의 매도포지션을 구성하는 전략이다.

시간스프레드(Time Spread)

- 행사가격이 동일한 두 개의 옵션을 대상으로 만기가 짧은 옵션은 매도하고 만기가 긴 옵션은 매수하는 전략이다.
- 자산가격 변동 가능성이 낮을 때 이익이 창출된다.

| 개념 확인 문제 **정답** | ①　　| 실전 확인 문제 **정답** | 01 ③　02 ③

11 옵션을 이용한 차익거래

개념 확인 문제

▶ 풋옵션 매도 · 콜옵션 매수포지션(기초자산매수와 동일)과 기초자산 매도포지션을 합성하여 이익을 창출하는 전략을 ( )라고 한다.

① Conversion ② Reversal

실전 확인 문제

01 다음 중 옵션을 이용한 차익거래 전략에 해당하는 것은?

① 스트래들 ② 스트랭글
③ 대각스프레드 ④ 컨버전

해설 옵션을 이용한 차익거래 전략에는 컨버전(Conversion)과 리버설(Reversal)이 있다.

02 '콜매도 + 풋매수 + 기초자산매수'를 이룬 포지션의 차익거래는?

① 리버설 ② 버터플라이 매수
③ 컨버전 ④ 스트래들

해설 컨버전(Conversion) : 풋매수 + 콜매도 + 기초자산매수
리버설(Reversal) : 풋매도 + 콜매수 + 기초자산매도

개념 짚어 보기

컨버전(Conversion)

- 풋옵션 매수 · 콜옵션 매도포지션(기초자산매도와 동일)과 기초자산 매수포지션을 합성하여 무위험차익을 창출하는 전략이다.
- 매도대상이 되는 콜옵션의 프리미엄은 매우 비싸고 매수대상이 되는 풋옵션의 프리미엄이 매우 쌀 경우, 투자자는 합성매도포지션과 실제매수포지션을 결합하여 이익을 창출한다.

리버설(Reversal)

- 풋옵션 매도 · 콜옵션 매수포지션(기초자산매수와 동일)과 기초자산 매도포지션을 합성하여 이익을 창출하는 전략이다.
- 매수대상이 되는 콜옵션의 가격이 매우 싸고 매도대상이 되는 풋옵션의 가격이 매우 비쌀 경우, 투자자는 합성매수포지션과 실제매도포지션을 결합하여 이익을 창출한다.

| 개념 확인 문제 정답 | ② | 실전 확인 문제 정답 | 01 ④ 02 ③

12 포트폴리오 보험 전략

개념 확인 문제

01 주식포트폴리오를 보유하고 있는 상태에서 보험에 드는 것처럼 풋옵션을 매입하는 것을 (　　　)이라고 하는데, 이 전략은 보험효과가 확실한 만큼 비용도 많이 드는 것이 단점이다.

① 방어적 풋전략　　② 동적자산배분 전략

02 (　　)은 채권매수와 동시에 콜옵션 매수전략을 병행하는 전략을 말한다.

① 이자추출전략　　② 동적헤징전략

실전 확인 문제

01 포트폴리오 보험 전략에 해당하는 것은?

① 풋매수　　② 콜매도

③ 풋매도　　④ 커버드콜

해설 포트폴리오 보험 전략은 기초자산가격이 하락하더라도 일정 수준의 수익을 보장하는 방향으로 자산을 운용하는 기법이며, 풋옵션을 매수하는 방법(방어적 풋전략)과 동적자산배분 전략 등이 있다.

02 '콜매수 + 기초자산매도'와 동일한 손익구조의 포지션은?

① 풋매도 + 기초자산매도　　② 풋매수 + 기초자산매수

③ 콜매수　　④ 풋매수

해설 '콜매수 + 기초자산매도'는 '풋매수'와 동일한 손익구조 포지션이다.

개념 짚어 보기

포트폴리오 보험 전략

- **방어적 풋전략(Protective Put)**
  - 현물 포지션 보유 + 풋옵션 매입
  - 매우 효과적인 전략이나 풋매입 비용이 많이 들어간다.
- **동적자산배분 전략(Dynamic Asset Allocation)**
  - 동적인 헤징전략 구축 시 사용되는 전략이다.
  - 전체 포트폴리오 가치 중에서 일부를 채권에 배정한 후 주식가격 상승 시에는 채권을 매도하여 주식보유비율을 늘리고, 주식가격 하락 시에는 주식을 매도하여 채권을 매입함으로써 포트폴리오 전체의 가치를 일정 수준에서 보존한다.
  - 자산보유비율의 동적 조정을 통해 콜옵션 포지션을 합성(주식편입비율을 옵션델타만큼 유지)한다.
  - 주식의 비율을 지속적으로 재조정(Rebalancing)해야 한다.

| 개념 확인 문제 정답 | 01 ① 02 ①　　| 실전 확인 문제 정답 | 01 ① 02 ④

13 옵션포지션 분석(1)

개념 확인 문제

01 델타는 (　　)의 변화에 대한 옵션프리미엄 변화분의 비율이다.

① 시간　　② 기초자산의 가격

02 감마는 기초자산의 변화에 따른 (　　)의 변화비율이다.

① 쎄타값　　② 델타값

실전 확인 문제

01 옵션델타에 관한 설명 중 가장 거리가 먼 것은?

① 등가격(ATM)에서 풋옵션델타는 −0.5이다

② 심내가격(deep−ITM)에서 콜옵션델타는 +1에 근접한다.

③ 심외가격(deep−OTM)에서 풋옵션델타는 −1에 근접한다.

④ 풋옵션델타는 −1에서 0 사이의 값을 가진다.

해설 심외가격(deep−OTM)에서 풋옵션델타는 0에 근접한다.

02 주식의 수익이 50~150까지 변할 때 콜옵션 수익이 0~40까지 변한다고 가정하면 무위험 포트폴리오 콜옵션 1계약을 매도하고 주식을 (　　)하여 구성할 수 있다.

① 0.4주 매입　　② 0.4주 매도

③ 0.6주 매도　　④ 0.6주 매입

해설 $\Delta = \frac{40-0}{150-50} = 0.4$ 매입

개념 짚어 보기

델타(= Δ)

- 등가격상태(ATM)일 때 델타값은 약 0.5이다.
- 과내가격(Deep−ITM)일수록 −1, 1에 가깝고, 과외가격(Deep−OTM)일수록 0에 가깝다.
- 만기와 행사가격이 동일한 콜옵션과 풋옵션의 절대치를 더하면 1이 된다.
- 델타는 옵션의 프리미엄에 기초자산의 변화가 반영되는 속도라고 할 수 있다.
- **옵션헤지비율과 델타중립적 헤지(Delta Neutral Hedge)** : 포지션의 델타는 옵션 자체의 델타를 바탕으로 구성되는데, 매수의 경우 (+), 매도의 경우 (−)로 나타난다. 그렇기 때문에 의도적으로 CCW(1, Δ)를 유지하면 포지션 전체의 델타는 0이 된다.

| 개념 확인 문제 정답 | 01 ② 02 ② | 실전 확인 문제 정답 | 01 ③ 02 ①

14 옵션포지션 분석(2)

개념 확인 문제

01 감마는 옵션프리미엄의 기초자산가격에 대한 (   ) 미분치이다.

① 2차 ② 3차

02 그래프 상에서 봤을 때, 콜옵션이나 풋옵션의 프리미엄구조가 기초자산변화에 대해 아래로 볼록한 형태를 띠므로 감마값은 (   )이다.

① 음수 ② 양수

실전 확인 문제

▶ **기초자산을 10단위 매수한 경우에 전체 포지션을 무위험포지션으로 만들기 위해서는 등가격상태인 콜옵션을 몇 단위 매도하여야 하는가?(콜델타가 0.5)**

① 10계약 ② 20계약

③ 30계약 ④ 50계약

해설 '콜옵션 $\frac{1}{\Delta}$ 계약 매도 + 주식 1계약 매수' 포지션이 무위험포지션이 되므로, $\frac{1}{\Delta}=\frac{1}{0.5}=2$이므로, 20계약(=2×10단위)을 매도한다.

개념 짚어 보기

감마(= Γ)

$$\Gamma=\frac{\partial\Delta}{\partial S}=\frac{\partial}{\partial S}\left(\frac{\partial\Delta}{\partial S}\right)=\frac{\partial^2 c}{\partial S^2}$$

- 정의
  - 기초자산의 변화에 따른 델타값의 변화비율이다.
  - 옵션프리미엄의 기초자산가격에 관한 2차 미분치이다.
- 그래프 상에서 봤을 때, 콜옵션이나 풋옵션의 프리미엄구조가 기초자산변화에 대해 아래로 볼록한 형태를 띠므로 감마값은 양수이다.
- 감마는 기초자산의 변화에 따른 옵션프리미엄 변화의 가속도라고 할 수 있다.
- 감마값은 ATM에서 가장 크고 OTM, ITM으로 갈수록 작아진다.

| 개념 확인 문제 정답 | 01 ① 02 ② | 실전 확인 문제 정답 | ②

15 옵션포지션 분석(3)

개념 확인 문제

01 시간의 경과에 따른 옵션가치의 변화분을 나타내는 것은 (　　)이다.
① 쎄타　　② 로우

02 베가는 (　　)에 따른 옵션프리미엄의 증가분이다.
① 변동성계수의 증가　　② 금리의 변화

실전 확인 문제

▶ **옵션에 대한 다음 설명 중 틀린 것은?**

① 옵션가치의 비선형으로 인한 효과를 감마효과라고 한다.
② 내재변동성의 변화 효과를 베타효과라고 한다.
③ 무위험이자율의 변화에 대한 옵션가격의 변화 정도를 나타내는 것은 델타이다.
④ 시간이 경과함에 따라 옵션가격의 변화 정도를 나타내는 것은 쎄타이다.

해설 무위험이자율의 변화에 대한 옵션가격의 변화 정도를 나타내는 것은 로우(Rho)이다.

개념 짚어 보기

쎄타(= θ)
- 시간의 경과에 따른 옵션가치의 변화분이다.
- 쎄타값은 옵션의 시간가치 감소를 의미하는데, 일반적으로 콜옵션 또는 풋옵션을 보유한 투자자의 경우 기초자산 가격의 변화 없이 시간만 지나가면 옵션의 시간가치 감소로 인해 손실을 입게 된다.
- 쎄타의 절대치 $|\theta|$와 감마의 절대치 $|\Gamma|$의 크기는 정(+)의 관계이므로 부호는 반대이지만 절대값은 비례한다.

베가(= V)
- 변동성계수의 변화에 따른 옵션프리미엄의 변화분이다.
- 변동성계수는 시장이 급등락할 가능성이 커질수록 증가한다.

로우(= ρ)
- 금리 변동에 따른 옵션프리미엄의 민감도이다.
- 기초자산의 가격을 상승 또는 하락시키는 부분은 로우값과 관련이 없다.
- 풋옵션의 로우값은 음수(−)이고 콜옵션의 로우값은 양수(+)이다.

| 개념 확인 문제 정답 | 01 ① 02 ① | 실전 확인 문제 정답 | ③

16 옵션포지션 분석(4)

개념 확인 문제

01 콜옵션의 델타값은 (   )까지 분포하며 풋옵션의 델타값은 (   )까지 분포한다.
① 0~-1, 0~1　　② 0~1, 0~-1

02 등가격옵션의 경우 변동성의 감소나 시간의 경과에 따라 (   )이 크게 증가할 수 있다.
① 델타값　　② 감마값

실전 확인 문제

▶ **시장상황의 변화가 옵션가치에 미치는 영향을 설명한 내용 중 가장 거리가 먼 것은?**

① 기초자산의 변동성이 증가할 경우 옵션가치의 변화율이 가장 큰 것은 내가격옵션이다.
② 풋옵션의 델타값은 0에서 −1까지 분포한다.
③ 등가격 단기옵션이 등가격 장기옵션보다 쎄타값이 크다.
④ 두 옵션의 델타값이 동일한 경우에 기초자산의 변동성이 증가하면 장기옵션가격이 단기옵션가격보다 큰 폭으로 변한다.

해설 기초자산의 변동성이 증가할 경우 옵션가치의 변화율이 가장 큰 것은 외가격옵션이다.

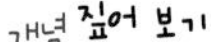

시장상황의 변화가 옵션가치에 미치는 영향
- 기초자산의 변동성이 증가할 경우, 옵션가치의 변화량이 가장 큰 옵션은 등가격옵션이고 옵션가치의 변화율이 가장 큰 것은 외가격옵션이다.
- 콜이나 풋옵션 중 등가격옵션의 델타값은 대략 0.5 수준이다.
- 변동성이 증가할 경우 콜옵션의 델타값은 1로, 풋옵션의 델타값은 0으로 수렴하게 된다.
- 변동성이 증가할 경우 두 옵션의 델타값이 동일하다는 전제하에서 장기옵션가격이 단기옵션보다 큰 폭으로 변하게 된다.
- 등가격단기옵션이 등가격장기옵션보다 쎄타값이 크다.
- 경과에 따른 옵션의 가격변화는 변동성의 감소와 효과가 동일하다. 바꾸어 말하면 옵션의 잔여만기가 감소할 경우 변동성이 감소된 것과 동일한 효과가 나타난다.
- 행사가격과 잔여만기가 동일한 콜옵션과 풋옵션의 감마값과 베가값은 동일하다.
- 행사가격과 잔여만기가 동일한 콜옵션과 풋옵션의 델타값 절대치를 합하면 1이 된다.

| 개념 확인 문제 정답 | 01 ② 02 ② | 실전 확인 문제 정답 | ①

17 금리선물

개념 확인 문제

01 유로달러선물을 매입함으로써 향후 금리하락에 대한 본래의 위험노출을 커버하는 것을 (　　)라고 한다.

① Short Hedge　　② Long Hedge

02 T-Bond선물은 액면가 10만 달러를 기준으로 백분율 및 (　　)포인트로 표시한다.

① 1/16　　② 1/32

03 (　　)는 'Tenser Day' 라고도 하며, 선물매도자가 실물인도를 하겠다고 공식적으로 의사표시를 하는 날이다.

① Position Day　　② Delivery Day

04 (　　)은 자유재량옵션으로, 선물시장 폐장시간(오후 2시)과 인도통지 마감시간(오후 8시)의 차이로 인해 발생한다.

① The Wild Card Option　　② Timing Option

실전 확인 문제

▶ **최저가인도채권을 찾는 방법은 Value Basis가 가장 (　　) 채권이거나 이론환매수익률이 가장 (　　) 채권을 선택하는 것이다. (　　) 안에 순서대로 들어갈 말로 알맞은 것은?**

① 큰 – 낮은　　② 작은 – 낮은

③ 큰 – 높은　　④ 작은 – 높은

해설 최저가인도채권을 찾는 방법은 Value Basis가 가장 작거나 이론환매수익률이 가장 높은 채권을 선택하는 것이다.

개념 짚어 보기

최저가인도채권(CTD : Cheapest To Deliver bond)

- 인수도적격채권 중 매도자가 선택하게 될 가장 저렴한 인도채권을 말하는 것으로, 전환계수를 고려한 선물가격에 비해 현물가격이 상대적으로 저렴한 것이 CTD가 된다.
- **CTD가 존재하는 이유** : 전환계수 산정방법이 불완전하기 때문이다.
- **CTD를 찾는 방법**
  - Value Basis가 가장 작은 것
  - 이론환매수익률(Implied Repo Rate)이 가장 높은 것

| 개념 확인 문제 정답 | 01 ② 02 ② 03 ① 04 ①　| 실전 확인 문제 정답 | ④

핵심 플러스 OX 문제

01 헤지거래는 위험을 회피하는 것으로, 원래 포지션을 그대로 둔 채 추가 포지션을 취하여 전체적으로 손익을 중립적으로 만드는 기법을 헤징(hedging)이라 한다. ( )

02 스프레드거래는 선물과 선물 혹은 옵션과 옵션 간 가격차를 이용하여 이익을 보려는 것으로, 무위험 투자에 해당한다. ( )

03 선도거래는 사후적 제로섬 게임이 되어 거래의 한쪽 당사자가 손실을 볼 가능성이 있으며, 손실을 본 쪽에서 계약을 제대로 이행하지 않을 가능성인 계약불이행위험이 존재한다. ( )

04 공매도(short selling)란 기초자산을 빌려 현물시장에서 매각하는 행위를 말하며, 실제로 해당 기초자산을 만들어서 발행하는 것까지 포함한다. ( )

05 선물계약은 만기가 없으므로 가격이 오를 때까지 기다려 원하는 이익을 실현할 수 있다. ( )

06 헤지비율은 선물을 이용한 헤지를 시행하는 데 매우 중요한 개념으로, 선물포지션의 크기에 대한 현물포지션의 크기의 비율을 말한다. ( )

07 매수(매도)를 할 수 있는 권리를 만기시점 한 번으로 제한하는 것을 유럽식 옵션이라 하고, 만기시점 이전에 아무 때나 한 번으로 폭넓게 지정한 것을 미국식 옵션이라고 한다. ( )

08 옵션프리미엄의 변화율은 기초자산의 변화율보다 크다. ( )

09 기초자산 가격이 오를 경우 손실을 보고, 떨어질 경우 이익을 보는 포지션을 베어스프레드(Bear Spread)라고 한다. ( )

10 콘도르는 행사가격의 간격이 일정한 네 개의 콜옵션에 대해 양쪽 끝 두 개는 각각 한 계약씩 매수, 가운데 두 종류는 각각 한 계약씩 매도를 하는 포지션이다. ( )

해설

02 차익거래는 현물과 선물시장 간의 가격 차이를 노린 거래로 무위험 투자인 반면 스프레드거래는 다른 전략에 비해 위험이 적다고 할 수는 있으나, 일종의 베팅성 거래이므로 위험 투자라고 볼 수 있다.

04 공매도는 이론적으로는 해당 기초자산을 만들어서 매각하는 행위를 포함하나 실제로는 없는 자산을 만들어 매각할 수가 없다. 따라서 일반적으로는 자산을 보유하고 있는 투자자를 찾아 자산을 빌려 현물시장에서 매각하여 자금을 운용한 다음 일정 기간이 지난 후 기초자산을 되사서 가져다주는 행위를 포함한다.

05 선물계약의 특징은 만기가 있다는 것으로, 만기가 되기 전에 가격이 오르지 않으면 원하는 이익을 실현할 수 없다. 한편 현물자산의 경우 가격이 오를 때까지 얼마든지 기다릴 수 있다.

06 헤지비율은 랜덤 베이시스 헤지를 시도할 때 현물가격의 변화와 선물가격의 변화의 폭이 일정하지 않아 현물포지션과 선물포지션 간의 괴리가 발생할 때 적정한 선물포지션의 크기를 산정하는 데 사용하는 개념으로, 현물포지션의 크기에 대한 선물포지션의 크기를 말한다.

정답 | 01 ○ 02 × 03 ○ 04 × 05 × 06 × 07 ○ 08 ○ 09 ○ 10 ○

OX 문제

11 콜옵션의 시간가치는 항상 양수이나, 풋옵션의 시간가치는 항상 음수이다. ( )

12 주식과 채권으로 자금을 운용하여 상승 포텐셜과 하락위험 방어를 동시에 달성하고자 하는 것은 동적 자산배분전략이다. ( )

13 동적 자산배분전략 수행 시 현물채권시장의 유동성으로 인한 한계를 극복하는 데 유용한 전략은 합성채권 매도전략이다. ( )

14 커버된 콜옵션전략(covered call writing)에서 콜옵션과 기초자산 간의 비율은 반드시 일대일이어야 한다. ( )

15 이항모형에서는 옵션과 주식을 결합하여 채권포지션을 창출한 후 채권의 가격과 일대일 관계를 갖는 무위험 이자율과 주식가격에서 거꾸로 옵션의 가격을 유도해낸다. ( )

16 이항모형에서는 옵션만기까지 주식에 대한 배당이 없다고 가정하며 주가의 수익률이 기하적 브라운운동을 따른다고 가정한다. ( )

17 과거변동성이 과거에 일어난 가격의 변화로부터 실제변동성에 대한 추정치를 구하는 것이라면, 내재변동성은 현재 일어나고 있는 변화를 반영한 실제변동성이다. ( )

18 행사가격이 100인 콜옵션의 경우 현재가가 100이라면 등가격상태(ATM)가 되며 이때 델타값은 약 −0.5이다. ( )

19 옵션 감마값은 만기에 가까워질수록 그래프상에서 첨도가 작아지는 형태를 보인다. ( )

20 콜옵션의 로우값은 양수이고 풋옵션의 로우값은 음수이다. ( )

11 콜옵션의 시간가치는 항상 양수인 반면 풋옵션의 시간가치는 음수가 될 수 있다.

14 커버된 콜옵션전략은 콜옵션을 한 계약 매도하는 한편 동시에 기초자산을 적정 숫자만큼 매수함으로써 무위험포지션을 창출하는 전략으로, 콜옵션과 기초자산 간의 비율이 꼭 일대일이어야 할 필요는 없다.

16 블랙숄즈모형에 대한 설명이다.

17 내재변동성(Implied Volatility)은 현재 일어나고 있는 변화를 반영하여 실제변동성에 대한 예측치를 도출해 보는 것이다.

18 ATM일 때 콜옵션의 델타값은 약 0.5이며 ITM옵션의 경우에는 과내가격은 1까지 증가하며 과외가격은 0까지 감소한다. 그러므로 콜옵션의 델타는 0에서 1 사이의 값을 가지며 풋옵션의 경우 −1에서 0까지의 값을 갖는다.

19 감마값은 ATM 근처에서 숫자가 가장 크며 만기가 다가올수록 점점 커진다. 즉 잔여만기가 작을수록 값이 커지므로, 만기가 가까울수록 그래프상에서 더욱 뾰족한 형태를 보인다.

정답 | 11 × 12 ○ 13 ○ 14 × 15 ○ 16 × 17 × 18 × 19 × 20 ○

4장 투자운용 결과분석

대표 유형 문제

다음 중 위험조정 후 성과평가 지표에 대한 설명으로 틀린 것은?

① 전체 자산을 잘 분산투자하고 있는 투자자의 경우 샤프비율이 가장 적합한 펀드평가 방법이다.

② 트레이너비율은 펀드위험 측정치로 총위험 대신 체계적 위험 수치인 베타계수를 사용한다.

③ 샤프비율과 트레이너비율은 실증분석상으로 볼 때 매우 밀접한 상관관계를 가지고 있다.

④ 젠센의 알파를 통한 펀드평가 시 무위험수익률의 선정이 중요하다.

정답해설 전체 자산을 잘 분산투자하고 있는 투자자의 경우에는 트레이너비율이, 제대로 분산투자하지 않고 있는 투자자의 경우에는 샤프비율이 적합한 펀드평가 방법이다.

오답해설 ③ 샤프비율과 트레이너비율은 실증분석상 매우 밀접한 상관관계가 있다.
④ 젠센의 알파를 통한 펀드평가 시 무위험수익률을 선정하는 것이 중요한데, 무위험수익률이란 파산할 가능성이 없고 이자율위험이 아주 낮은 증권의 수익률을 의미한다.

대표 유형 문제 알아 보기

샤프비율와 트레이너비율의 비교

- 여러 펀드들을 비교할 때에는 샤프비율이나 트레이너비율 둘 다 유형과 평가기간이 같은 펀드들을 대상으로 해야 한다.
- 샤프비율은 분산투자가 되지 않는 펀드들을 대상으로 하는 것이 적합하다.
- 트레이너비율은 분산투자가 잘 되어 있는 펀드들을 대상으로 하는 것이 적합하다.
- 샤프비율과 트레이너비율은 실증분석상 매우 밀접한 상관관계를 가지고 있다.
- 분산투자가 잘 되어 있는 펀드일수록 샤프비율와 트레이너비율의 평가 결과가 비슷하게 나온다.

샤프비율와 트레이너비율의 한계점

주가가 장기간 하락하고 있는 국면에서 샤프비율과 트레이너비율을 이용할 경우 음(−)의 수치가 발생하게 되는데, 이 경우 해석상의 문제와 더불어 유용성 측면의 한계가 드러나게 된다.

| 대표 유형 문제 정답 | ①

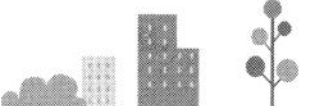

1 투자수익률 계산

개념 확인 문제

▶ (　　　)은 펀드매니저의 성과를 평가하는 데, (　　　)은 개인투자자의 직접투자 결과를 평가하는 데 더 적절한 방법이다.

① 시간가중수익률, 금액가중수익률　　　　② 금액가중수익률, 시간가중수익률

실전 확인 문제

▶ **금액가중수익률과 시간가중수익률에 대한 다음 설명 중 틀린 것은?**

① 시간가중수익률은 펀드매니저의 성과를 측정하는 가장 표준적인 수익률이다.

② 금액가중수익률은 투자기간 중 투자자금의 유출입 발생 시 수익률 왜곡현상이 발생할 수 있다.

③ 시간가중수익률은 현금유출입에 의해 수익률이 달라지지 않는다.

④ 자산운용의 재량권이 투자자 본인에게 있는 직접투자의 경우 시간가중수익률이 적정한 방식이다.

해설 자산운용의 재량권이 투자자 본인에게 있는 직접투자의 경우 금액가중수익률이 적정한 방식이다.

개념 짚어 보기

금액가중수익률(Dollar-Weighted Rate of return)

$$\sum_{t=0}^{n}\frac{CF_t}{(1+r)^t}=\sum_{t=1}^{n}\frac{ICF_t}{(1+r)^t}-\sum_{t=1}^{n}\frac{OCF_t}{(1+r)^t}=0$$

- CF_t : t기간의 순현금흐름(현금유입 - 현금유출)
- ICF_t : t기간의 현금유입
- OCF_t : t기간의 현금유출
- n : 총세부기간수(연수×분기 또는 월)

- 펀드 내부로 유입된 현금흐름의 현재가치와 펀드 외부로 유출된 현금흐름을 일치시키는 할인율로, 내부수익률이라고도 한다.
- 금액가중수익률은 기초 및 기말의 현금흐름과 기중의 자금 유출입 시기에 따라 수익률이 다르게 측정된다는 단점이 있다.

시간가중수익률(Time-Weighted Rate of return)

$$\text{시간가중수익률}=\left[\frac{P_1}{P_0}\times\frac{P_2}{P_1+C_1}\right]$$

- P_0 : 0기간 말의 펀드의 시장가치
- P_1 : 1기간 말의 펀드의 시장가치
- P_2 : 2기간 말의 펀드의 시장가치
- C_1 : 1기간 중의 현금유출입

- 시간가중수익률은 펀드매니저의 운용능력을 측정하는 가장 표준적인 방법이다.
- 투자기간 중의 자금유출입 시점에 대한 영향을 고려하여 측정하기 때문에 현금유출입에 따라 수익률이 달라지지 않는다.

| 개념 확인 문제 **정답** | ①　　| 실전 확인 문제 **정답** | ④

2 위험도 개념

개념 확인 문제

01 베타는 펀드의 수익률이 기준수익률의 변동에 얼마나 민감하게 반응하는가를 나타내는 것으로, 베타값이 (   ) 보다 크면 펀드의 수익률변동이 지수변동률보다 크다는 것을 의미하고 (   )보다 작으면 펀드의 수익률 변동이 지수변동률보다 작다는 것을 의미한다.

① 1, -1　　② 1, 1

02 공분산은 (   )의 측정을 위해 펀드와 기준지표 사이의 통계적 상관관계를 이용하여 측정한 것이다.

① 절대적 위험　　② 상대적 위험

실전 확인 문제

▶ **위험도에 대한 설명 중 옳지 않은 것은?**

① 표준편차는 변동성이라고 알려져 있으며, 펀드의 성과범위에 대한 통계적 측정치이다.

② 특정 수익률과 해당 펀드수익률 간의 상대적 관계로 파악되는 위험지표를 상대적 위험척도라 한다.

③ 이득이 발생한 경우를 제외하고 손실만 발생한 경우를 고려한 위험척도를 총위험이라고 한다.

④ VaR는 주어진 기간에 주어진 확률에서 발생할 수 있는 최대손실가능금액이다.

해설 하락위험에 대한 설명이다.

개념 짚어 보기

표준편차(σ)

위험을 측정하는 기본적인 방법으로, 변동성이라고 알려져 있으며 펀드에서는 수익률의 분산을 측정하는 데 사용한다.

$$\text{표준편차(STD)} = \frac{\sum_{i=1}^{n}(R_p-\overline{R})^2}{n-1}$$

- R_p : 펀드의 기간수익률
- $\overline{R}$: 평균수익률

하락위험

- 절대 VaR(absolute Value-at-Risk) : 미래의 일정기간 동안 주어진 확률수준 안에서 발생 가능한 펀드의 최대 손실 가능액
- 하락편차(downside-deviation) : 최소 수용가능수익률 이하의 수익률이 발생하는 경우만을 대상으로 측정한 표준편차
- 반편차(downside semi-deviation) : 평균수익률 이하로 수익률이 하락하는 경우만을 대상으로 측정한 표준편차
- 적자위험(shortfall risk) : 특정 수익률 밑으로 수익률이 떨어질 가능성

| 개념 확인 문제 **정답** | 01 ② 02 ②　| 실전 확인 문제 **정답** | ③

3 기준지표(benchmark)

개념 확인 문제

01 (　　)란 효율적으로 투자전략을 실행했는가를 판단하는 기준이 되는 독립적 수익률을 말한다.
① 기준지표　　② 지수

02 (　　)는 펀드매니저들이 일반적 상황에서 선택하는 종목집단을 말한다.
① 맞춤포트폴리오　　② 정상포트폴리오

03 세계적으로 널리 보급되어 있는 채권지수들은 대부분 전체 채권시장을 모집단으로 하는 (　　)이다.
① 광역시장지수　　② 부분시장지수

실전 확인 문제

▶ **기준지표의 특성에 대한 다음 설명 중 적절하지 않은 것은?**
① 실행할 수 있는 투자대안이어야 한다.
② 일반에게 공개된 정보로 계산할 수 있어야 한다.
③ 매니저의 운용스타일이나 성향과 맞아야 한다.
④ 매니저의 투자의견을 반영하여 사후적으로 결정해야 한다.

해설 벤치마크는 사전적으로 결정해야 한다.

개념 짚어 보기

바람직한 기준지표가 갖춰야 할 특성
- **명확성** : 기준지표를 구성하는 종목명 · 비중을 정확하게 표시해야 하며, 원칙이 있어야 하고 객관적인 방법으로 구성해야 한다.
- **투자 가능성** : 실행할 수 있는 투자대안이어야 한다.
- **측정 가능성** : 일반에게 공개된 정보로 계산 가능해야 한다.
- **적합성** : 펀드매니저의 운용스타일 · 성향과 맞아야 한다.
- 펀드매니저의 투자의견이 반영되어야 한다.
- 평가기간이 시작되기 전에 벤치마크를 결정해두어야 한다.

채권지수
- **한국의 채권지수** : 국내 채권평가회사들이 발표하는 채권지수는 주로 총수익지수이다.
- **외국의 채권지수** : 세계적으로 보급되어 있는 대부분의 채권지수는 전체 채권시장을 모집단으로 하는 광역시장지수이다.

| 개념 확인 문제 **정답** | 01 ① 02 ② 03 ① | 실전 확인 문제 **정답** | ④

4 위험조정 후 성과평가지표(1)

개념 확인 문제

01 샤프비율은 ( )을 이용하여 투자수익률 대 변동성 비율로 포트폴리오 성과를 측정하는 것을 말한다.

① 자본시장선 ② 증권시장선

02 샤프비율을 통해 펀드를 평가할 때에는 정규분포의 통계적 속성에 따라 최소한 ( ) 이상의 월간수익률로 측정해야 한다.

① 3개월 ② 3년

실전 확인 문제

01 자본시장선과 증권시장선을 기초로 만들어진 위험조정 후 성과지표를 순서대로 나열한 것은?

① 젠센비율, 샤프비율 ② 트레이너비율, 젠센비율

③ 샤프비율, 트레이너비율 ④ 트레이너비율, 샤프비율

해설 샤프비율은 자본시장선을 기초로, 트레이너비율과 젠센비율은 증권시장선을 기초로 만들어진 지표이다.

02 샤프지수 성과지표에 대한 설명 중 거리가 먼 것은?

① 샤프지수는 자본시장선을 이용한 투자수익률 대 변동성 비율로 포트폴리오 성과를 측정한다.

② 샤프지수는 평가기간과 유형이 동일한 펀드 간에 비교해야 한다.

③ 샤프지수는 수익률(일간, 주간, 월간)에 따라 상이한 평가결과 도출이 가능하다.

④ 샤프지수는 전체 자산의 분산투자가 잘 되어 있는 펀드 비교 시 적합하다.

해설 샤프지수는 전체 자산의 분산투자가 잘 되어 있지 않은 펀드의 비교 시 적합하다.

개념 짚어 보기

샤프비율의 활용

- 샤프비율은 일정 투자기간 동안 위험의 1단위당 무위험이자율을 초과 달성한 포트폴리오 수익률의 정도로, 이 비율이 높으면 위험조정 후 성과가 우수하다는 것을, 비율이 낮으면 성과가 낮다는 것을 의미한다.
- 즉, 샤프비율은 총위험 한 단위마다의 위험보상률로, 지수가 높을수록 투자성과가 좋은 것으로 평가할 수 있다.
- 전체 자산의 투자가 충분히 분산되어 있지 않은 투자자한테 적합한 펀드평가 방법으로 간주된다.

| 개념 확인 문제 **정답** | 01 ① 02 ② | 실전 확인 문제 **정답** | 01 ③ 02 ④

5 위험조정 후 성과평가지표(2)

개념 확인 문제

01 트레이너비율은 증권시장선의 원리를 이용하여 투자수익률 대 (　　) 비율로 포트폴리오 성과를 측정하며, 샤프비율과 대비하여 'RVOL(Reward-to-Volatility ratio)'이라고 하기도 한다.

① 변동성　　② 민감도

02 트레이너비율은 전체 자산을 (　　) 투자자에게 적합한 펀드평가 방법으로 간주된다.

① 잘 분산투자하고 있는　　② 충분하게 분산투자하고 있지 않은

실전 확인 문제

▶ **펀드의 연평균수익률이 0.13, 연표준편차가 0.2, 베타가 0.5일 때 이 펀드의 샤프비율과 트레이너비율은 각각 얼마인가?(단, 시장의 연평균수익률 : 0.15, 시장 연표준편차 : 0.25, 무위험수익률 : 0.08)**

① 0.10, 0.25　　② 0.25, 0.10

③ −0.10, −0.04　　④ −0.04, −0.10

해설 $Sp = \frac{R_p - R_r}{\sigma_p} = \frac{0.13-0.08}{0.20} = 0.25, \quad Tp = \frac{R_p - R_r}{\beta_p} = \frac{0.13-0.08}{0.50} = 0.10$

개념 짚어 보기

샤프비율

$$SR_p = \frac{\overline{R_p} - \overline{R_f}}{\sigma_p} = \frac{\overline{R_B} - \overline{R_f}}{\sigma_B}$$

- SR_p : 펀드의 샤프비율
- $\overline{R_p}$: 펀드의 평균수익률
- $\overline{R_f}$: 무위험자산의 평균수익률
- $\overline{R_B}$: 기준지표의 평균수익률
- σ_p : 펀드수익률의 표준편차
- σ_B : 기준지표수익률의 표준편차

트레이너비율

$$TR_p = \frac{\overline{R_p} - \overline{R_f}}{\beta_p}$$

- TR_p : 펀드의 트레이너비율
- $\overline{R_p}$: 펀드의 평균수익률
- $\overline{R_f}$: 무위험자산의 평균수익률
- β_p : 펀드의 베타

| 개념 확인 문제 정답 | 01 ② 02 ① | 실전 확인 문제 정답 | ②

6 위험조정 후 성과평가지표(3)

개념 확인 문제

01 젠센의 알파는 포트폴리오 성과가 위험을 고려한 (　　) 성과분석에 따른다는 가정 아래 측정된다.

① 상대적　　　② 절대적

02 펀드의 적정수익률을 실제수익률이 (　　)한 경우, 펀드매니저는 종목선택능력이 있다.

① 미달　　　② 초과

실전 확인 문제

▶ **자산운용 결과에 대한 성과평가 방법의 설명으로 옳지 않은 것은?**

① 수익률을 이용한 평가방법으로는 목표주식 달성여부 평가, 동일유형 대비 평가, 벤치마크 대비 평가가 있다.

② 샤프비율, 트레이너비율, 젠센의 알파는 수익률과 위험을 동시에 고려하는 평가 방법이다.

③ 펀드가 최초 설정 시 표명한 스타일대로 투자되었는지를 평가하기 위한 분석기법을 성과요인 분석이라고 한다.

④ KOSPI, 채권지수 등은 벤치마크 대비 평가에 해당한다.

해설 스타일 분석에 대한 설명이다.

개념 짚어 보기

젠센의 알파

$$\alpha_p = (R_p - R_f) - \beta_p(R_B - R_f)$$

- α_p : 젠센의 알파
- R_p : 펀드수익률
- R_f : 무위험수익률
- R_B : 기준지표수익률

- 젠센의 알파는 펀드수익률이 시장 전체의 움직임에 얼마나 민감하게 움직였는가를 나타내는 베타를 위험의 측정치로 사용하여 특정한 위험(베타)을 가진 펀드의 적정수익률을 계산하고, 이렇게 계산된 적정수익률과 실현수익률의 차이를 나타낸다.
- **젠센의 알파 활용**
  - 젠센의 알파는 포트폴리오 성과가 위험을 고려한 절대적 성과분석에 따른다는 가정 아래 측정되며, 위험도를 고려한 기준수익률은 CAPM에 의거하여 측정한다.
  - 젠센의 알파가 양(+)이면서 수치가 클수록 펀드의 성과가 높음을 나타낸다.
  - 펀드의 적정수익률을 실제수익률이 초과한 경우, 펀드매니저에게 종목선택능력이 있다고 할 수 있다.

| 개념 확인 문제 정답 | 01 ② 02 ②　　| 실전 확인 문제 정답 | ③

7 위험조정 후 성과평가지표(4)

개념 확인 문제

01 초과수익률을 이용한 정보비율에서 펀드수익률과 기준수익률 차이로 인한 변동성을 (　　)이라고 한다.

① 잔차위험　　② 체계적 위험

02 초과수익률을 이용한 정보비율과 다르게 회귀분석모형을 이용한 정보비율은 사전에 기준수익률을 정의하지 않은 경우에 적용할 수 (　　).

① 있다　　② 없다

실전 확인 문제

▶ 위험조정 성과지표 중 위험조정 수익률에 해당하지 않는 것은?

① 젠센의 알파　　② 샤프의 알파

③ 정보비율　　④ 효용함수

해설 정보비율은 단위위험당 초과수익률에 해당한다.

개념 짚어 보기

정보비율(Information Ratio)

위험을 고려하여 적극적인 투자성과를 평가하는 것으로, 투자자들은 수익을 선호하고 위험을 회피하고자 한다고 가정한다.

정보비율(IR) = 초과수익(value add)/위험(risk)

• 초과수익률을 이용한 정보비율

$$정보비율 = \frac{\overline{R_p} - \overline{R_B}}{sd(R_p - R_B)}$$

• R_p : 펀드수익률　• R_B : 기준지표수익률　• $sd(\ \ )$: 표준편차
• $\overline{R_p}$: 펀드의 평균수익률　• $\overline{R_B}$: 기준지표의 평균수익률

• 회귀분석모형을 이용한 정보비율

$$정보비율 = \frac{\alpha_p}{SD(\varepsilon_p)}$$

• α_p : 젠센의 알파　• $SD(\varepsilon_p)$: 사후적 증권특성선(SCL) 잔차의 표준편차

| 개념 확인 문제 정답 | 01 ① 02 ①　| 실전 확인 문제 정답 | ③

8 위험조정 후 성과평가지표(5)

개념 확인 문제

01 하락위험을 이용한 평가지표는 (   )을 변형한 것으로, 여기에는 소티노비율, RAROC 등이 있다.

① 샤프비율　　　② 트레이너비율

02 소티노비율(Sortino Ratio)은 최소 수용가능수익률(MAR)을 초과하는 수익률을 하락위험으로 나눈 것으로, 이 비율이 높은 경우 큰 손실의 발생 가능성이 (   )는 것을 의미한다.

① 높다　　　② 낮다

실전 확인 문제

▶ **VaR을 가지고 펀드매니저를 객관적으로 평가할 수 있는 평가지표는?**

① 소티노비율　　　② RAROC

③ 정보비율　　　④ 샤프지수

해설 RAROC에 대한 설명이다.

개념 짚어 보기

하락위험을 이용한 평가지표

- 소티노비율(Sortino Ratio)

$$소티노비율 = \frac{\overline{R_p} - MAR}{DD}$$

• $\overline{R_p}$: 펀드의 평균수익률　• MAR : 최소 수용가능수익률　• DD : 하락편차

  - 최소 수용가능수익률(MAR)을 초과하는 수익률을 하락위험으로 나눈 것으로, '수익률 대 나쁜 변동성 비율'이라고 할 수 있다.
  - 이 비율이 높은 경우 큰 손실의 발생 가능성이 낮다는 것을 의미한다.

- RAROC(Risk Adjusted Return On Capital)

$$RAROC = \frac{\overline{R_p} - \overline{R_f}}{VaR}$$

• $\overline{R_p}$: 펀드의 평균수익률　• $\overline{R_f}$: 무위험수익률　• VaR : 최대 손실액

  - VaR을 이용하여 펀드매니저를 평가할 때 사용한다.
  - VaR이 작을수록 펀드성과가 크다.
  - 펀드매니저가 보수적으로 투자하여 VaR 값을 0에 가깝게 만든다면 RAROC 값이 무한대가 된다는 단점이 있다.

| 개념 확인 문제 정답 | 01 ① 02 ② | 실전 확인 문제 정답 | ②

9 스타일 분석

개념 확인 문제

01 (　　)(이)란 특성과 성과패턴이 유사한 일정 증권군에 투자하는 것을 말한다.
① 스타일투자　　② 전략적 자산구성

02 스타일투자를 통해 펀드매니저의 성과를 평가하는 기준을 (　　)으로 명확히 할 수 있다.
① 사전적　　② 사후적

실전 확인 문제

▶ **스타일 분석에 관한 다음 설명 중 적합하지 않은 것은?**

① 스타일이란 일반적으로 특성과 성과패턴이 유사한 포트폴리오 집단으로 정의된다.
② 스타일 투자전략을 통해 펀드매니저의 성과에 대한 평가기준을 보다 명확히 할 수 있다.
③ 보유종목에 대한 정보 없이 총수익률에 대한 정보만 있는 펀드에 대해서는 스타일 분석을 행할 수 없다.
④ 스타일투자를 하는 경우에 투자의사결정은 일반적으로 자산배분, 스타일배분, 종목선택순으로 진행된다.

해설 샤프의 스타일 분석은 펀드의 보유종목에 대한 정보 없이 오로지 총수익률만 사용해서 펀드의 각 자산군에 대한 노출도를 파악함으로써 펀드의 스타일을 결정하는 기법이다.

개념 짚어 보기

스타일 분석

- 스타일이란 성과패턴과 특성이 유사한 포트폴리오 집단으로 정의된다. 미국 증권업계에서는 각기 다양한 스타일 분류기준을 사용하고 있으며, 일반적으로 성장형, 가치형, 대형, 중형, 소형, 대형성장, 대형가치 등 회사별로 분류기준을 다르게 적용하고 있다.
- **스타일투자의 효과**
  - 투자자들은 펀드 가입에 앞서 사전적으로 투자위험을 상당 수준 예측할 수 있다.
  - 펀드매니저의 전문 분야를 알 수 있다.
  - 펀드매니저의 성과에 대해 사후적으로 평가기준을 명확히 할 수 있다.
  - 자산군에 대한 분산투자를 효과적으로 달성할 수 있다.
  - 자산배분과정에 대한 통제권을 향상시킬 수 있다.

| 개념 확인 문제 **정답** | 01 ① 02 ②　| 실전 확인 문제 **정답** | ③

10 성과요인 분석

개념 확인 문제

01 안정적인 채권시장에서는 신용등급이 높을수록, 만기 또는 듀레이션이 (　　) 수익률이 높다.

① 길수록　　② 짧을수록

02 시장선 접근방법이란 채권포트폴리오의 성과를 분석하기 위해 '위험×수익률' 평면에 채권시장 포트폴리오를 표시한 뒤에 (　　)과 채권시장 포트폴리오를 연결한 선을 기준으로 하여 포트폴리오의 성과를 분석하는 것이다.

① 위험수익률　　② 무위험수익률

실전 확인 문제

01 채권포트폴리오의 가격변화에 영향을 미치는 요소가 아닌 것은?

① 잔존기간　　② 환율위험
③ 이자지급횟수　　④ 듀레이션

해설 채권포트폴리오의 가격변화에는 잔존기간, 표면이자율, 이자지급횟수, 듀레이션, 컨벡서티 등의 요소가 영향을 미친다.

02 채권펀드의 성과평가에 관한 다음 설명 중 틀린 것은?

① 미국에서도 채권형 펀드에 대한 평가는 1980년대에 들어오면서 본격적으로 이루어졌다.
② 와그너와 티토의 평가기법은 듀레이션을 채권의 위험척도로 사용한다.
③ 채권펀드에 대한 시장평균수익률은 일반적으로 채권지수를 사용한다.
④ 와그너와 티토의 평가방법에서 LBBI는 채권시장의 평균수익률과 평균듀레이션을 제시함으로써 벤치마크로 활용한다.

해설 채권펀드의 시장평균수익률은 LBBI(Lehman Brothers Bond Index)를 사용하였다.

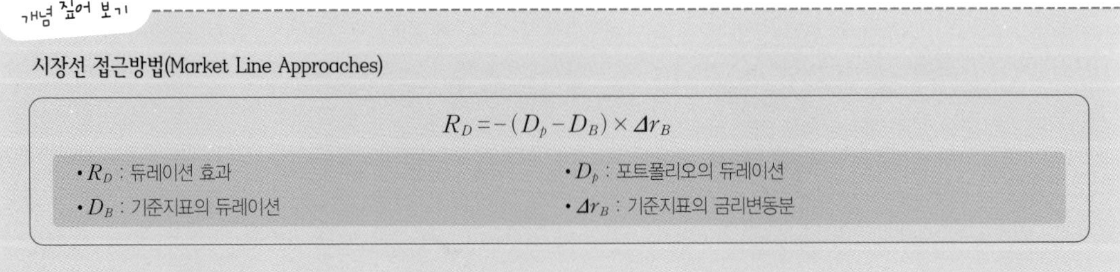
개념 짚어 보기

시장선 접근방법(Market Line Approaches)

$$R_D = -(D_p - D_B) \times \Delta r_B$$

- R_D : 듀레이션 효과
- D_p : 포트폴리오의 듀레이션
- D_B : 기준지표의 듀레이션
- Δr_B : 기준지표의 금리변동분

| 개념 확인 문제 정답 | 01 ① 02 ②　| 실전 확인 문제 정답 | 01 ② 02 ③

OX 문제

01 성과평가는 투자자산의 회계처리 → 수익률 계산 → 위험 계산 → 성과 비교 → 성과 특성 분석 → 정성평가 → 성과 발표 및 보고의 순으로 이루어진다. ( )

02 성과는 실력이나 우연에 의해 나타날 수 있으며 과거의 결과일 뿐 미래에 지속된다는 보장이 없으므로 포트폴리오 분석을 통해 성과의 결과를 파악해야 한다. ( )

03 내부성과평가에서 사용하는 성과지표는 젠센의 알파이고, 외부성과평가에서 사용하는 성과지표는 초과수익률이다. ( )

04 자본시장법에서는 집합투자재산을 시가에 따라 평가하되 평가일 현재 신뢰할 만한 시가가 없을 때에는 공정가액으로 평가하도록 규정하고 있다. ( )

05 유가증권 등의 거래는 주문, 체결, 결제의 과정을 거치는데 체결일에 모든 회계처리를 하는 체결일 기준 회계처리방식에 따를 경우 투자시점에 따른 손익을 정확하게 인식할 수 있다. ( )

06 측정기간이 1년이 아닌 수익률을 연간 단위로 환산한 것을 연환산 수익률이라고 하는데, 주식형 펀드처럼 수익률 변동이 심한 펀드는 수익률을 연율화하는 것이 좋다. ( )

07 하락위험은 실현수익률이 기대수익률보다 낮을 가능성을 나타냄으로써 투자위험의 의미를 보다 정확하게 나타내며, 펀드의 수익률이 특정 수익률 밑으로 떨어질 가능성 또는 극단적인 상황에서 나타날 수 있는 최대 손실가능성에 초점을 둔다. ( )

08 초과수익률은 일정기간 동안의 펀드 수익률에서 같은 기간 펀드별로 정해진 기준 수익률을 더한 것이다. ( )

09 정상포트폴리오 수익률은 펀드매니저의 능력을 가장 정확하게 평가할 수 있는 지표이나, 투자자 입장에서는 명확성과 측정가능성을 충족시키기 어렵다는 한계가 있어 대외적인 기준지표로 정상포트폴리오를 사용하기에는 적합성이 떨어진다. ( )

10 동류집단수익률은 상대적 기준지표로 투자대상 자산군이나 투자전략을 반영하는 지수가 없는 경우 진가를 발휘하는데, 기준지표에 대한 정보를 실시간으로 얻을 수 있다는 장점이 있다. ( )

해설

02 포트폴리오 분석은 성과의 과정을 설명해주는 것으로, 과거의 포트폴리오를 분석하여 성과가 나타난 이유를 확인할 수 있고 현재의 포트폴리오를 분석하여 미래시장에 대한 펀드매니저의 대응전략 등을 파악할 수 있다.

03 초과수익률은 내부성과평가의 성과지표이고, 젠센의 알파는 외부성과평가의 성과지표이다.

06 1년 미만의 수익률을 연율화할 경우 수익률이 확대되어 표현된다는 단점이 있으며, 특히 주식형 펀드처럼 수익률 변동이 심한 펀드의 수익률의 연율화는 바람직하지 않다.

08 초과수익률(excess return)은 일정기간 동안의 펀드 수익률에서 같은 기간 펀드별로 정해진 기준 수익률을 차감한 것으로, 초과수익률의 변동성을 잔차위험(residual risk)이라고 하여 위험지표로 이용하며, 이를 추적오차라고도 한다.

10 기준지표에 대한 정보를 실시간으로 얻을 수 없다는 것은 동류집단수익률의 단점이다. 이외에도 동류집단수익률의 단점으로는 생존편의(survivorship bias)의 발생 가능성과 복제하거나 투자할 수 없다는 것 등이 있다.

정답 | 01 ○ 02 × 03 × 04 ○ 05 ○ 06 × 07 ○ 08 × 09 ○ 10 ×

핵심 플러스 OX 문제

11 수익률과 위험요소를 동시에 고려하여 성과를 측정하는 지표를 위험조정성과지표라고 하며, 위험을 고려하는 방식에 따라 단위위험당 초과수익률과 위험조정수익률로 구분할 수 있다. (　)

12 단위위험당 초과수익률은 가장 보편적으로 사용되는 위험조정 성과지표로 샤프비율, 트레이너비율, 정보비율 등이 있다. (　)

13 위험조정수익률은 비율형태를 띠고 있어 이해하기가 어려우며 위험조정수익률에는 젠센의 알파, 효용함수, 샤프지수 등이 있다. (　)

14 샤프지수는 부담한 위험수준에 대해 요구되는 수익률보다 펀드가 얼마나 더 높은 수익률을 달성했는지를 나타내는 값으로, 펀드매니저의 능력을 측정하는 데 사용 가능하다. (　)

15 운용기간이 동일하지 않은 펀드들도 샤프비율을 비교할 수는 있으나, 평가대상 펀드들이 모두 동일한 기준 포트폴리오를 가지고 있어야 한다. (　)

16 트레이너비율은 체계적 위험 한 단위당 실현된 위험 프리미엄을 의미하며, 그 값이 클수록 포트폴리오의 성과가 우월한 것으로 평가되며 값이 작을수록 포트폴리오의 성과가 열등한 것으로 평가된다. (　)

17 RAROC는 VaR을 분모로 사용하는 위험지표로, VaR은 금융기관이 보유해야 하는 자본금과 관련이 있으므로 RAROC는 주로 은행과 같은 금융기관에서 자산유형별 또는 부서별 성과평가 등에 제한적으로 이용된다. (　)

18 헨릭슨–머튼모형은 시장예측능력이 있는 펀드매니저는 기준수익률이 상승할수록 기준수익률에 대한 민감도를 증가시키고 기준수익률이 하락할수록 기준수익률에 대한 민감도를 감소시킬 수 있다고 가정한다. (　)

19 가상포트폴리오는 성과요인을 분석하기 위한 기준지표로서 운용을 시작하기 전에 사전적으로 정해짐으로써 운용을 위한 기준역할을 한다. (　)

해설

13 위험조정수익률은 젠센의 알파, 효용함수, 샤프지수처럼 수익률에서 위험에 따른 적정수익률을 차감하는 것으로, 단위위험당 초과수익률과 달리 비율이 아니라 수익률 형태를 띠고 있어 이해하기가 쉽다.

14 젠센의 알파에 대한 설명이다. 샤프지수는 총위험 한 단위당 어느 정도의 보상을 받았는가 하는 위험보상율을 의미하며, 지수가 클수록 투자성과가 우수한 것으로 평가된다.

15 샤프비율을 여러 펀드의 성과를 비교하는 데 이용하려면 펀드들의 운용기간이 동일해야 하며, 펀드들이 동일한 기준 포트폴리오를 가지고 있어야 한다.

18 트레이너–마주이(Treynor–Mazuy)모형에 대한 설명이다. 헨릭슨–머튼(Henriksson–Merton)모형에서는 시장예측능력이 있는 펀드매니저는 기준수익률이 상승하는 시기의 시장민감도가 기준수익률이 하락하는 시기의 시장민감도보다 높도록 관리할 수 있다고 가정하며, 트레이너–마주이모형보다 현실성이 조금 개선되었다.

19 가상포트폴리오는 성과요인을 분석하기 위한 일종의 기준지표 역할을 하는데, 기준지표가 운용을 시작하기 전에 사전적으로 정해짐으로써 운용을 위한 기준역할을 하는 것과 달리 가상포트폴리오는 운용과정에서 나타나는 특성을 그대로 반영한다.

정답 | 11 ○ 12 ○ 13 × 14 × 15 × 16 ○ 17 ○ 18 × 19 ×

금융상식

매물벽

주가상승 과정에서 팔자 매물이 많이 몰려있는 가격대. 주가가 조정기에 들어가기 전에 주식을 고점에서 팔지 못한 투자자들은 시장가격이 매수가로 다시 올라오면 주식을 팔려는 욕구가 높아진다. 이로 인해 이전에 거래가 많이 이루어졌던 가격대는 매물벽도 두터워지는 것이다.

크라운주얼 [Crown Jewel]

왕관의 보석으로 일컫는 이 말은 매수대상 회사의 가장 가치 있는 자산을 뜻한다. 이 자산을 처분할 경우 매수 타깃 회사의 가치는 떨어지고 기업매수합병(M&A) 대상으로서의 매력도 크게 감소한다. 수익성 또는 성장성이 높은 사업 등을 가리키기도 하는데, 이러한 매력으로 인해 오히려 M&A의 대상이 되기도 한다.

데이트레이더 [Day Trader]

주가의 움직임만을 보고 차익을 노리는 주식투자자. 정석 투자가 기업가치의 상승에 따른 주가상승을 염두에 두고 투자한다는 데 차이가 있다. 따라서 데이트레이딩은 시장상황이 무엇보다 중요하다. 데이트레이더의 유형은 크게 스캘퍼(Scalper), 데이트레이더(Day Trader), 스윙트레이더(Swing Trader)로 구분된다. 하루에도 수십 번 또는 수백 번 매매를 결행하는 투자자를 스캘퍼라고 한다. 스캘퍼는 매수 후 수수료에 약간의 이익만 남으면 즉시 매도한다. 이들은 대단히 공격적인 성향을 보이며 시장교란의 주범으로 몰리기도 한다. 데이트레이더와 스윙트레이더는 스캘퍼보다는 다소 여유를 가지며 단기매매에 나선다.

at it
gained 6.
000
1,662.74.
om-
bil-
ary
r of
net
ent
ion
by
ate
by

3과목

금융상품 및 직무윤리

III 거시경제 및 분산투자

1장 거시경제

2장 분산투자기법

1장 거시경제

대표 유형 문제

다음 중 고전학파의 완전 구축효과를 가장 잘 설명하고 있는 것은?

① 국공채 발행을 통한 정부지출의 증가는 민간의 경제활동을 확장시킨다.
② 재화의 초과공급으로 물가가 하락하면 소비자의 구매력이 증가하므로 IS곡선은 오른쪽으로 이동한다.
③ 화폐수요가 이자율에 대해 완전히 비탄력적인 경우 정부지출의 증가는 총수요에 아무런 영향도 주지 못한다.
④ 통화량의 변화는 물가만 변화시킬 뿐 국민소득에는 아무런 영향을 주지 못한다.

정답해설 정부지출의 증가가 이자율을 상승시키고 민간의 경제활동을 위축시킨다는 것은 민간투자의 감소효과를 의미한다. 즉, 정부지출의 증가는 이자율의 상승을 가져와 민간투자의 감소효과와 정부지출 증가를 상쇄하는 완전 구축효과를 유발한다. 따라서 정부지출 증대를 통한 총수요 관리정책은 효과가 없다.

오답해설 ① 정부지출의 증가는 이자율을 상승시키고 민간의 경제활동을 위축시킨다.
② 정부지출의 증가로 초과수요가 발생하면 물가가 상승하고 IS곡선이 우측으로 이동한다.
④ 고전학파의 화폐의 중립성에 대한 설명이다.

대표 유형 문제 알아 보기

재정정책의 효과

- **고전학파** : 확장적 재정정책 2단계 효과
  - 1단계 : 정부지출의 증가 → IS곡선과 AD곡선이 우측으로 이동(초과수요 발생, 물가상승)
  - 2단계 : 물가상승 → LM곡선이 좌측으로 이동(수직선 형태인 AS곡선에 상응하는 국민소득에 부합하도록 좌측으로 이동)
  - 완전 구축효과 발생
- **케인지안** : 확장적 재정정책의 2단계 효과
  - 1단계 : 정부지출의 증가 → IS곡선과 AD곡선이 우측으로 이동(초과수요 발생, 물가상승)
  - 2단계 : 물가상승 → LM곡선이 일부 좌측으로 이동(임금과 가격의 경직성으로 인해 물가상승폭이 통화증가량에 미치지 못하므로 일부만 이동)
  - 불완전 구축효과 발생

| 대표 유형 문제 **정답** | ③

1 경제분석의 방법

개념 확인 문제

01 균형가격보다 가격이 (   )하면 초과공급이, 균형가격보다 가격이 (   )하면 초과수요가 발생한다.

① 하락, 상승 ② 상승, 하락

02 (   )은 n개의 시장 중에서 (n–1)개의 시장이 균형이면 남은 시장 하나도 균형이 된다는 것을 의미한다.

① 왈라스의 법칙 ② 세이의 법칙

03 재화시장에 대한 5단계 경제분석을 통해 (   )을 도출할 수 있으며, 화폐시장에 대한 5단계 경제분석을 통해 (   )을 도출할 수 있다.

① IS곡선, LM곡선 ② LM곡선, IS곡선

실전 확인 문제

▶ **시장의 분류와 균형분석에 대한 다음 설명 중 적절하지 않은 것은?**

① 재화시장이란 상품과 서비스가 거래되는 시장을 말한다.

② 화폐가 거래되는 시장은 화폐시장이며, 화폐는 이자율이 0%인 금융자산이다.

③ 단기분석에 의하면 총공급을 규정하는 시장은 자본시장과 생산함수가 된다.

④ 선진국형 경제는 수요부족경제이므로, 수요의 크기가 균형의 크기를 결정한다.

해설 자본의 변동이 불가능한 기간인 단기분석에 국한할 경우 총공급을 규정하는 시장은 노동시장과 생산함수가 된다.

개념 짚어 보기

5단계 경제분석 방법

- 공급곡선의 수식을 정한다.
- 수요곡선의 수식을 정한다.
- '공급 = 수요' 의 균형식을 이끌어낸다.
- 균형 상태에서 어떤 변수의 변동으로 인해 균형에서 벗어나게 된다.
- 새로운 균형을 회복하기 위해 어떤 대응변수가 어떤 방향으로 변동하는지 파악한다.

| 개념 확인 문제 정답 | 01 ② 02 ① 03 ① | 실전 확인 문제 정답 | ③

2 거시경제모형(1)

개념 확인 문제

▶ 상품과 서비스, 화폐의 거래가 많아지면 경기가 좋아진다고 하며 이것의 크기를 (　　　)(이)라고 한다. 이에 대응하여 생산을 담당하는 부문을 (　　　)(이)라고 하는데 이것은 자본과 노동의 투입으로 구성된다.

① 총수요, 총공급　　② 총공급, 총수요

실전 확인 문제

▶ **다음 중 IS곡선과 LM곡선을 우측으로 이동시키는 요인으로 옳게 묶은 것은?**

㉠ 정부지출의 감소 – IS곡선의 우측 이동
㉡ 조세의 감소 – IS곡선의 우측 이동
㉢ 화폐량의 증가 – LM곡선의 우측 이동
㉣ 화폐량의 감소 – LM곡선의 우측 이동

① ㉠, ㉡　　② ㉡, ㉢
③ ㉠, ㉢　　④ ㉡, ㉣

해설 IS곡선과 LM곡선의 우측 이동 : 정부지출의 증가(IS곡선), 조세의 감소(IS곡선), 화폐량 증가(LM곡선)

개념 짚어 보기

IS곡선과 LM곡선의 이동

구분	좌로 이동	우로 이동
IS곡선	• 긴축재정정책 • 정부지출의 감소 • 조세의 증가	• 확대재정정책 • 정부지출의 증가 • 조세의 감소
LM곡선	• 긴축금융정책 • 실질화폐공급의 감소 • 물가상승	• 확대금융정책 • 실질화폐공급의 증가 • 물가하락

| 개념 확인 문제 **정답** | ①　　| 실전 확인 문제 **정답** | ②

3 거시경제모형(2)

개념 확인 문제

01 IS곡선은 투자의 이자율이 탄력적일수록 ( ), 투자의 이자율이 비탄력적일수록 ( ).

① 완만하며, 경사지다 ② 경사지며, 완만하다

02 화폐시장에서는 소득(Y)이 증가하면 이자율(R)이 ( ) 하며, 이자율(R)이 증가하면 국민소득의 공급(Y)이 ( ) 한다.

① 하락해야, 감소해야 ② 상승해야, 증가해야

실전 확인 문제

▶ **IS-LM모형에 대한 설명 중 옳지 않은 것은?**

① IS곡선의 오른쪽 구간에서는 초과수요가 발생한다.

② IS곡선은 재화시장의 균형을 이루게 하는 국민소득과 이자율의 조합이다.

③ IS-LM모형은 총수요관리정책의 효과를 분석한다.

④ LM곡선은 화폐시장의 균형을 이루게 하는 국민소득과 이자율의 합이다.

해설 IS곡선의 오른쪽 구간에서는 초과공급이 발생한다.

개념 짚어 보기

IS곡선의 도출

국민소득의 공급함수 $Y^S = Y$

국민소득의 수요함수 $Y^d = C(Y-T) - I(R) + G$

재화시장의 균형식 $Y = C(Y-T) - I(R) + G$

- 내생변수 – Y : 소득
- R : 이자율
- 외생변수 – G : 정부지출
- T : 조세

LM곡선의 도출

화폐의 수요 $\frac{M^d}{P} = L(R, Y)$

화폐의 공급 $\frac{M^s}{P} = \frac{M}{P}$

화폐시장의 균형식 $\frac{M}{P} = L(R, Y)$

| 개념 확인 문제 정답 | 01 ① 02 ② | 실전 확인 문제 정답 | ①

4 경제정책의 효과분석(1)

개념 확인 문제

01 구축효과는 ( )으로 인해 이자율이 상승하여 민간투자가 위축되는 현상을 말한다.
① 축소재정정책 ② 확대재정정책

02 불황에 따른 물가 하락이 부의 증가를 유발하여 결국 소비가 증가하는 것을 ( )라고 한다.
① 피구효과 ② 부의 효과

03 부분 구축효과와 무구축효과가 나타나면 재정정책에 따른 국민소득 증가를 기대할 수 있으며, 무구축효과는 ( )이 수평일 때 나타난다.
① IS곡선 ② LM곡선

실전 확인 문제

▶ **정부지출의 증가가 이자율 상승을 초래하여 민간투자가 감소하는 것을 무엇이라고 하는가?**

① 부의 효과 ② 피구효과
③ 실질잔고효과 ④ 구축효과

해설 정부지출의 증가는 이자율의 상승을 가져와, 민간투자의 감소효과가 정부지출 증가를 상쇄하는 완전 구축효과가 발생한다.

개념 짚어 보기

구축효과
- 확대재정정책이 시행되면 국민소득이 증가되는 한편, 이자율이 상승함으로써 민간투자가 위축되어 국민소득이 감소하는데 이와 같이 확대재정정책으로 인해 이자율이 상승하여 민간투자가 위축되는 현상을 구축효과라고 한다.
- 이러한 구축효과로 인해 재정정책의 효과가 반으로 줄어든다.
- 정도에 따라 완전 구축효과, 부분 구축효과, 무구축효과로 분류할 수 있다.

부의 효과
- 통화공급의 증가는 부를 증대시켜 소비를 증가시키고 국민소득을 증가시켜 IS곡선의 우측 이동과 LM곡선의 우측 이동이 동시에 이루어져 유동성함정에서 탈출할 수 있다(소비를 부의 함수라고 가정).
- 부의 효과를 발생시키는 요소
  - 실질잔고효과(real balance effect) : 명목통화공급의 증가가 부의 증가를 초래하고 그에 따라 소비가 증가하는 것을 말한다.
  - 피구효과(Pigou effect) : 불황에 따른 물가하락이 부의 증가를 유발하여 결국 소비가 증가하는 것을 말한다.

| 개념 확인 문제 정답 | 01 ② 02 ① 03 ② | 실전 확인 문제 정답 | ④

5 경제정책의 효과분석(2)

실전 확인 문제

01 통화정책 및 재정정책의 효과에 대한 다음 설명 중 거리가 먼 것은?

① 고전학파 모형에 의하면 화폐의 중립성이 성립한다.

② 케인지안 모형에 의하면 통화공급 증가 효과는 소득증가와 물가상승으로 분산된다.

③ 고전학파 모형에 의하면 정부지출의 증가는 불완전한 구축효과를 발생시킨다.

④ 케인지안 모형에 의하면 정부지출 증대를 통한 총수요 관리정책은 효과가 있다.

해설 정부지출의 증가는 이자율의 상승을 가져와 민간투자의 감소효과가 정부지출 증가를 상쇄하는 완전 구축효과가 발생한다.

02 거시경제모형에 대한 설명 중 옳지 않은 것은?

① 총수요곡선은 재화시장과 화폐시장으로부터 도출된다.

② 케인지안의 경우 정부지출을 늘리면 국민소득이 증대하고 이자율이 상승한다.

③ 고전학파의 총공급곡선은 수직이고 케인지안의 경우 우상향한다.

④ 화폐의 중립성은 고전학파의 경우 성립되고, 완전한 구축효과는 케인지안의 경우에 성립된다.

해설 고전학파의 경우 화폐의 중립성과 완전 구축효과가 성립하고, 케인지안의 경우 화폐의 중립성은 성립하지 않고 불완전 구축효과가 성립한다.

개념 짚어 보기

완전 구축효과와 불완전 구축효과의 비교

완전 구축효과(고전학파)	불완전 구축효과(케인지안)
• 국민소득, 고용량, 실질임금은 불변이며 이자율과 물가는 상승한다. • 정부지출의 증가는 이자율의 상승을 유발하여 민간투자의 감소효과가 정부지출 증가를 상쇄하는 완전 구축효과가 발생한다. 따라서 정부지출 증대를 통한 총수요 관리정책은 효과가 없다.	• 국민소득이 증가하고, 이자율과 물가는 상승하며, 이에 따라 노동량도 증가한다. • 정부지출의 증가는 이자율의 상승을 유발하여 민간투자를 감소시키지만 민간투자의 감소효과가 정부지출 증가를 완전히 상쇄하지 못하는 불완전 구축효과가 발생한다. 따라서 정부지출 증대를 통한 총수요 관리정책은 효과가 있다.

| 실전 확인 문제 정답 | 01 ③ 02 ④

6 경제정책의 효과분석(3)

개념 확인 문제

01 리카르도 불변 정리(RET)는 합리적 기대학파의 주장으로, 경제주체는 세금 감소를 미래 세금의 증가로 인식하여, 세금 감면이 총수요에 (　　) 것이다.

① 영향을 준다는　　② 영향을 주지 않는다는

02 합리적 기대학파는 (　　) 화폐공급의 증가는 물가를 상승시키기만 할 뿐 국민소득에 영향을 줄 수 없으며, (　　) 화폐공급의 증가가 국민소득에 영향을 줄 수 있다고 주장했다.

① 예상된, 예상치 못한　　② 예상치 못한, 예상된

실전 확인 문제

▶ **유동성함정에 대한 다음 설명 중 적절하지 않은 것은?**

① 유동성함정은 화폐수요가 이자율에 탄력적인 경우에 발생한다.

② 고전학파의 유동성함정 탈출이론은 소비가 소득의 함수라는 점에 기초한다.

③ 불황에 따른 물가 하락이 부의 증가를 가져오는 현상을 피구효과라 한다.

④ 명목통화공급의 증가가 부의 증가를 가져오는 현상을 실질잔고효과라 한다.

해설 고전학파의 유동성함정 탈출이론에서는 소비가 부의 함수라고 가정한다.

개념 짚어 보기

유동성함정

- 이자율이 임계이자율 이하로 내려가게 되면, 이자율이 더 이상 하락하지 않을 것이라고 생각하게 되어 사람들이 채권을 보유하는 것을 포기하고 전부 화폐로 보유하고자 함으로써 화폐에 대한 수요가 갑작스럽게 늘어나는 상태를 말한다.
- **유동성함정의 발생 시기**
  - LM곡선 수평 : 화폐수요가 이자율에 탄력적이다.
  - IS곡선 수직 : 투자수요가 이자율에 비탄력적이다.
- 통화공급을 증가시킬 경우 화폐시장에 초과공급이 발생하지 않기 때문에 국민소득 증가 효과가 발생하지 않는다(통화정책의 무력성).

| 개념 확인 문제 **정답** | 01 ② 02 ①　| 실전 확인 문제 **정답** | ②

7 이자율 결정이론

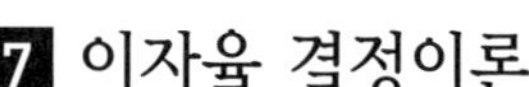

개념 확인 문제

01 (　　)은 화폐의 수요 · 공급에 영향을 주며 (　　)은 소비, 투자, 노동공급 등에 영향을 준다.
① 명목이자율, 실질이자율　　② 실질이자율, 명목이자율

02 (　　)란 실질금리가 단기적으로 변하지 않을 경우 기대인플레이션이 1% 상승하면 명목금리도 1% 상승한다는 것이다.
① 피셔효과　　② 다비효과

실전 확인 문제

▶ **유동성 선호설에 대한 다음 설명 중 적절하지 않은 것은?**

① 고전학파의 이자율이론에 반론을 제기하며 케인즈가 주장한 것이다.
② 화폐시장에서 화폐수요와 화폐공급이 일치하는 수준에서 이자율이 결정된다.
③ 이자로 축적된 소득이나 부는 소득을 화폐 이외의 금융자산 형태로 보유함에 따라 희생된 유동성에 대한 보상으로 간주한다.
④ 화폐의 수요와 공급은 일정시점에서 정의되는 저량개념이므로, 유동성 선호설은 장기이론이라고 할 수 있다.

해설 유동성 선호설은 단기이론이다.

개념 짚어 보기

명목금리결정이론
- **피셔효과** : 실질금리가 단기적으로 변하지 않을 경우 기대인플레이션이 1% 상승하면 명목금리도 1% 상승한다.
- **먼델-토빈의 실질잔고효과** : 기대인플레이션이 상승할 경우 실질잔고가 감소함에 따라 소비가 줄고 저축이 늘어난다. 저축의 증가는 실질금리를 하락시켜 명목금리는 기대인플레이션보다 적게 상승하게 된다.
- **다비(Darby)효과** : 세 부담으로 인해 기대인플레이션이 1%p 상승하면 명목금리가 1%p 이상 상승한다.

| 개념 확인 문제 **정답** | 01 ① 02 ①　| 실전 확인 문제 **정답** | ④

8 이자율의 기간구조이론

개념 확인 문제

01 (　　)은 투자자는 만기가 각기 다른 채권들의 기대수익률들을 동시에 고려하면서도 특정한 만기채권을 선호할 수도 있다는 이론이다.

① 시장분할이론　　② 특정시장 선호이론

02 유동성프리미엄은 현금을 보유하는 것을 포기하고 채권을 구입한 것에 대한 대가이므로 항상 (　　)의 값을 가지며 채권의 만기가 길면 길수록 유동성을 포기한 것에 대한 보상의 크기가 커져 유동성프리미엄의 값도 커진다.

① 음　　② 양

실전 확인 문제

▶ **기대이론에 대한 다음 설명 중 적절하지 않은 것은?**

① 만기가 다른 채권 간에 완전대체관계가 존재한다면 장 · 단기로 운용된 채권 간에 대체적 투자에 따른 수익률이 같아야 한다는 이론이다.

② 장기금리의 미래 예상수익률에 의하여 단기금리의 크기가 결정된다.

③ 수익률곡선은 미래 단기채권수익률에 대한 사람들의 예상에 따라 만기가 가까워짐에 따라 상승하거나 감소할 수 있다.

④ 현실에서 수익률곡선의 패턴이 우상향으로 나타나는 이유를 설명하지 못한다는 단점이 있다.

해설 단기금리의 미래 예상수익률에 의하여 장기금리의 크기가 결정된다.

개념 짚어 보기

시장분할이론

- 채권의 만기에 따라 투자자들의 선호대상이 다르기 때문에 채권시장이 분할되고 일정 범위에 속하는 만기의 채권수익률은 그 만기의 채권을 선호하는 투자자에 의해서 결정된다.
- 장 · 단기채권 간에 대체관계가 없으며 투자자는 특정 만기채권만을 선호한다고 가정한다.
- 단기채권이자율의 변화는 장기채권이자율의 변화에 미치는 영향을 나타내지 못하며, 수익률곡선의 이동에 대해 설명하지 못한다는 단점이 있다.

특정시장 선호이론

- 투자자는 만기가 각기 다른 채권들의 기대수익률들을 동시에 고려하면서도 특정한 만기채권을 선호할 수도 있다는 이론이다.
- 장기채권의 금리는 만기까지의 예상 평균단기이자율과 기간프리미엄의 합이다.
- 기간프리미엄의 존재로 단기금리의 하락이 예상되더라도 양의 프리미엄으로 인해 어느 정도 수익률곡선의 우상향을 설명할 수 있다.

| 개념 확인 문제 **정답** | 01 ② 02 ② | 실전 확인 문제 **정답** | ②

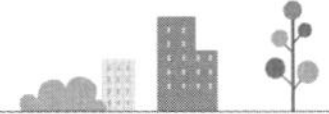

9 이자율의 변동요인

개념 확인 문제

01 이자율은 보통 경기확장국면 초기에 ( )하다가 점차 시간이 지남에 따라 ( )하는 모습을 보인다.
① 상승, 하락 ② 하락, 상승

02 금리와 인플레이션은 ( ) 방향으로 움직이며, 경기변동과 같이 인플레이션이 예상된 이후에 명목금리가 천천히 반응하므로 금리는 인플레이션에 ( )한다.
① 반대, 선행 ② 같은, 후행

실전 확인 문제

▶ **다음 중 이자율 변화의 기본적 요인이 아닌 것은?**

① 자금수요와 공급 ② 기대인플레이션
③ 정치 · 사회적 변화 ④ 기대물가상승률

해설 이자율 변화의 기본적 요인으로는 자금수요와 자금공급, 기대인플레이션, 정치 · 사회적 변화 등이 있다.

개념 짚어 보기

이자율 변화의 기본적 요인

- **자금수요와 공급** : 경기상승기에는 기업이 생산과 투자를 늘리기 때문에 자금수요가 늘어나 금리가 오르는 반면 경기하락기에는 기업이 생산과 투자를 줄이기 때문에 자금수요가 줄어들어 금리가 떨어진다.
- **기대인플레이션** : 물가가 오르면 상품구매력은 떨어지고, 화폐보유 기회비용은 늘어나 이자율이 오른다.
- **이자율 변화의 예측 방법**
  - 장기 이자율 추세 : 경기상황의 변동
  - 중기 이자율 예측 : 기대물가상승률, 통화신용정책의 변화, 기업자금수요 변화
  - 단기 이자율 예측 : 계절적 자금수요, 채권수급상황, 통화수위

경기변동에 따른 이자율의 움직임

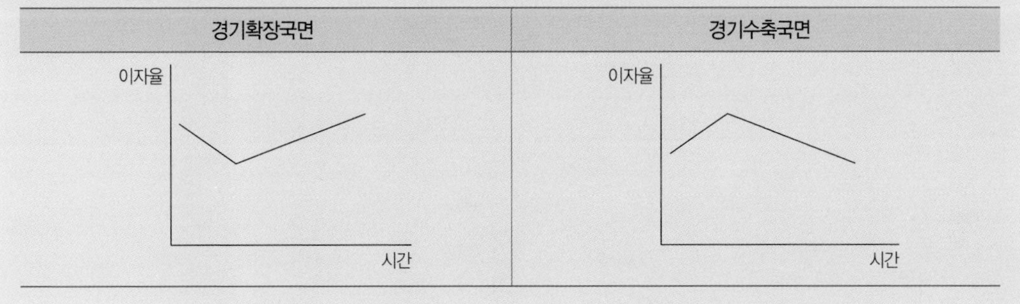

| 개념 확인 문제 정답 | 01 ② 02 ② | 실전 확인 문제 정답 | ④

10 경기변동의 이해

개념 확인 문제

01 (　　)은 국민경제 전체의 순환변동에서 국면전환이 발생하는 전환점을 말한다.

① 기준순환일　　② 순환기준일

02 불황 초기에는 재고가 (　　)하지만 불황이 심화되면 재고가 (　　)한다.

① 감소, 증가　　② 증가, 감소

실전 확인 문제

01 경기순환의 발생원인 중 실물요인이 아닌 것은?

① 원유가 변동　　② 금리 변동
③ 해외경기 변동　　④ 기업의 투자심리 변화

해설 금리 변동, 통화량 변동 등은 금융요인에 해당한다.

02 다음 중 경기변동의 요인이 아닌 것은?

① 추세요인　　② 계절요인
③ 순환요인　　④ 규칙요인

해설 경기변동의 요인에는 추세요인, 계절요인, 순환요인, 불규칙요인 등이 있으며 그중 불규칙 요인에는 자연재해, 전쟁 등이 있다.

개념 짚어 보기

경기순환의 발생원인
- **실물요인** : 해외경기 변동, 원유가 변동, 기업 투자심리 변화 등
- **금융요인** : 금리 변동, 통화량 변동 등

경기변동의 요인
- **추세요인** : 기술진보, 인구증가 등
- **계절요인** : 계절의 변화, 명절, 국가적 행사 등
- **순환요인** : 경기상승, 경기하강 등
- **불규칙요인** : 자연재해, 전쟁 등

| 개념 확인 문제 정답 | 01 ① 02 ②　| 실전 확인 문제 정답 | 01 ② 02 ④

11 경기전망을 위한 계량적 방법

개념 확인 문제

01 경기확산지수는 ( ) 이상일 때 상승국면으로, ( ) 이하일 때 하강국면으로 본다.

① 50% ② 65%

02 ( )는 개별 시계열의 변화방향만을 나타내주는 반면 ( )는 각 지표의 전월 대비 증감률을 통계적으로 종합하여 계산한다.

① 경기종합지수, 경기확산지수 ② 경기확산지수, 경기종합지수

03 거시경제 계량모형은 경제이론에 근거하는 ( )인 연립방정식 모형이다.

① 동태적 ② 정태적

실전 확인 문제

▶ **다음 설명 중 적절하지 않은 것은?**

① 경기확산지수는 경제통계지표 간의 상호관계는 고려하지 않고 변화의 방향만을 종합하여 지수화한 것이다.

② 경기종합지수는 경기에 민감하게 대응하는 몇 개의 대표계열을 선정하고, 이들의 움직임을 종합하여 지수형태로 나타냄으로써 경기국면을 파악하고 경기수준을 측정하는 데 활용하기 위한 종합경기지표이다.

③ 기업경기실사지수는 기업의 활동과 경기동향 등에 대한 기업가의 판단과 전망 및 이에 대비한 계획 등을, 설문지를 통하여 조사하고 분석함으로써 전반적인 경기동향을 파악하는 장기 경기예측수단이다.

④ 소비자태도지수는 경기수축에 있어서 기업경기실사지수보다 선행하는 경향이 있어 경기국면의 변화를 예측하는 데 유용하다.

해설 기업경기실사지수(BSI : Business Survey Index)는 단기 경기예측수단이다.

개념 짚어 보기

경기예측 방법

- **경기지표에 의한 예측** : 경기확산지수(DI : Diffusion Index), 경기종합지수(CI : Composite Index)
- **설문조사에 의한 예측** : 기업경기실사지수(BSI : Business Survey Index), 소비자태도지수(CSI : Consumer Sentiment Index)
- **경제모형에 의한 예측** : 거시경제 계량모형, 시계열 모형(Time Series Model)

| 개념 확인 문제 정답 | 01 ① 02 ② 03 ① | 실전 확인 문제 정답 | ③

핵심 플러스 OX 문제

01 균형가격에서 가격이 이탈하는 초과공급이나 초과수요가 발생하면 시장의 안정성(stability)에 의해 다시 균형가격으로 복귀하며, 경제가 안정적일 때 경제변수 간의 관계를 예측하는 것이 가능하다. ( )

02 현대 선진국형 경제는 수요부족경제이므로 공급의 크기가 균형의 크기를 결정한다. ( )

03 통화정책은 IS곡선을 이동시키고 재정정책은 LM곡선을 이동시키므로, IS곡선과 LM곡선의 이동경로를 통해 통화정책과 재정정책의 효과를 파악할 수 있다. ( )

04 완전구축효과가 발생할 경우 정부지출 증가에 따라 국민소득이 증가하게 된다. ( )

05 유동성함정이 발생한 경우 경기확대정책으로 정부지출을 증가하거나 세금을 인하하는 등 확대재정정책을 시행하면 IS곡선이 오른쪽으로 이동하여 이자율은 변하지 않는 채로 국민소득을 증가시킬 수 있다. ( )

06 부채-디플레이션이론은 경기가 불황일 때 물가가 하락하여 실물자산의 가치가 하락하고 경제주체들의 실질부채부담액이 증가함으로써, 경제주체들의 소비가 위축된 결과 경기불황과 디플레이션이 지속되는 것을 말한다. ( )

07 정책무용성의 정리란 합리적인 경제주체들이 화폐공급의 변동을 예측할 수 있다면 국민소득이나 고용 같은 실물변수는 경제정책의 영향을 받지 않는다는 합리적 기대학파의 주장이다. ( )

08 현대적 대부자금설은 고전학파의 유량(flow)분석과 케인즈의 저량(stock)분석을 저량분석으로 종합하여 이자율 수준의 결정요인을 설명하는 것이다. ( )

09 경제체제의 소득수준이 높아서 금융당국이 긴축정책을 시행하는 경우에는 전도된 수익률 곡선(inverted yield curve)이 발생한다. ( )

10 불편기대이론은 장단기 채권 간의 완전한 대체관계의 가정 아래 투자자가 장기채권에 투자할 경우와 단기채권에 투자할 경우의 예상수익률이 같아야 한다는 이론이다. ( )

11 이자율은 일반적으로 경기의 변화에 즉각적으로 반응한다. ( )

해설

02 현대 선진국형 경제의 특징은 수요부족경제이므로 균형의 크기는 수요의 크기가 결정한다. 수요부족경제에서는 균형의 크기와 IS-LM모형에서 결정되는 총수요의 크기가 같으므로 IS-LM모형을 이용하여 균형국민소득의 크기를 파악할 수 있다.

03 통화정책은 LM곡선을, 재정정책은 IS곡선을 이동시킨다. 즉, 확대통화정책은 LM곡선을 오른쪽으로, 긴축통화정책은 LM곡선을 왼쪽으로 이동시키며 확대재정정책은 IS곡선을 오른쪽으로, 긴축재정정책은 IS곡선을 왼쪽으로 이동시킨다.

04 완전구축효과가 발생할 경우 정부지출 증가에 의한 국민소득 증가 효과는 나타나지 않는다. 재정정책에 의한 국민소득의 증가를 기대할 수 있는 것은 부분구축효과와 무구축효과이다.

08 현대적 대부자금설은 고전학파의 유량분석과 케인즈의 저량분석을 유량분석으로 종합하여 이자율 수준의 결정요인을 설명하는 것으로, 결론적으로 이자율은 대부자금의 가격이므로 대부자금의 공급과 수요에 의해 결정된다고 본다.

11 이자율은 경기의 변화에 시차를 두고 반응하는데, 이는 경기변동에 따라 기업의 생산 및 투자자의 의사결정이 즉각적으로 조정되지 않기 때문이다.

정답 | 01 ○ 02 × 03 × 04 × 05 ○ 06 ○ 07 ○ 08 × 09 ○ 10 ○ 11 ×

O× 문제

12 국민소득은 한 나라의 경제수준과 국민들의 생활수준을 종합적으로 파악할 수 있는 지표로서, 국민총소득(GNI : Gross National Income)이라고도 한다. (　　)

13 광공업생산지수는 일정기간 중 이루어진 광공업생산활동의 수준을 나타내는 지표로, 대표적인 경기선행지표이다. (　　)

14 실물경제지표에 보편적으로 나타나는 계절요인을 제거하고 연율개념으로 표시하기 위해 실물경제지표의 움직임은 보통 전년동기대비 증감률 위주로 파악한다. (　　)

15 경기후행지수로는 이직자 수, 상용근로자 수, 생산자제품재고지수, 도시가계소비지출, 소비재수입액, 회사채유통수익률 등이 있다. (　　)

16 GDP디플레이터는 명목 GDP와 실질GDP 간의 비율로, 국민경제 전체의 물가압력을 측정하는 지수로 사용한다. (　　)

17 금리의 기간구조는 금융상품의 만기 차이에 따른 금리 차이를 뜻하며, 선진국에서는 기간구조가 미래의 인플레이션을 예측할 수 있는 것으로 나타난다. (　　)

18 경기순환(business cycle)이란 경기확장국면과 경기수축국면이 반복되는 현상으로, 순환주기는 비교적 일정하다. (　　)

19 기업경기실사지수는 장기 경기예측수단으로 100 이상이면 확장국면, 100 이하이면 수축국면으로 판단한다. (　　)

20 소비자태도지수는 경기확장기에 기업실사지수보다 일정 기간 선행하는 경향이 있어 경기국면의 변화를 예측할 수 있는 유용한 지표이다. (　　)

21 시계열모형은 거시경제계량모형과는 달리 관심 있는 변수의 과거 행태에 기초하여 동태적 모형을 만든 다음 미래를 예측하는 모형이다. (　　)

해설

13 광공업생산지수는 전체 경기의 흐름과 거의 유사하게 움직이는 대표적인 경기동행지표이며, 경기동향을 파악할 때 GDP와 더불어 핵심적인 지표로 사용된다.

15 이직자 수를 제외한 다섯 가지가 경기후행지수에 해당한다.

18 경기순환주기는 경기저점에서 경기정점을 찍은 후 경기저점으로 다시 내려오기까지의 기간을 의미하는데, 그 주기가 일정한 것은 아니다.

19 기업경기실사지수(BSI : Business Survey Index)는 기업의 활동 및 경기동향 등에 대한 기업가의 판단, 전망 및 이에 대비한 계획 설문서를 통해 조사분석함으로써 전반적인 경기동향을 파악하고자 하는 단기 경기예측수단이다.

20 소비자태도지수(CSI : Consumer Sentiment Index)는 특히 경기수축기에 기업실사지수보다 일정 기간 선행하는 경향이 있는 지표로서 100 이하일 때 수축국면, 100 이상일 때 확장국면으로 판단한다.

정답 | 12 ○ 13 × 14 ○ 15 × 16 ○ 17 ○ 18 × 19 × 20 × 21 ○

2장 분산투자기법

주식 A와 B의 베타계수는 각각 0.8, 1.4이다. 시장포트폴리오의 기대수익률과 위험(표준편차)은 각각 12%, 20%이다. A와 B에 각각 50%씩 투자한 포트폴리오의 총위험(분산)이 0.1일 때 샤프의 단일지표모형을 이용한 체계적 위험과 비체계적 위험은 각각 얼마인가?

① 3.80%, 6.20%
② 4.00%, 6.00%
③ 4.40%, 5.60%
④ 4.84%, 5.16%

정답해설
- 포트폴리오 베타$(\beta_p) = \sum_{j=1}^{n} w_j\beta_j$
  $= (0.5\times0.8) + (0.5\times1.4) = 1.1$
- 체계적 위험 $= \beta_j^2 \sigma^2_m$
  $= (1.1)^2 \times (0.2)^2$
  $= 0.0484 = 4.84\%$
- 비체계적 위험 = 총위험 − 체계적 위험
  $= 0.1 - 0.0484 = 0.0516 = 5.16\%$

대표 유형 문제 알아 보기

단일지표모형에 따른 포트폴리오 분산측정

$$\sigma^2(R_j) = \beta_j^2\sigma^2(R_m) + \sigma^2(\varepsilon_j)$$

- $\sigma^2(R_j)$: 증권수익률의 분산
- β_j : 시장모형에서 추정되는 기울기, 베타계수
- $\sigma^2(\varepsilon_j)$: 잔차항의 분산

- **체계적 위험**$(\beta_j^2\sigma^2(R_m))$: 개별주식의 위험 중에서 시장 전체와 연동된 위험의 크기로, 개별주식 수익률의 총변동성 가운데 증권특성선상을 따라 이동하는 수익률 변동 부분이다.
- **비체계적 위험**$(\sigma^2(\varepsilon_j))$: 시장 전체 변동과 관계없는 주식 j의 고유 특성에서 비롯되는 위험으로, 개별주식의 수익률 총변동성 가운데 증권특성선으로부터의 편차 크기로 측정되는 수익률 변동 부분이다.

| 대표 유형 문제 정답 | ④

1 포트폴리오 관리의 체계

개념 확인 문제

01 투자관리는 일반적으로 자산배분, 증권선택, 시점선택의 순으로 실행되며, 이를 (　　) 접근법이라고 한다.
① 상향식　　② 하향식

02 투자실행과정에서 자산군별 투자비중을 정하는 단계는 (　　)이다.
① 자산배분　　② 증권선택

실전 확인 문제

▶ **투자목표 설정 시 고려해야 할 사항이 아닌 것은?**

① 시장동향　　② 투자기간
③ 투자자금의 성격　　④ 고객의 특별한 요구사항

해설 투자목표 설정 시 고려해야 할 사항에는 이외에도 세금관계, 법적 · 제도적 제약, 투자자금의 성격, 고객의 위험에 대한 선호도 등이 있다.

개념 짚어 보기

통합적 포트폴리오 관리 과정

투자목표 설정 → 투자전략 수립을 위한 준비 → 투자실행 → 사후통제

투자실행의 단계

자산배분	자산군별 기대수익과 위험예측에 근거하여 각 자산에 대한 투자비중 결정
증권선택	자산군별로 배분된 자금을 투자할 증권 선택 • 적극적 포트폴리오 관리 : 증시가 비효율적이라는 전제하에 과소평가 또는 과대평가된 증권에 투자함으로써 시장지수와 비슷한 위험을 감수하면서도 시장지수보다 높은 투자수익을 올리려는 포트폴리오 관리기법 • 소극적 포트폴리오 관리 : 증시가 효율적이라는 전제하에 시장평균수준의 투자수익을 올리고 투자위험을 감수하려는 포트폴리오 관리기법
시점선택	투자로 인한 시장충격(market impact)과 단기적 가격 동향을 고려하여 투자 시점 선택

| 개념 확인 문제 정답 | 01 ② 02 ①　| 실전 확인 문제 정답 | ①

2 포트폴리오 분석 – 최적 투자결정의 체계

개념 확인 문제

▶ 투자위험의 정도를 측정할 수 있는 방법으로는 분산, 표준편차, 변동계수, ( ) 등이 있다.

① 신뢰구간 ② 범위

실전 확인 문제

▶ **주식 A, B의 증권분석 결과 다음과 같은 예상투자수익률이 추정되었다고 가정할 때 주식 A, B의 기대수익률을 각각 계산하면?**

상황	발생 확률	예상수익률	
		주식 A	주식 B
호경기	30%	60%	20%
정상	10%	30%	30%
불경기	30%	-20%	15%

	주식 A	주식 B
①	10%	12%
②	13%	14%
③	15%	13.5%
④	17%	18%

해설 $E(R_A) = (0.3\times60\%)+(0.1\times30\%)+(0.3\times-20\%) = 15\%$
$E(R_B) = (0.3\times20\%)+(0.1\times30\%)+(0.3\times15\%) = 13.5\%$

개념 짚어 보기

기대수익의 측정

- **투자수익률** : 투자한 양과 투자로부터 회수한 양의 상대적 비율

$$투자수익률 = \frac{기말의\ 부 - 기초의\ 부}{기초의\ 부}$$

- **기대수익률** : 미래에 평균적으로 예상되는 수익률

$$E(R)=\sum_{i=1}^{m} p_i r_{p_i}$$

- $E(R)$: 개별자산의 기대수익률
- p_i : i 상황이 일어날 확률(m가지의 상황)
- r_{p_i} : i 상황에서 발생하는 예상 수익률

| 개념 확인 문제 **정답** | ② | 실전 확인 문제 **정답** | ③

3 증권의 최적 선택 원리

개념 확인 문제

01 효용함수는 투자자산들의 기대수익과 위험이 제시되었을 때 ( )의 정도에 따라 변화하는 만족 정도를 지수로 나타낸 것으로, 위험자산 증권들을 선택하는 우선순위 선정의 기준이 된다.

① 위험회피도 ② 위험보상

02 투자대상을 선정할 때에는 일단 지배원리를 만족시키는 효율적 증권을 고르고, 투자자의 ( )에 따라 효용을 극대화하는 최적 증권을 선택한다.

① 기대수익 ② 위험선호도

3과목 Ⅲ 거시경제 및 분산투자

실전 확인 문제

▶ **위험회피형 투자자에 관한 설명 중 거리가 먼 것은?**

① 위험회피형 투자자는 무위험자산에 투자한다.
② 위험회피형 투자자의 효용함수는 원점에 대해서 오목한 형태를 보인다.
③ 위험회피형 투자자는 기울기가 양인 평균분산 무차별효용곡선을 가진다.
④ 위험회피형 투자자는 위험보상이 양인 위험자산에 투자한다.

해설 위험회피형 투자자는 위험자산과 무위험자산에 분산투자한다.

개념 짚어 보기

투자자 유형에 따른 효용함수의 형태

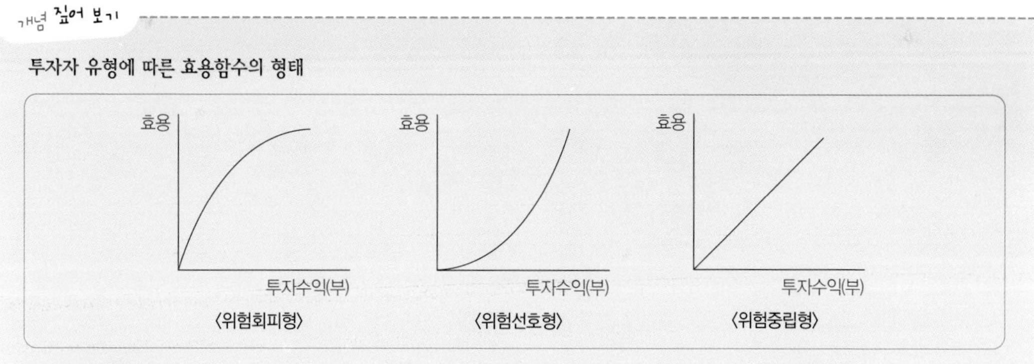

무차별효용곡선

- **정의** : 평균(기대수익률)과 분산(표준편차)의 공간에 위험회피형의 효용함수를 나타낸 것으로, 특정 투자자에게 효용을 동일하게 가져다주는 기대수익과 분산(위험)의 조합을 연결한 곡선이다.
- **특징**
  - 위험회피형 무차별효용곡선은 기울기가 가파르며 일정하게 위험이 증가할 때 더 많은 기대수익의 증가를 요구한다.
  - 위험선호형 무차별효용곡선은 기울기가 완만하며 기대수익의 증가가 위험증가에 미치지 못하더라도 만족한다.

| 개념 확인 문제 정답 | 01 ① 02 ② | 실전 확인 문제 정답 | ①

4 포트폴리오의 위험

개념 확인 문제

▶ 포트폴리오 위험을 측정하는 포트폴리오 분산은 각 상황에서 구하게 되는 포트폴리오의 발생 가능한 수익률과 포트폴리오 기대수익률의 (　　)의 제곱에 발생 확률을 곱하여 그 (　　)(을)를 계산하여 구할 수 있다.

① 합, 차이　　② 차이, 합

실전 확인 문제

▶ **주가수익률과의 상관관계에 관한 설명 중 틀린 것은?**

① 공분산은 절대적인 측정치인 반면 상관계수는 상대적인 측정치이다.

② 공분산이 음(−)이면 두 주식의 수익률의 움직임이 반대 방향이고, 공분산이 양(+)이면 두 주식의 수익률의 움직임이 같은 방향임을 의미한다.

③ 공분산은 −1과 1 사이의 값을 가진다.

④ 상관계수가 양이면 공분산도 양의 값을 가지고, 상관계수가 음이면 공분산도 음의 값을 가진다.

해설 공분산이 아니라 상관계수가 −1에서부터 1까지의 값을 취한다.

개념 짚어 보기

개별증권의 공분산을 이용하여 측정하는 방법

• 두 증권의 수익률이 어떤 관계를 맺고 움직이는가를 측정한 것이다.

$$\sigma_p^2 = w_X^2\sigma_X^2 + w_Y^2\sigma_Y^2 + 2w_X w_Y \cdot cov(R_X, R_Y)$$

• w_X : 주식 X에 대한 투자비율　• w_Y : 주식 Y에 대한 투자비율
• σ_X^2 : 주식 X의 분산　• σ_Y^2 : 주식 Y의 분산
• $cov(R_X, R_Y)$: 증권 X와 Y 사이의 공분산

• 수익률이 같은 방향으로 움직이면 정(+)의 값을, 반대 방향으로 움직이면 부(−)의 값을 가진다.
• 수익률 움직임의 상관성은 상관계수로 측정하며, 상관계수는 −1에서 1까지의 값을 취한다.

$$cov(R_X, R_Y) = E[(R_X - E(R_X))(R_Y - E(R_Y))]$$

$$\rho_{XY} = \frac{cov(R_X, R_Y)}{\sigma_X \cdot \sigma_Y}$$

• ρ_{XY} : 증권 X와 Y 사이의 상관계수　• $cov(R_X, R_Y)$: 증권 X와 Y 사이의 공분산
• σ_X : 증권 X의 표준편차　• σ_Y : 증권 Y의 표준편차

| 개념 확인 문제 **정답** | ②　| 실전 확인 문제 **정답** | ③

5 포트폴리오 분산투자(1)

개념 확인 문제

01 포트폴리오를 구성하는 개별자산 간의 상관관계가 완전 (　　)의 관계가 아니라면 분산투자를 함으로써 투자위험을 낮출 수 있다.

① 정(+)　　② 부(−)

02 포트폴리오 결합선이란 포트폴리오를 구성하는 증권 간의 상관관계가 일정하게 주어졌을 때, 투자비율의 조정에 따른 포트폴리오 기대수익률과 위험의 변화를 그림으로 나타낸 것으로, 포트폴리오 결합선에서 위험이 최소가 되는 포트폴리오를 (　　)라고 한다.

① 최소위험 포트폴리오　　② 최소분산 포트폴리오

실전 확인 문제

01 주식 X와 주식 Y 간의 상관계수는 −1이다. 주식 X와 주식 Y 간의 수익률의 표준편차는 각각 0.6, 0.4이다. 투자위험을 최소화하기 위해서는 두 주식에 얼마씩 투자하여야 하는가?

① 주식 X에 100%　　② 주식 Y에 100%

③ 주식 X에 40%, Y에 60%　　④ 주식 X에 60%, Y에 40%

해설 상관계수가 −1일 때, 위험최소비율은

$$X의\ 투자비율 = \frac{Y의\ 표준편차}{X의\ 표준편차 + Y의\ 표준편차} = \frac{0.4}{0.6+0.4} = 40\%$$

02 주식 A, B에 분산투자하여 위험을 줄이고자 한다. 주식 A, B의 표준편차가 각각 0.1, 0.2이고 상관계수가 −1일 때 적절한 투자비율은?

① A = 1/4, B = 3/4　　② A = 1/3, B = 2/3

③ A = 3/4, B = 1/4　　④ A = 2/3, B = 1/3

해설 상관계수가 −1일 때, 위험최소비율은

$$A의\ 투자비율 = \frac{B의\ 표준편차}{A의\ 표준편차 + B의\ 표준편차} = \frac{0.2}{0.1+0.2} = \frac{2}{3}$$

$$B의\ 투자비율 = \frac{A의\ 표준편차}{A의\ 표준편차 + B의\ 표준편차} = \frac{0.1}{0.1+0.2} = \frac{1}{3}$$

| 개념 확인 문제 **정답** | 01 ① 02 ②　| 실전 확인 문제 **정답** | 01 ③ 02 ④

6 포트폴리오 분산투자(2)

개념 확인 문제

01 구성 종목 수가 늘어남에 따라 줄어드는 위험을 (   )이라고 한다. 이 위험은 기업 고유의 요인에 의해서 야기된다.

① 체계적 위험 ② 비체계적 위험

02 여러 종목에 걸쳐 분산투자하는 경우 적절한 위험 보상률은 수익률의 (   )이 아니라 (   )에 의해서 결정되어야 한다.

① 공분산, 총분산 ② 총분산, 공분산

실전 확인 문제

▶ **기대수익률이 0.12이고 표준편차가 0.15인 위험자산과 무위험자산수익률이 0.05인 무위험자산이 있다. 두 자산에 총 100만 원을 투자하여 0.09의 수익을 기대하고자 한다면 위험자산과 무위험자산의 투자비율은?**

① 85%, 15% ② 75%, 25%

③ 67%, 33% ④ 57%, 43%

해설 위험자산의 투자비율 : a

$a \times 0.12 + (1-a) \times 0.05 = 0.09$

$a = 0.57$

위험자산 : 57%, 무위험자산 : 43%

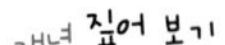

개념 짚어 보기

투자 종목 수와 위험분산효과

- 종목 수가 늘어날수록 개별증권의 위험이 포트폴리오에 끼치는 영향은 작아지며, 포트폴리오 위험은 각 종목들 간의 공분산의 평균에 가까워진다.
- **체계적 위험과 비체계적 위험**

체계적 위험	– 구성 종목 수를 무한대로 늘려도 줄어들지 않는 위험 – 증권시장 전반의 공통 요인으로 인한 위험	분산불능위험 시장위험
비체계적 위험	– 구성 종목 수가 늘어남에 따라 줄어드는 위험 – 기업 고유 요인으로 인한 위험	분산가능위험 기업고유위험

- 여러 종목에 걸쳐 분산투자하는 경우 투자위험관리의 주된 대상은 시장관련 위험이다.
- 투자위험에 대한 적절한 보상은 체계적 위험에 한정시켜야 한다.
- 특정 증권이 포트폴리오 위험에 미치는 영향은 특정 증권의 분산 크기가 아니라 타 증권과의 공분산(상관계수)이다.

| 개념 확인 문제 정답 | 01 ② 02 ② | 실전 확인 문제 정답 | ④

7 자본자산가격결정모형(CAPM)의 의의와 가정

개념 확인 문제

▶ 자본자산가격결정모형이란 개별투자자들이 효율적으로 분산투자를 하며 시장이 (　　)에 있을 때, 주식과 같은 자본자산의 균형가격이 위험을 반영하여 어떻게 결정되는지를 예측하는 모형을 말한다.

① 균형상태　　　② 불균형상태

실전 확인 문제

▶ **자본자산가격결정모형의 가정으로 적절하지 않은 것은?**

① 투자자는 평균과 분산에 의해서 포트폴리오를 선택한다.

② 자본시장에서 개인투자자는 가격순응자이며, 거래비용과 세금이 없기 때문에 자본과 정보의 흐름에 마찰이 생기지 않는다.

③ 모든 투자자들은 무위험이자율 수준으로 자금을 얼마든지 차입하거나 빌려 줄 수 있다.

④ 자본시장은 공급과 수요가 일치하지 않는 불균형상태이다.

해설 자본자산가격결정모형에서는 자본시장이 공급과 수요가 일치하는 균형상태에 있다고 가정한다.

개념 짚어 보기

자본자산가격결정모형(CAPM : Capital Asset Pricing Model)의 가정

- **평균 · 분산기준** : 투자자는 평균과 분산에 따라 투자결정을 하며, 상대적으로 낮은 분산, 상대적으로 높은 평균을 가진 자산을 선택한다.
- **동질적 미래예측** : 모든 투자자는 같은 방식으로 경제상황을 예측하고 증권을 분석하므로 미래의 증권수익률 확률분포에 대한 예측이 동질적이다.
- **완전시장** : 자본시장에서 개인투자자는 가격순응자이며, 거래비용과 세금이 없기 때문에 자본과 정보의 흐름에 전혀 마찰이 생기지 않는다.
- **무위험자산의 존재** : 투자자들은 누구나 무위험이자율 수준으로 자금을 얼마든지 빌리거나 빌려 줄 수 있다.
- **균형시장** : 자본시장은 공급과 수요가 일치하는 균형상태이다.
- **동일한 투자기간** : 투자자는 모두 동일한 단일투자기간을 가지며 단일투자기간 이후에 발생하는 결과는 신경쓰지 않는다.

| 개념 확인 문제 **정답** | ①　| 실전 확인 문제 **정답** | ④

8 자본시장선(CML : Capital Market Line)

개념 확인 문제

01 자본시장선의 기울기는 시장위험 1단위에 대한 위험보상률을 나타낸 것으로 위험의 (　　)이라고 한다.

① 표준편차　　② 균형가격

02 시장포트폴리오는 위험자산 포트폴리오 가운데 유일한 (　　) 포트폴리오이다.

① 효율적　　② 비효율적

실전 확인 문제

▶ **자본시장선에 대한 설명으로 틀린 것은?**

① 자본시장선은 개별기업의 수익률과 시장수익률 간의 관계를 나타낸 것이다.

② 자본시장선의 기울기는 총위험 한 단위당 위험프리미엄을 나타낸 것이다.

③ 자본시장선에는 효율적 자산만이 존재한다.

④ 자본시장선은 총위험과 기대수익률의 관계를 나타낸 것이다.

해설 자본시장선은 총위험과 기대수익률의 관계를 나타낸다.

개념 짚어 보기

자본시장선(CML)

- **자본시장선의 의의** : 개인투자자들이 효율적으로 분산투자할 경우 자본시장이 균형상태에 이르게 되면 효율적 포트폴리오의 기대수익률과 위험 간에 일정한 선형관계가 성립하는데, 이를 그래프로 표시한 것이 자본시장선이다.

$$E(R_p) = R_f + \frac{E(R_m) - R_f}{\sigma_m}\sigma_p$$

- $E(R_m)$: 시장포트폴리오의 기대수익률
- σ_m : 시장포트폴리오의 표준편차

- **시장포트폴리오의 성격**
  - 위험자산 포트폴리오 가운데 유일한 효율적 포트폴리오이다.
  - 이성적인 투자자라면 자신들의 위험선호도와 상관없이 누구든지 선택하는 것으로, 위험자산이 효율적인 투자자산이다.
  - 모든 위험자산을 포함하는 완전분산투자된 포트폴리오로서 시가총액의 구성비율대로 구성된다.
  - 종합주가지수는 시장포트폴리오의 특성을 가장 잘 나타낸다.

| 개념 확인 문제 정답 | 01 ② 02 ①　| 실전 확인 문제 정답 | ①

9 증권시장선(SML : Security Market Line)

실전 확인 문제

01 자본시장선과 증권시장선에 대한 설명으로 옳지 않은 것은?

① 증권시장선은 모든 투자대상의 균형수익률을 제시한다.

② 자본시장선은 효율적으로 분산된 포트폴리오의 균형수익률을 제시한다.

③ 자본시장선과 증권시장선의 절편이 의미하는 것은 동일하지 않다.

④ 자본시장선은 총위험, 증권시장선은 체계적 위험을 고려한 것이다.

해설 자본시장선과 증권시장선의 절편이 의미하는 것은 동일하다.

02 자본자산가격결정모형(CAPM)이 성립한다고 가정했을 때, 주식 X의 예상 기대수익률이 12%이고 베타계수가 0.5이다. 그리고 시장포트폴리오 기대수익률이 13%, 무위험이자율이 5%일 때 주식 X에 대한 설명으로 가장 옳은 것은?

① 4.0% 과대평가

② 3.0% 과대평가

③ 3.0% 과소평가

④ 4.0% 과소평가

해설 $E(R_j) = R_f + [E(R_m) - R_f] \cdot \beta_j$

$= 0.05 + (0.13 - 0.05) \times 0.5 = 0.09$

예상 기대수익률이 12%이므로 3.0% 과소평가이다.

개념 짚어 보기

증권시장선(SML)

- 시장포트폴리오가 효율적이라면 베타와 기대수익률 사이에는 완전한 선형관계가 성립하며, 이 직선이 증권시장선이다.
- 체계적 위험(베타)이 높으면 기대수익률도 높고, 체계적 위험이 낮으면 기대수익률도 낮다.

$$E(R_j) = R_f + [E(R_m) - R_f]\beta_j$$

- $E(R_j)$: 주식 j의 기대수익률
- R_f : 무위험자산의 수익률
- $E(R_m)$: 시장포트폴리오의 기대수익률
- β_j : 주식 j의 베타계수$(= \sigma_{jm}/\sigma_m^2)$

자본시장선과 증권시장선의 관계

자본시장선(CML)	증권시장선(SML)
• 완전분산투자된 효율적 포트폴리오를 대상으로 표준편차의 함수로서 기대수익률을 표시 • 효율적 포트폴리오만이 위치(개별증권의 비효율적 포트폴리오는 CML 오른쪽 아래에 위치)	• 비효율적 포트폴리오나 개별주식도 포함하여 시장 전체에 대한 개별주식 위험의 기여도를 나타내는 베타계수함수로서 기대수익률을 표시 • 비효율적 개별증권이 위치

| 실전 확인 문제 정답 | 01 ③ 02 ③

10 단일지표모형

개념 확인 문제

01 단일지표모형은 증권수익률 변동을 이분법적으로 나눌 수 있으며, 시장공통요인을 종합주가지수 같은 시장지표로 나타내는 것이 가능하다고 가정하여 이 개념을 (　　)으로 표시한 것으로, 시장모형이라고도 한다.

① 1차원적 관계식　　② 2차원적 관계식

02 단일지표모형에서는 투자수익률 변동의 원천을 시장공통요인과 연관된 가격변동과 개별종목의 특정 요인과 연관된 가격변동으로 보는데, 인플레이션, 공금리변화, 원자재 가격변화 등은 (　　)에 해당한다.

① 시장공통요인과 연관된 가격변동　　② 개별종목의 특정 요인과 연관된 가격변동

03 베타계수(β_j)는 시장수익률의 변동에 대한 증권 j의 수익률의 평균적 민감도를 나타내는 것으로, 베타계수가 (　　) 증권일수록 시장수익률 변동에 민감하게 반응한다.

① 큰　　② 작은

개념 짚어 보기

단일지표모형의 중요 가정 : $cov(\varepsilon_j, \varepsilon_k)=0$

두 주식(j, k)의 잔차수익률 사이의 공분산은 0이다. 특정 j주식에 영향을 주는 미시적 사건은 다른 k주식에는 영향을 주지 않는다. 즉, 특정 개별주식의 변동성은 오로지 하나의 공통요인인 시장요인과의 관계에 의해서만 설명된다.

단일지표모형

$$R_{jt}=\alpha_j+\beta_j \cdot R_{mt}+\varepsilon_{jt}$$

- R_{jt} : t시점에서의 주식의 수익률
- R_{mj} : t시점에서의 시장지표의 수익률
- α_j : 회귀계수의 절편
- β_j : 회귀계수의 기울기
- ε_{jt} : 잔차항

- 잔차 ε_{jt}는 시장 전체의 변동과 상관없이 특정 기업고유의 미시적인 사건에 영향을 받는 증권수익률 변동의 측정값이다.

베타계수와 잔차분산의 추정

증권수익률의 변동 중에서 시장 전체와 연동되지 않은 위험은 증권특성선으로부터의 잔차의 분산으로 측정된다.

$$\varepsilon_{jt}=R_{jt}-(\hat{\alpha}_j+\hat{\beta}_j R_{mt})$$

- ε_{jt} : 주식 j의 t시점에서 잔차
- R_{jt} : 주식 j의 t시점에서의 주식의 실제 수익률
- $\hat{\alpha}$: 증권특성선의 절편 추정치
- $\hat{\beta}$: 증권특성선의 기울기 추정치
- R_{mt} : 시장수익률의 t시점에서의 실제 수익률

| 개념 확인 문제 정답 | 01 ① 02 ① 03 ①

11 단일지표모형에 의한 포트폴리오 선택

개념 확인 문제

▶ 단일지표모형의 잔차분산은 증권 사이에 상관성이 (　　　)을 가정하고 있으므로, 이 가정이 얼마나 현실성이 있느냐에 따라 최적 포트폴리오 선택모형으로서의 정확성이 좌우된다.

① 있음　　② 없음

실전 확인 문제

01 주식 A에 40%를 투자하고 나머지 60%를 무위험자산 B에 투자한 포트폴리오 P가 있다. 주식 A의 베타가 1.8일 때 포트폴리오 P의 베타는?

① 0.52　　② 0.72

③ 0.92　　④ 1.52

해설 포트폴리오 P의 베타 = 0.4×1.8 = 0.72

02 주식 A, B의 베타계수는 각각 1.2, 1.5이다. 시장포트폴리오의 기대수익률과 표준편차는 각각 12%, 20%이다. 샤프의 단일지표모형을 이용한 A와 B의 수익률의 공분산은 얼마인가?

① 0.032　　② 0.05

③ 0.072　　④ 0.36

해설 $\sigma_{AB} = \beta_A \beta_B \sigma_m^2 = 1.2 \times 1.5 \times (0.2)^2 = 0.072$

개념 짚어 보기

포트폴리오 분산 측정

- **포트폴리오 베타** : 특정 포트폴리오 수익률과 시장수익률과의 공분산을 시장수익률의 분산으로 나눈 값으로, 포트폴리오를 구성하는 개별주식의 베타계수를 그 주식에 대한 투자비율에 따라 가중평균한 것이다.
- **포트폴리오 잔차분산** : 개별증권의 잔차분산에 그 증권에 대한 투자비율의 제곱을 곱한 것이다.

$$\sigma^2(R_p) = \beta_p^2 \sigma^2(R_m) + \sigma^2(\varepsilon_p)$$

체계적 위험	비체계적 위험
포트폴리오 베타 $\beta_p = \sum_{j=1}^{n} w_j \beta_j$	잔차분산 $\sigma^2(\varepsilon_p) = \sum_{j=1}^{n} w_j^2 \sigma^2(\varepsilon_j)$

$$\rightarrow \sigma^2(R_p) = \left[\sum_{j=1}^{n} w_j \beta_j \right]^2 \sigma^2(R_m) + \sum_{j=1}^{n} w_j^2 \sigma^2(\varepsilon_j)$$

| 개념 확인 문제 정답 | ②　　| 실전 확인 문제 정답 | 01 ②　02 ③

12 포트폴리오 투자 전략

개념 확인 문제

01 (　　)란 투자결정을 할 때 시장 전체의 일반적 예측을 그대로 받아들여 정보비용과 거래비용을 최소화시키는 투자 전략을 말한다.

① 적극적 투자 전략　　② 소극적 투자 전략

02 투자자금을 주식과 채권으로 나누어 주식의 가격변동에 구애받지 않고 주식에 대한 투자 금액을 일정하게 유지하는 것을 (　　)이라 한다.

① 불변비율법　　② 불변금액법

실전 확인 문제

▶ **다음에서 설명하는 방법은 무엇인가?**

> 위험에 비해 상대적으로 높은 기대수익을 얻거나, 기대수익에 비해 상대적으로 낮은 위험을 부담하도록 포트폴리오 구성을 수정하는 방법이다.

① 차입포트폴리오　　② 포트폴리오 리밸런싱

③ 대출포트폴리오　　④ 포트폴리오 업그레이딩

해설 포트폴리오 업그레이딩에 대한 설명이다.

개념 짚어 보기

포트폴리오 수정

- **포트폴리오 리밸런싱**
  - 상황이 변했을 때 포트폴리오 본래의 특성을 유지하려는 것으로, 구성 종목의 상대가격이 달라짐에 따라 변동된 투자비율을 원래의 비율로 환원시키는 방법을 주로 사용한다.
  - 고정목표 수정전략 : 투자목표를 달성하기 위해 투자비율이 상승한 주식을 매각하고 투자비율이 하락한 주식을 매입하여 본래의 포트폴리오 구성과 투자비율을 동일하게 하는 전략이다.
- **포트폴리오 업그레이딩**
  - 기대수익에 비해 상대적으로 낮은 위험을 부담하거나 위험에 비해 상대적으로 높은 기대수익을 얻도록 포트폴리오 구성을 수정하는 방법이다.
  - 성과가 우수한 증권을 식별하기보다는 큰 손실을 가져온 증권을 찾아서 그 증권을 포트폴리오에서 없애는 방법을 주로 사용한다.

| 개념 확인 문제 정답 | 01 ② 02 ②　　| 실전 확인 문제 정답 | ④

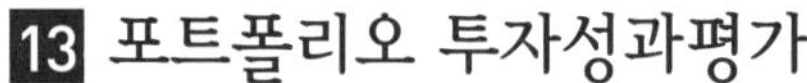

13 포트폴리오 투자성과평가

개념 확인 문제

01 평가지수 중 (   )는 비체계적 위험까지 감안한 것이다.

① 평가비율, 샤프지수 ② 젠센지수, 트레이너지수

02 무위험자산과 소수의 주식으로 구성된 포트폴리오에 분산투자하는 경우 운영성과를 측정하는 데 적절한 평가지수는 (   )이다.

① 평가비율 ② 샤프지수

실전 확인 문제

▶ **투자수익률에 대한 다음 설명 중 적절하지 않은 것은?**

① 내부수익률은 현금유출액의 현재 가치와 현금유입액의 현재가치를 일치시키는 할인율을 계산하여 측정하는 것으로, 시행착오법에 따라 계산한다.

② 산술평균수익률은 단일기간수익률을 근거로 계산하는 것이다.

③ 기하평균수익률은 중도 투자수익이 재투자되어 증식되는 것을 감안한 평균수익률 계산방법이다.

④ 기하평균수익률은 최종시점의 부의 크기를 감안하므로 산술평균 수익률보다 합리적이며 미래기대수익률 계산에 적합하다.

해설 기하평균수익률은 미래기대수익률 계산에는 부적절하며, 미래기대수익률의 계산에는 산술평균수익률을 사용하는 것이 적합하다.

개념 짚어 보기

성과평정을 위한 투자위험의 조정 방법

샤프지수	총위험을 기준으로 자본시장선의 사후적 기울기 공식을 이용하여 평가	샤프지수(RVAR) = $\frac{\overline{R_P}-\overline{R_f}}{\sigma_P}$
트레이너지수	체계적 위험을 기준으로 증권시장선의 사후적 기울기 공식을 이용하여 평가	트레이너지수(RVOL) = $\frac{\overline{R_P}-\overline{R_f}}{\beta_p}$
젠센지수	트레이너지수처럼 증권시장선의 기울기를 이용하여 평가	젠센지수(α_P) = $\overline{R_P}-[\overline{R_f}+\beta_P(\overline{R_m}-\overline{R_f})]$ = $[\overline{R_P}-\overline{R_f}]-\beta_P[\overline{R_m}-\overline{R_f}]$ *$\overline{R_P}$: 포트폴리오 P의 실현수익률
평가비율	비체계적 위험에 대한 초과수익의 정도를 기준으로 평가	평가비율 = $\frac{\alpha_P}{\sigma(\varepsilon_P)}$

| 개념 확인 문제 정답 | 01 ① 02 ① | 실전 확인 문제 정답 | ④

핵심 플러스 OX 문제

01 통합적 포트폴리오 관리는 투자목표의 설정에서 시작하여 목표달성을 위한 투자전략 및 전술을 수립 · 실행하고 투자결정 후에 사후조정 · 통제하는 일련의 과정에 따라 이루어지는 상향식 투자관리이다. ( )

02 통합적 포트폴리오 관리에서 투자목표를 달성하기 위한 투자전략을 수립할 때에는 사전적으로 거시경제 및 시장에 관한 정보를 수집하고 투자분석을 해야 한다. ( )

03 포트폴리오란 둘 이상 다수의 자산 또는 증권을 결합한 것을 말하며, 포트폴리오 관리란 여러 자산에 분산투자하는 활동을 체계적으로 계획 · 실행하며 사전 통제하는 것을 말한다. ( )

04 미래 불확실한 상황에서의 수익률의 변동성(volatility)을 위험이라고 하며, 분산(variance) 또는 표준편차(standard deviation)는 위험의 크기를 나타내는 가장 보편적인 방법이다. ( )

05 포트폴리오의 기대수익률에서 포트폴리오 가중치는 원래의 자기자본투자액 대비 각 개별자산투자금액에 대한 비율을 뜻하며, 가중치의 합은 1이다. ( )

06 상관계수가 적은 증권들 간의 결합이나 투자자금 비율의 변경을 통해 포트폴리오 위험을 줄일 수 있다. ( )

07 지배원리란 위험이 동일한 투자대상들에서는 기대수익이 가장 낮은 것을 선택하고, 기대수익이 동일한 투자대상들에서는 위험이 가장 높은 투자대상을 선택하는 것을 말한다. ( )

08 정기예금이나 국공채처럼 미래 상황의 변화에 관계없이 확정된 수익이 보장됨으로써 수익률 변동이 없어 위험이 0인 투자자산을 무위험자산(risk-free asset)이라고 한다. ( )

09 포트폴리오에 무위험자산이 존재하는 경우 그렇지 않은 경우보다 투자기회집합이 축소되는 효과가 있다. ( )

10 이성적인 투자자라면 자신들의 위험선호도와 상관없이 전부 시장포트폴리오를 선택하게 되는데, 이를 토빈의 분리정리(Tobin' s Two Fund Separation Theorem)라고 한다. ( )

11 포트폴리오에 투자하는 투자자에게는 개별증권의 위험이 아니라 전체 포트폴리오의 위험이 의미가 있으며, 이것이 위험 보상률(risk premium)을 결정한다. ( )

해설

01 통합적 포트폴리오 관리(integrated portfolio management)는 투자목표 설정(plan), 투자실행(do), 사후통제(see)의 순으로 이어지는 하향식 투자관리이다.

03 포트폴리오 관리(portfolio management)는 여러 가지 투자자산에 분산 투자하는 활동을 체계적으로 계획하고 실행하며 사후통제하는 것이다.

07 위험이 동일한 투자대상들에서는 기대수익이 가장 높은 것을, 기대수익이 동일한 투자대상들에서는 위험이 가장 낮은 투자대상을 선택하는 것을 지배원리(dominance principle)라고 한다.

09 포트폴리오에 무위험자산이 존재하지 않은 경우의 투자기회집합 속의 모든 위험자산이 무위험자산과 결합할 수 있음을 감안하면 아주 많은 자본배분선이 존재하게 되므로, 무위험자산이 존재하는 경우에는 그렇지 않은 경우에 비해 투자기회집합이 확대되는 효과가 있다.

정답 | 01 × 02 ○ 03 × 04 ○ 05 ○ 06 ○ 07 × 08 ○ 09 × 10 ○ 11 ○

제1회

투자자산운용사

실전모의고사

평가 영역	문항 수	시험 시간
금융상품 및 세제 투자운용 및 전략Ⅱ 및 투자분석 직무윤리 및 법규/투자운용 및 전략 Ⅰ 등	100문항	120분

시스컴
SISCOM

투자자산운용사 제1회 실전모의고사

001

세제에 관한 설명으로 적절하지 않은 것은?

① 미등기 무허가 건물도 양도세를 과세한다.
② 금융소득에는 이자, 배당, 연금소득이 포함된다.
③ 금융소득의 종합과세 대상의 기준은 2천만 원이다.
④ 조세불복에 대한 심사청구는 국세청장에게 청구한다.

002

소득세에 관한 다음 설명 중 적절하지 않은 것은?

① 소득세는 소득원천설을 근거로 포괄주의를 채택하고 있다.
② 소득세의 제2차 납세의무자는 사업의 양수인이다.
③ 세법상 변액보험의 차익은 배당소득으로 보지 않는다.
④ 장기채권은 분리과세를 신청한 경우에만 적용한다.

003

조세의 분류 중 직접세에 해당하지 않는 것은?

① 법인세 ② 소득세
③ 증여세 ④ 증권거래세

004

甲의 금융소득이 4,000만 원이고 사업소득은 5,000만 원이다. 금융소득 4,000만 원을 금융기관에서 지급받을 때 이자소득의 14%인 560만 원을 공제하고 받았다면 甲이 부담하게 되는 소득세액은 얼마인가?(단, 종합과세시로 계산하시오.)

① 1,290만 원
② 1,018만 원
③ 954만 원
④ 878만 원

005

금융소득의 크기와 무관하게 무조건 분리과세되는 소득이 아닌 것은?

① 비실명 금융소득
② 법원에 납부한 경매보증금 및 경락대금에서 발생한 이자소득
③ 세금우대종합저축의 이자 및 배당소득
④ 2천만원을 초과하는 금융소득

006

다음 중 바르게 설명된 것을 모두 고르면?

> ㉠ 세금우대저축의 이자는 종합과세 금융소득에서 제외된다.
> ㉡ 종합소득세 신고와 납부는 5월 1일부터 5월 31일까지이다.
> ㉢ 장기적인 상속계획은 10년 이상의 계획 아래 미리 상속인에게 증여함으로써 상속시점의 재산수준을 낮추고 상대적으로 낮은 누진세율을 적용하는 것이다.
> ㉣ 금융소득 기준금액 2,000만 원을 초과하는 경우 기준금액 초과금액에 대한 세액은 일반원천징수세액과 종합소득세액 중 작은 금액으로 한다.

① ㉠, ㉡
② ㉢, ㉣
③ ㉠, ㉡, ㉢
④ ㉡, ㉢, ㉣

007

증권거래세율(2021년 4월 현재)에 대한 설명으로 옳지 않은 것은?

① 코스닥시장의 거래세율은 0.23%이다.
② 코넥스시장의 거래세율은 0.10%이다.
③ 증권거래세의 기본 세율은 0.5%이다.
④ 유가증권시장의 거래세율은 0.08%이다.

008

사모집합투자기구에 대한 특례에 해당하지 않는 것은?

① 투자설명서 제공의무 면제
② 수익자총회 개최 허용
③ 판매보수 및 수수료 한도적용 없음
④ 회계감사의무 면제

009

개인종합저축계좌인 ISA에 대한 설명으로 옳지 않은 것은?

① 한 계좌에서 다양한 금융상품을 함께 운용할 수 있는 상품이다.
② 금액에 상관없이 비과세하는 절세상품이다.
③ 금융소득종합과세 대상자는 가입자격이 없다.
④ 연간 2천만원 한도로 납입이 가능하다.

010

주택관련 금융상품 중 주택청약종합저축에 대한 설명으로 옳지 않은 것은?

① 1인 1통장이 원칙이다.
② 국민주택뿐만 아니라 민영주택 청약시 사용이 가능하다.
③ 연령 조건은 없으나 주택을 소유한 세대주는 가입할 수 없다.
④ 납입 방식은 일정액 적립식과 예치식을 병행할 수 있다.

011

보험의 종류 중 나머지와 다른 하나는?

① 책임보험 ② 사망보험
③ 생존보험 ④ 생사혼합보험

012

다음에서 설명하는 것은?

보험회사는 납입된 보험료를 장래에 보험금 지급을 위해 적립해 나가는데, 보험료 수입과 보험금 지급 사이의 시간적 차이를 이용해서 적립금이 일정한 이율로써 운용될 것을 전제로 한다.

① 예정사망률 ② 예정이율
③ 예정사업비율 ④ 예정생존율

013

다음에서 설명하는 관계회사는?

간접투자증권의 모집 및 매출, 매각 및 환매 등을 수행한다.

① 자산운용사 ② 일반사무관리회사
③ 판매회사 ④ 자산보관회사

014

다음 중 신유형 펀드 개념으로 옳지 못한 것은?

① ELS : 미리 정한 수익을 추구하는 펀드로 원금의 대부분을 채권 등 안전자산에 투자하고 발생한 이자로 ELS에 투자해 추가수익을 추구하는 펀드
② Bull spread형 : 만기까지 주가지수 상승률이 단 한 번이라도 미리 정해 놓은 수준에 도달시 만기수익률 결정
③ 엄브렐러 펀드 : 성격이 다른 하위펀드를 3개로 단순화하여 투자자의 시황판단에 따라 자유롭게 전환할 수 있는 펀드
④ 펀드 오브 펀즈 : 성격이 다른 여러 펀드에 분산투자하는 펀드로 신탁 재산의 50% 이상을 다른 펀드에 투자해야 하나 동일운용사 펀드로 50%를 초과하지 못하며 동일 펀드로 20%를 초과하지 못한다.

015

환매조건부채권(RP)에 대한 설명으로 옳지 않은 것은?

① 투자기간은 취급기관에 따라 증권회사는 1일 이상, 은행은 15일 이상이다.
② 금액, 투자기간, 이율 등의 거래조건을 건별로 정하는 방식을 약정형이라 한다.
③ 매매단위는 1만 원 이상 제한이 없다.
④ 증권회사 측면에서 투자자들에게 우량한 단기자금 운용수단을 제공한다는 효과를 갖는다.

016

투자의 타당성을 분석하기 위한 판단기준의 하나인 간편법에 해당하지 않는 것은?

① 순현재가치 ② 순소득승수
③ 투자이율 ④ 자기자본수익률

017

다음 중 복성가격 또는 적산가격을 구하기 위한 토지 평가방식은 무엇인가?

① 거래사례비교법 ② 수익환원법
③ 원가법 ④ 내부수익률법

018

부동산의 평가에서 다음 표의 빈칸에 들어갈 용어가 바르게 나열된 것은?

평가의 3면성	평가 방법	시산가격	특징
㉠	원가법	㉡	㉢

	㉠	㉡	㉢
①	시장성	수익가격	수요가격
②	수익성	유추가격	공급가격
③	비용성	복성가격	공급가격
④	비용성	수익가격	균형가격

019

부동산의 감정평가방식에 대한 다음 설명 중 틀린 것은?

① 재조달 원가계산 시 변동률 적용법은 비용지수법이라고 한다.
② 수익환원법은 수익성에 주안점을 둔다.
③ 오래된 건물은 비용방식을 주로 적용한다.
④ 원가법은 복성식 평가법이라고도 한다.

020

CR-리츠에 대한 설명으로 틀린 것은?

① 최저자본금은 50억 원이다.
② 주식분산에 대한 제한이 없어서 주식공모 제공의무가 없다.
③ 자산의 50%까지 부동산관련 유가증권이 아닌 유가증권으로 보유할 수 있다.
④ 배당가능 이익의 90% 이상을 배당하는 경우 법인세가 면제된다.

021

대안투자의 특성을 설명한 것으로 가장 적절하지 않은 것은?

① 전통적 투자상품과 상관관계가 낮은 편이다.
② 대안투자에서 거래하는 자산은 일반적으로 환금성이 떨어진다.
③ 대부분 장외시장에서 거래되는 자산으로 구성되어 투자기간이 짧다.
④ 과거 성과 자료의 이용이 제한적이다.

022

부동산 간접투자에서 CR-REITs의 투자비중에 대한 설명이 바르게 된 것은?

① 부동산에 50% 이상
② 부동산에 70% 이상
③ 기업구조조정 부동산에 50% 이상
④ 기업구조조정 부동산에 70% 이상

023

부동산펀드 중 수익형 부동산의 투자시 고려 사항에 해당하지 않는 것은?

① 공실률
② 임대료 위험
③ 건물처분시 유동성 위험
④ 준공 및 분양 위험

024

PEF가 차입할 수 있는 자금의 한도는 얼마인가?

① PEF 재산의 10% 범위
② PEF 재산의 20% 범위
③ PEF 재산의 30% 범위
④ PEF 재산의 50% 범위

025

가장 간단하면서도 보편화된 형태의 신용파생상품으로서 준거자산의 신용위험을 분리하여 보장매도자에게 이전하고 보장매도자는 그 대가로 프리미엄을 지급받는 금융상품으로, 보장 프리미엄과 손실보전금액을 교환하는 계약을 무엇이라 하는가?

① TRS ② CLN
③ CD ④ CDS

026

국가 간 상관관계분석에 대한 설명으로 가장 적절하지 못한 것은?

① 상관관계분석은 각국의 주가 움직임에 대한 과거자료를 이용한 실증적 분석이다.
② 과거의 상관관계 구조가 투자기간에 해당하는 미래에도 지속될 것이라는 것을 전제하고 있다.
③ 측정기간을 가능한 짧게 하여 추정한 상관관계의 값이 신뢰성을 갖도록 하는 것이 필요하다.
④ 지나치게 자료기간을 길게 하면 자료기간 중 구조적 변화가 포함될 가능성이 높아진다.

027

해외투자와 환위험에 대한 설명이 잘못된 것은?

① 해외투자시 해당국의 주가가 하락하지 않더라도 투자대상국의 통화가치가 상승하면 음의 투자수익률을 얻게 된다.
② 한국주식에 투자하는 미국투자자의 경우 원화가치와 한국의 주가가 양의 관계를 가지면 공분산은 양의 값을 갖는다.
③ 한국주식에 투자하는 미국투자자의 경우 원화가치와 한국의 주가가 음의 관계를 가지면 미국투자자가 인식하는 위험은 감소한다.
④ 환율변동은 국제투자에 있어 수익률의 원천이면서 동시에 위험 요소가 될 수 있다.

028

국제채권시장에 대한 설명으로 가장 적절하지 못한 것은?

① 국제채는 채권발행지와 채권표시통화의 관계에 따라 외국채와 유로채로 구분된다.
② 채권표시통화의 본국에서 발행되는 채권을 유로채라 하고, 채권표시통화 본국 이외의 국가에서 발행되는 채권을 외국채라 한다.
③ 외국채를 발행하는 경우 채권발행 및 유통과 관련된 발행지 국가의 규제를 받게 된다.
④ 국제채권시장의 규모가 국제채시장의 규모보다 훨씬 크다.

029

해외투자시 헤지 및 벤치마크에 관한 다음 설명 중 틀린 것은?

① 롤링헤지는 헤지기간을 여러 개로 구분하여 하나의 기간의 만기시 새로운 기간을 헤지하는 식으로 진행하는 방식이다.
② 내재적 헤지는 주가와 환율의 상관관계를 활용하여 환노출을 높이는 헤지를 의미한다.
③ 판다본드는 외국 기업이 중국에서 발행하는 위안화 표시채권이다.
④ 벤치마크 수익률을 목표로 하는 전략은 인덱스형 전략이다.

030

한국인이 영국에서 영국 파운드 표시로 발행한 채권은?

① 유로채(Euro Bond)
② 정크채(Junk Bond)
③ 글로벌채(Global Bond)
④ 외국채(Foreign Bond)

031

자기자본이익률(ROE)를 설명하는 공식으로 맞는 것은?

① 영업상이익－투하자본비용
② 매출액순익률×자기자본회전율
③ 사내유보율×자기자본이익률
④ 매출액순이익률×총자본회전율

032

기본적 분석의 한계점에 대한 설명이다. 옳지 않은 것은?

① 시장의 변동에만 집착하기 때문에 시장이 변화하는 원인을 분석할 수 없다.
② 투자자마다 견해가 달라 동일한 내재가치를 인식하기 힘들다.
③ 내재가치를 평가하기 위한 재무제표가 적정하지 못하다.
④ 분석을 하는 데 시간이 오래 걸린다.

033

다음 재무비율분석에 대한 설명으로 옳은 것을 고른 것은?

① 유동비율은 100% 미만이 이상적 수준이다.
② 재고자산회전율이 높으면 판매활동에 문제가 있다.
③ 납입자본이익률은 성장성 지표이다.
④ 이자보상비율은 높을수록 좋다.

034

순이익이 발생하고 있지 않은 기업이나 신생기업들에 대한 상대적 주가수준 파악시 유용한 재무비율 분석은?

① 토빈의 q비율
② 주가매출액비율
③ 주가장부가치비율
④ 주가수익비율

035

다음 〈보기〉의 설명 중 옳지 않은 것을 모두 고른 것은?

보기

㉠ PER은 이익성장률이 클수록 작아진다.
㉡ PBR을 계산할 때 분모는 시장가치를, 분자는 장부가치를 사용한다.
㉢ 주가가 높으면 배당수익률은 작아진다.
㉣ 항상성장모형에서 요구수익률이 클수록 주가는 상승한다.
㉤ 항상성장모형에서 배당수익률이 클수록 주가는 상승한다.

① ㉠, ㉡
② ㉠, ㉡, ㉣
③ ㉡, ㉢, ㉣
④ ㉡, ㉣, ㉤

036

산업구조분석에 대한 설명으로 적절한 것을 고른 것은?

① 규모의 경제는 진입장벽을 낮게 해 준다.
② 광고 등 제품의 차별화는 진입장벽이 될 수 없다.
③ 높은 진입장벽은 이미 진출한 기업들에게 수익성과 위험을 높게 해 준다.
④ 기존업체의 저렴한 제조비용도 진입장벽이 된다.

037

대차대조표의 작성기준으로 옳지 않은 것은?

① 대차대조표는 자산 · 부채 및 자본으로 구분한다.
② 자산은 자본금 · 자본잉여금 · 이익잉여금 및 자본조정으로 각각 구분한다.
③ 자산 · 부채 및 자본은 총액으로 기재함을 원칙으로 한다.
④ 부채는 유동부채 및 고정부채로 구분한다.

038

기업이 위탁된 자본을 이용하여 일정기간 동안 어느 정도의 경영활동성과를 나타내었는가를 측정하고 그 원인을 분석하는 재무비율의 분석은?

① 수익성 분석
② 성장성 분석
③ 안정성 분석
④ 활동성 분석

039

다음 패턴분석 중 반전형에 해당하지 않는 것은?

① 삼봉형
② 확대형
③ 원형모형
④ 다이아몬드형

040

그랜빌은 강세시장과 약세시장에서 일반투자자와 전문투자자는 서로 반대의 생각을 하게 된다고 보았다. 전문투자자는 공포심을 갖는 반면 일반투자자는 확신을 갖는 국면은?

① 강세 제1국면, 강세 제2국면
② 강세 제2국면, 강세 제3국면
③ 약세 제1국면, 약세 제2국면
④ 약세 제2국면, 약세 제3국면

041

캔들차트분석에 대한 설명으로 적절하지 못한 것을 모두 고른 것은?

㉠ 관통형은 주가하락을 암시한다. ㉡ 반격형은 전일시가와 당일시가가 일치한다. ㉢ 장악형은 첫째날보다 둘째날에 몸체가 짧다. ㉣ 행인맨형은 주가상승을 암시한다.

① ㉠, ㉡, ㉢
② ㉡, ㉣
③ ㉢, ㉣
④ ㉠, ㉡, ㉢, ㉣

042

생산요소를 노동과 자본으로 구분하여, 각각 노동과 자본이 풍부한 국가는 노동집약, 자본집약적 산업 중심으로 발전한다고 주장한 이론은 무엇인가?

① 페티클라크의 법칙
② 호프만의 법칙
③ 헥셔올린모형
④ 리카도 비교우위

043

리스크관리의 필요성에 대한 설명으로 가장 거리가 먼 것은?

① 금융위기의 원인은 금융기관과 기업의 위험관리능력이 부족했기 때문이다.
② 위험관리에 있어서의 문제는 위험을 줄이는 데 있는 것이 아니라 정확한 위험을 아는 것이다.
③ 파생상품의 위험을 효과적으로 관리하고 다른 위험들과 함께 종합적으로 평가할 수 있는 위험관리기법이 필요하게 되었다.
④ 운용자산별 위험도를 설정하여 위험도를 감안한 자기자본요구량을 계산하고 국제적 기준에 부합하는가를 비교한 BIS기준은 적극적인 위험관리 시스템으로 대두되고 있다.

044

다음 중 VaR의 특징으로 볼 수 없는 것은?

① 예측기간이 짧으므로 위험요인의 변화를 보다 정확히 추정한다.
② 포트폴리오의 분산효과가 클수록 VaR의 감소효과도 크다.
③ 금융변수가 임의 분포인 경우에도 신뢰구간의 추정이 간편하다.
④ 다른 조건이 동일하다면 99% 신뢰수준의 VaR가 95%의 VaR보다 크다.

045

모든 금융자산 및 포트폴리오의 수익률이 정규분포를 따른다고 가정하고 과거자료를 이용하며, 잠재적 손실을 선형으로 측정하는 방법은?

① 역사적 시뮬레이션
② 몬테카를로 시뮬레이션
③ 분석적 분산-공분산 방법
④ 비모수적 방법

046

다음 중 VaR 측정방법들을 비교한 것으로 잘못된 것은?

① 몬테카를로 시뮬레이션은 위험요인의 분포에 대한 가정을 필요로 하지 않는다.
② 분석적 분산-공분산 방법은 계산이 빠르나 몬테카를로 시뮬레이션은 시간과 비용이 많이 든다.
③ 분석적 분산-공분산 방법과 역사적 시뮬레이션은 민감도 분석을 수행하기가 어렵다.
④ 역사적 시뮬레이션은 이용 자료가 적으면 분포가 조잡하여 VaR 추정치의 정확성이 떨어진다.

047

P 항공 주식에 1억 원을 투자한 경우에 일별 변동성이 3%이면 99%의 신뢰수준으로 10일간의 VaR를 구하면?

① 16,864,000원 ② 15,642,000원
③ 23,458,400원 ④ 22,088,400원

048

다음 ㉠~㉡ 안에 들어갈 적절한 수치가 순서대로 짝지어진 것은?

> 사후검증은 보통 1일 보유기간과 (㉠)% 신뢰수준을 기준으로 (㉡)일(1년 기준) 동안 추정한 VaR와 실제의 이익과 손실을 매일 비교하여 실제의 이익과 손실이 VaR를 초과하는 횟수를 기초로 이루어진다.

	㉠	㉡
①	95	120
②	99	150
③	95	180
④	99	250

049

다음의 환위험을 관리할 수 있는 기법 중 성격이 다른 것은?

① 통화선물계약 체결
② 리딩(leading)과 래깅(lagging)
③ 자산부채종합관리전략
④ 상계(netting)

050

국내 수출업자가 장래 자국통화가 수출상대국 통화에 대하여 평가절하될 것으로 예상하는 경우에 환위험을 줄이기 위해서 사용할 수 있는 기법은?

① 매칭 ② 리딩
③ 래깅 ④ 상계

051

직무윤리에 대한 일반적 설명으로 가장 적절하지 못한 것은?

① 직무윤리는 투자자보호뿐만 아니라 금융산업 종사자들을 보호하는 측면도 있다.
② 직무윤리강령은 직무윤리기준의 세부지침인 각칙에 해당한다.
③ 직무윤리의 적용대상은 투자상담업무 종사자들이다.
④ 직무윤리의 대상인 직무행위는 투자상담업무와 관련된 직·간접적 일체의 직무활동을 말한다.

052

비윤리적인 기업의 국제거래를 규제하는 다자간 협상을 무엇이라 하는가?

① TI ② ER
③ CP ④ CSI

053

다음 빈칸에 적합한 용어를 고른 것은?

> 직무윤리는 총칙과 각칙으로 구분할 수 있다. 이때 총칙에 해당하는 것이 (㉠)이고, 각칙에 해당하는 것이 (㉡)이다.

	㉠	㉡
①	직무윤리강령	직무윤리기준
②	직무윤리기준	직무윤리세칙
③	직무윤리강령	직무윤리세칙
④	직무윤리기준	직무윤리강령

054

다음의 사례는 무엇에 위반되는 행위인가?

> H 증권회사 영업담당 직원인 K는 친구이자 고객인 은행원 P로부터 재력 있는 고객을 소개시켜 줄 것을 부탁받았다. K는 회사 고객정보를 이용하여 P에게 고객의 정보를 복사하여 전달하였다.

① 고객의 지시에 따를 의무
② 재위임의 금지 의무
③ 모든 고객을 평등하게 취급할 의무
④ 고객의 정보 누설 및 부당이용 금지의 의무

055

소속회사에 대한 의무와 관련된 설명으로 가장 적절하지 못한 것은?

① 투자상담업무 종사자는 회사에 대하여 맡은 직무에 대해 신임의무를 진다.
② 투자상담업무 종사자는 회사와 이해상충관계에 있는 지위를 맡거나 업무를 수행할 때에는 사전에 회사의 승인을 얻어야 한다.
③ 소속회사에 대한 신임의무의 존부에 대한 판단에는 정식의 고용계약관계의 유무, 계약기간의 장단이 중요한 요소가 된다.
④ 투자상담업무 종사자는 소속 회사에 대하여 수임자로서 성실의무를 진다.

056

자본시장법의 개요에 대한 설명이다. 틀린 것은?

① 자본시장법은 증권의 개념을 포괄주의로 전환하였다.
② 기능별 규제체제를 도입하여 전문투자자와 달리 일반투자자는 영업행위와 관련한 규제의 대부분을 면제하였다.
③ 금융투자업을 기능에 따라 6개 업으로 분류하였다.
④ 자본시장법은 금융투자업과 관련하여 동일기능에 대한 동일규제의 원칙이 적용된다.

057

다음 중 자본시장법상 파생상품에 속하는 것을 모두 고른 것은?

㉠ 선도
㉡ 파생결합증권
㉢ ELW
㉣ ETF
㉤ 스왑

① ㉡, ㉢　　② ㉠, ㉤
③ ㉠, ㉡, ㉤　　④ ㉠, ㉡, ㉢, ㉤

058

금융투자업에 대한 다음 설명 중 옳은 것은?

① 누구의 명의로 하든지 자기계산으로 매매가 이루어지는 것이 투자중개업의 특징이다.
② 투자일임업이란 금융투자상품에 대한 투자판단에 관한 자문에 응하는 금융업이다.
③ 원본보전신탁의 수익권을 제외한 모든 신탁의 수익권은 모두 자본시장법상 금융투자상품의 개념에 해당된다.
④ 종전 증권거래법상 증권사의 위탁매매업, 대리업 등은 투자매매업에 해당한다.

059

다음 중 주권상장법인의 주식의 증권신고서 효력발생 기간은 얼마인가?

① 5일　　② 7일
③ 10일　　④ 15일

060

자본시장법상의 '투자권유대행인제도'에 대한 설명으로 가장 적절하지 못한 것은?

① 투자권유대행인은 금융투자회사의 직원이 아니다.
② 투자권유대행인은 증권과 파생상품에 대한 투자권유를 할 수 있다.
③ 투자권유대행인이 투자자로부터 금전, 증권을 직접 수취하는 행위는 금지된다.
④ 투자권유대행인에게도 금융투자상품의 내용 및 위험에 대한 설명의무가 부과된다.

061

금융위원회의 구성에 대한 설명으로 틀린 것은?

① 위원은 9인으로 구성된다.
② 한국은행 부총재는 당연직 위원에 속한다.
③ 위원 중 3인은 추천기관의 추천을 받아 대통령이 임명한다.
④ 당연직 위원과 추천위원은 겸직이 허용된다.

062

집합투자업자는 동일 종목의 증권 투자를 10% 이내로 제한하고 있다. 다음 중 예외적으로 100%까지 투자가 가능한 종목에 해당하지 않는 것은?

① 정부보증채　　② 국채
③ 특수채　　④ 통안증권

063

금융위 규정의 의의와 법적 성격에 대한 설명이 가장 적절하지 못한 것은?

① 금융관련법령에서 금융위에 위임한 사항을 규정해 놓은 것이다.
② 감독원장이 제정한 것은 규정과 구분하여 규정시행세칙으로 지칭한다.
③ 금융위규정은 법규명령보다 하위의 법에 속한다.
④ 금융위규정은 대외적으로 법적 구속력을 가진다.

064

금융소비자보호법에 대한 설명으로 옳지 않은 것은?

① 동일기능－동일규제 원칙이 적용된다.
② 6대 판매원칙을 모든 금융상품에 확대하였다.
③ 청약철회권을 폐지하였다.
④ 모든 금융상품 및 서비스를 예금성, 투자성, 보장성, 대출성 상품으로 분류하였다.

065

다음 빈칸에 가장 적합한 것을 바르게 연결한 것은?

> 전환사채의 전환가격은 전환사채 발행을 위한 (㉠)을 기산일로 하여 소급하여 산정한 1개월 평균종가, 1주일 평균종가 및 최근일 종가를 산술평균한 가액, 최근일 종가, 청약일 전 제3거래일 종가 중 (㉡)(으)로 한다.

	㉠	㉡
①	이사회결의일 전일	높은 가액 이상
②	이사회결의일 전일	낮은 가액 이하
③	이사회결의일 당일	높은 가액 이상
④	이사회결의일 당일	낮은 가액 이하

066

공개매수는 공개매수신고서의 제출일로부터 일정 기간 이내에 이루어져야 한다. 공개매수기간이 옳게 연결된 것은?

① 10일 이상 30일 이내
② 10일 이상 60일 이내
③ 20일 이상 30일 이내
④ 20일 이상 60일 이내

067

투자권유의 적합성 확보에 대한 설명으로 옳지 않은 것은?

① 일반투자자의 경우 투자권유를 하기 전에 고객의 투자목적과 재산상황, 투자경험 등의 정보를 파악해야 한다.

② 확인한 투자자정보의 내용은 해당 일반투자자에게 제공해서는 안 된다.

③ 투자자정보를 제공하지 않은 일반투자자에게는 금융투자상품의 거래를 권유해서는 안 된다.

④ 일반투자자에게 파생상품을 판매하고자 하는 경우 '투자자정보확인서'를 작성하여야 한다.

068

투자권유준칙에 대한 내용으로 바르게 설명된 것은?

① 고객이 정보를 제공하지 않았더라도 투자권유를 할 수 있다.

② 파생상품의 경우 정보제공이 없어도 상품의 가입을 할 수 있다.

③ 고객의 정보가 없더라도 고객의 확인하에 거래는 할 수 있다.

④ 금융투자회사가 분석한 고객의 투자성향 결과는 고객에게 제공할 필요가 없다.

069

금융투자회사의 계좌 통합요건을 가장 바르게 설명한 것은?

① 예탁자산 평가액이 10만 원 이하이고, 최근 6개월간 거래가 발생하지 아니한 계좌

② 예탁자산 평가액이 10만 원 이하이거나, 최근 6개월간 거래가 발생하지 아니한 계좌

③ 계좌의 잔액 · 잔량이 0이 된 날로부터 6개월이 경과한 경우

④ 계좌의 잔액 · 잔량이 0이 된 날로부터 1년이 경과한 경우

070

주로 확률적 판단에 관한 인지의 편향 중 하나로 쉽게 생각나는 것이 발생하기 쉽다고 생각하는 판단 경향을 무엇이라 하는가?

① 대표성의 편향 ② 이용편리의 편향
③ 투묘와 조정의 편향 ④ 시뮬레이션의 편향성

071

자산집단의 기대수익률 추정방법 중 계량적 방법에 해당되지 않는 것은?

① 회귀분석 ② 가치평가방법
③ CAPM ④ APT

072

다음 중 동적 자산배분의 종류에 속하지 않는 것은?

① 이동평균
② Stop loss
③ 포트폴리오 인슈런스
④ 지배원리

073

포트폴리오 인슈런스 전략의 장점으로 볼 수 없는 것은?

① 투자 만기시에 최소보장가치 이하의 투자성과가 나올 확률이 0이다.
② 거래비용이 절감된다.
③ 선물의 당일결제제도로 자산들의 동시적 거래가 가능하다.
④ 기초자산들의 운용을 수시로 변동하는 것이 가능하다.

074

전략적 자산배분의 실행과정 중 두 번째 단계에 해당하는 것은?

① 투자목적 및 투자제약조건 파악
② 최적자산구성의 선택
③ 자산종류별 기대수익, 위험 추정
④ 자산집단의 선택

075

상장지수펀드(ETF)는 주식포트폴리오 운용전략 중 어디에 가장 근접한 전략으로 볼 수 있는가?

① 액티브 운용
② 패시브 운용
③ 리밸런싱
④ 업그레이딩

076

주식과 채권의 비교에 대한 설명이 잘못된 것은?

	구분	주식	채권
①	자본조달의 성격	타인자본	자기자본
②	투자자의 지위	주주	채권자
③	이익배당 여부	배당가능이익 한도 내	확정이자의 배당
④	발행절차	전액 납입	분할납입 허용

077

다음 채권이 단기채에서 장기채의 순서로 바르게 나열된 것은?

① 회사채－금융채－국민주택 1종
② 통화안정증권－지역개발공채－서울시도시철도공채
③ 지역개발공채－회사채－국민주택 2종
④ 회사채－국민주택 2종－통화안정증권

078

다음 중 채권의 매매 전략에 대한 설명으로 틀린 것은?

① 롤링효과(rolling)는 잔존기간이 단축됨에 따라 수익률이 하락(가격이 상승)하는 효과이다.
② 스프레드 확대 예상시에는 수익률이 높은 채권을 매입하고 수익률이 낮은 채권을 매도하여야 이익이다.
③ 미래 이자율 상승 예상시에는 듀레이션을 감소시키는 방향으로 포트폴리오를 재구성한다.
④ 경기가 불황일수록 채권 간 스프레드는 확대된다.

079

잔존기간이 3년, 표면이율 4%인 연단위 후급 이자지급 이표채의 만기수익률이 10%일 때 채권의 듀레이션은 얼마인가?

① 2.34　② 2.56
③ 2.88　④ 2.94

080

국채전문딜러제도의 도입목적으로 보기 힘든 것은?

① 시장참가자들의 국채입찰 참여를 극대화한다.
② 과열경쟁을 차단한다.
③ 시장조성을 통해 유통시장의 유동성을 증대시킨다.
④ 간접적으로 발행시장을 활성화시킨다.

081

기간구조이론에 대한 설명으로 옳지 않은 것은?

① 불편기대이론은 투자자들이 미래이자율에 대하여 정확한 동질적 기대를 가지며 수익률 구조는 이러한 기대수익률에 따라 결정된다는 것이다.
② 불편기대가설이 주는 중요한 의미는 수익률의 곡선 형태가 미래의 단기이자율에 대한 투자자의 기대에 의하여 결정된다는 것이다.
③ 유동성 선호이론에 따르면 장기채권수익률은 기대현물이자율에 유동성 프리미엄을 가산한 값의 기하평균과 같다는 것이다.
④ 낙타형 모습의 수익률 곡선을 잘 설명할 수 있는 것은 시장분할이론이다.

082

주가지수선물의 헤지거래에 대한 설명으로 옳은 것은?

① 헤지거래는 현물과 선물시장에서 같은 포지션을 취하는 것이다.
② 헤지거래는 현물에 대응하는 선물의 존재 여부에 따라 완전헤지와 부분헤지로 분류된다.
③ 헤지거래는 선물의 매매방향에 따라 직접헤지와 교차헤지로 분류된다.
④ 헤지거래는 가격변동에 따른 위험을 축소 또는 회피하기 위한 거래이다.

083

다음 중 선물거래의 경제적 기능이 아닌 것은?

① 가격발견기능 ② 위험전가기능
③ 거래비용의 절약 ④ 형평성의 증대

084

세타포지션이 양(+)의 방향을 갖는다면 의미하는 것은?

① 변동성이 높아지기를 원함
② 변동성이 낮아지기를 원함
③ 옵션의 만기가 빨리 오기를 원함(매도자)
④ 옵션의 만기가 늦게 오기를 원함(매수자)

085

다음에서 설명하는 모형은?

> CRR 모형이라고도 하며, 1978년 콕스, 로스, 루빈수타인이 발표한 옵션가격결정모형이다. 이 모형은 직관적으로 가격형성 과정을 살펴볼 수 있을 뿐 아니라, 비현실적 가정을 줄일 수 있어 실제로도 많이 이용된다.

① 시뮬레이션 모형 ② X-ARIMA 모형
③ 블랙-숄즈모형 ④ 이항모형

086

다음과 같은 손익구조의 그래프를 갖는 옵션전략은 무엇인가?

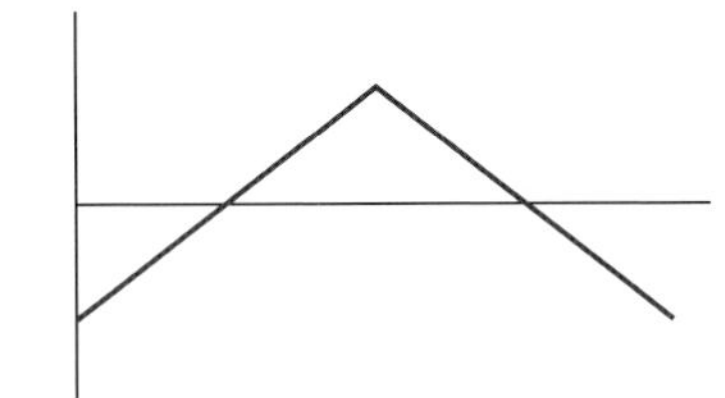

① 스트래들 매도
② 스트래들 매수
③ 스트랭글 매도
④ 스트랭글 매수

087

콜옵션을 이용하여 베어 스프레드를 구성한 것으로 옳은 것은?

① 행사가격이 낮은 콜옵션 매도, 높은 콜옵션 매수
② 행사가격이 낮은 콜옵션 매수, 높은 콜옵션 매도
③ 행사가격이 낮은 콜옵션 매도, 높은 콜옵션 매도
④ 행사가격이 낮은 콜옵션 매수, 높은 콜옵션 매수

088

다음 금액가중수익률에 대한 설명 중 옳지 않은 것은?

① 금액가중수익률은 내부수익률이라고도 한다.
② 금액가중수익률은 펀드 내로 유입된 현금흐름의 현재가치와 펀드 외부로 유출된 현금흐름을 일치시키는 할인율로 측정하는 방법이다.
③ 금액가중수익률은 기초 및 기말의 현금흐름과 기중 자금의 유출입 시기에 의해 수익률이 달리 측정된다는 단점을 갖고 있다.
④ 운용 도중 매 시점별로 시장수익률 등과 같은 기준수익률과 비교하기가 용이하기 때문에 펀드평가에 필요한 수익률로 적절하다.

089

샤프지수에 대한 설명으로 적절하지 못한 것은?

① 샤프지수는 총위험 한 단위당 어느 정도의 보상을 받았는가 하는 위험보상률을 의미한다.
② 일정투자 기간 동안에 있어 위험의 1단위당 무위험이자율을 초과 달성한 포트폴리오 수익률의 정도를 말한다.
③ 샤프지수의 비율이 높으면 위험조정 후 성과가 낮음을 의미한다.
④ 전체 자산을 잘 분산투자하지 않고 있는 투자자의 경우 적합한 펀드평가 방법으로 간주된다.

090

위험조정 성과지표 중 단위위험당 초과수익률에 해당하지 않는 것은?

① 샤프비율 ② 트레이너비율
③ 정보비율 ④ 효용함수

091

다음 ㉠, ㉡에 들어갈 용어가 바르게 나열된 것은?

(㉠)나 (㉡)는 모두 시장위험을 나타내는 베타를 위험의 측정치로 사용한다는 공통점이 있으나, (㉠)는 CAPM에 의한 적정수익률과 실제 수익률의 차이를 펀드의 성과지표로 사용하는 반면, (㉡)는 체계적 위험 한 단위당 초과수익률을 펀드의 성과지표로 사용한다는 차이점이 있다.

	㉠	㉡
①	젠센지수	샤프지수
②	트레이너지수	샤프지수
③	젠센지수	트레이너지수
④	샤프지수	젠센지수

092

다음 설명 중 옳은 것은?

① 케인즈는 세이의 법칙에 입각하여 적극적으로 유효수요를 증대시켜야 한다고 판단했다.
② 1980년대 이후 합리적 기대가설을 수용하면서도 임금과 가격의 경직성을 근거로 정책개입의 정당성을 주장한 학파를 신고전학파라 한다.
③ 물가지수 중 명목 GDP를 실질 GDP로 나눈 값으로 구해지는 것을 가중물가지수라 한다.
④ 고전학파는 노동시장에서의 임금의 신축성을 근거로 물가의 신축성을 주장했다.

093

케인즈학파의 노동시장에 대한 설명으로 옳지 않은 것은?

① 명목임금의 경직성을 가정함으로써 임금이 노동시장에서 수요와 공급을 균형으로 만드는 조정기능을 수행할 수 없다고 본다.
② 노동시장의 균형을 주장하여 실업의 발생을 예상하지 못했다.
③ 노동수요곡선이 기업의 이윤극대화의 조건으로부터 도출되는 것은 고전학파 모형과 동일하다.
④ 노동시장에서 실제 고용되는 노동량은 경직적인 명목임금과 물가에 따라 주어지는 실질임금하에서 이에 상응하는 노동수요에 의해 결정된다.

094

다음 설명 중 옳지 않은 것을 모두 고르면?

> ㉠ 고전학파는 명목임금이 경직적이어서 즉각적으로 임금이 조정되지 않는다고 주장한다.
> ㉡ IS곡선에서 최초의 균형이 깨졌을 때 새로운 균형을 회복하는 과정에서 국민소득과 이자율은 반대 방향으로 움직이고, 국민소득과 정부지출은 같은 방향으로 움직이며, 국민소득과 조세는 같은 방향으로 움직인다.
> ㉢ 재화시장의 균형을 나타내는 국민소득과 이자율의 조합을 IS곡선이라 한다.
> ㉣ 화폐시장을 균형으로 만드는 국민소득과 이자율의 조합을 LM곡선이라 한다.

① ㉠, ㉡　② ㉡, ㉢
③ ㉠, ㉢, ㉣　④ ㉡, ㉢, ㉣

095

다음 중 투자에 대한 최근 이론에 대한 설명으로 옳지 못한 것은?

① 토빈의 q이론에 의하면 $q < 1$이면 순투자가 이루어진다.
② q이론의 투자결정에서 중요한 것은 자본 1단위 추가시 기업의 가치증가와 자본대체비용 간의 관계이다.
③ 불확실성의 경제에서는 투자의 비가역성이 투자결정에 중요한 요인이 된다는 것이 비가역적 투자이론이다.
④ 루카스와 프레스컷은 정태적인 투자이론들을 자본량 조정비용을 고려한 불확실성의 동태적 투자이론으로 발전시켰다.

096

최적의 투자결정이 이루어지기 위해서는 먼저 수많은 투자대상들의 투자가치가 평가되어야 한다. 현대 포트폴리오 이론에서는 일반적으로 두 가지 요인만을 고려하여 평가하고 있는데, 이때 두 가지 요인에 해당하는 것은?

① 경제상황, 시장상황
② 기대수익, 무위험이자율
③ 기대수익, 위험
④ 수익가치, 내재가치

097

다음 빈칸에 들어갈 용어가 바르게 나열된 것은?

> • 위험회피형의 효용함수는 원점에 대하여 (㉠)한 형태를 보이면서 투자수익의 증가가 있을 때 (㉡)하는 모양을 보인다.
> • 위험선호형의 효용함수는 원점에 대하여 (㉢)한 형태를 보이면서 투자수익의 증가가 있을 때 (㉣)하는 모양을 보인다.

	㉠	㉡	㉢	㉣
①	볼록	체증	오목	체감
②	오목	체감	볼록	체증
③	볼록	체감	오목	체감
④	오목	체증	볼록	체감

098

다음에서 설명하는 방법은 무엇인가?

> 포트폴리오를 구성한 후 상황이 변화하여 기존의 포트폴리오의 위험이 증가하게 되면 포트폴리오의 구성비율을 조정하여 원래의 위험수준을 그대로 유지할 수 있다.

① 포트폴리오 업그레이딩
② 차입 포트폴리오
③ 포트폴리오 리밸런싱
④ 대출 포트폴리오

099

다음에서 설명하는 가설은?

> 현재의 주가는 과거 주가변동의 양상, 거래량의 추세에 관한 정보 등 과거의 역사적 정보를 완전히 반영하고 있으므로 어떤 투자자도 과거 주가변동의 형태와 이를 바탕으로 한 투자전략으로는 초과수익을 얻을 수 없다는 주장이다.

① 약형 효율적 시장가설
② 준강형 효율적 시장가설
③ 강형 효율적 시장가설
④ 비효율적 시장가설

100

다음 투자전략 중 가장 공격적인 것은?

① 평균분할투자전략
② 불변금액법
③ 변동비율법
④ 시장펀드 투자전략

제2회

투자자산운용사

실전모의고사

평가 영역	문항 수	시험 시간
금융상품 및 세제 투자운용 및 전략Ⅱ 및 투자분석 직무윤리 및 법규/투자운용 및 전략 Ⅰ 등	100문항	120분

시스컴 SISCOM

투자자산운용사 제2회 실전모의고사

001

세제에 대한 다음 설명 중 틀린 것은?

① 조세는 세율구조에 의거 비례세와 누진세로 구분한다.
② 원천징수로서 납세의무가 종결되는 것을 분리과세라고 한다.
③ 미등기 자산의 경우 양도소득세 세율은 70%이다.
④ 세법상 펀드의 이익은 이자소득이다.

002

다음 중 배당소득이 아닌 것은?

① 의제 배당
② 인정 배당
③ 민법상 건설이자의 배당
④ 집합투자기구의 이익

003

다음 중 세무전략으로 채택하기 어려운 것은?

① 상속시 주택은 주택이 없는 사람이 상속을 받는다.
② 증여시 3개월 이내 반환은 증여로 보지 않는다.
③ 부동산보다 금융자산 형태로 상속한다.
④ 피상속인의 사망 전후 6개월 이내에는 재산처분을 하지 않는다.

004

다음 중 소득세법상 종합소득에 포함되지 않는 것은?

① 부동산 임대소득　② 배당소득
③ 양도소득　④ 기타 소득

005

지급조서 제출이 면제되는 소득으로 옳지 않은 것은?

① 소득세가 비과세되는 소득
② 예금 등의 잔액이 50만 원 미만으로 1년간 거래가 없는 계좌에서 발생하는 이자 및 배당소득
③ 계좌별로 1년간 발생한 이자소득 또는 배당소득이 3만 원 미만인 경우
④ 국내사업장이 없는 비거주자의 국내원천 이자 · 배당소득

006

조세의 분류에서 세수의 용도가 특정된 조세를 무엇이라 하는가?

① 지방세　② 목적세
③ 종가세　④ 직접세

007

다음 중 절세전략으로 가장 적절하지 못한 설명은?

① 상속재산을 공익법인에 출연하는 경우 신고기한과 무관하게 비과세 받을 수 있다.
② 피상속인의 금융재산을 알 수 없을 경우 금융감독원의 서비스를 이용할 수 있다.
③ 한정승인을 하고자 하는 경우 상속개시가 있음을 안 날로부터 3개월 이내에 신고해야 한다.
④ 건물을 상속할 때에는 월세보다 전세가 많은 것이 유리하다.

008

개인형 퇴직연금제도(IRP)에 대한 설명으로 옳지 않은 것은?

① 근로자가 재직 중에 가입할 수 있는 퇴직연금상품이다.
② 확정기여형과 확정급여형이 있다.
③ 근로자 개인명의로 관리된다.
④ 연간 1,200만원까지 납입이 가능하다.

009

다음에서 설명하는 상품은?

> 주가지수 상승률에 연동하여 사전에 약정한 금리를 지급하는 정기예금의 일종으로 주가지수 하락시에도 원금지급이 보장되는 은행에서 판매되는 상품이다.

① ELS ② ELF
③ ELD ④ CMA

010

다음 중 예금보호 가입금융기관이 아닌 기관은?

① 증권회사
② 신용협동조합
③ 보험사
④ 은행

011

생명보험의 분류방법 중 피보험자의 수에 따른 분류로 맞는 것은?

① 사망보험, 생존보험, 양로보험
② 단생보험, 연생보험, 단체취급보험, 단체보험
③ 개인보험, 단체보험
④ 정액보험, 부정액보험

012

영업보험료의 관련 식으로 맞는 것을 모두 고르면?

> ㉠ 순보험료=위험보험료+저축보험료
> ㉡ 부가보험료=유지비+수금비+신계약비
> ㉢ 영업보험료=순보험료+부가보험료

① ㉢
② ㉠, ㉡
③ ㉠, ㉡, ㉢
④ ㉡, ㉢

013

다음 중 펀드 운용대상 자산으로 볼 수 없는 것은?

① 투자증권
② 장내, 장외파생상품
③ 제3자에게 양도할 수 없는 보험금 지급 청구권
④ 특정 사업으로부터 발생하는 수익을 분배받을 수 있는 권리

014

주식워런트 증권에 대한 설명으로 옳지 않은 것은?

① 특정대상물을 사전에 정한 미래의 시기에 미리 정한 가격으로 살 수 있거나 팔 수 있는 권리를 갖는 증권을 의미한다.
② 콜 워런트는 기초자산을 권리행사가격으로 발행자에게 인도하거나 그 차액을 수령할 수 있는 권리가 부여된 워런트이다.
③ 결제방식은 현금결제 및 만기시 행사가치가 있는 경우 자동권리행사가 된다.
④ 권리행사방식은 유럽형이다.

015

다음에서 설명하는 것은?

> 주택저당대출의 현금흐름을 여러 종류의 유동화증권에 재분배함으로써 동일한 만기를 가지는 데서 발생하는 조기상환위험 부담을 해결해 나가고자 하는 증권이다.

① CDO ② MBS
③ CMO ④ CBO

016

다음 중 투자안의 현금유입의 현재가치와 현금유출의 현재가치를 일치시키는 할인율을 말하는 것은?

① 투자이율 ② 내부수익률
③ 자기자본수익률 ④ 순현재가치

017

토지면적과 지목을 확인하고 토지의 분할 · 합병 등의 역사를 확인하고 싶다면 확인해야 할 가장 적합한 서류는?

① 등기권리증 ② 등기부등본
③ 지적공부 ④ 토지이용계획확인서

018

부동산의 가치에 대한 다음 설명 중 틀린 것은?

① 부동산의 가치 발생 요인으로는 효용성, 유효수요, 희소성 등이 있다.
② 가치추계원칙은 경제원리에 의거 모든 부동산에 적용된다.
③ 부동산의 시장가치는 다양하게 이용되며 감정평가를 위해서 최대이용분석이 필요하다.
④ 부동산 관련 매수시점을 잘 찾아내는 펀드를 Opportunity 펀드라고 한다.

019

부동산의 이용 및 개발에 대한 다음 설명 중 적절하지 않은 것은?

① 표제부에는 지번, 지목, 면적 등이 표시되어 있다.
② 유지는 물이 고이는 지역을 의미한다.
③ 관리지역은 도시지역의 인구와 산업을 수용하기 위해서 도시지역에 준해서 체계적으로 관리한다.
④ 일반상업지역은 도심, 부도심의 상업기능 및 업무기능의 확충을 위해 필요한 지역이다.

020

토지소유자와 개발업자가 공동으로 건물 등을 건설하는 방식으로 지주가 토지의 일부 또는 전부를 개발업자에게 제공하는 한편, 개발업자는 토지를 개발하고 건축물을 건설하여 토지평가액과 건설비를 기준으로 양자가 토지와 건축물을 공유 또는 구분소유하는 방식은 무엇인가?

① 등가교환방식 ② 합동개발방식
③ 사업수탁방식 ④ 차지개발방식

021

부동산투자의 투자분석 중 비율을 사용한 투자성과 측정에 해당하지 않는 것은?

① 단위면적당 가격 ② 수익환원율
③ 순현재가치 ④ 부채부담능력 비율

022

부동산펀드의 운용에 대한 설명으로 가장 적절하지 못한 것은?

① 부동산집합투자기구는 집합투자재산의 70% 이상을 부동산에 투자해야 한다.
② 부동산펀드가 취득한 국내 부동산은 취득 후 3년 내에 처분이 금지되어 있다.
③ 부동산펀드는 부동산현황, 거래가격 등이 포함된 실사보고서를 작성 · 비치하여야 한다.
④ 부동산집합투자기구의 계산으로 차입하는 경우 자산총액에서 부채총액을 차감한 가액의 200% 이내에서 금융기관으로부터 자금의 차입이 가능하다.

023

PEF(Private Equity Fund)에 대한 설명으로 가장 적절하지 못한 것은?

① 미공개 주식에 투자를 한 뒤 기업 공개 또는 협상 등의 방식으로 매각후 차익을 남기는 펀드를 말한다.
② PEF는 투자대상에 따라 Buyout Fund와 Venture Capital로 구분될 수 있다.
③ Buyout Fund는 부실채권 및 담보 부동산에 저가 투자하여 수익을 내는 펀드이다.
④ 벤처캐피탈은 제품개발 중에 있는 회사 등 성장 가능성 있는 기업에 투자한다.

024

PEF투자의 인수대상기업의 선정요건으로 적절하지 않은 것은?

① 안정된 성장과 수익의 창출이 기대되는 기업
② 구조조정을 통해 기업가치 상승이 기대되는 기업
③ 경기변동에 민감한 기업
④ 이미 부도가 났거나 부실화된 기업

025

일반채권에 CDS를 결합한 상품으로 보장매입자는 준거자산의 신용위험을 발행자에게 전가하고 발행자는 이를 다시 채권의 형태로 변형하여 투자자들에게 판매하는 것은?

① CDO
② CLN
③ 신용스프레드 옵션
④ 바스켓디폴트스왑

026

해외주식발행에 대한 설명으로 틀린 것은 무엇인가?

① 예탁증서(DR)의 형태로 상장하는 경우와 본국에서 거래되는 주식 그대로 상장하는 직수입상장의 경우가 있다.
② DR의 형태는 해외주식이 당해 국가의 은행에 예탁되고, 예탁된 주식을 바탕으로 현지의 거래소에서 가장 거래되기 편리하고 유동성을 높일 수 있는 형태로 전환하여 상장하게 된다.
③ DR 발행의 가장 중요한 의의는 해외주식의 표시통화를 거래소 국가의 표시통화로 전환한다는 데 있다.
④ 해당 국가의 일반적인 주식가격 수준보다 당해 주식의 본국거래소의 가격수준이 높을 때는 여러 주식을 결합하여 상장한다.

027

달러를 기준으로 하는 미국 투자자가 한국 주식에 투자하는 경우 투자수익률의 분산을 계산할 때 합산되는 요소가 아닌 것은?

① 한국 주식수익률의 원화표시 분산
② 달러로 표시된 원화 환율의 분산
③ 한국 주식수익률과 원화가치 변동의 공분산
④ 달러로 표시된 주식수익률의 공분산

028

외국채권의 발행시 공모발행의 장점으로 옳은 것을 모두 고른 것은?

> ㉠ 거액발행에 적합
> ㉡ 발행비용 절감
> ㉢ 인수발행보다 발행조건 유리
> ㉣ 시장변화에 신축 대응

① ㉠, ㉡　　② ㉢, ㉣
③ ㉠, ㉢　　④ ㉡, ㉣

029

해외투자에 관한 다음 설명 중 틀린 것은?

① 해외투자시 개별주식 대신 지수에 투자하면 개별위험을 줄일 수 있다.
② DR의 발행은 주식의 표시통화를 다른 통화로 바꾸는 효과가 있다.
③ 해외투자시 주가와 통화가치의 공분산이 높을수록 전체의 투자위험은 감소한다.
④ 주식의 복수상장으로 자본비용을 줄이는 효과가 있다.

030

다음 중 복수상장(multiple listing)의 효과로 볼 수 없는 것은?

① 기업의 인지도 제고, 기업의 투명성과 홍보 효과 기대
② 기업 가치 향상과 자본조달비용의 증가
③ 주식매매의 유동성 증대
④ 자금조달 원천의 다양화

031

주가에 영향을 주는 요인들에 대한 설명으로 옳지 않은 것은?

① 일반적으로 이자율의 상승은 주가상승 요인이다.
② 완만한 물가상승은 기업수지개선 효과가 있어 주가상승의 요인이 될 수 있다.
③ 스테그플레이션하에서는 비용인상형 인플레이션이 발생하여 주가하락의 가능성이 높아진다.
④ 디플레이션 시기의 저물가, 저금리는 주가상승에 긍정적 요소가 된다.

032

다음 중 재무비율분석의 한계점이 아닌 것은?

① 과거의 회계정보를 이용하였다.
② 재무제표가 일정시점을 중심으로 작성되어 있어서 계절적 변화를 나타내지 못한다.
③ 기업별로 회계기준이 상이하다.
④ 과거의 주가 추세와 패턴이 미래에도 반복될 수 있다는 점이 비현실적이다.

033

레버리지 비율에 관한 설명 중 잘못된 것은?

① 일반적으로 고정영업비가 클수록, 매출량이 작을수록, 판매단가가 낮을수록, 단위당 변동비가 클수록 영업레버리지도는 크게 나타난다.
② 결합레버리지 분석은 고정비용이 매출액의 변동에 따라 순이익에 어떤 영향을 미치는가를 분석하는 것이다.
③ 영업이익이 클수록, 이자가 작을수록 재무레버리지는 작게 나타난다.
④ 결합레버리지도가 작을수록 위험은 커진다.

034

A 기업의 매출액이 100억 원이고 변동영업비가 20억 원, 고정영업비가 40억 원일 경우 이 기업의 영업레버리지(DOL)는?

① 1.67 ② 2
③ 2.5 ④ 5

035

통화량과 주가에 관한 설명으로 옳은 것은?

① 통화량이란 한국은행이 보유하고 있는 현금을 의미한다.
② 기업부문에서 통화량의 증가는 수익성을 악화시키는 요인이 된다.
③ 민간부문에서 통화량의 증가는 주식매입자금의 감소 요인이 된다.
④ 통화량의 증가는 단기적으로는 주가에 긍정적 영향을 주지만, 장기적으로는 부정적 영향을 줄 가능성이 높다.

036

주력제품의 수명주기는 산업분석의 중요한 요소이다. 이에 대해 옳게 설명한 것은?

① 도입기－성숙기－성장기－쇠퇴기의 순으로 진행된다.
② 성장기에는 고정비 부담 때문에 이익이 발생하기 힘들다.
③ 도입기는 사업위험이 큰 시점이다.
④ 성숙기에는 매출이 급성장하여 이익이 지속적으로 발생한다.

037

산업 라이프 사이클(Industry Life Cycle)에 관한 설명 중 잘못된 것은?

① 도입기에는 시장은 협소하나 자본의 투입이 계속되고 새로운 기업의 참여로 창업기업과의 치열한 경쟁이 이어져 기업도산이 많이 발생한다.
② 성장기에는 시장확산속도가 빠르고, 새로운 기술혁신 등으로 경쟁이 촉진되나 성장성과 안정성이 동시에 구비되어 좋은 투자대상이 된다.
③ 성숙기에는 성장속도가 매우 빠르고, 신규 수요가 증대하므로 투자의 안정성이 높아진다.
④ 쇠퇴기에는 가격경쟁의 심화, 이윤의 감소 등으로 사업다각화를 모색하게 된다.

038

다음은 무엇에 대한 설명인가?

화폐공급의 증가로 인플레이션이 발생하면 명목금리가 상승하게 되는 효과를 말한다.

① 유동성 효과 ② 소득 효과
③ 피셔 효과 ④ 소비 효과

039

지표분석 중 다음에서 설명하는 것은 무엇인가?

> 현재의 주가수준이 주식수급 관계에 영향을 미치고, 이러한 영향이 새로운 주가를 형성하게 된다는 것을 배경으로 하는 장기적 후행지표로 월별 평균주가의 전년 동월대비 등락률을 계산하여 과거 10개월간 각 달의 가중치를 등락률에 곱해서 더한 후 10으로 나누어 구한다.

① 스윙차트 ② 트리덴트시스템
③ 코포크지표 ④ CCI

040

다음 중 거래량 지표에 관한 설명으로 옳지 않은 것은?

① 거래량 지표에는 OBV, VR 등이 있다.
② 거래량 이동평균선에서 거래량이 감소추세에서 증가추세로 전환되면 앞으로 주가는 상승할 것으로 예상된다.
③ OBV선은 그랜빌이 만든 거래량 지표로서, 거래량은 주가에 후행한다는 전제하에 주가가 전일에 비해 상승한 날의 거래량 누계에서 하락한 날의 거래량 누계를 차감하여 이를 매일 누적적으로 집계·도표화한 것이다.
④ OBV의 결점을 보완하기 위하여 거래량의 누적차가 아닌 비율로 분석한 것이 VR(Volume Ratio)이다.

041

상대강도지수(RSI)에 대한 설명이다. 적절하게 설명된 것을 고른 것은?

① RSI는 75% 수준이면 하한선을 나타내는 경계신호이다.
② 주가지수가 상승추세인데도 RSI가 하향추세이면 상승을 예고하는 신호이다.
③ RSI의 값은 최소 0에서 최대 100의 값 사이에서 움직인다.
④ 시장가격이 기간 중 일시적으로 비정상적인 움직임을 보이면 분석이 곤란하다.

042

경제발전과 경쟁력 창출요인에 대한 설명으로 가장 적절하지 못한 것은?

① 고급요소의 경쟁력은 구조조정기에 급등한다.
② 단순요소의 경쟁력은 1차 전환점에서 쇠퇴하기 시작한다.
③ 성장기에는 고급요소의 경쟁력은 상승하나 단순요소의 경쟁력은 상승세를 멈춘다.
④ 고급요소의 경쟁력은 모든 단계에서 꾸준히 상승한다.

043

다음 중 재무적 리스크가 아닌 것은?

① 시장리스크 ② 신용리스크
③ 유동성리스크 ④ 경영리스크

044

다음 중 건전성 증진을 위한 금융기관의 VaR의 활용 사례로 거리가 먼 것은?

① 재무제표 작성과 관련하여 이용한다.
② 거래담당자가 금융기관 전체의 포트폴리오 운용성과를 평가한다.
③ 증권회사의 경우 어떤 포지션에 대해 위험을 측정하고 관리할 것인가를 결정한다.
④ VaR개념을 이용하여 포지션 한도를 설정한다.

045

금융변수들의 비선형성, 변동성의 변화, 분포상의 두터운 꼬리현상과 극단적인 상황 등을 모두 고려한 VaR 측정이 가능하나 모형위험의 단점을 가지고 있는 VaR 방법은?

① 델타-감마 방법
② 델타-노말 방법
③ 몬테카를로 시뮬레이션
④ 역사적 시뮬레이션

046

다음 중 완전가치평가법이 아닌 것은?

① 위기분석
② 델타-노말 방법
③ 몬테카를로 시뮬레이션
④ 역사적 시뮬레이션

047

H 주식의 포지션은 매입포지션이고 개별 VaR는 10이다. J 주식의 포지션은 매도포지션이고 개별 VaR는 20이다. 두 포지션의 상관관계가 0.3이라면 포트폴리오 VaR는 얼마인가?

① 19.49
② 24.89
③ 23.65
④ 18.23

048

다음 설명 중 VaR의 한계를 지적한 것으로 거리가 먼 것은?

① 과거자료가 미래의 돌발 사태를 예측하지 못하므로 미래위험의 측정에서 오류를 발생시킬 가능성이 있다.
② VaR는 측정모형이 다양하지만 각 모형마다 VaR를 측정한 결과가 비슷하다.
③ 자의적인 모형 선택에 따른 모형위험이 존재한다.
④ 얼마나 더 큰 손실이 발생하는가에 대한 정보는 제공하지 못한다.

049

다음 중 유동성위험의 관리에 대한 사항으로 잘못된 것은?

① 금융기관은 현금유입과 현금유출을 예측하기가 어려우므로 유동성위험 관리가 필요하다.
② 유동성위험을 관리할 때는 유동성수준과 위험수준 그리고 기대수익수준을 동시에 고려하여야 한다.
③ VaR의 측정에 있어서도 유동성수준을 고려해야 하는데, 포지션정리에 충분한 기간은 보유자산의 유동성을 감안하여 판단해야 한다.
④ 장내파생상품시장의 경우 시장상황의 변화를 주시해서 대체시장의 이용가능성을 항상 염두에 두어야 한다.

050

다음 중 외환거래에 있어 발생하는 위험으로 실질적인 시장위험의 성격을 가지고 있는 것은?

① 거래상대방위험
② 환율변동위험
③ 금리위험
④ 결제위험

051

직무윤리와 법규범의 관계에 대한 설명으로 옳지 않은 것은?

① 직무윤리는 자율성을 기반으로 하고, 법규범은 타율성을 그 특징으로 한다.
② 직무윤리에 반하는 행위에 대해 법적 제재가 따르는 경우가 많이 있다.
③ 직무윤리는 법규범이 요구하는 수준보다 낮은 수준으로 설정되어 있는 것이 일반적이다.
④ 직무윤리는 법규범으로 되지 않아 여전히 윤리적 영역으로 남아 있는 경우도 있다.

052

신의성실의무에 대한 설명으로 옳지 않은 것은?

① 권리 행사와 의무 이행에 있어 '행위준칙'이 된다.
② 법률관계를 해석하는 데 '해석상의 지침'이 된다.
③ 불합리와 오류를 시정하는 역할을 수행한다.
④ 신의칙 위반문제가 법원에서 다루어지는 경우, 이는 강행법규에 대한 위반이 아니기 때문에 당사자가 주장하지 않으면 법원은 직권으로 신의칙 위반 여부를 판단할 수 없다.

053

고객에 대한 금융자산관리업무 종사자의 충실의무에 대한 설명으로 옳은 것은?

① 금융자산관리업무 종사자는 고객, 회사, 기타 신임관계에 있는 자의 최선의 이익에 기여할 수 있도록 해야 한다.

② 자기 또는 제 3자의 이익을 고객 등의 이익에 우선하여도 상관없다.

③ '최선의 이익'이란 적극적으로 고객 등의 이익을 추구함에 있어 실현 가능한 최소의 이익을 말한다.

④ 고객 등의 업무를 수행함에 있어 그때마다 구체적인 상황에서 전문가로서의 주의를 기울여야 한다.

054

다음 설명 중 옳지 않은 것은?

① 직무윤리의 위반행위가 동시에 법 위반으로 되는 경우에는 법적 제재가 따르게 된다.

② 법 위반에 대한 사법적 제재로는 실효와 손해배상 책임을 묻는 방법이 있다.

③ 법률행위에 하자가 있는 경우, 그 하자의 경중에 따라 중대한 하자가 있는 경우에는 무효로 하고, 이보다 가벼운 하자가 있는 경우에는 취소할 수 있는 행위가 된다.

④ 계약당사자 일방의 채무불이행으로 계약의 목적을 달성할 수 없는 경우, 그것이 일시적 거래인 경우에는 계약을 해지할 수 있고, 계속적인 거래인 경우에는 계약을 해제할 수 있다.

055

파생상품과 같이 위험성이 큰 금융투자상품이 투자자에게 적정하지 아니하다고 판단되는 경우에는 그 사실을 알리는 등의 적절한 조치를 취하여야 한다. 자본시장법에서 명시하고 있는 이 규정은 무엇인가?

① 적합성의 원칙

② 적정성의 원칙

③ 고지 및 설명 원칙

④ Know-Your-Customer-Rule

056

다음 설명 중 옳은 설명은 무엇인가?

① 자본시장법의 주된 보호대상은 전문투자자이다.

② 자본시장법은 제한되는 업무를 열거하는 포지티브(positive) 체제로 구성되어 있다.

③ 한국거래소는 공적 규제기관이다.

④ 자본시장법은 파생상품을 선도, 옵션, 또는 스왑의 어느 하나에 해당하는 투자성 있는 것으로 규정하고 있다.

057

우리나라의 금융감독체계에 대한 설명이 바르지 못한 것은?

① 금융위원회는 기획재정부 소속의 행정기관으로 설치되었다.

② 금융위원회는 증권선물위원회의 상위 의결기관이다.

③ 증선위는 자본시장의 불공정거래를 조사할 수 있다.

④ 금융감독원은 공적 규제기관이다.

058

금융투자업자의 대주주에 대한 설명으로 틀린 것은?

① 대주주는 최대주주와 주요주주로 나눌 수 있다.
② 최대주주란 본인 및 그와 특수한 관계에 있는 자가 자기의 계산으로 소유하는 주식을 합하여 그 수가 가장 많은 경우의 그 본인을 말한다.
③ 주요주주란 자기의 계산으로 의결권 있는 발행주식 총수의 5% 이상의 주식을 소유한 자를 말한다.
④ 금융투자업자가 발행한 주식을 취득하여 대주주가 되고자 하는 자는 금융위원회의 승인을 받아야 한다.

059

미공개정보의 공시효력 발생시점이 맞는 것은?

① 언론을 통한 보도－게재된 날의 다음 날 0시부터 6시간
② 전국을 가시청권으로 하는 방송－방송 후 24시간
③ 거래소에 신고 '공시방송망'으로 공시－24시간 경과 후
④ 서류에 있는 정보－공시자료실에 비치한 날로부터 1일 경과 후

060

집합투자업자의 자산운용상 제한에 대한 설명으로 틀린 것은 무엇인가?

① 각 집합투자기구 자산총액의 10%를 초과하여 동일종목에 투자하면 안 된다.
② 각 집합투자업자가 운용하는 전체 집합투자기구 자산총액으로 동일법인 등이 발행한 지분증권 총수의 10%를 초과하여 투자해서는 안 된다.
③ 각 집합투자기구 자산총액으로 동일법인 등이 발행한 지분증권 총수의 10%를 초과하여 투자해서는 안 된다.
④ 파생상품의 매매에 따른 위험평가액이 각 집합투자기구의 자산총액에서 부채총액을 뺀 가액의 100%를 초과하여 투자해서는 안 된다.

061

한국금융투자협회에 대한 설명으로 바르지 못한 것은?

① 채권평가회사는 협회의 회원이 될 수 없다.
② 투자광고의 자율심의에 관한 업무도 담당한다.
③ 영업행위와 관련한 분쟁의 자율조정을 담당한다.
④ 금융감독원의 검사를 받는다.

062

자본시장법상의 공시제도에 대한 설명으로 틀린 것은?

① 수시공시 조치권자는 금융위원회이다.
② 주요사항보고서는 금융위원회에 제출한다.
③ 수시공시는 거래소에 제출해야 한다.
④ 분기보고서는 금융위원회와 거래소에 제출해야 한다.

063

주권 비상장법인이 지분증권을 직접 모집하는 경우 모집가액의 적정성 등 증권의 가치를 평가하는 기관을 증권분석기관이라 한다. 다음 중 증권분석기관이 아닌 것은?

① 신용평가업자
② 회계법인
③ 채권평가회사
④ 신탁업자

064

증권신고서에 대한 설명으로 가장 적절하지 못한 것은?

① 증권신고서의 기재사항을 정정하고자 하는 경우 청약일 전일까지 정정신고서를 제출할 수 있다.
② 외국법인이 집합투자증권을 모집하는 경우에는 증권신고서에 예비투자설명서, 간이투자설명서 등을 첨부하여야 한다.
③ 소규모합병으로 피합병회사가 주권상장법인이 아닌 경우 기재사항 및 첨부서류의 일부를 생략한 신고서를 제출할 수 있다.
④ 일괄신고서를 제출한 자는 그 기간 중에 그 증권을 모집하거나 매출할 때마다 일괄신고추가서류를 제출할 필요가 없다.

065

다음 빈칸에 적합한 수치가 바르게 연결된 것은?

> 해당 주식 등의 매수를 하는 날부터 과거 (㉠)개월간 (㉡)인 이상의 자로부터 매수를 하고자 하는 자는 본인과 특별관계자가 보유하게 되는 주식의 합계가 주식 총수의 100분의 (㉢) 이상이 되는 경우에는 공개매수를 하여야 한다.

	㉠	㉡	㉢
①	3	10	5
②	3	50	3
③	6	10	5
④	6	50	3

066

금융소비자보호법에서 금융상품을 분류하는 기준으로 적절하지 않은 것은?

① 예금성
② 투자성
③ 안전성
④ 보장성

067

파생상품에 대한 일반투자자 보호장치로 적절하지 못한 것은?

① 주식거래에서 전문투자자로 간주되는 주권상장법인은 별도의 절차 없이 장외파생상품 거래시에도 전문투자자로 대우받는다.
② 금융투자업자는 파생상품의 투자권유시 일반투자자 등급별로 차등화된 투자권유준칙을 마련하여야 한다.
③ 파생상품에 대해서는 투자권유대행 위탁을 불허한다.
④ 금융투자업자가 일반투자자와 장외파생상품 매매를 할 경우, 일반투자자가 위험회피 목적의 거래를 하는 경우로 한정된다.

068

전문투자자 중 일반투자자로 전환이 가능한 상대적 전문투자자에 해당하는 것은?

① 외국정부
② 지방자치단체
③ 산업은행
④ 한국거래소

069

다음 중 고객예탁금 이용료를 지급하지 않아도 되는 것은 무엇인가?

① 위탁자예수금
② 집합투자증권투자자예수금
③ 장내파생상품거래예수금
④ 장내파생상품거래예수금 중 한국거래소의 "파생상품시장 업무규정"에 따른 현금예탁필요액

070

주가지수 상승쪽으로 포지션을 취한 경우 이를 지지하는 정보에는 민감하지만, 반대로 주가가 하락할 만한 악재성 뉴스는 무시하는 경우가 있는데 자산운용의 심리적 측면에서 이를 무엇이라 하는가?

① 대표성의 편향　　② 이용편리의 편향
③ 인지적 불협화　　④ 시뮬레이션의 편향

071

시장의 변화방향을 예상하여 사전적으로 자산구성을 변동시켜 나가는 전략으로 저평가된 자산을 매수하고 고평가된 자산을 매도함으로써 펀드의 투자성과를 높이고자 하는 전략은?

① 전술적 자산배분　　② 전략적 자산배분
③ 보험 자산배분전략　　④ 동적 자산배분전략

072

동적 자산배분의 종류 중 투자성과 곡선의 요철이 볼록한 것을 모두 고르면?

> ㉠ 이동평균
> ㉡ 고정배합
> ㉢ stop loss
> ㉣ 포트폴리오 인슈런스
> ㉤ 기본적 분석에 의한 운용전략

① ㉠, ㉡ ② ㉠, ㉣
③ ㉡, ㉤ ④ ㉢, ㉣

073

자산배분전략의 변화과정에서 과거와 최근의 자산배분전략을 비교한 내용으로 가장 적절하지 못한 설명은?

① 과거에는 적극적 자산배분전략, 최근에는 적극적 인덱스투자전략이 주로 사용된다.
② 과거에는 장기투자가 기본이었으나 최근에는 단기투자가 기본을 이룬다.
③ 기존의 전략에서 펀드매니저는 목표수익률 달성을 위한 모든 권한을 발휘할 수 있었다.
④ 최근의 전략에서 펀드매니저는 정해진 스타일 내에서 투자하므로 종목선택능력이 중요하게 되었다.

074

보험 자산배분의 가장 대표적인 기법으로 미리 설정한 최소한의 투자수익을 달성하면서 동시에 주가상승을 획득할 수 있도록 주식, 채권 등의 투자비율을 변동시켜 나가는 투자방법은 무엇인가?

① 포트폴리오 인슈런스 ② 고정배합
③ 위험수익 최적화방법 ④ 시나리오 분석법

075

과거 데이터에서 최적의 전략을 찾을 수 있다는 가정에서 출발하며 해당 전략이 과거에 꽤 성공적이었고 미래에도 성공적일 것이라는 논리적 접근을 시도하는 것은 무엇인가?

① 하향식 방법 ② 상향식 방법
③ 혼합식 방법 ④ 계량분석 방법

076

다음 중 채권에 대한 설명으로 옳은 것은?

① 통화안정증권은 국채이다.
② 금융채는 정부가 원리금의 지급을 보증한다.
③ 서울특별시 지하철 공채는 특수채이다.
④ 외평채는 국채에 속한다.

077

자산유동화증권(ABS)의 종류 중 유동화자산을 유동화 증권기관에 매각하면 유동화 중개기관이 이를 집합화하여 신탁을 설정한 후 이 신탁에 대해서 지분권을 나타내는 일종의 주식 형태로 발행하는 증권은?

① 유통시장 CBO
② Pass-through Security
③ Pay-through Bond
④ 발행시장 CLO

078

목표기간 중 시장수익률의 변동에 관계없이 채권 매입 당시에 설정하였던 최선의 수익률을 목표기간 말에 큰 차이 없이 실현하도록 하는 전략을 무엇이라 하는가?

① 채권인덱스전략
② 사다리형 만기구성전략
③ 면역전략
④ 만기보유전략

079

다음 표는 수익률 예측전략에 관한 것이다. 빈칸 ㉠, ㉡에 들어갈 알맞은 말은?

구분	만기	표면금리
수익률 하락 예상시	㉠	㉡

	㉠	㉡
①	장기화	상향 조정
②	장기화	하향 조정
③	단기화	상향 조정
④	단기화	하향 조정

080

기대인플레이션과 명목금리가 1:1 대응관계를 가져 기대인플레이션의 1% 상승이 명목금리의 1% 상승을 초래하는 것을 무엇이라 하는가?

① 기대효과
② 숄더효과
③ 피셔효과
④ 명목효과

081

현재 우리나라 채권시장에 대한 설명으로 옳지 않은 것은?

① 소액투자자를 보호하기 위하여 소액채권집중거래 제도를 시행하고 있다.
② Dutch 방식에 의한 발행은 직접모집방식이다.
③ IDB(Inter Dealer Broker)는 장내거래이다.
④ IDM(Inter Dealer Market)은 국채딜러 간 경쟁매매시장이다.

082

선물거래의 경제적 기능에 대한 설명으로 옳은 것은?

① 선물시장은 독점력을 감소시켜 자원배분기능이 효율적으로 이루어지게 한다.
② 헤지거래를 통해 가격변동위험을 소멸시킨다.
③ 거래 위험이 매우 크기 때문에 금융상품거래를 위축시킬 가능성이 있다.
④ 투기자는 투기적 거래로 선물시장을 혼란시킬 뿐 긍정적 역할은 없다.

083

다음에서 설명하는 것은?

> 주가 변화에 대한 옵션의 가격변화를 나타낸다. 예를 들어 '이것=1'의 의미는 기준물 가격이 1포인트 변화할 때 옵션가격 역시 1포인트 변화함을 의미한다.

① 델타 ② 감마
③ 세타 ④ 베가

084

다음 중 지수 상승시 이익이 무제한으로 증가하지 않는 전략은?

① 콜 매수 ② 수직적 강세 콜스프레드
③ 스트래들 매수 ④ 스트랭글 매수

085

금리선물의 매도헤지거래에 대한 설명으로 옳지 않은 것은?

① 매도헤지란 미래의 금리상승에 따른 손실을 보전하기 위해 현물을 매도하고 금리선물을 매수하는 것이다.
② 채권 투자자들이 금리상승으로 채권가격이 하락할 위험에 노출되어 있는 경우 유용하다.
③ 향후 자금조달이 예정되어 있는 기업이 금리 상승시에 대비하기 위해 사용한다.
④ 금리스왑에서 고정금리수취포지션을 보유하고 있어 금리 상승시 손실이 발생하는 경우 사용한다.

086

다음과 같은 손익구조의 그래프를 갖는 옵션전략은 무엇인가?

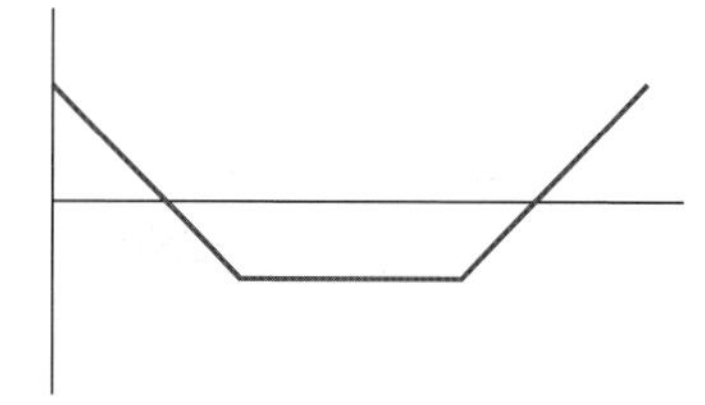

① 버터플라이 매도 ② 버터플라이 매수
③ 스트랭글 매도 ④ 스트랭글 매수

087

다음 설명 중 옳지 않은 것은?

① 수직 스프레드는 가격 스프레드이다.
② 나비형 스프레드는 변동성 변화를 이용한 전략이다.
③ 수평 스프레드는 시간 스프레드이다.
④ 스트랭글은 옵션을 이용한 차익거래이다.

088

수익률 관련 고려사항에 대한 설명으로 옳지 않은 것을 모두 고르면?

> ㉠ 과거수익률 측정에는 산술평균이 더 유용하다.
> ㉡ 미래성과에 대해서는 기하평균이 더 유용하다.
> ㉢ 자본소득과 이자소득에 대한 재투자는 포트폴리오 가치에 영향을 미치지 못한다.
> ㉣ 성과측정은 근본적으로 다양한 투자 스타일 때문에 장기적 관점에서 살펴보아야 한다.

① ㉠, ㉡
② ㉢
③ ㉢, ㉣
④ ㉠, ㉡, ㉢

089

샤프지수와 트레이너지수와의 관계에 대한 설명으로 옳은 것은?

① 샤프지수는 분산투자가 잘 되어 있는 펀드들을 대상으로 하는 것이 적합하다.
② 분산투자가 잘 되어 있는 펀드일수록 샤프지수와 트레이너지수의 평가가 유사하다.
③ 평가기간이 같고 동일한 유형의 펀드를 샤프지수와 트레이너지수로 평가해서는 안 된다.
④ 장기간 주가하락 국면에서 샤프와 트레이너지수를 이용할 경우 양(+)의 수치가 발생하여 상승국면에서 더욱 유용하다.

090

다음에서 밑줄 친 이것을 설명하는 용어는?

> 펀드매니저 갑과 을이 동일한 수익을 얻었는데 펀드매니저 갑의 VaR이 펀드매니저 을의 VaR보다 작다. 이때 이것에 의하면 펀드매니저 갑의 성과가 을의 성과보다 크다.

① 모닝스타 Rating
② RAROC
③ 젠센지수
④ 샤프지수

091

샤프비율을 변형한 평가지표로 '수익률 대 나쁜 변동성'의 비율을 측정한 것은?

① 회귀분석
② 소티노 비율
③ RAROC
④ 젠센의 알파

092

재화시장에 대한 다음 내용을 보고, 빈칸에 들어갈 알맞은 말을 순서대로 나열하면?

> 최초의 균형이 깨졌을 때 새로운 균형을 회복하는 과정에서 국민소득과 이자율은 ( ) 방향으로 움직이고, 국민소득과 정부지출은 ( ) 방향으로 움직이며, 국민소득과 조세는 ( ) 방향으로 움직인다.

① 반대, 같은, 반대
② 같은, 반대, 같은
③ 반대, 같은, 같은
④ 같은, 반대, 반대

093

노동시장에 대한 고전학파의 이론을 바르게 설명한 것은?

① 명목임금이 경직적이어서 수요와 공급에 따라 임금이 즉각적으로 조정되지 않는다.
② 실질임금의 하방경직성 때문에 노동공급은 노동수요와 균형을 이루지 못한다.
③ 노동투입량이 증가할수록 노동의 한계생산성은 점점 늘어난다.
④ 노동의 수요와 공급이 일치하도록 임금이 신축적으로 조정된다.

094

다음 빈칸에 들어갈 적절한 용어가 순서대로 바르게 나열된 것은?

> 재화시장에서 상품과 서비스의 흐름은 화폐시장에서 반대 방향으로 같은 양의 화폐의 흐름을 수반하며, 재화시장과 화폐시장이 결합함으로써 경제의 ( )의 크기가 결정된다. 한편, 노동시장과 생산함수를 통하여 경제의 ( )의 크기가 결정된다.

① 총공급, 총노동
② 총수요, 총공급
③ 총수요, 총노동
④ 총공급, 총수요

095

다음 중 IS곡선상의 이동이 아닌 IS곡선 자체의 이동과 관련이 없는 것은?

① 통화량
② 독립투자
③ 조세
④ 정부지출

096

주식 A, B의 증권분석 결과 다음과 같은 예상투자수익률이 추정되었다고 가정할 때 주식 A, B의 기대수익률을 각각 계산하면?

상황	발생확률	주식 A	주식 B
호경기	40%	60%	10%
정상	20%	20%	15%
불경기	40%	−40%	20%

	주식 A	주식 B
①	12%	15%
②	11%	13%
③	10%	8%
④	14%	18%

097

다음 무차별 효용곡선에 대한 설명으로 적절하지 못한 것은?

① 평균과 분산의 공간에 위험회피형의 효용함수를 나타낸 것을 무차별 효용곡선이라 한다.
② 무차별 효용곡선의 기울기가 상대적으로 가파른 경우가 보수적 투자자이다.
③ 무차별 효용곡선의 기울기가 상대적으로 완만한 경우가 공격적 투자자이다.
④ 보수적 투자자의 경우 기대수익의 증가가 위험증가에 미치지 못하더라도 만족한다.

098

다음 빈칸에 들어갈 용어가 순서대로 바르게 나열된 것은?

> 샤프지수는 (㉠)을 기준으로 (㉡)을 이용하여 평가하는 것이며, 트레이너지수와 젠센지수는 (㉢)을 기준으로 (㉣)을 이용하여 평가하는 것이다.

① ㉠ 총위험
㉡ 자본시장선
㉢ 체계적 위험
㉣ 증권시장선
② ㉠ 체계적위험
㉡ 자본시장선
㉢ 총위험
㉣ 증권시장선
③ ㉠ 총위험
㉡ 증권시장선
㉢ 체계적 위험
㉣ 자본시장선
④ ㉠ 체계적위험
㉡ 증권시장선
㉢ 총위험
㉣ 자본시장선

099

다음에서 설명하는 가설은 무엇인가?

> 현재의 주가는 공개적으로 이용가능한 모든 정보를 완전히 반영하고 있으므로 투자자들은 공표된 어떠한 정보나 이에 바탕을 둔 투자전략으로는 초과수익을 달성할 수 없다는 주장이다.

① 약형 효율적 시장가설
② 강형 효율적 시장가설
③ 준강형 효율적 시장가설
④ 비효율적 시장가설

100

자본증권선과 증권시장선에 대한 설명으로 틀린 것을 모두 고르면?

> ㉠ 자본시장선과 증권시장선의 절편은 동일한 것을 의미한다.
> ㉡ 자본시장선은 모든 투자대상의 균형수익률을 제시한다.
> ㉢ 증권시장선은 효율적으로 분산투자된 포트폴리오의 균형수익률을 제시한다.
> ㉣ 증권시장선은 총위험, 자본시장선은 체계적 위험을 고려한다.

① ㉠, ㉣　② ㉡, ㉢
③ ㉠, ㉡, ㉢　④ ㉡, ㉢, ㉣

제3회

투자자산운용사

실전모의고사

평가 영역	문항 수	시험 시간
금융상품 및 세제 투자운용 및 전략Ⅱ 및 투자분석 직무윤리 및 법규/투자운용 및 전략 Ⅰ 등	100문항	120분

시스컴
SISCOM

투자자산운용사 제3회 실전모의고사

001

다음 중 이자소득에 해당하지 않는 것은?

① 채권의 이자
② 비영업대금의 이익
③ 저축성 보험의 보험차익
④ ELS(주가연계증권)의 수익분배금

002

다음 중 세제에 대한 설명으로 틀린 것은?

① 형식이나 절차상 본래 의미의 배당은 아니나 법인의 잉여금이 배당 이외의 형태로 출자자에게 이전되는 경우「소득세법」상 이를 배당으로 의제한다.
② 법인이 법인세를 불성실하게 신고하여 정부가 법인세 과세표준과 세액을 결정하는 경우, 익금산입 또는 손금 불산입된 금액 중 출자자에게 귀속되었다고 인정한 것을 인정배당이라고 한다.
③ 해산시의 의제배당의 범위는 분배받은 재산가액－주식 등의 취득가액이다.
④ 간주배당(Gross Up)＝배당소득×10%이다.

003

다음 중 증여세 절세전략으로 옳지 않은 것은?

① 자녀가 어릴 때 분할하여 증여하는 것이 유리하다.
② 증여재산공제 범위라서 증여세를 내지 않는다면 신고하지 않는 것이 유리하다.
③ 가능한 저평가재산을 증여하는 것이 유리하다.
④ 같은 금액이라도 증여자를 여럿으로 하여 증여하는 것이 유리하다.

004

소득세법에 대한 설명으로 적절하지 않은 것은?

① 주소지가 아닌 소득발생지를 납세지로 정하고 있다.
② 원칙적으로 이자와 배당 소득은 종합과세 대상이다.
③ 퇴직소득은 분류과세된다.
④ 소득이 지급될 때 원천징수로 과세를 종결하는 것을 분리과세라 한다.

005

현행 국세기본법상이 기간 및 기한이 잘못 연결된 것은?

① 5억원 미만의 국세 소멸시효 – 5년
② 국세의 경정청구기한 – 3년
③ 사기 등 부정행위로 국세를 포탈한 경우 국세 부과 제척기간 – 10년
④ 법정신고기한까지 과세표준 신고서를 제출하지 아니한 경우 국세 부과 제척기간 – 7년

006

국세에 대한 심사와 심판에 대한 설명으로 틀린 것은?

① 국세에 대한 다툼은 행정심판전치주의가 적용된다.
② 이의신청은 청구기간이 90일 이내이다.
③ 심사청구에 불복시 심판청구를 할 수 있다.
④ 심판청구는 조세심판원장이 결정기관이 된다.

007

다음 절세전략으로 적절하지 못한 것은?

① 사망일에 임박해서는 가급적 재산을 처분하지 않는 것이 좋다.
② 병원비는 사망 전에 상속인의 재산으로 납부하는 것이 좋다.
③ 증여재산공제 한도 내에서 배우자나 자녀에게 미리 증여를 해두는 것이 좋다.
④ 생명보험에 가입하여 상속세 납부재원을 마련해두는 것이 좋다.

008

다음 중 예금자보호법에 의한 예금보험 의무가입기관에 해당하지 않는 것은?

① 새마을금고 ② 투자중개업자
③ 보험회사 ④ 상호저축은행

009

다음에서 설명하는 상품은?

> 은행이 할인하여 보유하고 있는 어음을 분할하거나 통합하여 은행을 지급인으로 하는 새로운 어음을 발행하여 고객에게 판매하는 상품이다.

① 표지어음 ② 발행어음
③ CD ④ MMDA

010

다음 중 예금자 보호 상품이 아닌 것끼리 묶여진 것은?

① 표지어음, 발행어음
② 별단예금, 당좌예금
③ 종금사 CMA, 신용거래계좌 설정보증금
④ 청약자 예수금, 외화예금

011

생명보험상품의 특징으로 옳지 않은 것은?

① 미래지향적이다.
② 효용의 인식시점이 장래이다.
③ 효용의 수혜대상은 본인이다.
④ 효용이 화폐가치로 평가된다.

012

다음 중 간접투자기구의 형태에 따른 분류가 바르게 연결되지 않은 것은?

① 계약형 : 위탁자, 수탁자 및 수익자 3자 간의 신탁 계약 형태
② 폐쇄형 : 환매청구가 불가능하며 시장매매를 통하여 현금화
③ 단위형 : 신탁계약기간이 한정되어 있고 추가설정이 자유롭지 못한 형태
④ 사모형 : 일반 불특정 다수로부터 자금을 모집하는 형태

013

엄브렐러형 펀드에 대한 설명으로 옳은 것은?

① 2개의 펀드 간에 전환이 가능한 구조의 상품이다.
② 3개 이상 다수 펀드 간에 전환이 가능한 구조의 상품으로 최초 가입시 판매수수료를 선취하여 판매회사가 취득한다.
③ 주가지수 등 지수와 연계된 운용전략을 구사하는 상품이다.
④ 유가증권에 관하여 그 종류에 따라 다수 종목의 가격수준을 종합적으로 표시하는 지수의 변화에 연동하여 운용하는 것을 목표로 하는 상품이다.

014

다음 중 주식워런트증권의 위험에 해당하지 않는 것은?

① 상품의 복잡성
② 낮은 유동성
③ 높은 투자위험
④ 자본이득 외에 소득이 없음

015

갑은 상호저축은행에 8,000만 원을 예금했으나 해당 저축은행이 부도가 발생하여 영업이 중단되었다. 갑이 보호받을 수 있는 예금은 얼마인가?

① 예금자보호제도에 따라 5천만 원까지만 보호받는다.
② 상호저축은행은 예금자 보호제도가 적용되지 않으므로 법적으로는 보호받지 못한다.
③ 예금자 보호제도가 적용되지는 않지만 자체적으로 5천만 원까지 보호된다.
④ 예금보험기금으로부터 전액을 보호받는다.

016

부동산 조사확인 방법 중 공부상 확인이 적절하게 표시된 것은?

① 소재지, 면적, 지목－지형도
② 공법상 이용제한－등기부등본
③ 소유권, 제한물권－지적공부
④ 토지이용 현황, 도로－지형도

017

거래사례자료의 수집 중 거래에 있어서의 특수사정을 감안하여 그러한 사정이 없는 경우의 가격수준으로 수정하는 것을 무엇이라 하는가?

① 시점수정
② 사정보정
③ 지역요인 격차수정
④ 개별요인 격차수정

018

부동산에 관한 다음 설명 중 적절하지 않은 것은?

① 부동산 감정평가의 3요소는 비용성, 시장성, 안정성이다.
② 일정 면적당 임대료에 임대 가능 면적을 곱한 것을 가능총소득이라고 한다.
③ 리츠는 부동산 투자회사를 의미한다.
④ 부동산 관련 경제 위험, 인구수에 따른 위험은 체계적 위험에 속한다.

019

부동산투자회사법의 내용으로 옳지 않은 것은?

① 자기관리 부동산투자회사의 최저 자본금은 100억원 이상이다.
② 기업구조조정 부동산투자회사의 최저 자본금은 50억원 이상이다.
③ 부동산투자회사는 원칙적으로 주식회사로 한다.
④ 자기관리 부동산투자회사의 설립자본금은 5억원이다.

020

다음에서 설명하는 방식은?

> 개발업자가 지주로부터 특정지역에 대한 이용권을 설정받아 그 토지를 개발하고 건축물을 건설하여 그 건축물을 제3자에게 양도 또는 임대하거나 개발업자가 직접 이용하여 지주에게 임차료를 지불하고, 차지권의 기한이 도래했을 때 토지를 무상으로 원래 지주에게 반환하고 건물에 대해서는 일정한 금액으로 지주에게 양도하는 방식이다.

① 토지신탁방식
② 합동개발방식
③ 차지개발방식
④ 사업수탁방식

021

부동산 투자분석에서 현금흐름예측을 바탕으로 하는 측정법 중 다음에서 설명하는 이것은 무엇인가?

> 이것은 현재 가치를 최초 지분(equity) 투자액으로 나눈 것으로, 이것이 1보다 크면 NPV가 최초 지분 투자액보다 크다는 의미이다.

① 내부수익률
② 수익성지수
③ 조정된 내부수익률
④ 순현재가치

022

해외리츠에 대한 설명이다. 옳지 않은 것은?

① 운용스타일별로 자산리츠, 모기지리츠, 혼합리츠로 구분할 수 있다.

② 모기지리츠는 부동산에 대한 소유권을 취득하는 반면, 자산리츠는 부동산저당대출채권을 매수하여 운용한다.

③ 혼합리츠는 부동산과 부동산증권을 동시에 소유하는 리츠이다.

④ 현재 미국시장의 부동산펀드의 대다수는 자산리츠(equity REITs)이다.

023

PEF의 운용에 대한 설명으로 틀린 것은?

① 1인 이상의 무한책임사원과 1인 이상의 유한책임사원으로 구성된다.

② 사원의 지분 양도는 엄격히 금지되고 있다.

③ 사원의 총수는 49인 이하이어야 한다.

④ 50인 이상의 불특정 다수를 대상으로 사원모집을 금지하고 있다.

024

신용위험뿐만 아니라 시장위험까지 거래 상대방에게 전가시키는 신용파생상품으로, 총수익 매도자는 준거자산의 모든 현금흐름을 총수익 매입자에게 지급하고 이에 대한 대가로 시장기준금리에 일정한 스프레드를 받는 거래는 무엇인가?

① TRS ② CLN

③ CDO ④ CDS

025

대안투자의 기본적 전략에 관한 설명 중 틀린 것은?

① 수익률 기울기가 작아질(편평해질) 것으로 예상하면 만기가 긴 채권은 매도하고 짧은 채권을 매수한다.

② 부동산 수익평가 시 수익환원률은 주요한 투자성과 측정방법이다.

③ TRS에서 준거자산을 법적으로 보유하는 자는 위험 매도자이다.

④ 원유시장의 70%는 백워데이션 상태이다.

026

헤지펀드에 대한 설명으로 옳지 않은 것은?

① 헤지펀드는 비교적 소수의 대형투자자들로 구성된 펀드이다.

② 추가적인 위험분산보다는 공격적 투자를 통한 수익률 제고가 주된 목적이다.

③ 효율적인 금융시장을 이용한 투기이익을 올리고자 한다.

④ 환투기도 헤지펀드의 중요한 동기가 된다.

027

한 나라의 통화가치 변동을 당해국 기업의 국제경쟁력 변화로 해석할 때 통화가치와 그 나라의 주가 변동은 어떤 상관관계가 있는가?

① 양의 상관관계가 있다.
② 음의 상관관계가 있다.
③ 상관관계가 거의 없다.
④ 항상 일치한다.

028

외국채권시장의 분류에 대한 설명으로 옳은 것은 무엇인가?

① 사무라이본드는 미국에서 판매되는 엔 표시채권이다.
② 양키본드는 미국의 채권시장에서 미 달러화 표시로 유통된다.
③ 양키본드의 인수는 주로 유럽과 일본의 증권회사들로 구성된 인수단에 의해 이루어진다.
④ 유로본드는 통화선택이 단일화되어 있다는 점이 특징이다.

029

다음 중 유로본드로 볼 수 없는 것은?

① 스위스 기업이 미국에서 발행한 달러표시 채권
② 한국의 차입자가 싱가포르에서 발행한 엔화표시 채권
③ 독일 기업이 유로시장에서 발행한 달러표시 채권
④ 일본 기업이 홍콩에서 발행한 유로화표시 채권

030

해외투자위험 및 투자분석에 대한 다음 설명 중 틀린 것은?

① 총위험은 비체계적 위험과 체계적 위험의 합으로 표시된다.
② 국제투자는 국내투자보다 비체계적 위험이 감소한다.
③ 국제 동조화현상은 자본시장의 통합화의 하나의 현상이다.
④ 국제 포트폴리오의 자산배분 시 하향식은 거시경제 분석이 먼저 이루어진다.

031

기본적 분석에 대한 설명으로 옳지 않은 것을 모두 고른 것은?

㉠ 기업의 내재가치를 찾아내려 노력한다. ㉡ 증권의 가치는 수요와 공급에 의해 결정된다. ㉢ 투자자의 요구수익률이 중요한 의미를 가진다. ㉣ 내재가치가 주가보다 높으면 해당 종목은 시장에서 고평가된 것이다.

① ㉠, ㉡
② ㉠, ㉢
③ ㉡, ㉣
④ ㉠, ㉣

032

다음 설명 중 옳지 못한 것은?

① 기업경영 측면에서 지나치게 높은 유동비율은 바람직하지 않다.
② 기업이 차입금으로 조달된 투자에 대하여 이자지급액보다 더 많은 수익을 얻는다면, 주식자본에 대한 수익률은 확대된다.
③ 배당평가모형이나 이익평가모형은 미래 이익흐름의 예측을 전제로 한다는 점에서 정확성이 결여될 수 있다.
④ PBR은 활동성과 기업수익력의 질적 측면이 반영된 지표로서, 미래수익 발생능력을 반영하고 있다는 것이 장점이다.

033

투자전략에 대한 다음 설명 중 맞는 것은?

① 주가상승시 베타(β)가 낮은 종목을 택하는 투자전략이 유효하다.
② 현물을 보유하고 있는 투자자는 선물투자로 체계적 위험을 회피할 수 있다.
③ CAPM은 투자자가 위험을 선호한다고 가정한다.
④ 체계적 위험은 여러 종류의 증권에 분산투자함으로써 저감될 수 있기 때문에 위험분산이 가능하다.

034

자금운용의 안전성을 위해 자금조달기관과 운용기관을 대응시켜 장기자본 배분의 적정성 및 자금고정화를 측정하는 지표는?

① 고정비율
② 고정장기적합률
③ 고정자산회전율
④ 당좌비율

035

환율과 주가의 관계에 대한 설명으로 옳지 않은 것을 모두 고른 것은?

> ㉠ 환율의 인하는 수출증가, 수입감소의 요인이 되어 주가상승 가능성이 높다.
> ㉡ 원화의 평가절하는 수출을 증가시켜 주가상승의 요인이 된다.
> ㉢ 외국인 주식투자의 증가는 주가상승의 요인이 된다.
> ㉣ 국제수지의 큰 폭 흑자는 환율인상의 요인이 된다.

① ㉠, ㉡　　② ㉠, ㉢
③ ㉡, ㉣　　④ ㉠, ㉣

036

증권분석의 핵심내용으로 가장 적절한 것은?

① 종목선택과 매매시점 포착
② 종목선택과 위험회피의 전략 수립
③ 기업 본질가치의 예측
④ 주가와 경제환경과의 상관관계 파악

037

보스턴컨설팅그룹의 분류 중 Cash Cow는 어떤 의미를 지니는가?

① 성장성은 낮으며 수익성도 낮다.
② 성장성은 낮으며 수익성은 높다.
③ 성장성은 높으며 수익성도 높다.
④ 성장성은 높으며 수익성은 낮다.

038

엘리어트 파동이론의 설명 중 옳은 것은?

① 2번 파동의 저점이 1번파동의 고점보다 반드시 높아야 한다.
② 1번, 3번, 5번 파동은 충격파동이다.
③ 해석에 융통성이 너무 없는 것이 단점이다.
④ 일반적으로 3번 파동이 5개의 파동 중 가장 짧다.

039

다우이론의 일반원칙이 아닌 것은?

① 특정 종목의 평균주가의 변동은 다른 종목의 주가도 변동시킨다.
② 추세전환시점까지는 강세 또는 약세추세가 지속된다.
③ 보합국면에서 주가가 추세선을 이탈하면 하락신호이다.
④ 모든 시세는 대내외적 복합요인에 의해 결정된다.

040

기술적 분석의 기본 가정으로 적절하지 않은 것은?

① 증권의 시장가치는 수요와 공급에 의해서만 결정된다.
② 주가는 지속되는 추세에 따라 상당기간 움직이는 경향이 있다.
③ 추세의 변화는 공급에 의해서 이루어지고 수요의 영향을 받지 않는다.
④ 도표에 나타나는 주가모형은 스스로 반복하는 경향이 있다.

041

슘페터의 경기변동의 종류가 맞게 연결된 것을 고른 것은?

	단기파동	중기파동	장기파동
①	키친	주글라	콘트라티에프
②	주글라	키친	콘트라티에프
③	콘트라티에프	주글라	키친
④	주글라	콘트라티에프	키친

042

시장 경쟁강도의 측정방법에 대한 설명이 잘못된 것은?

① CRk는 상위 k개 기업의 시장점유율만 나타낸다.
② CRk는 측정이 간단하여 널리 사용된다.
③ HHI기준은 모든 사업자들의 시장점유율을 고려하기 때문에 경쟁업체 수가 많아질수록 경쟁의 긍정적 요소가 정확히 반영된다는 장점이 있다.
④ CRk는 특정 시장에서 기업의 시장점유율 제곱을 합한 값으로 구한다.

043

다음 중 VaR의 개념을 잘못 설명하고 있는 것은?

① 특정한 목표보유기간, 신뢰수준 및 확률분포를 전제로 할 때, 정상적인 시장조건하에서 발생할 수 있는 금융자산 또는 포트폴리오의 최대손실예상액 추정치를 말한다.
② 특정기간 동안에 주어진 신뢰수준하에서 발생할 수 있는 최대손실금액이다.
③ 투자결과가 기댓값보다 작은 경우만을 고려하므로 보다 완전한 위험지표이다.
④ 최대손실액 VaR는 VaR$=c\times\sigma$와 같이 나타낼 수 있다.

044

실제 포지션과 다른 포지션이지만 현금흐름은 동일한 경우에 이를 이용하여 실제 포지션의 VaR를 간접적으로 구하는 방법은?

① 모수적(parametric) 방법
② 델타－감마 방법
③ 델타－노말 방법
④ 매핑(mapping)

045

다음의 VaR 계산방법 중 선형자산에 대해서 이용되는 방법은?

① 역사적 시뮬레이션　② 몬테카를로 시뮬레이션
③ 델타－노말 방법　④ 위기분석

046

H 금융투자회사는 1일, 95% 신뢰수준을 기준으로 VaR를 산정한다. 이를 BIS(10일, 99%)에서 권고하는 VaR로 전환하면 얼마가 되는가?

① 약 2.2배　② 약 4.5배
③ 같다　④ 약 10배

047

다음 중 분산효과가 VaR에 미치는 영향에 대한 설명으로 틀린 것은?

① 상관계수는 1과 -1 사이의 값을 가진다.

② 상관계수가 0인 경우 두 자산 간의 완전대체가 성립한다.

③ 상관계수가 1일 경우 분산효과는 전혀 없으므로 포트폴리오의 VaR는 개별자산 VaR의 단순 합이다.

④ 상관계수가 -1인 경우 두 개별자산의 수익률 간에 위험분산효과는 가장 크다.

048

얼마나 더 큰 손실이 발생하는가에 대한 정보를 제공하지 못한다는 VaR의 단점을 보완하기 위한 방법 중의 하나는?

① 극한 VaR　　② 공헌 VaR

③ 평균 VaR　　④ 베타모형

049

다음의 환위험 관리기법 중 부분적인 환위험 관리방식이라고 볼 수 있는 것은?

① 매칭

② 상계

③ 리딩과 래깅

④ 자산부채종합관리전략

050

신용증대제도에 있어 가장 중요한 시스템으로 스왑거래자들은 이것을 이용하여 채무불이행위험을 감소시킬 수 있다. 이것은 무엇인가?

① 계약종료조항

② 상계협약

③ 증거금, 담보, 보증요구

④ 상대방별 포지션 한도

051

직업윤리의 사상적 배경에 대한 설명으로 옳은 것은?

① 루터 : 모든 직업은 하나님의 소명에 의한 것으로, 인간은 각 사람에게 부여된 자신의 일을 통하여 봉사하고 충성하는 것이야말로 진정한 예배라고 했다.

② 베버 : 초기 자본주의 발전의 정신적 토대가 된 금욕적 생활윤리를 강조했다.

③ 칼빈 : 자본주의는 탐욕의 산물이 아니라 합리적으로 자본을 축적하고 사업을 경영함으로써 얻는 이윤축적의 결과라고 했다.

④ 근대 자본주의 출현의 철학적 · 정신적 배경에 대한 대표적인 사상으로는 칼빈주의를 토대로 한 종교적 윤리의 부산물로 보는 마르크스 사상이다.

052

다음 설명 중 옳지 않은 것은?

① 금융자산관리업무 종사자와 고객은 기본적으로 신임관계에 있다.
② 수임자는 신임자의 이익을 우선하여야 할 의무를 가진다.
③ 고객은 금융자산관리업무 종사자에 대하여 신임의무를 진다.
④ 신임의무는 신탁에서 수탁자가 위탁자에 대하여 부담하는 의무에서 유래한 개념이다.

053

자기거래의 금지의무에 대한 설명으로 옳은 것은?

① 금융자산관리업무 종사자는 고객이 동의한 경우를 제외하고는 고객과의 거래에서 당사자가 되거나 자기 이해관계자의 대리인이 되어서는 안 된다.
② 금융자산관리업무 종사자는 고객을 위한 최선의 이익추구가 방해가 되지 않는 범위에서 거래의 당사자가 될 수 있다.
③ 금융자산관리업무 종사자는 이해관계자의 대리인이 되는 경우에는 직접 당사자가 아니므로 상관없다.
④ 윤리기준에서는 고객의 동의가 있는 경우를 포함하여 자기거래를 금지하고 있다.

054

직무윤리기준에 대한 설명으로 틀린 것을 모두 고른 것은?

㉠ 고객의 투자목적과 투자에 대한 지식이 다르므로, 동일한 성격을 지닌 고객에 대한 서비스의 질과 양이 동일하면 된다. ㉡ 고객으로부터는 통상적 관례의 범위 안에 드는 간소한 식사라도 오해의 소지가 있으므로 제공받아서는 안 된다. ㉢ 계약시 약정한 수수료 외의 추가 대가는 금지되나, 고객으로부터 성과보수를 받는 것은 사회상규상 허용된다. ㉣ 고객이 요청하지 않은 이상 방문을 통한 투자권유를 해서는 안 되지만, 전화를 통한 투자권유는 허용된다.

① ㉠, ㉡　　② ㉢, ㉣
③ ㉠, ㉡, ㉢　　④ ㉡, ㉢, ㉣

055

자본시장법에서는 '장외파생상품'과 관련해서는 규제를 강하게 하고 있다. 규제의 내용이 옳지 않은 것은?

① 장외파생상품의 매매에 따른 위험액은 금융위원회가 정하는 한도를 초과하지 않아야 한다.
② 영업용순자본이 총위험액의 4배에 미달하는 경우 새로운 장외파생상품의 매매를 중지한다.
③ 월별 장외파생상품의 매매, 중개 내역을 다음 달 10일까지 금융위원회에 보고해야 한다.
④ 장외파생상품의 매매를 할 때마다 파생상품업무 책임자의 승인을 받아야 한다.

056

자본시장법상의 증권의 종류에 속하지 않는 것은?

① 채무증권 ② 수익증권
③ 투자계약증권 ④ 기업어음증권

057

금융투자업자의 지배구조에 대한 설명으로 옳은 것을 모두 고른 것은?

> ㉠ 자산총액이 2조 원 이상인 금융투자업자는 사외이사를 1인 이상 두어야 한다.
> ㉡ 금융투자업자는 1인 이상의 상근감사를 두어야 한다.
> ㉢ 10% 이상의 주식을 소유한 자를 주요주주라 한다.
> ㉣ 준법감시인은 이사회결의를 거쳐 2인 이상 두어야 한다.

① ㉠, ㉡ ② ㉡, ㉢
③ ㉠, ㉣ ④ ㉡, ㉣

058

자본시장법상의 스캘핑이 선행매매와 가장 차이가 나는 점은 무엇인가?

① 정보를 이용하는 시기
② 과당매매 여부
③ 시장을 통한 매매
④ 조사분석자료 대상 종목의 매매

059

다음 설명 중 옳지 않은 것은?

① 적합성의 원칙은 일반투자자에게만 적용된다.
② 자본시장법에서는 모든 금융투자업자가 설명의무를 준수하도록 하였다.
③ 소비자보호를 위한 '계약해제제도(Cooling Off)'가 금융관련 계약에는 적용되지 않는다.
④ 투자권유가 특정 투자자를 상대로 매매를 권유하는 행위인데 반해, 불특정 투자자를 상대로 하는 것이 투자광고이다.

060

전문투자자 중 일반투자자와 같은 대우를 받겠다는 의사를 표명하면 일반투자자로 전환이 가능한 경우가 있다. 이런 경우에 해당하는 것은?

① 국가 ② 지방자치단체
③ 신용협동조합중앙회 ④ 금융투자업자

061

금융투자업의 인가 및 등록에 대한 설명으로 가장 잘못된 것은?

① 인가제와 등록제의 적용은 투자자가 노출되는 위험의 크기에 따라 구분된다.
② 금융투자업 중 신탁업은 인가제가 적용된다.
③ 일반투자자를 상대로 하는 금융투자업의 경우 전문투자자를 상대로 하는 경우보다 강화된 진입요건을 설정하였다.
④ 등록제에 비해 인가제는 객관적인 요건만을 요구한다.

062

공개매수제도에 대한 설명으로 바른 것은?

① 공개매수신고서 제출 후 3일이 경과하여야 공개매수를 할 수 있다.
② 공개매수신고서는 수리제도가 아니라 신고서 제출과 동시에 공개매수금지가 자동적으로 해제되는 효과만 부여하고 있다.
③ 공개매수조건의 변경이 있는 경우 공개매수신고서를 제출한 후에는 정정할 수 없다.
④ 공개매수가 공고된 이후라도 공개매수자는 언제든지 철회할 수 있다.

063

금융소비자보호법에서 규정하고 있는 판매원칙 위반시의 제재에 대한 설명으로 옳지 않은 것은?

① 소비자의 재산상 현저한 피해가 발생할 우려가 있다고 명백히 인정되는 경우 금융상품 계약의 체결을 제한하고 있다.
② 설명의무 위반에 따른 손해배상청구 소송 시 과실입증 책임을 금융회사 등으로 전환하도록 하였다.
③ 계약 체결일부터 1년의 범위에서 서면 등으로 계약을 해지할 수 있도록 위법계약해지권을 신설하였다.
④ 주요 판매원칙 위반 시 관련 수입 등의 50%까지 과징금을 부과하도록 하였다.

064

주권상장법인의 자기주식 취득에 대한 설명으로 틀린 것은?

① 상법에서는 원칙적으로 금지되어 있다.
② 이사회 결의를 거쳐야 한다.
③ 매수주문 위탁 중개업자는 1일 1사로 하여야 한다.
④ 시간외 대량매매를 이용한 매수는 어떠한 경우에도 허용되지 않는다.

065

다음 빈칸에 공통적으로 들어갈 숫자는 무엇인가?

> 외부평가기관이 합병당사회사에 그 자본금의 100분의 (　　) 이상을 출자하고 있거나 합병당사회사가 그 외부평가기관에 100분의 (　　) 이상을 출자하고 있는 경우에는 해당 합병에 대한 평가를 할 수 없다.

① 1　　② 3
③ 5　　④ 10

066

사모투자전문회사의 사원의 총수는 몇 명 이하로 규정하고 있는가?

① 10인　　② 20인
③ 30인　　④ 49인

067

금융투자업자의 펀드 판매시 금지행위에 해당하지 않는 것은?

① 펀드 판매의 대가로 다른 투자자보다 부당하게 높은 매매거래 수수료를 요구하는 행위
② 다른 회사보다 높은 예상수익률을 표시하는 행위
③ 회사가 받는 판매수수료가 높다는 이유로 특정 펀드의 판매에 차별적인 판매촉진노력을 하는 행위
④ 펀드 판매의 대가로 집합투자재산의 매매주문을 판매회사에게 배정하도록 집합투자업자에게 요구하는 행위

068

금융투자회사가 투자광고를 하기 위한 심의 절차로 가장 적절한 것은?

① 이사회결의를 거쳐 금융감독원에 심사를 청구한다.
② 이사회결의를 거쳐 협회에 심사를 청구한다.
③ 준법감시인의 사전승인을 거친 후 금융위에 심사를 청구한다.
④ 준법감시인의 사전승인을 거친 후 협회에 심사를 청구한다.

069

투자권유대행인의 업무에 대한 설명으로 옳지 않은 것은?

① 투자권유를 위탁한 금융투자회사의 명칭을 투자자에게 미리 알려야 한다.
② 둘 이상의 금융투자회사와 계약을 체결하는 행위는 금지된다.
③ 회사를 대리하여 계약을 체결하는 행위는 허용된다.
④ 파생상품 등에 대해서는 투자권유를 위탁할 수 없도록 하고 있다.

070

다음 중 시장에서 무시된 기업의 주식수익률이 높다는 현상을 무엇이라 하는가?

① 소형주 효과
② 1월 효과
③ 무시된 기업효과
④ 수익예상 수정효과

071

전략적 자산배분 중 위험수익 최적화 방법에 대한 설명으로 옳은 것은?

① 투자자산들의 포트폴리오 내 구성 비중을 각 자산이 시장에서 차지하는 시가총액의 비율과 동일하게 포트폴리오를 구성하는 방법
② 기대수익과 위험 간의 관계를 고려하여 동일한 위험수준하에서 최대한 보상받을 수 있는 지배원리에 의하여 포트폴리오를 구성하는 방법
③ 운용기관의 위험, 최소요구수익률, 다른 자산들과의 잠재적 결합 등을 고려하여 수립하는 투자전략
④ 연기금, 생명보험, 투자신탁 등의 기관투자가들의 시장에서 실행하고 있는 자산배분을 모방하는 방법

072

포트폴리오를 구성할 때 편입후보가 되는 종목군을 무엇이라 하는가?

① Active Risk ② Rebalance
③ Universe ④ 벤치마크

073

다음 설명 중 가장 적절하지 못한 것은?

① 시가총액이 적은 주식이 수익률이 높은 경향을 소형주 효과라 한다.
② 먼저 추정 예상치를 설정하고 그것에 판단이 끌려가는 것을 투묘와 조정의 편향이라 한다.
③ '소형주 효과'나 '1월 효과'는 이상현상의 일종이다.
④ 거시경제적 접근방법은 예측 자체가 단순하여 쉽게 이용할 수 있다는 것이 장점이다.

074

다음 설명 중 틀린 것은?

① 포트폴리오 인슈런스는 시장폭락에 대처하지 못하여 퇴조하였다.
② 포트폴리오 인슈런스는 극단적 위험회피자에 적합하다.
③ 전술적 자산배분은 자본시장이 불변하다는 전제가 중요하다.
④ 전략적 자산배분은 투자자의 위험허용도가 불변이라는 가정에서 출발한다.

075

고정비율 포트폴리오 인슈런스에 대한 설명으로 틀린 것은?

① 포트폴리오가치는 정해진 하한 이하로 하락하지 않는다.
② 투자기간이 사전에 정의되어야 한다.
③ 블랙-숄즈 옵션모형이나 변동성의 추정이 필요없다.
④ 하한은 무위험이자율만큼 매일 증가한다.

076

발행기업이 미래 일정기간 동안에 정해진 Call 가격으로 채권을 상환할 수 있는 권리를 가진 채권을 무엇이라 하는가?

① 수의상환청구채권 ② 수의상환채권
③ 거치분할상환채 ④ Dutch Auction

077

다음 중 듀레이션에 대한 설명으로 틀린 것은?

① 듀레이션이란 채권에 투자된 원금의 평균회수기간을 말한다.
② 만기가 길면 듀레이션도 증가한다.
③ 듀레이션과 시장수익률은 역의 관계를 가진다.
④ 듀레이션은 채권의 표면이자율과 정의 관계를 가진다.

078

다음 내용 중 옳지 않은 것을 모두 고르면?

> ㉠ 현금흐름일치전략은 부채의 흐름에 상응하여 현금흐름을 갖는 채권포트폴리오를 구성하는 전략이다.
> ㉡ 수익률 예측전략은 소극적 채권투자전략에 속한다.
> ㉢ 유동성 프리미엄 가설에 따르면 금리수준이 변하지 않더라도 수익률 곡선은 상승형이 된다.
> ㉣ 장래에 금리가 하락할 것으로 예측되면 수익률 곡선은 상승형 곡선이 된다.

① ㉠, ㉡　　② ㉠, ㉢
③ ㉡, ㉣　　④ ㉢, ㉣

079

다음 중 불편기대이론이 성립하기 위한 가정으로 바른 것은?

① 모든 투자자는 위험선호형이다.
② 단기채권과 장기채권은 완전대체관계에 있다.
③ 투자자는 예상할 수 있는 위험에 대한 보상을 요구한다.
④ 미래의 이자율은 정확히 예상할 수 없다.

080

다음 중 채권발행시장에서 발행기관에 포함되지 않는 것은?

① 간사회사　　② 인수기관
③ 청약기관　　④ 판매기관

081

기간구조이론에 대한 설명이 가장 잘못된 것은?

① 불편기대이론은 모든 투자자가 위험회피형임을 전제로 한다.
② 유동성 프리미엄이론은 유동성 프리미엄이 만기가 증가함에 따라 체감하면서 증가한다고 설명한다.
③ 시장분할이론에서 수익률 곡선은 불연속적이다.
④ 편중기대이론은 불편기대이론과 유동성 프리미엄이론이 결합된 형태이다.

082

다음 중 베이시스에 대한 설명으로 옳은 것은?

① 현물가격이 선물가격보다 높은 시장을 콘탱고 상태라고 한다.
② 시장선물가격과 현물가격 간의 차이를 이론베이시스라고 한다.
③ 선물가격은 보유비용 때문에 현물가격보다 낮게 형성되는 것이 정상이다.
④ 선물가격과 현물가격의 변동폭이 동일하다면 일정한 베이시스 폭을 유지할 수 있다.

083

다음에서 설명하는 것은?

> 주가지수가 1단위 변동할 때 옵션의 델타값이 변화하는 정도를 의미한다. 수학적으로 델타가 옵션가격과 기초자산가격 간 곡선의 한 시점에서의 기울기를 의미한다면, 이것은 기울기의 변화속도를 의미한다.

① 세타　　② 로우
③ 베가　　④ 감마

084

다음 옵션 거래전략 중 손실이 무제한인 전략이 아닌 것은?

① 풋 매도　　② 콜 매도
③ 스트래들 매도　　④ 스트랭글 매수

085

다음 ㉠, ㉡ 안에 들어갈 알맞은 말은?

> 차익거래와 스프레드 거래의 가장 큰 차이점은 차익거래가 (㉠) 투자인 데 비해, 스프레드 거래는 (㉡) 투자라는 점이다.

	㉠	㉡
①	무위험	유위험
②	유위험	무위험
③	위험선호	위험회피
④	위험회피	위험선호

086

다음과 같은 손익구조의 그래프를 가진 옵션전략은 무엇인가?

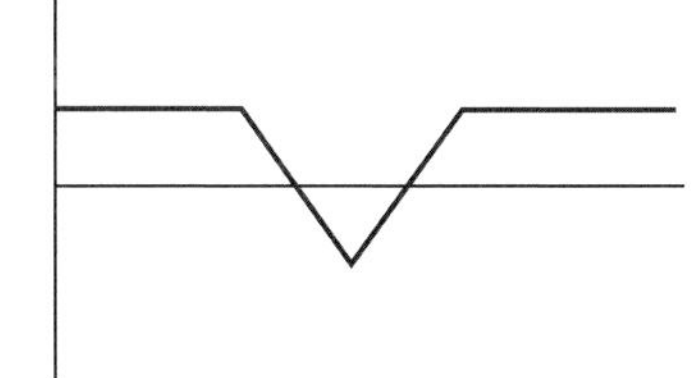

① 버터플라이 매수　　② 버터플라이 매도
③ 스트랩 매수　　④ 스트랩 매도

087

옵션프리미엄을 그래프로 표시할 경우 기초자산에 대한 볼록도를 나타내는 지표는?

① 델타　② 베가
③ 감마　④ 세타

088

다음에서 설명하는 위험측정 방법은?

> 근본적으로 '주어진 기간에 주어진 확률을 가지고 포트폴리오의 가치가 얼마나 떨어질 수 있느냐?'라는, 즉 최대손실가능금액에 대한 답을 말해준다.

① VaR　② 표준편차
③ 분산　④ 베타

089

다음 중 트레이너지수에 대한 설명으로 옳지 않은 것은?

① 트레이너지수는 펀드의 위험측정치로 표준편차를 사용한다.
② 트레이너지수는 체계적 위험 1단위당 실현된 위험프리미엄을 의미한다.
③ 트레이너지수의 값이 클수록 포트폴리오 성과가 우월한 것으로 평가된다.
④ 전체 자산을 잘 분산투자하고 있는 투자자의 경우 적합한 펀드평가방법으로 간주된다.

090

다음에서 설명하는 위험 측정방법은?

> 예를 들어 벤치마크보다 성과 미달시 다음과 같이 성과 미달치를 측정할 수 있다.
> - 펀드가 손실이 발생함으로써 무위험 수익률보다 성과가 미달할 경우, 즉 초과수익이 음(－)일 때만을 고려한다.
> - 이 음(－)인 초과수익률을 더한다.
> - 이 합계를 측정대상 기간의 단위수로 나누어 준다.

① 베타　② 표준편차
③ 하락위험　④ VaR

091

투자 가능한 종목만으로 포트폴리오를 구성하며, 채권형 기준지표로 많이 활용되는 기준지표는?

① 섹터/스타일 지수　② 합성지수
③ 맞춤포트폴리오　④ 정상포트폴리오

092

화폐시장에서 LM곡선을 바르게 나타낸 것은?

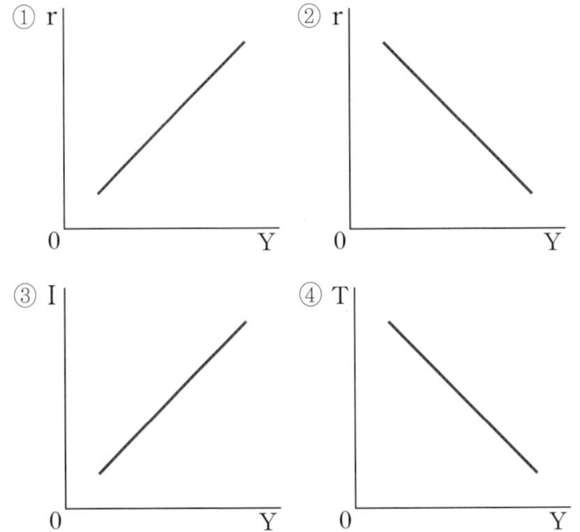

093

다음 ㉠, ㉡에 들어갈 적절한 용어를 고르면?

> 명목 통화공급의 증가가 부의 증가를 초래하고 그에 따라 소비가 증가하는 것을 (㉠)라 하고, 불황에 따른 물가하락이 부의 증가를 가져오고 결국 소비가 증가하게 되는 것을 (㉡)라 한다.

	㉠	㉡
①	유동성 함정	실질잔고효과
②	피구효과	실질잔고효과
③	실질잔고효과	피구효과
④	실질잔고효과	유동성 함정

094

다음에서 설명하는 사람은?

> 그는 미국의 자료를 분석한 결과 단기에서는 케인즈의 소비함수가 타당하지만 장기에서는 평균소비성향이 일정하다는 사실을 발견하였다. 즉, 장기에는 APC=MPC의 관계가 성립하기 때문에 장기소비함수는 원점을 통과하게 된다고 주장하였다.

① 쿠즈네츠　　② 프리드만
③ 모딜리아니　　④ 케인즈

095

다음 ㉠, ㉡에 들어갈 알맞은 용어는?

> 프리드만 모형에 의하면 단기 필립스곡선은 (㉠)하고, 장기 필립스곡선은 (㉡) 형태를 갖는다.

	㉠	㉡
①	우하향	수평
②	우하향	수직
③	수평	우하향
④	수직	우하향

096

다음 효용함수의 그래프 중 위험회피형과 위험선호형에 해당하는 것은?

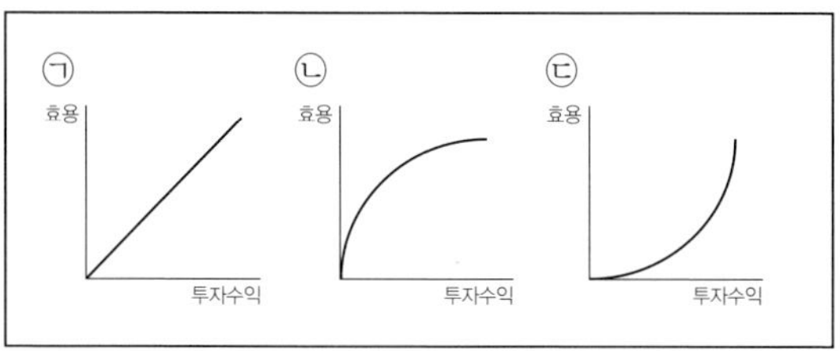

	위험회피형	위험선호형
①	㉠	㉡
②	㉡	㉢
③	㉢	㉡
④	㉢	㉠

097

다음 설명 중 옳지 않은 것을 모두 고르면?

㉠ 포트폴리오의 위험은 각 자산의 위험의 가중평균과 같다.
㉡ 두 개의 자산에 나누어 투자할 때 상관계수가 주어지면 투자비율의 조정에 따라 만들 수 있는 모든 포트폴리오의 집합을 포트폴리오 결합선이라 한다.
㉢ 상관관계가 낮을수록 분산투자효과는 작아진다.

① ㉠
② ㉡
③ ㉢
④ ㉠, ㉢

098

다음 설명 중 옳지 않은 것을 모두 고르면?

㉠ CAPM은 무위험자산이 존재하며 모든 투자자들은 무위험 이자율 수준으로 얼마든지 자금을 차입할 수 있다고 가정한다.
㉡ 무위험자산과 시장포트폴리오로 구성된 효율적 포트폴리오의 기대수익률과 위험 간의 관계식을 증권시장선이라 한다.
㉢ CAPM은 모든 투자자가 미래 증권수익률의 확률분포에 대하여 동질적으로 예측한다고 가정한다.
㉣ 어느 주식의 β와 예상수익률을 측정한 결과 증권시장선의 윗부분에 놓이게 되면 이 주식은 과대평가된 것이다.

① ㉠, ㉢
② ㉠, ㉣
③ ㉡, ㉢
④ ㉡, ㉣

099

다음에서 설명하는 가설은 무엇인가?

일반에게 공개된 정보뿐만 아니라 공개되지 않은 정보까지도 주가에 반영되어 있으므로 투자자는 어떠한 정보에 의해서도 초과수익을 얻을 수 없다는 주장이다.

① 약형 효율적 시장가설
② 강형 효율적 시장가설
③ 준강형 효율적 시장가설
④ 비효율적 시장가설

100

위험회피형 투자자의 효용함수와 무차별 효용곡선에 대해 바르게 나열한 것은?

	효용함수	무차별 효용곡선
①	원점에 대해 볼록	우상향
②	원점에 대해 오목	우상향
③	원점에 대해 볼록	우하향
④	원점에 대해 오목	우하향

투자자산운용사

실전모의고사

정답 및 해설

시스컴
SISCOM

제1회 정답 및 해설

001 ②	002 ①	003 ④	004 ④	005 ④
006 ③	007 ③	008 ②	009 ②	010 ③
011 ①	012 ②	013 ③	014 ②	015 ④
016 ①	017 ③	018 ③	019 ③	020 ③
021 ③	022 ④	023 ④	024 ①	025 ④
026 ③	027 ①	028 ②	029 ②	030 ④
031 ②	032 ①	033 ④	034 ②	035 ②
036 ④	037 ②	038 ①	039 ④	040 ③
041 ④	042 ③	043 ④	044 ③	045 ③
046 ①	047 ④	048 ④	049 ①	050 ③
051 ②	052 ②	053 ①	054 ④	055 ③
056 ②	057 ②	058 ③	059 ③	060 ②
061 ④	062 ③	063 ③	064 ③	065 ①
066 ④	067 ②	068 ③	069 ①	070 ②
071 ②	072 ④	073 ④	074 ④	075 ②
076 ①	077 ②	078 ②	079 ③	080 ②
081 ④	082 ④	083 ④	084 ③	085 ④
086 ①	087 ①	088 ④	089 ③	090 ④
091 ③	092 ④	093 ②	094 ①	095 ①
096 ③	097 ②	098 ③	099 ①	100 ③

001 ②

이자소득과 배당소득은 금융소득에 해당되나 연금소득은 해당되지 않는다.

002 ①

현행 소득세법은 소득원천설을 근거로 열거주의를 채택하고 있다.

003 ④

증권거래세는 간접세에 해당한다.

tip 직접세와 간접세

직접세	법인세, 소득세, 상속세, 증여세
간접세	부가가치세, 개별소비세, 인지세, 주세, 증권거래세

004 ④

종합과세 대상소득은 금융소득 4,000만 원 중 2,000만 원 초과분인 2,000만 원과 사업소득 5,000만 원의 합인 7,000만 원이다.

- 종합과세 대상소득 7,000만 원의 세액 : (1,200만 원×6%)+(3,400만 원×15%)+(2,400만 원×24%)=1,158만 원
- 기준금액 세액 : 2,000만 원×14%=280만 원
- 총 부담세액 : 1,158만 원+280만 원=1,438만 원
- 원천징수세액 : 560만 원
- 납부세액 : 1,438만 원−560만원=878만 원

tip 종합소득세율표

과세표준	세율
1,200만 원 이하	6%
1,200만 원~4,600만 원	15%
4,600만 원~8,800만 원	24%
8,800만 원~3억 원 이하	35%
3억 원 초과	38%

005 ④

금융소득 중 2천만원 이하의 경우는 분리과세(비과세 및 무조건 분리과세 제외), 금융소득 중 2천만원 초과하는 경우 전액 종합과세이다.

006 ③

금융소득 기준금액 2,000만 원을 초과하는 경우 기준금액 초과금액에 대한 세액은 일반원천징수세액과 종합소득세액 중 큰 금액으로 한다.

007 ③

증권거래세의 기본 세율은 2021년 4월 현재 0.43%이다.

008 ②

수익자총회 개최의무를 면제해주고 있다.

---

tip 사모집합투자기구 규제완화 내용

- 투자설명서 제공의무 면제
- 판매보수 및 수수료 한도적용 없음
- 자산운용상 동일종목 투자한도 없음
- 회계감사의무 면제
- 약관 및 정관 공시의무 면제
- 자산운용서 작성 및 제공의무 면제
- 수익자총회 개최의무 면제

---

009 ②

ISA란 연 2,000만원 납입한도안에서 예적금, 펀드, 파생결합증권과 같은 다양한 금융상품에 투자할 수 있는 계좌이다. 일정금액까지 비과세하고 초과분은 9.9%로 분리과세한다.

010 ③

주택 소유나 세대주 여부, 연령 등에 관계없이 누구나 가입할 수 있다.

011 ①

책임보험은 손해보험에 속한다.

---

tip 보험의 종류

- **생명보험** : 사망보험, 생존보험, 생사혼합보험
- **손해보험** : 화재보험, 운송보험, 해상보험, 책임보험, 자동차 보험
- **사회보험** : 산업재해보상보험, 국민건강보험, 국민연금, 고용보험

---

012 ②

예정이율은 보험료 계산에 많이 쓴다.

013 ③

판매회사에 대한 설명이다.

014 ②

Knock out형에 관한 설명이다.

---

tip 신유형 펀드 개념

- **Knock out형** : 만기까지 주가지수 상승률이 단 한 번이라도 미리 정해 놓은 수준에 도달시 만기수익률 결정
- **Bull spread형** : 만기시점 주가지수 상승률에 비례하여 수익률 결정
- **Reverse convertible형** : 미리 정해 놓은 하락폭 밑으로만 빠지지 않는다면 약속한 수익률 지급

---

015 ④

증권회사 측면에서 투자자들에게 우량한 단기자금 운용수단을 제공하는 효과를 갖는다는 것은 투자자 측면에 대한 설명이다.

tip 가입 당시 정하는 5가지 조건

투자원금, 약정기간, 이자율, 약정 전 이율, 약정 후 이율

016 ①

순현재가치는 현금흐름할인법에 해당한다.

tip 투자의 타당성 분석

- **간편법** : 순소득승수, 투자이율, 자기자본수익률 등
- **현금흐름할인법** : 순현재가치, 내부수익률, 수익성 지수
- 전통적인 감정평가법

017 ③

원가법이란 가격시점에서의 재조달원가를 구하고, 그 가격에 감가수정을 하여 대상부동산이 가지는 현재의 가격을 산정하는 방법이다. 이 방법에 의하여 산정된 가격을 복성가격 또는 적산가격이라 한다.

018 ③

빈칸은 차례대로 비용성, 복성가격, 공급가격이다.

tip 부동산의 평가

평가의 3면성	평가 방법	시산가격	특징
비용성	원가법	복성가격	공급가격
시장성	거래사례비교법	유추가격	균형가격
수익성	수익환원법	수익가격	수요가격

019 ③

오래된 건물은 감가상각의 정도의 파악이 힘들어 비용방식의 적용이 어렵다.

020 ③

자산의 30%까지 부동산관련 유가증권이 아닌 유가증권으로 보유할 수 있다.

021 ③

대안투자에서 거래하는 자산은 대부분이 장외시장에서 거래되는 자산으로 환금성이 떨어지게 되고 이로 인해 환매금지기간이 존재하며 투자기간이 길다.

022 ④

CR-REITs는 주식을 발행해 투자자 자금을 모은 뒤 기업구조조정용 매물 부동산(빌딩)에 투자해 얻은 수익을 나눠주는 펀드를 말한다. 상장된 CR리츠는 일반 주식처럼 매매할 수 있어 부동산보다 현금화하기 쉽다. 아직까지는 일반리츠보다 CR리츠가 리츠시장의 대부분을 차지하고 있다.

023 ④

수익형 부동산은 임대형의 투자형태이다. 임대수익이 가능한 업무용 부동산 또는 상업용 부동산을 매입한 후 여기서 발생하는 임대수입으로 정기적 배당을 실시하고, 부동산가격이 상승할 경우 시세차익까지 추구하는 형태이다. 준공 및 분양 위험은 대출형 부동산 펀드에서 고려해야 할 사항이다.

024 ①

PEF는 투자자로부터 자금을 모아 투자하는 펀드이기 때문에 자금의 차입을 제한한다. PEF는 일시적인 자금부족 등의 경

우에 한하여 PEF 재산의 10% 범위 안에서 자금을 차입할 수 있도록 제한하고 있다.

025 ④

CDS(Credit Default Swap)에 대한 설명이다. CDS는 기업의 파산 위험을 사고파는 신용파생상품이다. 스왑투자자가 사들인 채권이 기업의 도산 등으로 휴지 조각이 되는 것에 대비해 보험에 드는 것이다. 투자한 채권의 원리금을 받을 수 없게 되면 보험료를 받은 쪽에서 이를 물어주는 계약이다.

026 ③

측정기간을 충분히 길게 하여야 추정한 상관계수의 값이 신뢰성을 갖게 할 수 있다. 단 지나치게 자료기간을 길게 하면 자료기간 중 구조적 변화가 포함될 가능성이 높아진다.

027 ①

해외투자시 주가수익률이 없더라도 투자대상국의 통화가치가 상승하면 양의 투자수익률을 얻을 수 있다.

tip 환위험 헤징(Hedging)

- 파생상품을 이용한 환헤지 방법에는 선물환을 이용한 헤징, 통화선물을 이용한 헤징, 통화옵션을 이용한 헤징, 주가지수선물을 이용한 헤징이 있다.
- 여러 통화에 분산투자를 통한 환헤지의 방법
- 자국통화에 연동된 환율제도를 가진 국가에 투자하여 환헤지
- 주가와 환율의 민감도를 분석하여 내재적 헤지(Implicit hedge) 실행
- 내재적 헤지는 자국통화와 양의 상관관계를 가지고 있는 국가의 주식에 투자하여 위험을 감소시킨다.

028 ②

채권표시통화의 본국에서 발행되는 채권을 외국채라 하고, 채권표시통화 본국 이외의 국가에서 발행되는 채권을 유로채라 한다. 유로채가 일정통화표시로 해당국 이외의 지역에서 발행 · 유통되는데 비해, 외국채는 해당국 내에서 외국 차입자가 발행한다. 예를 들어 미 달러화 표시 채권이 미국 이외의 국가에서 발행될 경우에는 유로채가 되며, 미국에서 비거주자에 의해서 발행될 경우 외국채가 된다.

029 ②

내재적 헤지는 주가와 환율의 상관관계를 활용하여 환노출을 낮추는 헤지를 의미한다.

030 ④

외국인에 의해 채권표시 통화의 본국에서 발행되는 채권을 외국채(Foreign Bond)라고 한다.

031 ②

자기자본이익률(ROE)의 공식은 '매출액순익률×자기자본회전율'이다.

오답해설

① 경제적 부가가치(EVA)의 공식이다.
③ 배당성장률의 공식이다.
④ 총자본이익률의 공식이다.

032 ①

시장이 변화하는 원인을 알 수 없는 것은 기술적 분석의 한계이다.

tip 기본적 분석의 한계

- 내재가치의 다양성 여부
- 내재가치의 적정성 여부
- 분석에 소요되는 시간

033 ④

이자보상비율은 높을수록 좋다.

오답해설

① 유동비율은 유동자산을 유동부채로 나누어 계산한다. 200% 이상이 이상적이다.
② 재고자산회전율은 매출액을 재고자산으로 나누어 계산한다. 이 비율이 높으면 판매활동이 활발한 것이고, 비율이 낮으면 판매활동에 문제가 있는 것이다.
③ 납입자본이익률, 총자본이익률, 자기자본이익률, 매출액순이익률은 수익성지표이다.

034 ②

주가매출액비율은 순이익이 발생하고 있지 않은 기업이나 신생기업들에 대한 상대적 주가수준 파악시 유용한 재무비율 분석이다.

tip 주가매출액비율(PSR : Price Sales Ratio)

주당순이익을 사용하는 PER은 당해 연도에 수익이 나지 않고 이익이 음(−)인 경우에는 비율을 구할 수 없으며, 이익이 너무 높거나 낮으면 주가수익비율을 통해 올바른 분석을 할 수가 없다. 하지만 기업의 순수한 영업활동의 결과인 매출액은 기업의 영업성과를 객관적으로 잘 나타내 주고 음(−)이 나오는 경우는 거의 없기 때문에 PER의 약점을 보완해 줄 수 있다.

035 ②

㉠ 이익성장률이 클수록 PER은 커진다.
㉡ PBR＝주당시장가치/주당장부가치
㉣ 요구수익률이 클수록 주가는 하락한다.

036 ④

기존업체의 저렴한 제조비용도 진입장벽이 된다.

오답해설

① 규모의 경제란 대규모 설비를 갖추어 생산량이 증가할수록 생산원가가 감소하는 현상을 말한다. 새로운 기업은 규모의 경제가 존재하는 산업에는 진입이 어렵다.
② 제품의 차별화가 이루어진 산업에 진출하기 위해서는 상당한 초기투자가 필요하다.
③ 높은 진입장벽은 이미 진출한 기업들에게 수익성을 높여주고, 위험은 낮게 해준다.

037 ②

자산은 유동자산과 고정자산으로 구분한다.

tip 대차대조표

- **자산** : 유동자산, 고정자산
- **부채** : 유동부채, 고정부채
- **자본** : 자본금, 자본잉여금, 이익잉여금, 자본조정

038 ①

수익성 분석에 대한 설명이다.

tip 재무비율분석의 요소

- **안정성** : 일정시점에서 기업의 재무상태를 측정 · 분석하여 그 기업의 재무상태에 대한 안정성 여부를 판단 · 인식하는 것이다.
- **성장성** : 기업의 규모나 경영성과 등과 관련하여 전년대비, 동기대비, 추세대비 등의 비교를 통해 얼마나 성장 또는 감소했는지를 분석하는 것이다.
- **수익성** : 기업이 위탁된 자본을 이용하여 일정기간 동안 어느 정도의 경영활동성과를 나타내었는가를 측정하고 그 원인을 분석하는 것이다.
- **활동성** : 기업의 자본 또는 자산의 활용도를 측정하기 위한 분석이다.
- **생산성** : 노동력, 설비 등의 경제적 자원을 어느 정도 효율적으로 이용하고 있는지 또는 부가가치의 생산과 분배상태는 적당한지를 측정 · 분석하는 것이다.

• **시장가치** : 기업의 주식가격을 주당이익 및 장부가치와 관련시켜 투자자들이 그 회사의 과거실적 및 장래전망에 대해 어떻게 생각하고 있는지를 분석하는 것이다.

039 ④

다이아몬드형은 반전형이 아니라 지속형패턴이다.

tip 다이아몬드형

• 확대형과 대칭삼각형이 서로 합쳐진 모양으로, 초기에는 거래량이 크게 증가한 후 주가가 수렴하면서도 거래량이 감소하는 패턴이다.
• 투자심리가 점점 안정되면서 기존 추세의 방향으로 움직인다.

040 ③

약세 제1국면과 제2국면에 해당된다.

tip 그랜빌의 투자심리와 투자행위

시장국면 / 투자자	강세시장			약세시장		
	제1국면 (매집)	제2국면 (상승)	제3국면 (과열)	제1국면 (분산)	제2국면 (공포)	제3국면 (침체)
일반투자자	공포	공포	확신	확신	확신	공포
전문투자자	확신	확신	공포	공포	공포	확신
투자전략	–	점차 매도	매도	–	점차 매수	매수

041 ④

㉠ 관통형은 하락추세에서 상승전환신호로 본다.
㉡ 반격형은 전일종가와 당일종가가 일치한다.
㉢ 장악형은 일반적으로 둘째날의 몸체가 더 길며, 둘째날의 몸체가 길면 길수록 새로운 추세의 에너지가 강한 것으로 본다.
㉣ 행인맨형은 주가하락의 신호로 본다.

042 ③

헥셔올린모형은 양국이 무역을 하게 되면, 자국이 더 비교우위가 있는 생산요소를 사용한 제품을 수출하게 되어 전체적으로는 두 국가 모두 이익을 얻게 된다는 것이다.

tip 헥셔올린이론

리카르도의 비교우위설과의 차이점은 비교우위설이 노동생산성의 차이가 비교우위를 결정하며, 생산성의 차이가 일어나는 이유는 설명하지 못하는 것에 비해 헥셔올린이론은 비교적 우위가 발생하는 이유를 요소부존 간의 차이로 설명되고 있다는 점이다.

043 ④

BIS기준은 운용자산별 위험도를 설정하여 위험도를 감안한 자기자본요구량을 계산하고 국제적 기준에 부합하는가를 단순하게 비교한 것으로 BIS기준의 준수는 소극적인 위험관리에 불과하다.

044 ③

금융변수가 정규분포를 따르지 않을 경우 신뢰구간의 계산은 간단하지 않다. 정규분포가 아니더라도 널리 알려진 특정 분포를 갖는다고 하면 나름대로 계산이 가능하나, 분포의 특성이 알려지지 않은 임의의 분포인 경우에는 다소 복잡한 과정을 거쳐 신뢰구간을 추정하게 된다.

045 ③

분석적 분산－공분산 방법은 모든 금융자산 및 포트폴리오의 수익률이 정규분포를 따른다고 가정하고 과거 자료를 이용하여 분산과 공분산을 추정한 후 이를 통하여 VaR를 구하는 방법이다.

046 ①

위험요인의 분포에 대한 가정을 필요로 하지 않는 방법은 역사적 시뮬레이션이다. 몬테카를로 시뮬레이션은 위험요인의 분포를 어떤 분포로든 가정할 수 있다.

047 ④

먼저 1일 변동성을 이용하여 10일 변동성을 구하면, 10일 변동성 $=3\%\times\sqrt{10}=9.48\%$이다.
99% 신뢰수준은 2.33을 이용하므로, VaR $=2.33\times$1억 원 $\times0.0948=22,088,400$원

048 ④

VaR 모형의 사후검증(back testing)은 금융기관이 자체 모형에 의해서 계산하는 VaR의 정확성을 검증하는 수단으로, 일정기간 동안 실제 포트폴리오의 손실액과 모형에 의해 사전에 추정된 VaR를 비교하여 손실액이 VaR를 초과하는 횟수의 비율을 통계적으로 살펴보는 것이다.

049 ①

대차대조표상의 항목들을 조정하여 환위험을 줄이는 부내기법으로는 상계(netting), 매칭(matching), 리딩(leading)과 래깅(lagging), 자산부채종합관리전략(ALM) 등이 있다. 통화선물계약 체결은 부외기법에 속한다.

050 ③

국내 수출업자가 장래 자국통화가 수출상대국 통화에 대하여 평가절하(즉 환율상승)될 것으로 예상하는 경우에 수출상품의 선적이나 수출환어음의 매도를 가능한 한 지연시켜 결제시점에서 자국통화표시 수출대금을 높이려는 것이 래깅(lagging)이다.

051 ②

직무윤리강령이 총칙이 되고, 직무윤리기준이 각칙이 된다.

052 ②

윤리라운드(ER : Ethics Round)는 비윤리적인 기업의 국제거래를 규제하는 다자간 협상을 말한다.

오답해설

① TI는 국제투명성기구이다.
③ CPI는 부패인식지수이다.
④ CSI는 고객만족지수이다.

053 ①

직무윤리기준(각칙)은 직무윤리강령(총칙)의 구체적인 행동기준과 그에 따른 의무의 내용을 구체적으로 제시한 것이다.

054 ④

회사의 고객정보를 이용하여 다른 사람에게 고객의 정보를 누설한 행위는 고객의 정보를 부당하게 누설하여서는 아니 된다는 윤리기준에 위반되며, 동시에 '금융실명거래 및 비밀보장에 관한 법률' 제4조에 위반된다.

tip 고객정보의 이용 및 누설금지

- 투자관리자는 업무를 수행하는 과정에서 알게 된 고객의 정보를 다른 사람에게 누설하여서는 아니 된다.
- 고객정보 이용의 부당성 여부를 불문하고 고객정보를 누설하는 행위 그 자체를 금지한다.
- 투자관리자는 매매주문동향 등 직무와 관련하여 알게 된 고객정보를 자기 또는 제3자의 이익을 위하여 부당하게 이용하여서는 아니 된다.

055 ③

소속회사에 대한 신임의무의 존부에 대한 판단에는 정식의 고용계약관계의 유무, 계약기간의 장단은 문제되지 않는 것이 원칙이다. 즉, 비정규직이더라도 신임의무가 존재한다고 보아야 한다. 실제로는 직무에 종사하는 기간, 보수 지급형태 등을 참작하는 경향은 있다.

056 ②

전문투자자에 대하여 영업행위와 관련된 규제의 대부분을 면제한다. 전문투자자는 투자자 보호와 관련된 규제의 대부분을 적용대상에서 제외하고 있다.

057 ②

자본시장법은 파생상품을 선도, 옵션 또는 스왑의 어느 하나에 해당하는 투자성 있는 것으로 정의하고 있다.

058 ③

원본보전신탁의 수익권을 제외한 모든 신탁의 수익권은 모두 자본시장법상 금융투자상품의 개념에 해당된다.

오답해설

① 누구의 명의로 하든지 자기계산으로 매매가 이루어지면 투자매매업이다.
② 금융투자상품에 대한 투자판단에 관한 자문에 응하는 금융업은 투자자문업이다.
④ 종전 증권거래법상 증권사의 위탁매매업, 대리업 등은 투자중개업에 해당한다.

059 ③

주권상장법인의 주식의 증권신고서 효력 발생기간은 10일이다.

tip 증권신고서 효력발생기간

종류	효력발생기간
자산유동화계획에 따라 발행되는 사채권	5일
담보부사채신탁업에 따라 발행하는 담보부사채	5일
주주 · 제3자에게 배정하는 방식의 주식	7일
상장된 환매금지형 집합투자기구의 집합투자증권	10일
주권상장법인의 주식	10일
지분증권	15일

060 ②

금융투자업자는 투자권유대행인에게 파생상품 등에 대한 투자권유는 위탁이 금지된다.

tip 투자권유대행인의 금지 행위

- 위탁한 금융투자업자를 대리하여 계약을 체결하는 행위
- 투자자로부터 금전 · 증권, 그 밖의 재산을 수취하는 행위
- 금융투자업자로부터 위탁받은 투자권유대행업무를 제3자에게 재위탁하는 행위
- 둘 이상의 금융투자업자와 투자권유 위탁계약을 체결하는 행위
- 보험 설계사가 소속된 보험회사가 아닌 보험회사와 투자권유 위탁계약을 체결하는 행위 등

061 ④

위원장, 부위원장과 추천위원 중 상임위원은 겸직이 금지된다.

tip 금융위원회의 구성

금융위원회의 위원은 9인으로 위원장, 부위원장과 당연직 위원 4명, 추천위원 3명으로 구성된다. 당연직 위원에는 기획재정부 차관, 금융감독원 원장, 한국은행 부총재, 예금보험공사 사장이 포함된다. 추

천위원에는 금융위원회 위원장이 추천하는 금융전문가 2인, 대한상공회의소 회장 추천 경제계 대표 1인인데 경제계 대표 1인은 비상임으로, 비상임위원을 제외하고는 겸직이 금지된다.

062 ③

특수채는 30%까지 투자가 가능하다.

tip 투자 가능

100% 투자 가능	국채, 통안증권, 정부원리금보증채권
30% 투자 가능	지방채, 특수채, 파생결합증권, OECD회원국 또는 중국 정부 발행 증권

063 ③

법의 단계는 헌법－법률－명령－조례－규칙의 상하위단계가 있다. 금융위원회규정은 자본시장법과 같은 금융관련 법률이 위임한 사항을 다루는 법규명령의 일종이다.

064 ③

금융소비자 보호를 위해 청약철회권과 위법계약해지권을 신설하였다.

065 ①

전환사채의 전환가격은 전환사채 발행을 위한 이사회결의일 전일을 기산일로 하여 소급하여 산정한 1개월 평균종가, 1주일 평균종가 및 최근일 종가를 산술평균한 가액, 최근일 종가, 청약일 전 제3거래일 종가 중 높은 가액 이상으로 한다.

066 ④

공개매수기간은 공개매수신고서의 제출일로부터 20일 이상 60일 이내이어야 한다.

067 ②

확인한 투자자정보의 내용은 해당 일반투자자에게 지체 없이 제공하여야 하며 10년 이상 기록보관하여야 한다.

068 ③

고객의 정보가 없더라도 고객의 확인하에 거래는 할 수 있다. 단 일반투자자로서 보호는 받지 못한다.

tip 투자권유준칙

- 고객이 정보를 제공하지 않은 경우 금융투자회사는 고객에게 투자권유를 할 수 없다.
- 파생상품의 경우 정보제공이 없으면 투자권유는 물론 상품의 가입 또는 거래를 할 수 없다.
- 금융투자회사는 분석된 고객의 투자성향 결과에 대하여 고객의 확인을 받고 고객에게 제공하여야 한다.

069 ①

금융투자회사가 통합계좌로 별도관리하기 위해서는 예탁자산 평가액이 10만 원 이하이고, 최근 6개월 간 매매거래 및 입출금 · 입출고가 발생하지 아니한 계좌이어야 한다. 통합계좌로 분류된 계좌에 대해서는 입출금, 입출고, 매매거래 정지조치를 취하여야 한다.

070 ②

이용편리의 편향은 쉽게 생각나는 것 등이 발생하기 쉽다고 생각하는 판단 경향으로, 인지의 편향 중 가장 큰 영향을 미친다.

tip 인지의 편향

- **대표성의 편향** : 대표적인 사례가 일어나기 쉽다고 생각하는 경향

- **이용편리의 편향** : 쉽게 생각나는 것, 알기 쉬운 것 등이 발생하기 쉽다고 생각하는 판단 경향
- **투묘와 조정의 편향** : 목표주가와 같이 처음 예상치에 집착하려는 사고습관
- **시뮬레이션의 편향성** : 조건 A가 주어져 B의 발생 확률에 대하여 판단할 때, A와 B를 잇는 시나리오의 그럴듯함이 B의 확률판단에 긍정적 영향을 미친다고 생각하는 경향

071 ②

계량적 방법은 과거 자료로 미래의 발생상황에 대한 기대치를 추가하여 수익률을 예측하는 방법으로 회귀분석, CAPM, APT 등이 있다.

tip 자산집단의 기대수익률 추정방법

- **시나리오 분석법** : 거시경제의 예상 진로를 시나리오로 구성, 각각의 예상사건에 발생확률을 부여하여 추정
- **시장공통예측치 사용방법** : 시장참여자들 간에 공통적으로 가지고 있는 미래수익률에 대한 추정치 이용

072 ④

동적 자산배분이란 중 · 단기적으로 자산집단 간의 상대적 가격착오를 이용해 고성과를 달성하고자 하는 전술적 자산배분과 초단기적으로 특정한 수익률을 달성하기 위해 운용하는 보험 자산배분을 모두 의미하기도 한다. FP시험에서는 동적 자산배분을 보험자산배분으로 이해한다.

tip 동적 자산배분의 종류

동적 자산배분의 종류에는 이동평균, Stop loss, 포트폴리오 인슈런스, 필터법칙하의 포트폴리오 인슈런스, 두 개의 위험자산을 가진 포트폴리오 인슈런스, 고정배합, 기본적 분석에 의한 운용전략 등이 있다.

073 ④

주가지수 선물을 이용한 포트폴리오 보험 전략을 세울 경우 기초자산들의 운용을 변동 없이 유지하면서 주가지수 선물로 포지션 조정이 가능하다.

tip 포트폴리오 인슈런스

- 옵션복제를 통한 포트폴리오 인슈런스의 경우 만기시에는 일반적으로 주식이나 무위험자산의 종류를 100% 보유한다.
- 포트폴리오 인슈런스는 투자자의 자산가치가 커질수록 위험선호도가 커진다는 것을 가정하고 있다.
- 옵션복제를 통한 포트폴리오 인슈런스에서 변동성이 과대 추정된 경우 위험자산에 대한 투자비중은 감소하고, 변동성이 과소 추정된 경우 위험자산에 대한 투자비중은 증가한다.

074 ④

전략적 자산배분은 4가지 단계를 거쳐 실행된다.
투자자의 투자목적 및 투자제약조건 파악 → 자산집단 선택 → 자산종류별 기대수익과 위험 추정 → 최적자산구성의 선택

075 ②

패시브 운용은 초과수익을 추구하지 않는 안정적 전략을 말한다. 상장지수펀드는 기준 지수를 따라가도록 설정된 것이므로 패시브 운용의 대표적 상품이라 할 수 있다.

tip 액티브 운용

- **주식형 펀드(시장지수 대상)** : 가장 대표적인 펀드로 평균적인 주식편입비가 90% 내외로 적극적인 자산배분보다는 종목선정을 통해 초과수익을 올리는 펀드
- **자산배분형 펀드(시장지수 대상)** : 일반적으로 주식비중을 60% 이상 유지
- **주식형 펀드(특정 산업이나 섹터 대상)** : 기본적으로 액티브 위험이 높다.

076 ①

주식은 출자증권으로 자기자본의 성격을 띠며, 채권은 대부증권으로 타인자본의 성격을 갖는다.

077 ②

통화안정증권은 단기채, 지역개발공채는 중기채, 서울시도시철도공채는 장기채이다.

tip 기간에 따른 채권종류

단기채	1년 이하	통화안정증권, 금융채 1년 만기
중기채	1~5년	국민주택 1종, 지역개발공채, 금융채, 회사채
장기채	5년 이상	국민주택 2종, 서울시도시철도공채

078 ②

스프레드 확대 예상시에는 수익률이 낮은 국채를 매입하고 수입률이 높은 회사채를 매도한다.

079 ③

듀레이션은 가중현재가치를 현재가치로 나눈 값이다.

tip 듀레이션의 결정요인

- 만기가 길면 듀레이션도 증가한다.
- 듀레이션과 시장수익률은 역의 관계를 가진다.
- 듀레이션은 채권의 표면이자율과 역의 관계를 가진다.

080 ②

발행시장을 활성화시켜 경쟁을 촉진한다.

081 ④

낙타형 모습의 수익률 곡선을 잘 설명할 수 있는 것은 편중기대이론이다. 낙타형 모습의 곡선은 만기가 길어질수록 처음에는 이자율이 상승하나 최고점에 도달한 후에는 하락하는 형태이다.

tip 시장분할이론

- 채권시장이 몇 가지 중요한 경직성으로 인하여 몇 개의 하위시장으로 세분되어 있다는 가정 위에 성립한다.
- 수익률곡선은 만기별로 체계적인 관련성을 갖지 않는다.
- 각 하위시장에서의 채권에 대한 수요와 공급의 상태에 따라 단기채권의 수익률이 장기채권의 수익률보다 높을 수도 있고 낮을 수도 있다.

082 ④

헤지거래는 가격변동에 따른 위험을 축소 또는 회피하기 위한 거래이다.

오답해설

① 서로 반대되는 포지션을 취한다.
② 현물에 대응하는 선물의 존재여부는 직접헤지와 교차헤지의 분류이다.
③ 선물의 매매방향에 따른 분류는 매도헤지와 매수헤지이다.

083 ④

형평성이 아니라 효율성의 증대이다. 선물시장의 존재는 현물시장만이 존재하는 경우에 비해 양 시장을 모두 효율적으로 만들면서 시장에서 형성되는 가격이 모든 정보를 정확하게 반영하도록 하는 효과를 가져오게 된다.

084 ③

세타포지션이 양(+)의 방향을 갖는다면 옵션의 만기가 빨리 오기를 원한다는 의미(매도자)이며, 음(−)의 방향을 갖는다면 옵션의 만기가 늦게 오기를 원한다는 의미(매수자)이다.

tip 세타

- 시간의 경과에 따른 옵션가치의 변화분
- 세타값은 옵션의 시간가치감소를 나타내는데, 일반적으로 콜옵션이나 풋옵션 보유투자자는 별 큰 변화 없이 시간만 경과할 경우 옵션의 시간가치가 감소함에 따라 손실을 봄
- 세타의 절대치 $|\theta|$와 감마의 절대치 $|\Gamma|$의 크기는 정의 관계를 가지므로 부호는 반대이지만 절대치는 비례하게 됨

085 ④

이항모형은 많은 횟수의 반복계산과정을 통하여 계산되기 때문에 시간이 걸리기는 하지만 최근 컴퓨터 성능이 좋아지면서 효용성이 높아지고 있다.

086 ①

스트래들 매도의 그래프이다. 행사가격이 같은 콜옵션과 풋옵션을 같은 수량으로 매도하여 구성한다. 주가가 현재 수준에서 횡보할 때 이익이 발생하며, 큰 폭으로 상승하거나 하락할 경우 손실이 크게 발생한다. 이와는 반대로 변동성이 커질 것으로 예상될 때 사용하는 것이 스트래들 매수이다.

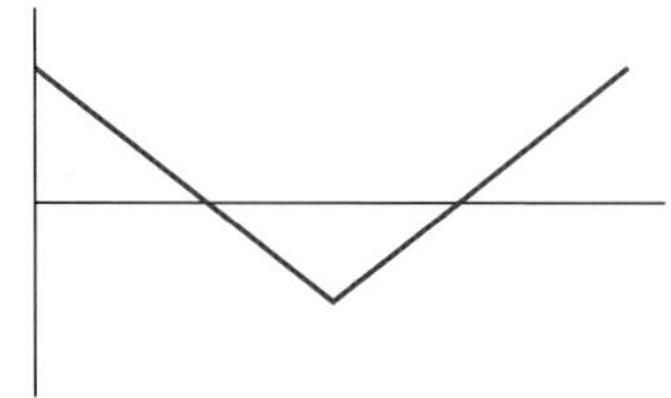

087 ①

베어 스프레드는 행사가격이 낮은 콜옵션, 즉 비싼 콜을 매도함으로써 두 옵션이 프리미엄 차이만큼 현금유입이 발생하는 것이 특징이다.

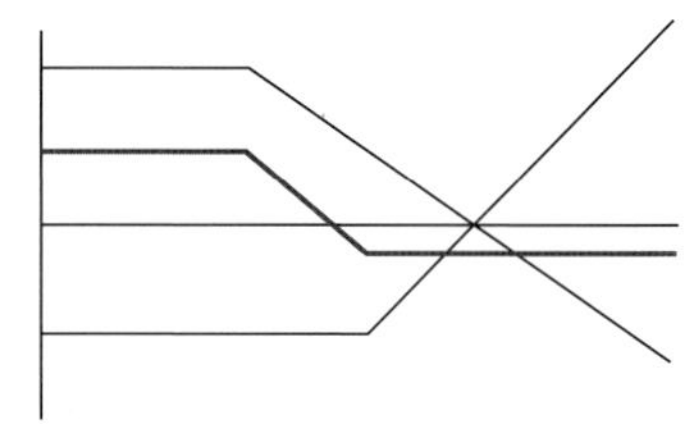

tip 베어 스프레드

- 콜베어 스프레드
  - 낮은 콜옵션 매도＋높은 콜옵션 매입
  - 최대손실 : 행사가격차이－프리미엄차이
  - 최대이익 : 프리미엄차이
- 풋베어 스프레드
  - 낮은 풋옵션 매도＋높은 풋옵션 매입
  - 최대손실 : 프리미엄차이
  - 최대이익 : 행사가격차이－프리미엄차이

088 ④

운용 도중 매 시점별로 시장수익률 등과 같은 기준수익률과 비교하기가 어렵기 때문에 펀드평가에 필요한 수익률로 적절하지 못하며, 직접투자를 행하는 일반 계좌평가에 적합하다.

089 ③

샤프지수의 비율이 높으면 위험조정 후 성과가 좋음을 의미하고, 비율이 낮으면 성과가 낮음을 의미한다.

tip 샤프지수를 통한 펀드평가시 유의사항

- 반드시 평가기간과 유형이 동일한 펀드들 간에만 비교 가능하다.
- 수익률에 따라 상이한 평가결과 도출이 가능하다.

090 ④

수익률과 위험요소를 동시에 고려하여 성과를 측정하는 지

표를 '위험조정 성과지표'라고 하며, 위험을 고려하는 방식에 따라 단위위험당 초과수익률과 위험조정수익률로 구분할 수 있다.

091 ③

젠센의 알파지수는 CAPM에 의한 적정수익률과 실제수익률의 차이를 펀드의 성과지표로 사용하는 반면, 트레이너지수는 체계적 위험 한 단위당 초과수익률을 펀드의 성과지표로 사용한다는 차이점이 있다.

---

tip 위험조정 성과지표

- **단위위험당 초과수익률** : 샤프비율, 트레이너비율, 정보비율
- **위험조정수익률** : 젠센의 알파, 효용함수, 샤프의 알파

---

092 ④

노동시장에서 임금의 신축성을 근거로 물가의 신축성을 주장한 건 고전학파이다.

오답해설

① 세이의 법칙은'공급이 수요를 창출한다'는 공급을 강조하는 이론으로 수요를 강조한 케인즈의 이론과 대립된다.
② 새 케인지안에 대한 설명이다.
③ GDP 디플레이터에 대한 설명이다.

093 ②

케인즈학파는 노동시장을 불균형 상태로 보았고 그로 인한 실업의 발생을 일반적인 현상으로 인식하였다.

094 ①

㉠과는 달리, 고전학파는 매 기간 노동의 수요와 공급이 일치하도록 임금이 신축적으로 조정된다고 주장한다. 또한 ㉡과는 달리, IS곡선에서는 최초의 균형이 깨졌을 때 새로운 균형을 회복하는 과정에서 국민소득과 이자율은 반대 방향으로 움직이고, 국민소득과 정부지출은 같은 방향으로 움직이며, 국민소득과 조세는 반대 방향으로 움직인다.

095 ①

토빈의 q이론에 의하면 q가 1보다 클 때는 순투자가 이루어지며, q가 1일 때는 대체투자만 이루어진다.

---

tip 토빈의 q이론

- 자본 1단위 추가시 기업의 가치증가와 자본재의 대체비용 사이의 관계를 설명한 이론이다.
- 내용
  - 기업은 자본을 1단위 추가할 때 높아지는 기업의 시장가치가 자본대체비용을 웃돌 경우(한계적 q비율>1) 자본스톡을 증가시키며 q비율이 1이면 대체투자만 발생한다.
  - q>1이면 순투자가 이루어지고, q=1이면 대체투자만 이루어진다.
- 문제점
  - 주가변동이 심할 경우 투자결정과 시행 사이의 시차문제가 발생한다.
  - 한계적 q를 측정하기 어렵기 때문에 일반적으로 평균적 q를 대용변수로 사용한다.
  - 기업이 기술적으로 규모의 경제를 누리거나 시장 지배력을 가지고 있는 경우 일반적으로 한계적 q와 평균적 q가 일치하지 않는다.

---

096 ③

투자가치는 f(기대수익, 위험)라고 할 수 있다. 즉, 현대 포트폴리오 이론에서는 투자 대상들의 투자가치를 기대수익과 위험 두 가지 요인만을 고려하여 평가하고 있다. 투자가치는 그 투자로 인한 미래의 기대수익에 달려있는데, 그 기대수익은 실현되지 않을 가능성인 위험을 지니고 있다.

097 ②

위험회피형의 효용함수는 원점에 대하여 오목한 형태를 보이면서 투자수익의 증가가 있을 때 체감하는 모양을 보인다. 반면에 위험선호형의 효용함수는 원점에 대하여 볼록한 형태를 보이면서 투자수익의 증가가 있을 때 체증하는 모양을 보인다. 또한, 위험중립형의 효용함수는 직선형으로 표시된다.

098 ③

포트폴리오 수정이란 포트폴리오를 구성한 후 예측이 잘못되었거나, 새로운 상황 전개로 기존 포트폴리오를 변경하게 되는 것을 말하며, 수정하는 방법에는 리밸런싱과 업그레이딩의 두 가지 방법이 있다. 포트폴리오 리밸런싱의 목적은 상황변화가 있을 경우 포트폴리오가 갖는 원래의 특성을 그대로 유지하고자 하는 것이다.

099 ①

약형 효율적 시장가설에 대한 설명으로, 현실의 증권시장이 약형 효율적 시장인지를 보기 위해서는 과거 시계열상의 주가변동에 상관관계가 있는지 여부를 살펴보아야 한다.

100 ③

변동비율법은 주식과 채권에 대한 투자비율을 일정하게 두지 않고 주가변화의 예측에 따라서 적절히 비율을 변동시켜 가면서 투자하는 방법이다.

---

tip **투자전략**

- **평균분할투자전략** : 주가 등락에 관계없이 정기적으로 일정금액을 주식에 계속 투자하는 방법이다.
- **불변금액법** : 투자금을 주식과 채권으로 나누고 주식가격 변동에 관계없이 주식에 투자한 금액을 일정하게 유지하는 방법이다. 주가가 상승하면 상승폭의 주식을 매각하여 채권을 사들이며, 주가가 하락하면 일정부분 채권을 매각하여 주식을 매입하는 방법으로 주식투자 금액을 일정하게 유지한다.

제2회 정답 및 해설

001 ④	002 ③	003 ③	004 ③	005 ②
006 ②	007 ①	008 ④	009 ③	010 ②
011 ②	012 ③	013 ③	014 ②	015 ③
016 ②	017 ③	018 ③	019 ④	020 ①
021 ③	022 ①	023 ③	024 ③	025 ②
026 ④	027 ④	028 ③	029 ③	030 ②
031 ①	032 ④	033 ④	034 ②	035 ④
036 ③	037 ③	038 ③	039 ③	040 ③
041 ③	042 ③	043 ④	044 ①	045 ③
046 ②	047 ①	048 ②	049 ④	050 ②
051 ③	052 ④	053 ①	054 ④	055 ②
056 ④	057 ①	058 ③	059 ④	060 ②
061 ①	062 ①	063 ④	064 ④	065 ③
066 ③	067 ①	068 ②	069 ④	070 ③
071 ①	072 ③	073 ②	074 ①	075 ④
076 ④	077 ②	078 ③	079 ②	080 ③
081 ③	082 ①	083 ①	084 ②	085 ①
086 ④	087 ④	088 ④	089 ②	090 ②
091 ②	092 ①	093 ④	094 ②	095 ①
096 ①	097 ④	098 ①	099 ③	100 ④

001 ④

세법상 펀드의 이익은 배당소득에 해당한다.

002 ③

건설이자는 회사가 철도 · 운하 · 전력 등 건설에 오랜 기간을 요하는 사업을 목적으로 하는 주식회사에 있어서 일정 요건 아래 이익 유무와 상관없이 주주에게 배당되는 이자로, 「상법」상 건설이자의 배당을 배당소득으로 본다.

003 ③

금융자산으로 상속하는 것이 언제나 유리한 것은 아니다.

004 ③

부동산 임대소득, 배당소득, 기타 소득은 소득세법상 종합소득에 포함되며, 양도소득은 종합소득에 포함되지 않는다.

tip 종합소득과 분류과세

- **종합소득** : 이자소득, 배당소득, 부동산 임대소득, 사업소득, 근로소득, 연금소득, 기타 소득
- **분류과세** : 양도소득, 퇴직소득

005 ②

예금 등의 잔액이 30만 원 미만으로 1년간 거래가 없는 계좌에서 발생하는 이자 및 배당소득이 지급조서 제출 면제대상이다.

006 ②

지출의 목적성에 따라 보통세와 목적세로 분류된다. 목적세에는 교육세, 농어촌특별세 등이 있다.

tip 조세의 분류

분류방법	이름	개념
과세주체	국세	과세권자가 국가인 조세
	지방세	과세권자가 지방자치단체인 조세

전가성	직접세	조세부담의 전가가 예상되지 않는 조세
	간접세	조세부담의 전가가 예상되는 조세
지출의 목적성	보통세	세수의 용도가 불특정한 조세
	목적세	세수의 용도가 특정된 조세
과세 표준단위	종가세	가격을 과세표준으로 하는 조세
	종량세	양을 과세표준으로 하는 조세 예 인지세, 지역자원시설세, 개별소비세
세율의 구조	비례세	과세표준에 관계없이 일정률의 세율이 적용되는 조세 예 부가가치세, 취득세, 등록면허세
	누진세	과세표준의 크기에 따라 세율의 차이가 있는 조세 예 소득세, 법인세, 상속세, 증여세

007 ①

공익법인 등에 피상속인의 재산을 출연하고자 한다면 상속세 신고기한 내에 출연하여야 한다. 상속개시일로부터 6월이 지나면 출연하더라도 세금이 부과된다.

tip 부동산 상속세 절세전략

임대 중에 있는 부동산을 상속받는 경우 상속인은 임대계약이 만료되면 보증금을 반환해야 할 의무가 있으므로 상속세법에서는 이를 피상속인의 부채로 보아 공제를 해준다. 따라서 임대차계약을 체결할 때 월세 비중을 줄이고 보증금을 많이 받는 전세로 전환하면 공제받을 수 있는 채무액이 많아지므로 상속세 부담을 줄일 수 있다.

008 ④

IRP는 근로자의 퇴직금을 자신 명의의 퇴직 계좌에 적립해 연금 등 노후자금으로 활용할 수 있게 하는 제도로서 연간 1,800만원까지 납입이 가능하다. 퇴직 때 지급받는 급여 수준이 정해진 확정급여형과 운용 결과에 따른 수익금을 지급받는 확정기여형이 있다.

009 ③

ELD는 주가지수 상승률에 연동하여 사전에 약정한 금리를 지급하는 정기예금의 일종으로 주가지수 하락시에도 원금지급이 보장되는 은행에서 판매되는 상품이다.

오답해설

① ELS는 증권사의 주가지수연동증권이다.
② ELF는 자산운용사의 주가지수연동펀드이다.
④ CMA는 종합금융사에서 취급하는 어음관리구좌이다.

010 ②

예금보험 가입금융기관은 은행, 증권회사, 보험사, 종합금융회사, 상호저축은행 등 5개 금융권이 해당된다.

tip 신용협동조합

신용협동조합은 2003년까지 예금보험 가입금융기관이었으나 2004년부터 제외되어 중앙회에서 자체적으로 적립한 기금으로 예금자를 보호하고 있다.

011 ②

특정한 1인을 대상으로 하는 것은 단생보험, 2인 이상인 경우 연생보험이라 한다. 그리고 단체취급보험은 개인보험과 단체보험의 중간 수준의 보험을 말하며, 단체보험은 수십 명 이상의 사람을 하나의 보험증권으로 하는 보험을 말한다.

tip 생명보험의 분류

- **보험사고에 따른 분류** : 사망보험, 생존보험, 양로보험(생사혼합보험)
- **보험금의 정액유무에 따른 분류** : 정액보험, 부정액보험
- **피보험자의 수에 의한 분류** : 단생보험, 연생보험, 단체취급보험, 단체보험
- **배당유무에 따른 분류** : 유배당보험, 무배당보험
- **보험기간에 따른 분류** : 기간만기보험, 세만기보험
- **보험료 납입기간에 따른 분류** : 일시납, 단기납, 전기납, 전기납 중 종신납, 연납, 6개월납, 3개월납, 2개월납, 월납

- **보험료 납입방법에 따른 분류** : 일부일시납, 보너스 병용납, 방문수금, 지로이용방법, 자동이체, 회사직납 등
- **위험의 선택방법에 의한 분류** : 유진단보험, 무진단보험
- **피보험자의 상태에 의한 분류** : 표준체보험, 표준미달체보험, 우량체보험

012 ③

㉠, ㉡, ㉢ 모두 맞는 식이다.

tip 영업보험료의 구성

- **순보험료** : 장래 보험금 지급을 위하여 계산된 보험료
  - 위험보험료 : 사망보험금 등의 지급재원이 되는 보험료
  - 저축보험료 : 만기보험금 등의 지급재원이 되는 보험료
- **부가보험료(예정사업비)** : 보험회사를 운영하기 위해서 필요한 경비
  - 신계약비 : 설계사 계약모집수당, 건강진단, 증권발행 등 보험가입과 관련해서 필요한 제 경비
  - 유지비 : 계약유지 및 자산운용 등에 필요한 제 경비
  - 수금비 : 보험료 수금에 필요한 제 경비

013 ③

제3자에게 양도할 수 있는 보험금 지급 청구권은 펀드 운용대상 자산에 해당하지 않는다.

tip 펀드 운용대상 자산

- 투자증권
- 장내, 장외파생상품
- 부동산
- 실물자산(농산물, 축산물, 수산물, 임산물, 광산물, 에너지 등)
- 특정 사업으로부터 발생하는 수익을 분배받을 수 있는 권리 등의 특별자산

014 ②

풋 워런트에 대한 설명이다.

tip 주식워런트 증권

- **콜 워런트** : 기초자산을 권리행사가격으로 발행자로부터 인수하거나 그 차액을 수령할 수 있는 권리가 부여된 워런트
- **풋 워런트** : 기초자산을 권리행사가격으로 발행자에게 인도하거나 그 차액을 수령할 수 있는 권리가 부여된 워런트

015 ③

CMO에 대한 설명이다.

016 ②

내부수익률은 부동산 투자에 있어서 운용에 의한 현금흐름의 현재가치와 매도에 의한 현금흐름의 현재가치를 합한 총현재가치와 초기의부동산 투자자금을 일치시키는 할인율을 의미하며, 순현재가치를 0으로 만드는 할인율과 같다.

017 ③

지적공부란 토지대장, 임야대장, 지적도, 임야도, 수치지적부 등을 말한다. 지적공부로 토지의 형상과 도로와의 저촉 여부를 알 수 있다.

018 ③

부동산의 시장가치를 감정 · 평가하기 위해서는 최유효이용 분석이 필요하다. 최유효이용(HABU : Highest And Best Use)은 부동산에 대한 시장가치를 판단하고 평가하는데 가장 중요한 원칙으로, 토지이용의 극대화에 따라 부동산의 가치가 여러 가지 의미를 갖는다는 것을 뜻한다.

019 ④

도심, 부도심의 상업기능 및 업무기능의 확충을 위해 필요한 지역은 중심상업지역이다. 일반상업지역은 일반적인 상업 및 업무 기능을 담당하기 위해 필요한 지역이다.

020 ①

개발사업에는 자체사업과 지주공동사업이 있으며, 지주공동사업에는 등가교환방식, 합동개발방식, 사업수탁방식, 토지신탁방식, 차지개발방식이 있다. 등가교환방식의 경우 토지소유자는 그 토지의 유효이용에 대한 개발 노하우를 갖고 있지 않아도 빌딩건설 등을 할 수 있다.

021 ③

비율방식은 간편하다는 장점이 있다. 단위면적당 가격, 수익환원율, 지분배당률, 부채부담능력 비율 등이 있다.

022 ①

부동산집합투자기구는 집합투자재산의 50% 이상을 부동산에 투자해야 한다. 부동산은 부동산을 기초자산으로 한 파생상품, 부동산개발과 관련된 법인에 대한 대출, 그 밖에 대통령령으로 정하는 방법으로 부동산 및 부동산과 관련된 증권에 투자하는 경우를 포함한다.

023 ③

부실채권 및 담보 부동산에 저가 투자하여 수익을 내는 것은 Distressed Fund, 일명 Vulture Fund이다. Buyout의 사전적 의미는 '인수'인데, Buyout Fund는 사업 확장, 기업 분할 등에 수반되는 자금을 조달하거나 이미 성숙기에 진입한 사업의 인수 등을 목표로 조성되는 펀드를 말한다.

024 ③

경기변동에 영향을 덜 받는 기업이 적절하다.

tip 인수대상기업 선정

- 경기변동에 영향을 덜 받는 기업
- 안정된 성장과 수익의 창출이 기대되는 기업
- 부실기업
- 구조조정을 통해 기업가치 상승이 기대되는 기업
- 지배구조 변경을 통해 기업가치 상승이 기대되는 기업
- 기업 부동산 매입

025 ②

CLN(신용연계채권)은 채권이나 대출과 같은 기초자산에서 발생하는 신용위험과 수익률을 연계시킨 신용파생상품의 하나이다.

tip CLN(신용연계채권)

일반적인 CLN은 채권 매입자의 신용위험 부담을 덜어주기 위해 채권에 신용옵션을 결합하여 만들어진다. 채권 발행자가 채권 매입자에게 프리미엄을 지급하고 발행자가 보유 중인 신용위험자산 등의 원리금을 부도나 신용등급 하향 등으로 회수할 수 없을 때 계약조건에 따라 일정 부분 손실을 보상받는 것이다. CLN은 자산담보부증권(ABS)이나 프라이머리CBO를 활용해 주로 이루어진다. 은행이나 증권, 보험, 투신과 같은 금융기관의 보유채권을 모아 자산유동화회사(SPC)에 양도하면 SPC는 이 고수익채권을 담보로 선순위채권과 후순위채권을 발행해 투자자들에게 판매하는 것이다.

026 ④

해당 국가의 일반적인 주식가격 수준보다 당해 주식의 본국 거래소의 가격수준이 높을 때는 한 주식을 몇 개의 DR로 나누어 상장하고 그 반대의 경우에는 여러 주식을 결합하여 상장함으로써 거래소 국가의 투자자들이 편리하게 거래하고 유동성이 유지될 수 있도록 하는 형태로 전환하여 준다.

027 ④

투자자 본국통화로 표시되는 투자수익률의 분산은 투자대상국 통화로 표시되는 자산수익률의 분산, 환율변동률의 분산, 자산가격과 환율변동률 간 공분산 세 요인의 합으로 표시된다.

028 ③

공모발행의 장점으로는 거액발행에 적합, 공개를 통한 광고효과, 인수발행보다 유리한 발행조건 등이 있다.

029 ③

해외투자시 주가와 통화가치의 공분산이 낮을수록 전체의 투자위험은 감소한다.

030 ②

복수상장의 효과로는 외화자금조달, 기업 인지도 제고, 기업의 가치 향상, 자본조달비용 절감 등이 있다.

031 ①

이자율의 상승은 자금조달을 축소시켜 주가하락 가능성이 높아진다.

오답해설

④ 디플레이션하에서는 실물자산보다 금융자산을 선호하게 되어 주가가 상승한다.

tip **물가와 주가의 관계(일반적 상황을 전제)**

- **급격한 인플레이션** : 실물자산 선호 → 주가하락
- **완만한 인플레이션** : 실물경기 상승 → 주가상승
- **디플레이션** : 금융자산 선호 → 주가상승
- **스테그플레이션** : 기업수지 악화 → 주가하락

032 ④

과거의 주가 추세와 패턴이 미래에도 반복될 수 있다는 점이 비현실적이라는 것은 기술적 분석의 한계점이다.

tip **재무비율분석의 한계점**

- 재무제표의 기본 목적이 기업의 미래이익을 예측하기 위한 것인데, 비율분석은 과거의 회계정보에 의존한다.
- 재무제표가 일정시점이나 일정기간을 중심으로 작성되어 있어서 회계기간 동안의 계절적 변화를 나타내지 못하고, 결산기가 다른 기업과 상호 비교하기가 곤란하다.
- 합리적 경영을 하고 있는 동종 산업에 속하는 기업들 사이에도 경영방침이나 기업의 성격에 따라 재무비율에 큰 차이가 있다.
- 재무비율 상호 간에 연관성이 없으며 종합적인 결론을 내릴 수 없다.
- 표준비율 설정에 어려움이 따른다.

033 ④

결합레버리지도가 클수록 위험은 커진다.

tip **결합레버리지 분석**

- 매출액 변화가 주당이익에 미치는 영향을 분석하는 데 사용한다.
- 영업고정비와 이자비용이 존재하는 한 결합 레버리지는 항상 1보다 크다.
- 영업고정비를 많이 지출하는 중화학공업, 장치산업, 타인자본 의존도가 높은 산업이 결합레버리지가 높다.

034 ②

영업레버리지(DOL)의 공식은 'DOL＝(매출액－변동비용)/(매출액－변동영업비－고정영업비)'이다.

$DOL = (100-20)/(100-20-40)$

$\therefore DOL = 2$

tip 영업레버리지 분석

- 기업의 영업비용 중에서 고정영업비가 차지하는 비중을 의미하며 고정비용은 건물과 기계의 감가상각비, 임차료, 경영진의 보수, 기타 유지비용 등을 의미한다.
- 영업레버리지 효과(Operating Leverage Effect)는 고정비용으로 인해 매출액 변화율과 영업이익의 변화율이 서로 다르게 나타나는 현상이다.
- 고정비를 부담하지 않은 기업에서는 영업레버리지의 효과가 없다.
- 영업레버리지가 높다는 것은 매출액이 증가하면 영업이익이 급속도로 증가하고, 매출액이 감소하면 영업이익이 급속도로 감소한다는 의미이다.
- 자본집약적 산업이 영업레버리지가 높다.

035 ④

통화량의 증가는 이자율을 상승시켜 장기적으로 주가에 부정적 영향을 준다.

tip 통화량과 주가의 관계

- **가계부문** : 통화량 증가 → 주식매입자금 풍부 → 주가상승
- **기업부문** : 통화량 증가 → 대출이자율 하락 → 설비투자 확대 → 수익성 증가 → 주가상승

036 ③

도입기에는 아직 고정비 부담으로 이익이 발생하기 힘들어 사업위험이 크다.

오답해설

① 도입기－성장기－성숙기－쇠퇴기의 순으로 진행된다.
② 성장기에는 매출이 급성장하여 이익이 지속적으로 발생한다.
④ 성숙기에는 안정적 시장점유율을 확보하고 성장기에 빌려온 자금을 상환한다. 쇠퇴기에는 매출이 감소하면서 수익성이 악화된다.

037 ③

성숙기에는 수익성이 체감적으로 증가한다.

tip 산업 라이프 사이클(Industry Life Cycle)

단계	상황	수익성	위험
도입기	• 신제품 출하 • 매출저조, 광고비용 과다	손실 또는 낮은 수준	높음
성장기	• 시장규모 증대 • 매출증가	높음	낮음
성숙기	• 시장수요의 포화상태 • 기업 간 경쟁확대	체감적 증가	증가 시작
쇠퇴기	• 구매자 외면으로 수요감소 • 대체품 출현	손실 또는 낮은 수준	높음

038 ③

피셔 효과는 폐공급의 증가로 인플레이션이 발생되면 피셔 방정식에 의해 명목금리가 상승하게 되는 효과를 말한다.

039 ③

코포크지표에 대한 설명이다. 코포크지표는 0선을 기준으로 그 값을 비교 분석한다.

040 ③

OBV(on balance volume)선은 그랜빌이 만든 거래량 지표로서, 거래량은 주가에 선행한다는 전제하에 주가가 전일에 비해 상승한 날의 거래량 누계에서 하락한 날의 거래량 누계를 차감하여 이를 매일 누적적으로 집계 · 도표화한 것이다.

tip 거래량 지표에서 주가와 거래량의 상관관계

- 거래량이 감소추세에서 증가추세로 전환되면 앞으로 주가는 상승할 것으로 예상된다.

- 거래량이 증가추세에서 감소추세로 전환되면 앞으로 주가는 하락할 것으로 예상된다.
- 주가가 천장국면에 진입하면 주가가 상승함에도 불구하고 거래량은 감소하는 경향을 보인다.
- 주가가 바닥국면에 진입하면 주가가 하락함에도 불구하고 거래량은 증가하는 경향을 보인다.

---

041 ③

RSI의 값은 최소 0에서 최대 100의 값 사이에서 움직인다.

오답해설

① RSI는 75% 수준이면 상한선을 나타내는 경계신호이다.
② 주가지수가 상승추세인데도 RSI가 하향추세이면 하락을 예고하는 신호이다.
④ 상승폭과 하락폭을 모두 평균값으로 구하므로 시장가격이 기간 중에 일시적으로 비정상적인 움직임을 보이더라도 전체적인 분석에는 큰 영향을 미치진 못한다.

042 ③

성장기에는 고급요소 경쟁력과 단순요소 경쟁력 모두 상승한다.

---

tip 경제발전

단계구분	고급요소 경쟁력	단순요소 경쟁력
성장기	상승	상승
1차 전환점	상승	하락 시작
구조조정기	급등	급락
2차 전환점	상승 가속화	하락세 완만
성숙기	상승	하락세 멈춤

---

043 ④

경영리스크는 비재무적 리스크이다.

044 ①

VaR는 규제 관련 보고서나 자본요구량과 관련하여 이용되기도 한다. 금융기관 영업형태에 정책당국의 규제방향이 자산운용의 건전성 추구로, 특히 자기자본 규제로 집중되는 경향을 보이고 있고 필요한 자본요구량 수준을 VaR를 통해 결정하고 있다. 자본량수준을 정하기 위한 손실가능액 추정에 VaR가 적용될 수 있다.

045 ③

몬테카를로 시뮬레이션은 특정한 확률모형을 이용하여 금융자산의 시장가격에 대한 다양한 시나리오를 만들고, 그 가격들로부터 구한 분포로부터 VaR를 계산하는 방법이다.

046 ②

비선형위험을 제대로 고려하기 위해서는 완전가치평가법이 필요한데, 완전가치평가법은 시장가격의 실제분포를 이용하는 것으로 주로 시뮬레이션 기법을 이용한다. 분석적 분산–공분산 방법인 델타–노말 방법은 가치평가모형이 반드시 필요하지 않다.

047 ①

포트폴리오의 VaR는 개별 자산들의 H 주식과 J 주식의 관계는, $\sqrt{10^2+(-20)^2+2\times0.3\times10\times(-20)}=19.49$

048 ②

VaR 측정모형은 다양하지만, 그 모형들 중 가장 정확하다고 인정된 모형이나 방법은 아직 없으며, 각 모형마다 VaR를 측정한 결과 또한 다르다.

049 ④

장내파생상품시장의 경우 거래상대방이 거래소에 해당되므로 포지션청산시의 유동성위험은 극소화되어 있으나, 장외파생상품시장의 경우 유동성위험으로 다른 장내상품으로 대체하거나 또는 시장상황의 변화를 주시해서 대체시장의 이용가능성을 항상 염두에 두어야 한다.

050 ②

외환거래에서는 크게 3가지 종류의 위험이 있다. 결제위험과 거래상대방위험은 신용위험의 성격을 띠고 있고, 환율변동위험은 실질적인 시장위험의 성격을 가지고 있다.

051 ③

직무윤리는 법규범이 요구하는 수준보다 더 높은 수준으로 설정되어 있는 것이 일반적이다. 직무윤리의 범위가 넓고 그 중 반드시 지켜야할 내용을 법으로 정하고 있기 때문이다.

052 ④

신의칙 위반문제가 법원에서 다루어지는 경우, 이는 강행법규에 대한 위반이기 때문에 당사자가 주장하지 않더라도 법원은 직권으로 신의칙 위반 여부를 판단할 수 있다.

---

tip **신의성실의 원칙**

- 계약이나 법규에 흠결이나 불명확한 점이 있는 경우, 신의칙은 이를 메워 주고 명확하게 하는 기능이 있다.
- 아무리 자신의 권리를 행사하는 경우라 하더라도 신의칙에 반하는 경우에는 권리의 남용이 되어 권리행사로서의 법률효과가 인정되지 않는다.

---

053 ①

금융자산관리업무 종사자는 고객, 회사, 기타 신임관계에 있는 자의 최선의 이익에 기여할 수 있도록 해야 한다.

오답해설

② 자기 또는 제 3자의 이익을 고객 등의 이익에 우선하여서는 안 된다.

③ '최선의 이익'이란 적극적으로 고객 등의 이익을 추구함에 있어 실현 가능한 최대의 이익을 말한다.

④ 주의 의무에 관한 설명이다.

054 ④

계약당사자 일방의 채무불이행으로 계약의 목적을 달성할 수 없는 경우, 그것이 일시적 거래인 경우에는 계약을 해제할 수 있고, 계속적인 거래인 경우에는 계약을 해지할 수 있다.

---

tip **해제와 해지**

- **해제** : 민법상 계약당사자의 일방적인 의사표시에 의하여 유효하게 성립된 계약의 효력을 소멸시켜 계약이 처음부터 없었던 것과 같은 법률효과를 발생시키는 일을 말한다. 당사자의 일방의 의사표시에 의하여 효력이 발생하기 때문에 해제계약 또는 합의해제와 구별된다.
- **해지** : 계속적 채권관계에서 계약의 효력을 장래에 대하여 소멸케 하는 일방적 행위를 말한다(550조). 계약의 효력을 소급적으로 소멸시키는 해제에 반해, 해지는 오직 장래에 대하여 효력을 발생하므로 해지가 있으면 계약에 기한 법률관계는 해지의 효력이 발생하기 이전에서는 완전히 그 효력을 보유하고 이미 행하여진 급부는 반환당하지 않는다.

---

055 ②

자본시장법에서는 일반투자자를 상대로 파생상품을 판매하는 경우에는 일반적인 적합성의 원칙이나 설명의무의 이행에 추가하여 적정성의 원칙을 도입하고 있다.

056 ④

자본시장법은 파생상품을 선도, 옵션, 또는 스왑의 어느 하나에 해당하는 투자성 있는 것으로 규정하고 있다.

오답해설

① 자본시장법의 주된 보호대상은 일반투자자이다.
② 자본시장법에서는 금융투자업자가 영위 가능한 부수업무를 법률규정에 열거하지 아니하고 원칙적으로 모든 부수업무의 취급을 허용하되 예외적으로 제한하는 체제인 negative 체제로 전환되었다.
③ 한국거래소는 자율적 규제기관이다.

057 ①

금융위원회는 국무총리 소속의 의결기구이다. 정부조직인 행정기관으로서 공정거래위원회와 같은 행정위원회 기능을 수행하고 있다.

058 ③

주요주주란 ㉠ 자기의 계산으로 의결권 있는 발행주식 총수의 10% 이상의 주식을 소유한 자 또는 ㉡ 임원의 임면 등의 방법으로 법인의 중요한 경영사항에 대하여 사실상의 영향력을 행사하는 주주로서 단독으로 또는 다른 주주와의 합의·계약 등에 따라 대표이사 또는 이사의 과반수를 선임한 주주나 경영전략 등 주요 의사결정이나 업무집행에 지배적인 영향력을 행사한다고 인정되는 자로서 금융위원회가 정하여 고시하는 주주에 해당하는 자를 말한다(자본시장법 제9조1항 2호).

059 ④

전국을 가시청권으로 하는 방송이 되고 6시간 경과 후이다.

tip 미공개정보의 공시효력 발생시점

- **법령에 따라 금융위원회 또는 거래소에 신고되거나 보고된 서류에 기재된 정보** : 비치된 날로부터 1일
- **금융위 또는 거래소가 설치·운영하는 전자전달매체를 통하여 내용이 공개된 정보** : 공개된 때부터 3시간
- **「신문등의 진흥에 관한 법률」에 따른 일반일간신문 또는 경제분야의 특수일간신문 중 전국을 보급지역으로 하는 둘 이상의 신문에 내용이 게재된 정보** : 게재된 날의 다음 날 0시부터 6시간. 다만, 해당 법률에 따른 전자간행물의 형태로 게재된 경우에는 게재된 때부터 6시간
- **「방송법」에 따른 방송 중 전국을 가시청권으로 하는 지상파방송을 통하여 방송된 정보** : 방송된 때부터 6시간
- **「뉴스통신진흥법에 관한 법률」에 따른 연합뉴스사를 통하여 그 내용이 제공된 정보** : 제공된 때부터 6시간

060 ②

각 집합투자업자가 운용하는 전체 집합투자기구 자산총액으로 동일법인 등이 발행한 지분증권 총수의 20%를 초과하여 투자해서는 안 된다.

tip 자산운용의 제한

- **집합투자기구별 동일종목 증권 투자제한** : 각 집합투자기구 자산총액의 10%를 초과하여 동일종목의 증권에 투자하는 행위
- **전체 집합투자기구 또는 집합투자기구별 동일 지분증권 투자제한** : 전체 집합투자기구에서 동일법인 등이 발행한 지분증권 총수의 10%를 초과하여 투자하는 행위
- **부동산 투자제한** : 취득 후 3년 이내에 처분하는 행위
- **집합투자증권 투자제한**
  - 각 집합투자기구 자산총액의 50%를 초과하여 동일 집합투자업자가 운용하는 집합투자증권에 투자하는 행위
  - 투자하는 날을 기준으로 동일 집합투자증권 발행총수의 20%를 초과하여 투자하는 행위

061 ①

채권평가회사는 협회의 회원이 될 수 있다.

tip 협회의 회원이 될 수 있는 자

- 금융투자업자
- 금융투자업자와 관련된 업무를 영위하는 자로서 대통령령으로 정하는 자
  - 일반사무관리회사
  - 집합투자기구평가회사
  - 채권평가회사
  - 그 밖에 협회 정관에서 회원으로 정하는 자

062 ①

수시공시 조치권자는 거래소이다.

tip 자본시장법상의 공시제도

구분	보고서	조치권자	제출처
정기공시	사업보고서 (반기, 분기보고서)	금융위원회	금융위원회, 거래소
비정기공시	주요사항보고서	금융위원회	금융위원회
	수시공시	거래소	거래소

063 ④

증권분석기관은 신용평가업자, 회계법인, 채권평가회사와 인수업무를 인가받은 자, 모집 · 매출의 주선업무를 인가받은 자를 말한다.

064 ④

일괄신고서를 제출한 자는 그 기간 중에 그 증권을 모집하거나 매출할 때마다 일괄신고추가서류를 제출해야 한다. 매번 증권신고서를 제출하는 것은 아니지만 추가서류는 제출해야 한다. 추가서류에는 ㉠ 모집 또는 매출되는 증권의 권리내용, ㉡ 모집 또는 매출되는 증권의 취득에 따른 투자위험요소, ㉢ 모집 또는 매출되는 증권의 기초자산에 관한 사항, ㉣ 자금의 사용목적을 기재하여야 한다.

tip 유동화증권의 증권신고서의 첨부서류

- 외부평가기관의 평가의견서
- 자산실사보고서
- 예비투자설명서
- 간이투자설명서

065 ③

공개매수신고를 해야 하는 대상에 대한 질문이다. 6개월간 10인 이상이며, 5% 이상을 취득하고자 할 때 공개매수를 신고해야 한다.

066 ③

금융소비자보호법은 금융상품을 예금성, 투자성, 보장성, 대출성 상품으로 분류하고 있다.

예금성	예금, 적금 등
투자성	펀드, 신탁 등
보장성	생명보험, 손해보험 등
대출성	주택담보대출, 신용카드 등

067 ①

주권상장법인은 일반적으로 전문투자자로 간주되지만 장외파생상품 거래시에는 전문투자자의 대우를 받겠다는 의사를 금융투자회사에 서면으로 통지하여야 전문투자자가 될 수 있다.

068 ②

주권상장법인, 지방자치단체 및 자발적 전문투자자 등이 상대

적 전문투자자에 해당한다.

069 ④

장내파생상품거래예수금 중 한국거래소의 "파생상품시장 업무규정"에 따른 현금예탁필요액은 제외 가능하며, 거래소 규정상 필요한 현금예탁필요액을 초과하여 현금으로 위탁한 위탁증거금은 투자자 예탁금 이용료 지급대상이다.

070 ③

인지적 불협화란 인간이 인식하는 두 가지 요소가 모순된 관계에 있는 상태를 말하며, 그 상태는 모순된 인지를 감소시키는 방향으로 행동하도록 동기를 부여하게 된다.

071 ①

전술적 자산배분은 시장이 비효율적임을 가정한다. 이에 비해 전략적 자산배분은 장기적으로는 펀드 내 자산구성비율을 중기적으로 개별자산이 취할 수 있는 투자비율의 한계를 결정하는 의사결정을 말한다.

072 ③

투자곡선이 오목하다는 것은 주가가 하락할 때 주식투자 비중을 줄여서 시장하락으로부터 벗어나는 경우의 곡선 형태를 말한다. 반대로 투자곡선이 볼록하다는 것은 주식투자 비중을 늘려서 초과수익을 지향하는 것을 말한다. 즉, 오목은 방어적, 볼록은 공격적 투자이다.
고정배합과 기본적 분석에 의한 운용전략은 투자성과 곡선이 볼록이고, 나머지는 모두 오목이다.

073 ②

기존의 자산배분전략이 단기투자가 기본이었던 데 비해 최근의 전략은 장기투자가 기본이다.

074 ①

포트폴리오 인슈런스에 대한 설명이다. 보험 자산배분을 일반적으로 포트폴리오 인슈런스라고도 한다.

075 ④

계량분석 방법에 대한 설명이다. 과거자료를 이용한 계량적인 시뮬레이션 분석을 통해 최적의 운용전략에 따라 운용하는 방식이다.

076 ④

외평채는 국채에 속한다.

오답해설

① 통화안정증권은 금융채이다.
② 금융채는 일반금융기관의 채권으로 정부가 지급을 보증하지 않는다.
③ 서울특별시 지하철 공채는 지방채이다.

077 ②

Pass－through Security(지분이전증권)에 대한 설명이다. 이에 비해 유동화 자산집합에서 발행되는 현금흐름을 이용하여 증권화하되 그 현금흐름을 균등하게 배분하는 단일증권이 아니라 상환 우선순위가 다른 채권을 발행하는 방식을 Pay－through Bond라고 한다.

078 ③

채권수익률의 상승은 채권가격의 하락을 초래하지만, 이자수입의 재투자 수입은 증가하며, 채권수익률 하락시에는 그 반대의 효과가 발생한다는 점을 이용함으로써 면역이 가능해진다. 즉, 채권의 투자수익률은 채권가격변동에 의한 매매손익과 재투자 수익의 상충적 성격을 이용하여 일정 수준 이상으로 유지될 수 있다는 것이 면역전략이다.

079 ②

빈칸 들어갈 말로 ㉠에는 장기화, ㉡에는 하향조정이 들어가야 한다.

tip 수익률 예측전략

구분	만기	표면금리	듀레이션
수익률 하락 예상시	장기화	하향 조정	장기화
수익률 상승 예상시	단기화	상향 조정	단기화

080 ③

피셔효과에 대한 설명으로, 인플레이션의 최고점과 금리의 최고점의 시차가 불규칙할 뿐만 아니라 단기에 있어 양자에 미치는 제 요인이 상이하므로, 양자의 상관관계는 매우 부정확하게 나타난다.

081 ③

IDB는 장외거래이다.

tip 장외시장

- 채권은 주식과 달리 거액으로 발행되어 개인투자자가 소화하기가 극히 어려워 대부분의 금융기관이나 법인 등 기관 간 대량매매되고, 개별경쟁매매보다는 상대매매에 의해 거래되므로 장내거래보다 장외거래가 대부분을 차지한다.
- 장외시장의 조직화를 위하여 금융투자협회는 대표수익률과 최종호가수익률을 산정하여 발표하고 있다.

082 ①

선물시장은 독점력을 감소시킴으로써 자원배분기능이 효율적으로 이루어지게 하는 것이다.

오답해설

② 가격변동위험이 헤저로부터 투기거래자로 전가되는 것이며, 위험자체가 소멸되는 것은 아니다.
③ 거래 위험은 높지만 다양한 투자상품을 제공해서 유동성을 높이게 된다.
④ 투기자는 헤저로부터 위험을 인수하여 시장을 활성화시키는 긍정적 기능도 수행한다.

083 ①

옵션의 델타는 주가의 변화에 따른 옵션의 가격변화를 나타낸다. 예를 들어 델타가 0.5라면 기준물 가격이 1포인트 변할 때 옵션가격이 0.5포인트 변화함을 의미한다.

084 ②

수직적 강세 콜스프레드는 이익과 손실이 모두 제한되는 구조를 갖는다.

tip 지수 상승시 이익이 무제한 증가

콜 매수, 스트래들 매수, 스트랭글 매수

085 ①

매도헤지란 미래의 금리상승에 따른 손실을 보전하기 위해 금리선물을 매도하는 것이다.

tip 헤지포지션에의 응용

- 매입헤지(Long Hedge) : 유로달러선물을 매입함으로써 향후 금리하락에 대한 본래의 위험노출을 커버하는 것
- 매도헤지(Short Hedge) : 미래의 금리상승으로 인한 손실을 보

전받기 위하여 유로달러선물을 매도하는 것

086 ④

스트랭글 매수는 주가의 급등이나 급락이 예상될 때 외가격 콜옵션과 외가격 풋옵션을 동시에 같은 수량으로 매수하여 구성한다. 외가격옵션은 가격이 싸서 구성비용이 적게 든다.

087 ④

스트랭글은 변동성을 이용한 전략이나 손실이 발생할 수 있는 유위험 전략이고, 무위험 차익거래는 컨버전과 리버설이다.

088 ④

과거수익률 측정에는 산술평균이 아니라 기하평균이 더 유용하며, 미래성과에 대해서는 기하평균이 아니라 산술평균이 더 유용하다. 또한, 자본소득과 이자소득에 대한 재투자는 여러 기간에 걸쳐 포트폴리오 가치에 영향을 미친다.

089 ②

분산투자가 잘 되어 있는 펀드는 샤프지수와 트레이너지수의 평가가 유사하다.

오답해설

① 샤프지수는 분산투자가 되지 않는 펀드들을 대상으로 하는 것이 적합하다.
③ 여러 펀드 간의 비교시 Sp나 Tp 둘 다 유형과 평가기간이 같은 펀드들을 대상으로 해야 한다.
④ 장기간 주가하락 국면에서 샤프와 트레이너지수를 이용할 경우 음(−)의 수치가 발생함으로써 해석상의 문제와 함께 유용성 면에서 한계점을 내포하고 있다.

090 ②

RAROC에 의하면 VaR이 작을수록 펀드성과가 크다.

091 ②

샤프비율에서 이용되는 변동성(표준편차) 대신에 하락위험을 이용하는 평가지표가 개발되고 있는데 소티노 비율과 RAROC 등이 있다. 소티노 비율은 최소 수용가능 수익률을 초과하는 수익률을 하락위험으로 나눈 비율을 의미한다. 소티노 비율이 높다는 것은 큰 손실이 발생할 가능성은 낮다고 볼 수 있다.

092 ①

재화시장의 균형식은, '$Y=C(Y-T)+I(r)+G$(국민소득 Y, 이자율 r, 정부지출 G, 조세 T)'이므로, 이자율 r이 높아지면 투자 I는 감소하므로 국민소득과 반대 방향으로 움직인다.

093 ④

고전학파는 가격의 완전신축성을 가정하기 때문에 노동시장에서 임금의 완전신축성을 가정한다.

오답해설

① 케인즈학파의 주장이다.
③ 노동투입량이 증가할수록 노동의 한계생산성은 점점 줄어든다.

094 ②

재화시장에서 상품과 서비스의 흐름은 화폐시장에서 반대 방향으로 같은 양의 화폐의 흐름을 수반하며, 재화시장과 화폐시장이 결합함으로써 경제의 총수요 크기가 결정된다. 노동시장과 생산함수를 통하여 경제의 총공급의 크기가 결정된다.

095 ①

통화량의 변화는 IS곡선이 아니라 LM곡선의 이동과 관련이 있다.

tip IS곡선의 이동

좌로 우동	우로 이동
긴축재정정책	확대재정정책
정부지출의 감소	정부지출의 증가
조세의 증가	조세의 감소

096 ①

주식 A와 B의 기대수익률은 각 상황의 발생 확률과 예상 확률을 곱한 값의 총계이다. 그러므로 주식 A의 기대수익률은 (0.4×60%)+(0.2×20%)+(0.4×−40%)=12%, 주식 B의 기대수익률은 (0.4×10%)+(0.2×15%)+(0.4×20%)=15%가 된다.

097 ④

무차별 효용곡선의 기울기가 가파른 경우는 극히 위험을 회피하는 보수적 투자자의 예로서 일정한 위험증가가 있을 때보다 많은 기대수익 증가를 요구하는 경우이다. 반면 기울기가 덜 가파른 경우는 공격적 투자자의 예로서 기대수익의 증가가 위험증가에 미치지 못하더라도 만족하는 경우를 나타낸다.

tip 위험회피형 투자자의 무차별 효용곡선

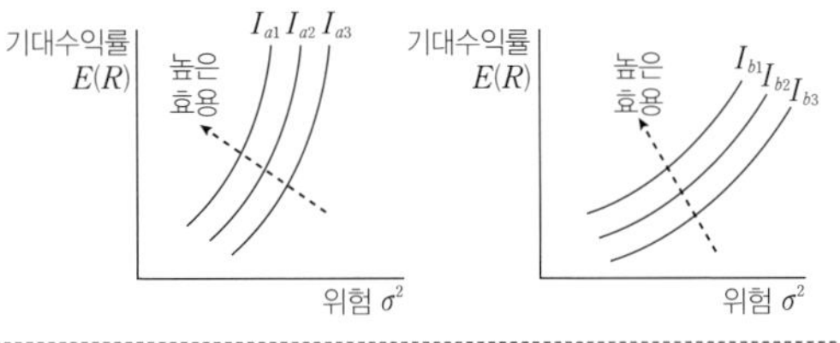

098 ①

샤프지수는 총위험을 기준으로 자본시장선을 이용하여 평가하는 것이며, 트레이너지수와 젠센지수는 체계적 위험을 기준으로 증권시장선을 이용하여 평가하는 것이다.

099 ③

준강형 효율적 시장가설에 대한 설명으로, 이 가설에서 공개적으로 이용가능한 정보란 과거의 주가나 거래량 같은 역사적 정보뿐만 아니라 기업의 회계정보, 정부의 정책, 경쟁업체의 공시사항 등의 정보가 포함된다. 또한, 준강형 효율적 시장가설에 의하면 투자자는 어떠한 정보가 공표된 다음에는 그 정보를 활용해도 평균이상의 수익을 올릴 수 없게 된다는 것이다.

100 ④

㉡과는 달리, 증권시장선은 모든 투자대상의 균형수익률을 제시한다. 또한, ㉢과는 달리, 자본시장선은 효율적으로 분산투자된 포트폴리오의 균형수익률을 제시하며, 자본시장선은 총위험, 증권시장선은 체계적 위험을 고려한다. 그러므로 ㉣도 틀린 설명이다.

제3회 정답 및 해설

001 ④	002 ④	003 ②	004 ①	005 ②
006 ③	007 ②	008 ①	009 ①	010 ④
011 ③	012 ④	013 ②	014 ②	015 ①
016 ④	017 ②	018 ①	019 ①	020 ③
021 ②	022 ②	023 ②	024 ①	025 ①
026 ③	027 ②	028 ②	029 ①	030 ②
031 ③	032 ④	033 ②	034 ②	035 ④
036 ①	037 ②	038 ②	039 ③	040 ③
041 ①	042 ④	043 ④	044 ④	045 ③
046 ②	047 ②	048 ①	049 ②	050 ②
051 ①	052 ③	053 ①	054 ④	055 ②
056 ④	057 ②	058 ④	059 ③	060 ②
061 ④	062 ②	063 ③	064 ④	065 ②
066 ④	067 ②	068 ④	069 ③	070 ③
071 ②	072 ③	073 ④	074 ③	075 ②
076 ②	077 ④	078 ③	079 ②	080 ④
081 ①	082 ④	083 ④	084 ④	085 ①
086 ②	087 ③	088 ①	089 ①	090 ③
091 ④	092 ①	093 ③	094 ①	095 ②
096 ②	097 ④	098 ④	099 ②	100 ②

001 ④

ELS(주가연계증권)의 수익분배금은 배당소득에 해당한다.

002 ④

간주배당(Gross Up)=배당소득+배당소득×11%이다(2010년도분에 대하여는 12%).

003 ②

증여재산공제 범위라서 증여세를 내지 않더라도 신고하는 것이 바람직하다. 자녀명의의 예금을 장래에 부모의 차명예금으로 볼 수 있기 때문이다. 따라서 증여재산공제 범위 내라도 증여세 신고를 하는 것이 미래의 정당한 자금원 확보 측면에서 유리하다.

004 ①

소득세법 제6조에서는 거주자의 소득세 납세지를 그 주소지로 하고 있다. 퇴직소득과 양도소득은 다른 소득과 구별하여 별도로 과세하는 분류과세에 해당한다.

005 ②

국세의 경정청구기한은 5년이다. 국세징수권의 소멸시효는 5억원 미만은 5년, 5억원 이상은 10년이다.

006 ③

심사청구와 심판청구 중 하나만 청구할 수 있다. 심사청구의 결정기관은 국세청장이며, 심판청구의 결정기관은 조세심판원장이다. '동일한 처분에 대해서는 심사청구와 심판청구를 중복하여 제기할 수 없다'(「국세기본법」 55조).

007 ②

피상속인의 재산으로 사망 후에 납부하는 것이 좋다. 피상속인의 재산으로 병원비를 납부하면 그만큼 상속재산이 감소하므로 감소한 분에 대한 세금만큼 적게 낼 수 있지만, 자녀들의 재산으로 병원비를 납부하면 상속재산은 변동이 없기 때문에 그만큼 세금을 더 내는 결과가 된다.

008 ①

농 · 수협 지역조합, 새마을금고, 신용협동조합 등은 의무가입기관에 해당하지 않는다.

009 ①

표지어음은 은행명의로 발행하는 어음으로 안전하며, 배서에 의해 타인에게 양도가 가능하다.

tip MMDA(Money Market Deposit Account)

예치금액에 따라 금리를 차등 적용하며, 통상 500만 원 이상의 목돈을 1개월 이내의 초단기로 운용할 때 유리하나 다른 단기 시장성 상품에 비해서는 수익률이 낮은 수준이며, 일정금액 미만 소액예금의 경우에는 다른 저축상품보다 금리가 낮다.

010 ④

청약자 예수금, 외화예금은 예금자 보호 상품이 아니다.

tip 예금자 보호 · 비보호 금융상품

구분	보호 금융상품	비보호 금융상품
은행	요구불예금(별단예금, 당좌예금), 저축성 예금적립식 예금, 연금신탁, 퇴직신탁 등 원금보전형 신탁 및 표지어음	• 외화예금, CD, RP, 은행발행채권 • 특정금전신탁 등 실적배당형 신탁 및 개발신탁 • 수익증권, 뮤추얼펀드 • 농 · 수협 중앙회 공제상품
증권회사	• 증권저축, 위탁자예수금, 저축자예수금, 수익자예수금 등의 현금 잔액 • 자기신용대주담보금, 신용거래계좌 설정보증금, 신용공여담보금 등의 현금 잔액	• 유가증권, 청약자 예수금, 제세금예수금, 유통금융대주담보금, RP 은행발행채권 • 간접투자자산운용법에 의한 간접투자상품(수익증권, 뮤추얼펀드)
보험회사	개인이 가입한 보험계약, 퇴직보험계약	법인보험계약, 보증보험계약, 재보험계약, 변액보험계약
종합금융회사	발행어음, 표지어음, 어음관리계좌(CMA)	수익증권, RP, 종금사 발행채권, 매출어음

011 ③

생명보험상품의 효용의 수혜대상은 타인이다.

tip 생명보험상품의 특징

기능 및 효용	• 미래지향적이다. • 효용의 인식시점이 장래이다. • 효용의 수혜대상이 타인이다. • 효용이 화폐가치로 평가된다.
가격체계	• 예정기초율에 의해 가격이 결정된다. • 가격의 구성비 중 재료비의 점유율이 높다. • 이윤은 사후적으로 발생한다. • 이윤은 보험계약자에게 귀속한다.
기타 특징	• 장기계약이다. • 개발공정비가 소액이다.

012 ④

사모형은 특정인(총수익자 30인 이하)에게만 매입청약을 권유한다.

tip 간접투자기구의 형태 분류

조직 형태	• 계약형 : 위탁자, 수탁자 및 수익자 3자 간의 신탁계약 형태 • 회사형 : 주식회사로 설립되어 투자자가 주주가 되는 형태
환매 여부	• 개방형 : 신탁계약기간 중 중도환매청구 가능 • 폐쇄형 : 환매청구가 불가능하며 시장매매를 통하여 현금화
추가 설정	• 추가형 : 추가설정이 자유로운 형태 • 단위형 : 신탁계약기간이 한정되어 있고 추가설정이 자유롭지 못한 형태
모집 방식	• 공모형 : 일반 불특정 다수로부터 자금을 모집 • 사모형 : 특정인(총수익자 30인 이하)에게만 매입청약 권유
투자 대상	• 주식형 : 주식을 주요 투자대상으로 하는 형태 • 혼합형 : 주식과 채권 간 자산배분형 • 채권형 : 국공채 및 회사채 등 채권 위주로 투자하는 형태

013 ②

엄브렐러형 펀드는 3개 이상 다수 펀드 간에 전환이 가능한 구조의 상품을 말한다.

tip 상품특성에 의한 분류

- **전환형(카멜레온형)** : 2개의 펀드 간에 전환이 가능한 구조의 상품
- **인덱스형** : 주가지수 등 지수와 연계된 운용전략을 구사하는 상품
- ETF : 유가증권에 관하여 그 종류에 따라 다수 종목의 가격수준을 종합적으로 표시하는 지수의 변화에 연동하여 운용하는 것을 목표로 하는 상품
- **목표달성형** : 일정 수익을 달성한 후 펀드가 해지되거나 투자유가증권을 달리하여 운용하는 상품
- **원금보존형** : 신탁재산의 대부분을 채권 및 유동성 자산에 투자하고 이자수익 부분을 주식 및 파생상품 등에 투자하여 투자원금 손실을 최소화하는 상품
- **원금보장형** : 위탁회사가 원금의 감소분 또는 미리 정한 최소액의 이익을 보전하여 주는 상품
- **특정테마형** : 특정유가증권에 투자를 한정 또는 집중하는 형태의 상품

014 ②

주식워런트증권의 위험에 해당하는 것으로는 상품의 복잡성, 높은 투자위험, 자본이득 외에 소득이 없는 것, 주주가 아니며 회사와 직접 관련이 없는 것이 있다.

tip 주식워런트증권의 특징

- 레버리지 효과
- 한정된 투자위험
- 위험헤지 기능
- 시장상황과 무관한 새로운 투자수단
- 높은 유동성

015 ①

상호저축은행은 예금보험에 의무적으로 가입해야 하는 금융기관이다. 따라서 예금자보호법에 따라 원금과 소정의 이자를 포함하여 5천만 원까지만 보장받게 된다.

016 ④

공부상 확인이 적절하게 표시된 것은 '토지이용 현황, 도로 – 지형도'이다.

tip 공부상 확인

- 개별공시지가 – 개별공시지가 확인서
- 토지이용 현황, 도로, 위치 – 지형도
- 공법상 이용제한 – 토지이용계획 확인서
- 소유권, 제한물권 – 등기부등본
- 소재지, 면적, 지목, 연건평 – 지적공부

017 ②

사정보정에 관한 내용이다.

tip 거래사례자료의 수집

- **시점수정** : 거래사례의 거래시점과 감정평가 대상부동산의 가격시점과의 사이에 괴리가 있으므로, 그 사이에 토지의 가격수준에 변동이 있는 경우에는 가격변동률을 적용해 줌으로써 거래가격을 가격시점에서의 가격으로 수정
- **사정보정** : 거래에 있어서의 특수사정을 감안하여 그러한 사정이 없는 경우의 가격수준으로 수정
- **지역요인 격차수정** : 인근지역의 지역적 특성, 지역 간 가격형성 요인의 분석, 그 지역의 가격수준과 당해 지역의 표준적인 사용의 분석을 통해 격차를 비교 · 수정
- **개별요인 격차수정** : 개별요인이 대상부동산의 가격에 미치는 영향을 고려

018 ①

부동산 가치평가의 3요소는 비용성, 시장성, 수익성이다.

019 ①

자기관리 부동산투자회사의 설립자본금은 5억원이고, 최저자본금준비기간 6개월 경과 후 최저 자본금은 70억원이다.

020 ③

차지권이란 남의 토지를 빌려 사용하는 지상권 및 임차권을 아울러 이르는 말이다. 차지개발방식은 일본에서 쓰이는 방식으로 우리나라에서는 사용하지 않고 있다.

021 ②

수익성지수에 대한 설명이다. 부동산투자에서 수익성지수는 부동산투자로 미래에 얻게 될 현금흐름의 현재가치를 투자액으로 나눈 것이다.

022 ②

자산리츠가 부동산에 대한 소유권을 취득하는 반면, 모기지리츠는 부동산저당대출채권을 매수하여 운용한다. 자산리츠는 부동산을, 모기지리츠는 부동산증권을 소유한다고 이해하면 된다.

023 ②

무한책임사원은 사원 전원의 동의, 유한책임사원은 무한책임사원의 동의를 조건으로 지분을 양도할 수 있다.

024 ①

TRS(Total Return Swap)에 대한 설명이다. TRS는 신용위험뿐만 아니라 시장위험도 거래 상대방에게 전가시키는 신용파생상품이다.

일반적으로는 대출 만기일이 되면 담보로 제공한 주식과 빌려 쓴 돈을 그대로 교환하는 거래를 말한다. 환율에 따라 빌린 돈의 상환금액이 달라지는 거래방식이다.

025 ①

수익률 기울기가 작아질(편평해질) 것으로 예상하면 만기가 긴 채권은 매수하고 짧은 채권을 매도한다.

026 ③

공격적 투자를 통한 수익률 제고가 목적이므로 효율적인 금융시장보다는 시장의 비효율성을 이용한 투기목적이 강하다.

027 ②

통화가치의 상승은 해당국 기업의 국제경쟁력 약화로 해석되어 주가의 하락을 가져오고, 통화가치의 하락은 국제경쟁력 강화로 해석되어 주가의 상승을 가져온다.

028 ②

양키본드는 미국의 채권시장에서 미 달러화 표시로 유통된다.

오답해설

① 사무라이본드는 일본에서 판매되는 엔 표시채권이다.
③ 양키본드의 인수는 주로 미국의 증권회사나 상업은행들로 구성된 인수단에 의해 이루어진다.
④ 유로본드는 통화선택이 다양하다는 것이 특징이다.

029 ①

스위스 기업이 미국에서 발행한 달러표시의 채권은 외국채에 해당한다.

030 ②

국제투자는 국내투자보다 체계적위험이 감소한다.

031 ③

증권의 가치가 수요와 공급에 의해서 결정된다고 보는 것은 기술적분석의 기본 가정이다.

032 ④

PBR은 활동성과 기업수익력의 질적 측면이 반영된 지표로서, 자산가치에 대한 평가뿐 아니라 수익가치에 대한 포괄적인 정보도 반영하고 있지만, 미래수익 발생능력을 반영하지 못해 계속기업을 전제로 한 평가기준이 되지 못한다.

tip PBR

- 주가를 주당 장부가치로 나눈 값으로 주가가 주당 장부가치의 몇 배인가를 나타낸다.
- ROE와는 (+)상관관계를 보이고 요구수익률과는 (−)상관관계를 갖는다.
- ROE>k이면, PBR이 1보다 크고, g가 클수록 커진다.
- ROE<k이면, PBR이 1보다 작고, g가 클수록 작아진다.
- 기업의 성장성을 나타내는 중요한 지표로 활용된다.
- 투자분석가들은 PBR이 낮은 주식이 주가 상승이 클 것으로 예상한다.
- PBR은 자산가치에 대한 평가 및 수익가치에 대한 포괄적인 정보로 활용된다.

033 ②

현물을 보유하고 있는 투자자는 선물투자로 체계적 위험을 회피할 수 있다.

오답해설

① 주가상승시 베타(β)가 높은 종목이 유리하다.
③ CAPM은 투자자가 위험을 회피한다고 가정한다.
④ 비체계적 위험은 여러 종류의 증권에 분산투자함으로써 저감될 수 있기 때문에 위험분산이 가능하다.

034 ②

고정장기적합률에 관하여 설명하고 있다.

tip 고정장기적합률

- 재무비율 중 안정성 분석의 고정비율은 원칙적으로 100% 이하를 이상적으로 보나, 중화학공업 등과 같이 막대한 고정자산을 보유해야 하는 업종에서는 고정장기적합률과 함께 고려해야 한다.
- 자금운용의 안전성을 위해 자금조달기관과 운용기관을 대응시켜 장기자본(자기자본+고정부채) 배분의 적정성 및 자금고정화를 측정하는 지표이다.
- 고정장기적합률이 낮을수록 기업자본의 배분 상태가 양호한 것이며, 일반적인 기준비율은 100% 이하이다.

035 ④

㉠ 환율의 인하는 수입증가, 수출감소의 요인이 된다.
㉣ 국제수지의 흑자가 커지면 달러유입으로 환율은 인하된다.

036 ①

①~④ 모두 증권분석에 관한 내용이지만 그중 가장 핵심적인 것은 투자 종목의 선택과 이에 따른 매매시점을 포착하고자 하는 것이다.

tip 증권분석의 개념

- **양적 분석** : 재무제표를 중심으로 계량화가 가능한 분석방법
- **질적 분석** : 경제, 산업동향, 개별기업의 고유한 내용 등 비계량적 분석

037 ②

Cash Cow는 성장은 낮으며 수익성은 높다.

tip 보스턴컨설팅그룹의 제품구성 분류

- Barking Dog : 성장성은 낮으며 수익성도 낮다.
- Rising Star : 성장성은 높으며 수익성도 높다.
- Quotation Mark : 성장성은 높으며 수익성은 낮다.

038 ②

엘리어트 파동이론에서 1번, 3번, 5번 파동은 충격파동이다.

오답해설

① 2번 파동의 저점이 1번 파동의 저점보다 반드시 높아야 한다.
③ 융통성이 너무 많은 것이 단점이다.
④ 일반적으로 3번 파동이 5개의 파동 중 가장 길다.

039 ③

보합국면에서 주가가 추세선을 이탈하면 상승신호이다.

tip 다우이론의 일반원칙

- 평균주가는 전체주가의 흐름을 정확히 반영한다.
- 특정 종목의 평균주가의 변동은 다른 종목의 주가도 변동시킨다.
- 모든 시세는 대내외적 복합요인에 의해 결정된다.
- 추세전환시점까지는 강세 또는 약세추세가 지속된다.
- 강세장에서 거래량이 증가하거나, 약세장에서 거래량이 감소하면 주가상승의 저력이 축적되는 과정이다.
- 주가는 장기 · 중기 · 일일파동법칙에 의해 형성된다.
- 보합국면에서 주가가 추세선을 이탈하면 상승신호이다.
- 장기파동은 평균주가가 바로 전에 형성된 최고가를 돌파하여 상승할 때 만들어지며, 중기파동은 최저가를 하향돌파하기 전에 끝난다.
- 초기에는 전문가에 의해 저주가 매입을 하나, 말기에는 일반투자자에 의해 과열된다.

040 ③

추세의 변화는 수요와 공급의 변동에 의해 일어난다.

tip 기술적 분석의 장점과 단점

- 계량화하기 어려운 심리적 요인까지 분석이 가능하다.
- 매매시점의 포착이 용이하고 변화의 방향을 예측할 수 있다.
- 미래에도 주가가 반복한다는 가정은 비현실적인 가정이라고 본다.
- 주가변화의 시작시점에 대해서 해석의 차이가 존재한다.
- 주식의 투자가치와 시장의 변화의 원인에 대해서는 분석이 안 되는 한계성이 노출된다.

041 ①

슘페터의 경기변동의 종류가 맞게 연결된 것은 ①이다.

tip 엘리어트 파동의 종류

단기파동	중기파동	장기파동
키친	주글라	콘트라티에프
2~6년	10년 전후	50~60년

042 ④

HHI는 특정 시장에서 기업의 시장점유율 제곱을 합한 값으로 미국과 유럽연합(EU), 일본 등 선진국들도 HHI를 사용하고 있다.

---

tip 시장구조 측정지표

CRk기준은 이해하기가 쉽고 측정이 쉽다는 장점이 있으나 상위 1사 또는 3사의 시장점유율만을 고려하기 때문에 시장 전체의 경쟁 구도를 완전하게 나타낼 수 없다는 한계가 있다. 반면 HHI기준은 모든 사업자들의 시장점유율을 고려하기 때문에 경쟁업체 수가 많아질수록 경쟁의 긍정적 요소가 정확히 반영된다는 장점이 있다.

---

043 ④

$VaR = c \times \sigma$의 식에서 VaR는 수익률로서 측정된 VaR(최대손실률)이고, 금액으로 표시된 최대손실액 VaR를 구하려면 투자액 W를 곱해야 한다. 즉, $VaR = c \times W \times \sigma$

044 ④

매핑(mapping)이란 개별 금융상품을 기초 금융상품의 합으로 재구성하는 것이다. 포트폴리오의 VaR를 계산하기 위해 포트폴리오 가치의 확률분포가 있어야 하는데, 포트폴리오를 구성하는 자산들이나 포지션들의 시장가격을 이용하여 간접적으로 가격을 구하는 방법이다.

045 ③

델타－노말 방법은 선형관계를 갖는 금융자산의 정규분포를 가정하고 VaR를 계산하는 방법이다.

046 ②

95% 신뢰수준은 1.65, 99% 신뢰수준은 2.33을 사용하므로

$$\sqrt{10} \times \frac{2.33}{1.65} = 4.4655$$

047 ②

상관계수가 0인 경우는 두 자산 간의 상관성이 없다. 즉, 포트폴리오의 VaR는 개별 VaR의 단순 합보다 작다.

048 ①

주요 단점들 외에도 VaR는 VaR보다 더 큰 손실이 발생할 확률에 대해서는 정보를 제공하지만, 얼마나 더 큰 손실이 발생하는가에 대해서는 정보를 제공하지 못하는데, 이러한 단점을 보완하기 위해서는 위기분석을 실시하거나 극한 VaR(EVaR : Extreme VaR)을 계산하기도 한다.

049 ②

상계(netting)는 서로 간에 상대방의 통화로 수취할 금액과 지불할 금액이 있는 경우에 이를 상쇄시키는 방법으로 대체로 균형포지션을 보이는 기업이나 금융기관에게는 간단한 방법이라고 볼 수 있지만, 상계 후에 남은 차액에 대해서는 다른 방법을 통해서 환헤지를 해야한다는 점에서 부분적인 환위험 관리방식이라고 볼 수 있다.

050 ②

신용증대제도에서 가장 중요한 시스템이 상계협약(netting arrangement)이다. 상계협약은 신용위험을 감소시킬 뿐 아니라 유동성위험과 운영위험을 감소시키기도 한다.

051 ①

직업윤리의 사상적 배경이 된 루터의 사상이다.

오답해설

②는 자본주의의 토대가 된 금욕적 생활윤리를 강조하는 칼빈의 사상이다.

③은 자본주의에 대한 베버의 사상이다.

④는 칼빈주의를 토대로 한 종교적 윤리의 부산물로 보는 베버의 사상이다.

052 ③

금융자산관리업무 종사자는 고객에 대하여 신임의무를 진다.

---

tip 신임의무

- **법규준수 의무** : 법령과 약관 및 자율규제의 범위 내에서 자신에게 부여된 권리 능력과 당해 지위에 따른 권한 내의 행위를 함으로써 본인의 이익보호와 형평을 도모해야 한다.
- **(선관)주의 의무** : 신임의무자는 직무를 수행함에 있어 신중한 사람으로서 절차상 요구되는 행위기준을 준수해야 한다.
- **충실 의무** : 이익충돌회피의무, 이익의 향유금지, 정보의 비밀유지 의무, 정보의 제공 및 사용의무, 공평의무, 자기집행의무를 포함하는 개념이다.

---

053 ①

금융자산관리업무 종사자는 고객이 동의한 경우를 제외하고는 고객과의 거래에서 당사자가 되거나 자기 이해관계자의 대리인이 되어서는 안 된다.

오답해설

② 금융자산관리업무 종사자가 상대방이 되는 경우 고객을 위한 최선의 이익추구가 방해받을 우려가 있으므로 거래의 당사자가 될 수 없다.

③ 금융자산관리업무 종사자는 이해관계자의 대리인이 되는 경우에도 역시 금지된다.

④ 윤리기준에서는 고객의 동의가 있는 경우를 제외하고 자기거래를 금지하고 있다.

054 ④

㉡ 통상적 관례의 범위 안에 드는 간단한 식사는 사회상규에서 벗어나지 않는 한 허용된다.

㉢ 고객으로부터 성과보수를 받거나 이에 대해 약정체결하는 것은 금지된다.

㉣ 고객이 요청하지 않은 이상 방문 및 전화에 의한 투자권유를 해서는 안 된다.

055 ②

영업용순자본이 총위험액의 2배에 미달하는 경우 그 미달상태가 해소될 때까지 새로운 장외파생상품의 매매를 중지하고, 미종결 거래의 정리나 위험회피에 관련된 업무만을 수행해야 한다.

056 ④

자본시장법상 증권의 종류는 전통적인 채무증권, 지분증권, 수익증권, 증권예탁증권과 포괄주의의 도입을 위해 새로 추가된 투자계약증권, 파생결합증권의 6가지이다. 기업어음증권은 채무증권에 포함되므로 증권의 분류에는 해당되지 않는다.

057 ②

㉠ 사외이사를 3인 이상 두어야 한다.

㉣ 준법감시인은 1인 이상이면 된다.

058 ④

시장에 공표되기 전에 정보를 이용하는 것은 선행매매와 유사하나, 투자자의 주문정보를 이용한다는 점에서 차이가 있다. 스캘핑은 조사분석자료를 투자자에게 공표함에 있어서 그 조사분석자료의 내용이 확정된 때부터 공표 후 24시간이 경과하기 전까지 그 조사분석자료의 대상이 된 금융투자상품을 자기의 계산으로 매매하는 것을 금지한다.

059 ③

자본시장법에서는 투자자문계약의 경우에 한정적으로 계약해제제도를 도입하고 있다. 투자자문업자와 투자자문계약을 체결한 투자자는 계약서류를 교부받은 날로부터 7일 이내에 계약을 해제할 수 있다.

060 ②

지방자치단체나 주권상장법인의 경우 금융투자업자에게 서면으로 전환의사를 통지하고 금융투자업자가 이에 동의하면 일반투자자로 취급된다.

061 ④

인가제의 진입요건은 등록제에 비해 엄격하게 설정된다. 등록제의 요건이 모두 객관적인 요건만을 요구하는 데 비해 인가제는 사업계획의 타당성과 같은 감독당국의 재량적 판단을 허용하는 요건을 추가하였다.

tip 금융투자업의 인가요건

- 투자자의 보호가 가능하고 그 영위하고자 하는 금융투자업을 수행하기에 충분한 인력과 전산설비, 그 밖의 물적 설비를 갖출 것
- 대주주가 충분한 출자능력, 건전한 재무상태 및 사회적 신용을 갖출 것
- 인가업무 단위별 필요 자기자본을 갖출 것

062 ②

공개매수신고서는 수리제도가 아니라 신고서 제출과 동시에 공개매수금지가 자동적으로 해제되는 효과만 부여하고 있다.

오답해설

① 공개매수신고서 제출 후 3일이 경과해야 공개매수를 할 수 있도록 하던 제한은 폐지되었다.
③ 공개매수조건의 변경이 있는 경우 공개매수기간 종료일까지 정정신고서를 제출하면 된다.
④ 공개매수가 공고된 이후에는 원칙적으로 철회가 금지된다.

tip 공개매수의 적용면제

- 소각을 목적으로 하는 주식 등의 매수 등
- 주식매수청구에 응한 주식의 매수
- 신주인수권이 표시된 것, 전환사채권, 신주인수권부사채권 또는 교환사채권의 권리행사에 따른 주식 등의 매수 등
- 파생결합증권의 권리행사에 따른 주식 등의 매수 등
- 특수관계인으로부터 주식 등의 매수 등
- 전자증권중개업무 방법에 따라 증권의 매매를 중개하는 방법에 의한 주식의 매수
- 그 밖에 다른 투자자의 이익을 해칠 염려가 없는 경우로서 금융위가 정하여 고시하는 주식 등의 매수 등

063 ③

위법계약해지권은 체결일부터 5년의 범위에서 해지할 수 있도록 하였다.

064 ④

㉠ 정부, 한국은행, 예금보험공사, 한국산업은행, 중소기업은행 등으로부터 자기주식을 취득하는 경우와 ㉡ 정부가 주권상장법인의 자기주식 취득과 관련하여 공기업 민영화 등 정책목적 달성을 위하여 금융위에 요청한 경우에는 시간외 대량매매로 자기주식을 취득할 수 있다.

065 ②

평가가 제한되는 외부평가기관의 출자비율은 3%이고, 동일주주 제한은 5%, 임원 제한은 1% 이상이다.

066 ④

사모투자전문회사의 사원의 총수는 49인 이하로 한다.

tip 사모투자전문회사

PEF(Private Equity Fund)라고 불리는 사모투자전문회사는 회사 재산을 주식 또는 지분 등에 투자해 경영권 참여, 사업구조 또는 지배구조의 개선 등의 방법으로 투자한 기업의 가치를 높인 후, 그 수익을 사원에게 배분하는 것을 목적으로 하는 회사를 말한다.

067 ②

단순히 예상수익률을 표시하는 행위가 금지되는 것은 아니다. 예상수익률의 보장, 예상수익률의 확정적 단언 또는 이를 암시하는 표현이 금지된다.

tip 펀드 판매시 금지행위

- 판매보수가 높다는 이유로 특정 펀드 판매에 차별적 판매촉진노력을 하는 행위
- 펀드 판매의 대가로 펀드의 매매주문을 배정하도록 요구하는 행위
- 펀드 판매의 대가로 부당하게 높은 매매거래 수수료를 요구하는 행위
- 예상수익률의 보장 또는 이를 암시하는 표현
- 판매하는 펀드에 관한 정보를 회사 고유재산의 운용을 위하여 이용하는 행위
- 집합투자증권의 판매와 관련하여 허위 사실을 유포하는 행위
- 집합투자업자가 판매회사로부터 취득한 투자자에 관한 정보를 자기가 운용하는 펀드의 직접 판매에 이용하는 행위. 다만, 집합투자회사가 판매회사의 금융지주회사인 경우 일부 정보를 이용할 수 있다.
- 일반투자자에게 계열회사등인 집합투자회사가 운용하는 집합투자기구의 집합투자증권만을 투자권유하거나 안내하는 행위

068 ④

투자광고는 준법감시인의 사전승인을 거친 후 협회에 심사를 청구해야 한다. 단, 단순한 이미지 광고나 지점 광고는 협회 심사 없이 준법감시인의 사전승인만으로 가능하다.

069 ③

회사를 대리하여 계약을 체결하는 행위, 고객으로부터 금전이나 증권을 수취하는 행위가 금지된다.

070 ③

무시된 기업효과에 대한 설명으로, 시가총액이 적은 소형주의 수익률이 높은 소형주 효과와 중복되는 부분이 있지만 무시된 기업이 반드시 소형주만을 의미하는 것이 아니므로 구분해서 알아두어야 한다.

071 ②

위험수익 최적화 방법에 대한 설명으로 옳은 설명이다.

오답해설

① 시장가치 접근방법
③ 투자자별 특수상황을 고려하는 방법
④ 다른 유사한 기관투자가의 자산배분을 모방

tip 전략적 자산배분의 실행단계

- 투자자의 투자목적 및 투자제약조건의 파악
- 자산집단의 선택
- 자산종류별 기대수익, 위험, 상관관계의 추정
- 최적 자산구성의 선택

072 ③

편입후보 종목군을 Universe라고 한다.

tip 편입후보 종목군을 만드는 원칙

- 모든 개별종목에 대해 판단하고 주의를 기울일 것
- 확실히 부적당하지 않으면 종목군에서 제외시키지 말 것

073 ④

거시경제적 접근 방법은 예측이 대단히 어렵다.

tip 이상현상의 그룹 분류

- **정보 비효율 그룹** : 수익예상 수정효과, 수익예상 추세효과, 무시된 기업효과, 소형주 효과, 1월 효과
- **상대적 저가주 효과 그룹** : 저 PER 효과, 저 PBR 효과
- **수익률 역전 그룹** : 장기 Return Reversal/Winner−Loser 효과, 저 β효과, 잔차수익률 역전현상, 고유수익률 역전현상

074 ③

전술적 자산배분은 자본시장이 변동하기 때문에 예측활동이 필요하다는 적극적 전략이다.

075 ②

고정비율 포트폴리오 인슈런스의 장점은 단순성과 유연성이다. 투자기간이 사전에 정의될 필요는 없다.

076 ②

수의상환채권에 대한 설명이다. 시장이자율이 하락하면 채권발행기업은 수의상환권을 행사하여 채권을 콜가격에 매입하고 낮은 이자율로 다시 채권을 발행할 수 있다. 이에 비해 수의상환청구채권은 채권보유자가 일정기간 동안 정해진 가격(Put price)으로 원금의 상환을 청구할 수 있는 권리를 가진 채권이다.

077 ④

듀레이션은 채권의 표면이자율과 역의 관계를 가진다. 높은 표면이자율의 채권은 상대적으로 듀레이션의 계산시 비중이 적게 반영되는 초기 현금유입이 많기 때문이다.

tip 듀레이션의 특징

- 듀레이션은 일련의 현금흐름의 현재 가치들의 무게중심 역할을 하는 균형점이다.
- 무액면금리채권의 만기는 바로 듀레이션이다.
- 액면금리가 낮을수록 듀레이션은 길어진다.
- 만기가 길어질수록 듀레이션 역시 길어진다.

078 ③

ⓛ에서 설명하는 수익률 예측전략은 소극적 채권투자전략이 아닌 적극적 채권투자전력에 속하며, ⓔ에서 설명하는 수익률곡선은 장래에 금리가 하락할 것으로 예측되면 단기채의 수익률은 높고 장기채의 수익률이 낮은 하강형 곡선이 된다.

079 ②

단기채권과 장기채권시장 간에 차익거래가 성립한다는 것을 의미한다.

오답해설

① 모든 투자자는 위험중립형이다.

③ 투자자는 위험중립형이므로 위험에 대한 보상을 요구하지 않고 오직 기대수익만을 극대화한다는 것이다.

④ 미래의 이자율을 정확하게 예상할 수 있다는 가정이다.

080 ④

발행기관은 간사회사, 인수기관, 청약기관으로 분류된다.

081 ①

불편기대이론의 전제는 미래의 이자율을 정확하게 예측하는 것이 가능하다는 것, 모든 투자자는 위험중립형이이라는 것, 단기채와 장기채는 완전한 대체관계에 있다는 것이다.

tip 유동성 프리미엄이론

- 장기채권수익률은 기대현물이자율에 유동성 프리미엄을 가산한 값의 기하평균과 같다.
- 매기의 유동성 프리미엄은 만기까지의 기간이 길어질수록 체감적으로 증가한다.
- 미래의 이자율이 일정할 것으로 예상하더라도 수익률곡선은 유동성 프리미엄의 영향으로 인하여 우상향하는 형태를 가진다.

082 ④

선물가격과 현물가격의 변동폭이 동일하다면 일정한 베이시스 폭을 유지할 수 있다.

오답해설

① 현물가격이 선물가격보다 높은 시장을 백워데이션 상태라고 한다.
② 시장선물가격과 현물가격 간의 차이를 시장베이시스라 한다.
③ 선물가격은 보유비용 때문에 현물가격보다 높게 형성되는 것이 정상이다.

083 ④

감마는 기초자산의 변화에 따른 델타값의 변화비율이다. 즉, 델타의 변화 값을 대상물 가격의 변화 값으로 나눈 것이다.

tip 감마

- 콜옵션이나 풋옵션의 경우 프리미엄구조가 기초자산변화에 대해 아래로 볼록하므로 감마값은 양수가 된다.
- 감마는 기초자산의 변화에 따른 옵션프리미엄 변화의 가속도로 해석할 수 있다.
- 감마의 값은 ATM에서 가장 크고 OTM, ITM으로 갈수록 작아진다.

084 ④

스트랭글 매수는 이익은 무제한, 손실은 제한되는 구조이다.

tip 손실 무제한

풋 매도, 콜 매도, 스트래들 매도, 스트랭글 매도

085 ①

차익거래는 현물과 선물 간 가격 차이를 이용하는 무위험 거래이고, 스프레드 거래는 만기 또는 종목이 서로 다른 두 개의 선물계약을 대상으로 한쪽 계약을 매수하는 동시에 다른 쪽 계약은 매도하는 전략이다. 스프레드 거래는 다른 전략에 비해 위험이 적지만 기본적으로 유위험 투자전략이다.

086 ②

주가의 변동성이 클 것으로 예상될 때 행사가격이 다른 3개의 풋옵션을 이용하여 만든다. 행사가격이 낮은 풋옵션과 높은 풋옵션을 1개씩 매도하고 행사가격이 중간인 풋옵션을 2개 매수하여 구성한다.

087 ③

감마는 기초자산의 변화에 따른 델타값의 변화비율을 나타낸다. 감마는 옵션프리미엄의 기초자산가격에 대한 이차미분치로 정의되는데, 어떤 함수의 이차미분치는 그래프상에서 곡률로 나타나므로 감마가 볼록도를 나타내는 지표가 된다.

088 ①

VaR은 최대손실가능금액을 예측 가능하게 한다.

089 ①

트레이너지수는 펀드의 위험측정치로 표준편차 대신 체계적 위험수치인 베타계수를 사용한다.

tip 샤프비율과 트레이너비율의 비교

- 여러 펀드 간의 비교시 샤프비율이나 트레이너비율 둘 다 유형과 평가기간이 같은 펀드들을 대상으로 해야 한다.
- 샤프비율은 분산투자가 되지 않는 펀드들을 대상으로 하는 것이 적합하다.
- 트레이너비율은 분산투자가 잘 되어 있는 펀드들을 대상으로 하는 것이 적합하다.
- 분산투자가 잘 되어 있는 펀드일수록 샤프비율과 트레이너비율의 평가가 유사하다.

090 ③

하락위험에 대한 설명으로, 일반적으로 투자자들은 손실을 싫어하고 기대하지 않았던 수익은 매우 좋아한다. 이것을 충족시키려면 이득이 났을 때가 아니라 손실이 났을 때만을 고려해야 한다.

091 ④

정상포트폴리오란 투자 가능한 종목만으로 구성한 포트폴리오이다.

tip 기준지표의 종류

- **시장지수** : 자산유형에 소속된 모든 종목을 포함
- **섹터/스타일지수** : 특정 분야나 특정한 성격을 지니는 대상만 포함
- **합성지수** : 2개 이상의 시장지수나 섹터지수를 합성
- **맞춤포트폴리오** : 특정 펀드의 운용과 평가를 위한 포트폴리오

092 ①

LM곡선이란 화폐시장의 균형을 이루게 하는 국민소득(Y)과 이자율(r)의 조합이며, 우상향하는 형태의 그래프를 말한다.

093 ③

부의 효과는 실질잔고효과와 피구효과로 나누어 볼 수 있다.

094 ①

쿠즈네츠가 미국의 1869~1938년간의 자료를 분석하여 주장하였다.

095 ②

프리드만 모형에서 단기 필립스곡선은 우하향하지만 장기 필립스곡선은 수직으로 나타난다.

096 ②

㉠은 투자수익과 효용 사이에서 중립하는 위험중립형, ㉡은 투자수익보다는 효용을 중시하는 위험회피형, ㉢은 효용보다는 투자수익을 중시하는 위험선호형이다.

tip 투자자의 위험에 대한 태도와 무차별효용곡선

- **정의** : 평균과 분산의 공간에 위험회피형의 효용함수를 나타낸 것으로, 특정 투자자에게 동일한 효용을 가져다주는 기대수익과 분산의 조합을 연결한 곡선
- 위험회피형의 무차별효용곡선의 기울기는 가파르며 일정한 위험증가가 있을 때보다 많은 기대수익의 증가를 요구한다.
- 위험선호형의 무차별효용곡선의 기울기는 완만하며 기대수익의 증가가 위험증가에 미치지 못하더라도 만족한다.

097 ④

㉠의 설명과는 달리, 포트폴리오의 위험은 각 자산의 위험의 가중평균보다 같거나 작다. 또한, ㉢과는 달리, 상관계수가 －1에 가까울수록 분산투자효과가 크다.

098 ④

㉡의 설명과는 다르게 무위험자산과 시장포트폴리오로 구성된 효율적 포트폴리오의 기대수익률과 위험 간의 관계식을 자본시장선이라 한다. 또한, ㉣의 설명과는 달리 어느 주식의 β와 예상수익률을 측정한 결과 증권시장선의 윗부분에 놓이게 되면 이 주식은 과소평가된 것이다.

099 ②

제시된 설명은 강형 효율적 시장가설에 대한 것이다.

tip 가설

- **약형 효율적 시장가설** : 주가에는 과거의 정보가 반영되어 있다.
- **준강형 효율적 시장가설** : 주가에는 공개적 정보가 반영되어 있다.
- **강형 효율적 시장가설** : 주가에는 미공개 정보도 반영되어 있다.

100 ②

효용함수의 그래프는 원점에 대하여 오목하고 무차별효용함수의 그래프는 우상향이다.

tip 위험회피형 투자자의 효용함수와 무차별 효용곡선

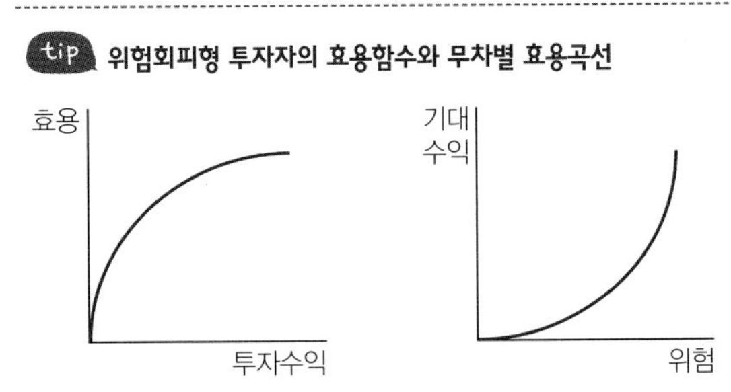

좋은 결과 있길 SISCOM이 응원합니다.